U0772815

司法解释理解与适用丛书

强制执行司法解释解读系列②

最高人民法院
关于人民法院办理执行异议和复议案件若干问题规定
理解与适用

【条文·释义·案例·实务】

江必新 刘贵祥　主编

最高人民法院执行局　编著

人民法院出版社

PEOPLE'S COURT PRESS

图书在版编目（CIP）数据

最高人民法院关于人民法院办理执行异议和复议案件若干问题
规定理解与适用／江必新、刘贵祥主编．最高人民法院执行局编著．
—北京：人民法院出版社，2015.7
（司法解释理解与适用丛书）
ISBN 978 - 7 - 5109 - 1259 - 7

Ⅰ．①最…　Ⅱ．①江…②刘…③最…Ⅲ．
①法院 - 执行（法律）- 案例 - 中国　Ⅳ．①D926．225

中国版本图书馆 CIP 数据核字（2015）第 138201 号

最高人民法院关于人民法院办理执行异议
和复议案件若干问题规定理解与适用

江必新　刘贵祥　主编

最高人民法院执行局　编著

责任编辑：林志农　李安尼　孟　晋
出版发行：人民法院出版社
地　　址：北京市东城区东交民巷 27 号（100745）
电　　话：（010）67550579（责任编辑）　67550558（发行部查询）
　　　　　　65223677（读者服务部）
客 服 QQ：2092078039
网　　址：http://www.courtbook.com.cn
E - mail：courtpress@ sohu.com
印　　刷：保定市中画美凯印刷有限公司
经　　销：新华书店

开　　本：787×1092 毫米　1/16
字　　数：400 千字
印　　张：30.75
版　　次：2015 年 7 月第 1 版　2025 年 2 月第 20 次印刷
书　　号：ISBN 978 - 7 - 5109 - 1259 - 7
定　　价：86.00 元

最高人民法院关于人民法院办理执行异议和复议案件若干问题规定理解与适用

主　　编：江必新　刘贵祥

副 主 编：俞宏武

执行主编：范向阳

撰稿分工：范向阳　引言、第八条、第二十一条、第二十四
　　　　　　　　　　条、第二十八条、第二十九条

　　　　　乔　宇　第一条、第十八条、第二十条、第二十
　　　　　　　　　　三条、第二十五条、第二十七条、第三
　　　　　　　　　　十条

　　　　　朱　燕　第二条、第三条、第四条、第六条

　　　　　尹晓春　第五条、第七条、第九条、第十条、第
　　　　　　　　　　十九条

　　　　　王宝道　第十一条、第十二条、第十三条、第二
　　　　　　　　　　十六条

　　　　　张丽洁　第十四条

　　　　　马　岚　第十五条、第十六条

　　　　　徐　霖　第十七条、第三十一条、第三十二条

　　　　　林　莹　第二十二条

序　言

　　强制执行程序，是人民法院运用国家强制力，通过对个人自由或者财产加以干涉或者处分，实现债权人经生效法律文书确定的债权，进而达到维护社会公序目的的程序。可以说，强制力是执行程序最显著的特征，没有强制力的强制执行是"不发光的灯，不燃烧的火"。但是，在看到强制执行权对维护司法权威和社会诚信体制等有利一面的同时，也应看到，由于执行权具有积极性和主动性，和任何其他公权力一样，存在不当使用、甚至滥用的可能。

　　执行权的违法行使一般表现在三个方面：一是违背执行的谦抑或者适度原则，超越限度对被执行人的财产采取执行措施或者对被执行人、协助执行人滥用拘留、罚款等强制手段。二是在没有法律依据的情况下，突破执行依据确定的被执行人范围，随意追加、变更案外人为被执行人。三是违反执行程序中对财产权属的形式审查原则，违法对案外人的财产采取执行措施。人民群众将前述执行程序中的违法执行问题通称为"执行乱"。"执行乱"现象给人民法院的公正形象造成了一定的负面影响，容易使执行程序当事人产生抵触情绪，在一定程度上加剧了执行难。

　　造成违法或者不当执行的原因是多方面的，主要有三：一是立法对执行异议和复议制度的供给不足。1991 年颁布的《民事诉讼法》关于执行异议的部分仅有一个条款，异议的范围仅限于案外人的实体异议，异议的程序存在审执不分、一裁终局等弊端。2007年修正后的《民事诉讼法》关于执行异议的规范也仅有两条，对异议期限、主体范围、裁定形式等实践中迫切需要明确的诸多问题仍语焉不详。执行异议和复议程序无法可依的问题相当突出，以至于人民法院在办理执行异议和复议案件时不得不参照民事诉讼第一、二审程序的规定。二是部分执行人员的业务水平有待进一步提高。长期以来，一些地方法院的党组忽视执行机构的职业化建设，将一些不具备基本政治和业务素质的人员安置在执行实施机构、甚至执行裁决机构，这些人员难以适应人民法院的执行办案新常态，办不了案、办不好案的问题突出。三是个别执行人员故意违法执行。个别执行人员基于利益驱动，无视法律程序，滥用党和人民给予的执行权力，不给好处不执行，给了好处乱执行。

"没有救济可依的权利是虚假的，犹如花朵戴在人的发端是虚饰。"防止权力滥用的最好办法就是以权利来制约权力，让每一个利益攸关的主体来监督权力。只有赋予并完善执行行为的相对人救济的渠道和权利，才能防止违法和不当执行行为侵害当事人或者案外人的合法权利，才能给执行权戴上"紧箍咒"，涂上"防腐剂"，也才能让人民群众在每一件执行案件中都感受到公平正义。

人民法院一向重视执行程序中当事人和案外人异议权的保障。早在本世纪初，在立法对执行当事人和利害关系人的程序异议权缺乏规定的情况下，不少地方高级人民法院利用执行改革的契机，在执行体制上进行两权分离改革，将执行权区分为执行实施权和执行裁决权，用执行裁决权对执行实施权行使的合法性和适当性进行审查，同时，还以地方法规或者规范性文件的形式，赋予执行当事人和案外人对执行行为提出异议和复议的权利，确保执行权的正当行使，取得了良好的效果。2007 年《民事诉讼法》第一次修正时，最高人民法院总结地方法院执行体制改革和执行异议制度改革的有益经验，积极向全国人大常委会建言，对《民事诉讼法》中的执行异议制度进行全面改造，赋予当事人、利害关系人、案外人对执行行为广泛的异议权，并区分实体异议和程序异议的不同，分别赋予异议当事人不服异议裁定时向上一级上人民法院提起复议，和向执行法院提起执行异议之诉的权利，得到了立法机关的积极回应，并最终作为该次《民事诉讼法》修正的重要内容。

2009 年伊始，为了将立法的规定进一步细化为可操作性的执行程序规范，最高人民法院执行局即集中业务骨干着手《关于人民法院办理执行异议和复议案件若干问题的规定》的起草工作。六年之间，多次召开专家论证会问计于相关高等院校和科研机构的专家、学者，十多次征求最高人民法院各部门、下级法院的意见和建议，两次与立法机关进行沟通协调，数易其稿，相关条款的弃留一波三折，个中艰辛非亲自参与难以意会。"问渠哪得清如许，为有源头活水来。"执行之清渠，靠的正是这制度的活水源源不断地注入。我们相信，随着这部司法解释的施行，执行当事人、利害关系人和案外人的合法权利将会得到更加有效的保护，人民法院办理执行异议和复议案件无法可依的状况将会得到根本改观，执行工作的规范化水平将迈上新的台阶。

为了方便人民法院的干警和其他法律从业人员更准确理解这

部司法解释，我们组织了最高人民法院执行局参与司法解释起草的工作人员和一线办案法官，利用工作之余，撰写了本书。由于时间仓促，加之水平有限，书中错误和疏漏在所难免，恳请读者不吝指正。

江必新

二〇一五年六月十八日

凡 例

1. 本书中法律法规名称一般使用简称，如《中华人民共和国民事诉讼法》简称为《民事诉讼法》。

2. 本书中下列司法解释及相关文件使用简称：

法律文件名称	简称	发文日期/发文字号
《最高人民法院关于刑事裁判涉财产部分执行的若干规定》	《刑事裁判涉财产部分执行规定》	2014 年 10 月 30 日 法释〔2014〕13 号
《最高人民法院关于适用〈中华人民共和国民事诉讼法〉的解释》	《民事诉讼法解释》	2015 年 1 月 30 日 法释〔2015〕5 号
《最高人民法院关于适用〈中华人民共和国民事诉讼法〉执行程序若干问题的解释》	《民事诉讼执行程序解释》	2008 年 11 月 3 日 法释〔2008〕13 号
《最高人民法院关于人民法院执行工作若干问题的规定（试行)》	《执行工作若干规定》	1998 年 7 月 8 日 法释〔1998〕15 号
《最高人民法院关于人民法院民事执行中拍卖、变卖财产的规定》	《拍卖、变卖规定》	2004 年 11 月 15 日 法释〔2004〕16 号
《最高人民法院关于人民法院民事执行中查封、扣押、冻结财产的规定》	《查封、扣押、冻结规定》	2004 年 11 月 4 日 法释〔2004〕15 号
《最高人民法院关于人民法院执行公开的若干规定》	《执行公开若干规定》	2006 年 12 月 23 日 法发〔2006〕35 号

续上表

《最高人民法院、司法部关于公证机关赋予强制执行效力的债权文书执行有关问题的联合通知》	《债权文书执行的联合通知》	2000 年 9 月 1 日 司发通〔2000〕107 号
《最高人民法院关于执行权合理配置和科学运行的若干意见》	《执行权合理配置和科学运行若干意见》	2011 年 10 月 19 日 法发〔2011〕15 号

目　录

第一部分　司法解释条文

最高人民法院

　　关于人民法院办理执行异议和复议案件若干问题的规定…………

………………………………………………………………………（ 3 ）

第二部分　条文释义

引　言　　　　为了规范人民法院办理执行异议和复议案件，维护当事
　　　　　　人、利害关系人和案外人的合法权益，根据民事诉讼法等法律
　　　　　　规定，结合人民法院执行工作实际，制定本规定。

【条文主旨】　……………………………………………………（ 15 ）

【条文理解】　……………………………………………………（ 15 ）

第一条　　　　异议人提出执行异议或者复议申请人申请复议，应当向人民
　　　　　　法院提交申请书。申请书应当载明具体的异议或者复议请求、事
　　　　　　实、理由等内容，并附下列材料：

　　　　　　（一）异议人或者复议申请人的身份证明；

　　　　　　（二）相关证据材料；

　　　　　　（三）送达地址和联系方式。

【条文主旨】　……………………………………………………（ 21 ）

【条文理解】　……………………………………………………（ 21 ）

【实践中应当注意的问题】 …………………………………………（26）

【相关法律法规】 ……………………………………………………（27）

第二条　　执行异议符合民事诉讼法第二百二十五条或者第二百二十七条规定条件的，人民法院应当在三日内立案，并在立案后三日内通知异议人和相关当事人。不符合受理条件的，裁定不予受理；立案后发现不符合受理条件的，裁定驳回申请。

　　　　　执行异议申请材料不齐备的，人民法院应当一次性告知异议人在三日内补足，逾期未补足的，不予受理。

　　　　　异议人对不予受理或者驳回申请裁定不服的，可以自裁定送达之日起十日内向上一级人民法院申请复议。上一级人民法院审查后认为符合受理条件的，应当裁定撤销原裁定，指令执行法院立案或者对执行异议进行审查。

【条文主旨】 ……………………………………………………………（30）

【条文理解】 ……………………………………………………………（30）

【案例】 …………………………………………………………………（38）

【实践中应当注意的问题】 …………………………………………（41）

【相关法律法规】 ……………………………………………………（43）

第三条　　执行法院收到执行异议后三日内既不立案又不作出不予受理裁定，或者受理后无正当理由超过法定期限不作出异议裁定的，异议人可以向上一级人民法院提出异议。上一级人民法院审查后认为理由成立的，应当指令执行法院在三日内立案或者在十五日内作出异议裁定。

【条文主旨】 ……………………………………………………………（45）

【条文理解】 ……………………………………………………………（45）

【实践中应当注意的问题】 ……………………………… （53）

【相关法律法规】 ………………………………………… （54）

第四条　　执行案件被指定执行、提级执行、委托执行后，当事人、利害关系人对原执行法院的执行行为提出异议的，由提出异议时负责该案件执行的人民法院审查处理；受指定或者受委托的人民法院是原执行法院的下级人民法院的，仍由原执行法院审查处理。

　　　　执行案件被指定执行、提级执行、委托执行后，案外人对原执行法院的执行标的提出异议的，参照前款规定处理。

【条文主旨】 ……………………………………………… （55）

【条文理解】 ……………………………………………… （55）

【案例】 …………………………………………………… （61）

【实践中应当注意的问题】 ……………………………… （65）

【相关法律法规】 ………………………………………… （66）

第五条　　有下列情形之一的，当事人以外的公民、法人和其他组织，可以作为利害关系人提出执行行为异议：

　　　　（一）认为人民法院的执行行为违法，妨碍其轮候查封、扣押、冻结的债权受偿的；

　　　　（二）认为人民法院的拍卖措施违法，妨碍其参与公平竞价的；

　　　　（三）认为人民法院的拍卖、变卖或者以物抵债措施违法，侵害其对执行标的的优先购买权的；

　　　　（四）认为人民法院要求协助执行的事项超出其协助范围或者违反法律规定的；

　　　　（五）认为其他合法权益受到人民法院违法执行行为侵害的。

【条文主旨】 ……………………………………………………（70）

【条文理解】 ……………………………………………………（70）

【案例】 …………………………………………………………（78）

【实践中应当注意的问题】 ……………………………………（79）

【相关法律法规】 ………………………………………………（82）

第六条　　当事人、利害关系人依照民事诉讼法第二百二十五条规定提
　　　　　出异议的，应当在执行程序终结之前提出，但对终结执行措施提
　　　　　出异议的除外。

　　　　　案外人依照民事诉讼法第二百二十七条规定提出异议的，应
　　　　　当在异议指向的执行标的执行终结之前提出；执行标的由当事人
　　　　　受让的，应当在执行程序终结之前提出。

【条文主旨】 ……………………………………………………（84）

【条文理解】 ……………………………………………………（84）

【案例】 …………………………………………………………（89）

【实践中应当注意的问题】 ……………………………………（92）

【相关法律法规】 ………………………………………………（93）

第七条　　当事人、利害关系人认为执行过程中或者执行保全、先予执
　　　　　行裁定过程中的下列行为违法提出异议的，人民法院应当依照民
　　　　　事诉讼法第二百二十五条规定进行审查：

　　　　　（一）查封、扣押、冻结、拍卖、变卖、以物抵债、暂缓执
　　　　　行、中止执行、终结执行等执行措施；

　　　　　（二）执行的期间、顺序等应当遵守的法定程序；

　　　　　（三）人民法院作出的侵害当事人、利害关系人合法权益的
　　　　　其他行为。

被执行人以债权消灭、丧失强制执行效力等执行依据生效之后的实体事由提出排除执行异议的，人民法院应当参照民事诉讼法第二百二十五条规定进行审查。

除本规定第十九条规定的情形外，被执行人以执行依据生效之前的实体事由提出排除执行异议的，人民法院应当告知其依法申请再审或者通过其他程序解决。

【条文主旨】………………………………………………（95）

【条文理解】………………………………………………（96）

【案例】……………………………………………………（103）

【实践中应当注意的问题】………………………………（108）

【相关法律法规】…………………………………………（109）

第八条　　案外人基于实体权利既对执行标的提出排除执行异议又作为利害关系人提出执行行为异议的，人民法院应当依照民事诉讼法第二百二十七条规定进行审查。

案外人既基于实体权利对执行标的提出排除执行异议又作为利害关系人提出与实体权利无关的执行行为异议的，人民法院应当分别依照民事诉讼法第二百二十七条和第二百二十五条规定进行审查。

【条文主旨】………………………………………………（110）

【条文理解】………………………………………………（110）

【案例】……………………………………………………（113）

【实践中应当注意的问题】………………………………（121）

【相关法律法规】…………………………………………（121）

第九条　　被限制出境的人认为对其限制出境错误的，可以自收到限制

出境决定之日起十日内向上一级人民法院申请复议。上一级人民
法院应当自收到复议申请之日起十五日内作出决定。复议期间，
不停止原决定的执行。

【条文主旨】 ……………………………………………………（123）

【条文理解】 ……………………………………………………（123）

【案例】 …………………………………………………………（129）

【实践中应当注意的问题】 ……………………………………（131）

【相关法律法规】 ………………………………………………（133）

第十条　　　当事人不服驳回不予执行公证债权文书申请的裁定的，可以
自收到裁定之日起十日内向上一级人民法院申请复议。上一级人
民法院应当自收到复议申请之日起三十日内审查，理由成立的，
裁定撤销原裁定，不予执行该公证债权文书；理由不成立的，裁
定驳回复议申请。复议期间，不停止执行。

【条文主旨】 ……………………………………………………（136）

【条文理解】 ……………………………………………………（136）

【案例】 …………………………………………………………（141）

【实践中应当注意的问题】 ……………………………………（146）

【相关法律法规】 ………………………………………………（147）

第十一条　　人民法院审查执行异议或者复议案件，应当依法组成合
议庭。

　　　　指令重新审查的执行异议案件，应当另行组成合议庭。

　　　　办理执行实施案件的人员不得参与相关执行异议和复议案
件的审查。

【条文主旨】 ……………………………………………………（150）

【条文理解】 ……………………………………………………（150）

第十二条　人民法院对执行异议和复议案件实行书面审查。案情复
　　　　　杂、争议较大的，应当进行听证。

【条文主旨】 ……………………………………………………（160）
【条文理解】 ……………………………………………………（160）
【实践中应当注意的问题】 ……………………………………（169）
【相关法律法规】 ………………………………………………（171）

第十三条　执行异议、复议案件审查期间，异议人、复议申请人申请
　　　　　撤回异议、复议申请的，是否准许由人民法院裁定。

【条文主旨】 ……………………………………………………（173）
【条文理解】 ……………………………………………………（173）

第十四条　异议人或者复议申请人经合法传唤，无正当理由拒不参加
　　　　　听证，或者未经法庭许可中途退出听证，致使人民法院无法查
　　　　　清相关事实的，由其自行承担不利后果。

【条文主旨】 ……………………………………………………（175）
【条文理解】 ……………………………………………………（175）
【实践中应当注意的问题】 ……………………………………（183）
【相关法律法规】 ………………………………………………（184）

第十五条　当事人、利害关系人对同一执行行为有多个异议事由，但
　　　　　未在异议审查过程中一并提出，撤回异议或者被裁定驳回异议
　　　　　后，再次就该执行行为提出异议的，人民法院不予受理。
　　　　　　案外人撤回异议或者被裁定驳回异议后，再次就同一执行

标的提出异议的，人民法院不予受理。

【条文主旨】 ………………………………………………（186）

【条文理解】 ………………………………………………（186）

【实践中应当注意的问题】 ………………………………（193）

【相关法律法规】 …………………………………………（196）

第十六条　　人民法院依照民事诉讼法第二百二十五条规定作出裁定时，应当告知相关权利人申请复议的权利和期限。

人民法院依照民事诉讼法第二百二十七条规定作出裁定时，应当告知相关权利人提起执行异议之诉的权利和期限。

人民法院作出其他裁定和决定时，法律、司法解释规定了相关权利人申请复议的权利和期限的，应当进行告知。

【条文主旨】 ………………………………………………（198）

【条文理解】 ………………………………………………（198）

【实践中应当注意的问题】 ………………………………（207）

【相关法律法规】 …………………………………………（209）

第十七条　　人民法院对执行行为异议，应当按照下列情形，分别处理：

（一）异议不成立的，裁定驳回异议；

（二）异议成立的，裁定撤销相关执行行为；

（三）异议部分成立的，裁定变更相关执行行为；

（四）异议成立或者部分成立，但执行行为无撤销、变更内容的，裁定异议成立或者相应部分异议成立。

【条文主旨】 ………………………………………………（211）

【条文理解】 ………………………………………………（211）

【案例】 ……………………………………………………（214）

【相关法律法规】 ………………………………………（216）

第十八条　　执行过程中，第三人因书面承诺自愿代被执行人偿还债务
　　　　　　而被追加为被执行人后，无正当理由反悔并提出异议的，人民
　　　　　　法院不予支持。

【条文主旨】 ………………………………………………（219）

【条文理解】 ………………………………………………（219）

【案例】 ……………………………………………………（228）

【实践中应当注意的问题】 ………………………………（232）

【相关法律法规】 …………………………………………（233）

第十九条　　当事人互负到期债务，被执行人请求抵销，请求抵销的债
　　　　　　务符合下列情形的，除依照法律规定或者按照债务性质不得抵
　　　　　　销的以外，人民法院应予支持：

　　　　　　（一）已经生效法律文书确定或者经申请执行人认可；

　　　　　　（二）与被执行人所负债务的标的物种类、品质相同。

【条文主旨】 ………………………………………………（234）

【条文理解】 ………………………………………………（234）

【案例】 ……………………………………………………（242）

【实践中应当注意的问题】 ………………………………（245）

【相关法律法规】 …………………………………………（246）

第二十条　　金钱债权执行中，符合下列情形之一，被执行人以执行标
　　　　　　的系本人及所扶养家属维持生活必需的居住房屋为由提出异议
　　　　　　的，人民法院不予支持：

　　（一）对被执行人有扶养义务的人名下有其他能够维持生活必需的居住房屋的；

　　（二）执行依据生效后，被执行人为逃避债务转让其名下其他房屋的；

　　（三）申请执行人按照当地廉租住房保障面积标准为被执行人及所扶养家属提供居住房屋，或者同意参照当地房屋租赁市场平均租金标准从该房屋的变价款中扣除五至八年租金的。

　　执行依据确定被执行人交付居住的房屋，自执行通知送达之日起，已经给予三个月的宽限期，被执行人以该房屋系本人及所扶养家属维持生活的必需品为由提出异议的，人民法院不予支持。

【条文主旨】 ……………………………………………（248）

【条文理解】 ……………………………………………（248）

【案例】 …………………………………………………（259）

【实践中应当注意的问题】 ……………………………（263）

【相关法律法规】 ………………………………………（264）

第二十一条　当事人、利害关系人提出异议请求撤销拍卖，符合下列情形之一的，人民法院应予支持：

　　（一）竞买人之间、竞买人与拍卖机构之间恶意串通，损害当事人或者其他竞买人利益的；

　　（二）买受人不具备法律规定的竞买资格的；

　　（三）违法限制竞买人参加竞买或者对不同的竞买人规定不同竞买条件的；

　　（四）未按照法律、司法解释的规定对拍卖标的物进行公告的；

（五）其他严重违反拍卖程序且损害当事人或者竞买人利益的情形。

当事人、利害关系人请求撤销变卖的，参照前款规定处理。

【条文主旨】 ……………………………………………（266）

【条文理解】 ……………………………………………（266）

【案例】 …………………………………………………（275）

【实践中应当注意的问题】 ……………………………（285）

【相关法律法规】 ………………………………………（287）

第二十二条　　公证债权文书对主债务和担保债务同时赋予强制执行效力的，人民法院应予执行；仅对主债务赋予强制执行效力未涉及担保债务的，对担保债务的执行申请不予受理；仅对担保债务赋予强制执行效力未涉及主债务的，对主债务的执行申请不予受理。

人民法院受理担保债务的执行申请后，被执行人仅以担保合同不属于赋予强制执行效力的公证债权文书范围为由申请不予执行的，不予支持。

【条文主旨】 ……………………………………………（288）

【条文理解】 ……………………………………………（288）

【案例】 …………………………………………………（299）

【实践中应当注意的问题】 ……………………………（304）

【相关法律法规】 ………………………………………（306）

第二十三条　　上一级人民法院对不服异议裁定的复议申请审查后，应当按照下列情形，分别处理：

（一）异议裁定认定事实清楚，适用法律正确，结果应予维持的，裁定驳回复议申请，维持异议裁定；

（二）异议裁定认定事实错误，或者适用法律错误，结果应予纠正的，裁定撤销或者变更异议裁定；

（三）异议裁定认定基本事实不清、证据不足的，裁定撤销异议裁定，发回作出裁定的人民法院重新审查，或者查清事实后作出相应裁定；

（四）异议裁定遗漏异议请求或者存在其他严重违反法定程序的情形，裁定撤销异议裁定，发回作出裁定的人民法院重新审查；

（五）异议裁定对应当适用民事诉讼法第二百二十七条规定审查处理的异议，错误适用民事诉讼法第二百二十五条规定审查处理的，裁定撤销异议裁定，发回作出裁定的人民法院重新作出裁定。

除依照本条第一款第三、四、五项发回重新审查或者重新作出裁定的情形外，裁定撤销或者变更异议裁定且执行行为可撤销、变更的，应当同时撤销或者变更该裁定维持的执行行为。

人民法院对发回重新审查的案件作出裁定后，当事人、利害关系人申请复议的，上一级人民法院复议后不得再次发回重新审查。

【条文主旨】　……………………………………………　（309）

【条文理解】　……………………………………………　（309）

【案例】　…………………………………………………　（317）

【相关法律法规】　………………………………………　（336）

第二十四条　　对案外人提出的排除执行异议，人民法院应当审查下列
　　　　　　内容：

　　　　　　（一）案外人是否系权利人；

　　　　　　（二）该权利的合法性与真实性；

　　　　　　（三）该权利能否排除执行。

【条文主旨】 ……………………………………………………（339）

【条文理解】 ……………………………………………………（339）

【案例】 …………………………………………………………（341）

【实践中应当注意的问题】 ……………………………………（343）

【相关法律法规】 ………………………………………………（344）

第二十五条　　对案外人的异议，人民法院应当按照下列标准判断其是
　　　　　　否系权利人：

　　　　　　（一）已登记的不动产，按照不动产登记簿判断；未登
记的建筑物、构筑物及其附属设施，按照土地使用权登记
簿、建设工程规划许可、施工许可等相关证据判断；

　　　　　　（二）已登记的机动车、船舶、航空器等特定动产，按
照相关管理部门的登记判断；未登记的特定动产和其他动
产，按照实际占有情况判断；

　　　　　　（三）银行存款和存管在金融机构的有价证券，按照金
融机构和登记结算机构登记的账户名称判断；有价证券由具
备合法经营资质的托管机构名义持有的，按照该机构登记的
实际投资人账户名称判断；

　　　　　　（四）股权按照工商行政管理机关的登记和企业信用信
息公示系统公示的信息判断；

　　　　　　（五）其他财产和权利，有登记的，按照登记机构的登

记判断；无登记的，按照合同等证明财产权属或者权利人的证据判断。

案外人依据另案生效法律文书提出排除执行异议，该法律文书认定的执行标的权利人与依照前款规定得出的判断不一致的，依照本规定第二十六条规定处理。

【条文主旨】 ……………………………………………（345）
【条文理解】 ……………………………………………（346）
【实践中应当注意的问题】 ……………………………（364）
【案例】 …………………………………………………（367）
【相关法律法规】 ………………………………………（369）

第二十六条　　金钱债权执行中，案外人依据执行标的被查封、扣押、冻结前作出的另案生效法律文书提出排除执行异议，人民法院应当按照下列情形，分别处理：

（一）该法律文书系就案外人与被执行人之间的权属纠纷以及租赁、借用、保管等不以转移财产权属为目的的合同纠纷，判决、裁决执行标的归属于案外人或者向其返还执行标的且其权利能够排除执行的，应予支持；

（二）该法律文书系就案外人与被执行人之间除前项所列合同之外的债权纠纷，判决、裁决执行标的归属于案外人或者向其交付、返还执行标的的，不予支持。

（三）该法律文书系案外人受让执行标的的拍卖、变卖成交裁定或者以物抵债裁定且其权利能够排除执行的，应予支持。

金钱债权执行中，案外人依据执行标的被查封、扣押、冻结后作出的另案生效法律文书提出排除执行异议的，人民法院不予支持。

非金钱债权执行中，案外人依据另案生效法律文书提出排除执行异议，该法律文书对执行标的权属作出不同认定的，人民法院应当告知案外人依法申请再审或者通过其他程序解决。

申请执行人或者案外人不服人民法院依照本条第一、二款规定作出的裁定，可以依照民事诉讼法第二百二十七条规定提起执行异议之诉。

【条文主旨】 …………………………………………………（376）

【条文理解】 …………………………………………………（376）

【案例】 ………………………………………………………（382）

第二十七条　　申请执行人对执行标的依法享有对抗案外人的担保物权等优先受偿权，人民法院对案外人提出的排除执行异议不予支持，但法律、司法解释另有规定的除外。

【条文主旨】 …………………………………………………（390）

【条文理解】 …………………………………………………（390）

【实践中应当注意的问题】 …………………………………（410）

【相关法律法规】 ……………………………………………（412）

第二十八条　　金钱债权执行中，买受人对登记在被执行人名下的不动产提出异议，符合下列情形且其权利能够排除执行的，人民法院应予支持：

（一）在人民法院查封之前已签订合法有效的书面买卖合同；

（二）在人民法院查封之前已合法占有该不动产；

（三）已支付全部价款，或者已按照合同约定支付部分价款且将剩余价款按照人民法院的要求交付执行；

（四）非因买受人自身原因未办理过户登记。

【条文主旨】……………………………………………（421）

【条文理解】……………………………………………（421）

【案例】…………………………………………………（425）

【相关法律法规】………………………………………（429）

第二十九条　金钱债权执行中，买受人对登记在被执行的房地产开发企业名下的商品房提出异议，符合下列情形且其权利能够排除执行的，人民法院应予支持：

（一）在人民法院查封之前已签订合法有效的书面买卖合同；

（二）所购商品房系用于居住且买受人名下无其他用于居住的房屋；

（三）已支付的价款超过合同约定总价款的百分之五十。

【条文主旨】……………………………………………（431）

【条文理解】……………………………………………（431）

【案例】…………………………………………………（434）

【实践中应当注意的问题】……………………………（436）

【相关法律法规】………………………………………（436）

第三十条　金钱债权执行中，对被查封的办理了受让物权预告登记的不动产，受让人提出停止处分异议的，人民法院应予支持；符合物权登记条件，受让人提出排除执行异议的，应予支持。

【条文主旨】　…………………………………………………（438）

【条文理解】　…………………………………………………（438）

【实践中应当注意的问题】　…………………………………（441）

【相关法律法规】　……………………………………………（441）

第三十一条　　承租人请求在租赁期内阻止向受让人移交占有被执行的不动产，在人民法院查封之前已签订合法有效的书面租赁合同并占有使用该不动产的，人民法院应予支持。

　　　　　　　承租人与被执行人恶意串通，以明显不合理的低价承租被执行的不动产或者伪造交付租金证据的，对其提出的阻止移交占有的请求，人民法院不予支持。

【条文主旨】　…………………………………………………（443）

【条文理解】　…………………………………………………（443）

【案例】　………………………………………………………（448）

【实践中应当注意的问题】　…………………………………（455）

【相关法律法规】　……………………………………………（456）

第三十二条　　本规定施行后尚未审查终结的执行异议和复议案件，适用本规定。本规定施行前已经审查终结的执行异议和复议案件，人民法院依法提起执行监督程序的，不适用本规定。

【条文主旨】　…………………………………………………（459）

【条文理解】　…………………………………………………（459）

第一部分·司法解释条文

最高人民法院
关于人民法院办理执行异议和复议案件
若干问题的规定

法释〔2015〕10 号

（2014 年 12 月 29 日最高人民法院审判委员会
第 1638 次会议通过　自 2015 年 5 月 5 日起施行）

为了规范人民法院办理执行异议和复议案件，维护当事人、利害关系人和案外人的合法权益，根据民事诉讼法等法律规定，结合人民法院执行工作实际，制定本规定。

第一条　异议人提出执行异议或者复议申请人申请复议，应当向人民法院提交申请书。申请书应当载明具体的异议或者复议请求、事实、理由等内容，并附下列材料：

（一）异议人或者复议申请人的身份证明；

（二）相关证据材料；

（三）送达地址和联系方式。

第二条　执行异议符合民事诉讼法第二百二十五条或者第二百二十七条规定条件的，人民法院应当在三日内立案，并在立案后三日内通知异议人和相关当事人。不符合受理条件的，裁定不予受理；立案后发现不符合受理条件的，裁定驳回申请。

执行异议申请材料不齐备的，人民法院应当一次性告知异议人在三日内补足，逾期未补足的，不予受理。

异议人对不予受理或者驳回申请裁定不服的，可以自裁定送达之日起十日内向上一级人民法院申请复议。上一级人民法院审查后认为符合受理条件的，应当裁定撤销原裁定，指令执行法院立案或者对执行异议进行审查。

第三条 执行法院收到执行异议后三日内既不立案又不作出不予受理裁定，或者受理后无正当理由超过法定期限不作出异议裁定的，异议人可以向上一级人民法院提出异议。上一级人民法院审查后认为理由成立的，应当指令执行法院在三日内立案或者在十五日内作出异议裁定。

第四条 执行案件被指定执行、提级执行、委托执行后，当事人、利害关系人对原执行法院的执行行为提出异议的，由提出异议时负责该案件执行的人民法院审查处理；受指定或者受委托的人民法院是原执行法院的下级人民法院的，仍由原执行法院审查处理。

执行案件被指定执行、提级执行、委托执行后，案外人对原执行法院的执行标的提出异议的，参照前款规定处理。

第五条 有下列情形之一的，当事人以外的公民、法人和其他组织，可以作为利害关系人提出执行行为异议：

（一）认为人民法院的执行行为违法，妨碍其轮候查封、扣押、冻结的债权受偿的；

（二）认为人民法院的拍卖措施违法，妨碍其参与公平竞价的；

（三）认为人民法院的拍卖、变卖或者以物抵债措施违法，侵害其对执行标的的优先购买权的；

（四）认为人民法院要求协助执行的事项超出其协助范围或者违反法律规定的；

（五）认为其他合法权益受到人民法院违法执行行为侵害的。

第六条 当事人、利害关系人依照民事诉讼法第二百二十五条规定提出异议的，应当在执行程序终结之前提出，但对终结执行措施提出异议的除外。

案外人依照民事诉讼法第二百二十七条规定提出异议的，应当在异议指向的执行标的执行终结之前提出；执行标的由当事人受让的，应当在执行程序终结之前提出。

第七条　当事人、利害关系人认为执行过程中或者执行保全、先予执行裁定过程中的下列行为违法提出异议的，人民法院应当依照民事诉讼法第二百二十五条规定进行审查：

（一）查封、扣押、冻结、拍卖、变卖、以物抵债、暂缓执行、中止执行、终结执行等执行措施；

（二）执行的期间、顺序等应当遵守的法定程序；

（三）人民法院作出的侵害当事人、利害关系人合法权益的其他行为。

被执行人以债权消灭、丧失强制执行效力等执行依据生效之后的实体事由提出排除执行异议的，人民法院应当参照民事诉讼法第二百二十五条规定进行审查。

除本规定第十九条规定的情形外，被执行人以执行依据生效之前的实体事由提出排除执行异议的，人民法院应当告知其依法申请再审或者通过其他程序解决。

第八条　案外人基于实体权利既对执行标的提出排除执行异议又作为利害关系人提出执行行为异议的，人民法院应当依照民事诉讼法第二百二十七条规定进行审查。

案外人既基于实体权利对执行标的提出排除执行异议又作为利害关系人提出与实体权利无关的执行行为异议的，人民法院应当分别依照民事诉讼法第二百二十七条和第二百二十五条规定进行审查。

第九条　被限制出境的人认为对其限制出境错误的，可以自收到限制出境决定之日起十日内向上一级人民法院申请复议。上一级人民法院应当自收到复议申请之日起十五日内作出决定。复议期间，不停止原决定的执行。

第十条　当事人不服驳回不予执行公证债权文书申请的裁定的，可以自收到裁定之日起十日内向上一级人民法院申请复议。上一级人民法院应当自收到复议申请之日起三十日内审查，理由成立的，裁定撤销原裁定，不予执行该公证债权文书；理由不成立的，裁定驳回复议申请。复议期间，不停止执行。

第十一条　人民法院审查执行异议或者复议案件，应当依法组成合议庭。

指令重新审查的执行异议案件，应当另行组成合议庭。

办理执行实施案件的人员不得参与相关执行异议和复议案件的审查。

第十二条　人民法院对执行异议和复议案件实行书面审查。案情复杂、争议较大的，应当进行听证。

第十三条　执行异议、复议案件审查期间，异议人、复议申请人申请撤回异议、复议申请的，是否准许由人民法院裁定。

第十四条　异议人或者复议申请人经合法传唤，无正当理由拒不参加听证，或者未经法庭许可中途退出听证，致使人民法院无法查清相关事实的，由其自行承担不利后果。

第十五条　当事人、利害关系人对同一执行行为有多个异议事由，但未在异议审查过程中一并提出，撤回异议或者被裁定驳回异议后，再次就该执行行为提出异议的，人民法院不予受理。

案外人撤回异议或者被裁定驳回异议后，再次就同一执行标的提出异议的，人民法院不予受理。

第十六条　人民法院依照民事诉讼法第二百二十五条规定作出裁定时，应当告知相关权利人申请复议的权利和期限。

人民法院依照民事诉讼法第二百二十七条规定作出裁定时，应当告知相关权利人提起执行异议之诉的权利和期限。

人民法院作出其他裁定和决定时，法律、司法解释规定了相关权利人申请复议的权利和期限的，应当进行告知。

第十七条　人民法院对执行行为异议，应当按照下列情形，分别处理：

（一）异议不成立的，裁定驳回异议；

（二）异议成立的，裁定撤销相关执行行为；

（三）异议部分成立的，裁定变更相关执行行为；

（四）异议成立或者部分成立，但执行行为无撤销、变更内容的，裁定异议成立或者相应部分异议成立。

第十八条　执行过程中，第三人因书面承诺自愿代被执行人偿还债务而被追加为被执行人后，无正当理由反悔并提出异议的，人民法院不予支持。

第十九条　当事人互负到期债务，被执行人请求抵销，请求抵销的债务符合下列情形的，除依照法律规定或者按照债务性质不得抵销的以外，人民法院应予支持：

（一）已经生效法律文书确定或者经申请执行人认可；

（二）与被执行人所负债务的标的物种类、品质相同。

第二十条　金钱债权执行中，符合下列情形之一，被执行人以执行标的系本人及所扶养家属维持生活必需的居住房屋为由提出异议的，人民法院不予支持：

（一）对被执行人有扶养义务的人名下有其他能够维持生活必需的居住房屋的；

（二）执行依据生效后，被执行人为逃避债务转让其名下其他房屋的；

（三）申请执行人按照当地廉租住房保障面积标准为被执行人及所扶养家属提供居住房屋，或者同意参照当地房屋租赁市场平均租金标准从该房屋的变价款中扣除五至八年租金的。

执行依据确定被执行人交付居住的房屋，自执行通知送达之日起，已经给予三个月的宽限期，被执行人以该房屋系本人及所扶养家属维持生活的必需品为由提出异议的，人民法院不予支持。

第二十一条 当事人、利害关系人提出异议请求撤销拍卖，符合下列情形之一的，人民法院应予支持：

（一）竞买人之间、竞买人与拍卖机构之间恶意串通，损害当事人或者其他竞买人利益的；

（二）买受人不具备法律规定的竞买资格的；

（三）违法限制竞买人参加竞买或者对不同的竞买人规定不同竞买条件的；

（四）未按照法律、司法解释的规定对拍卖标的物进行公告的；

（五）其他严重违反拍卖程序且损害当事人或者竞买人利益的情形。

当事人、利害关系人请求撤销变卖的，参照前款规定处理。

第二十二条 公证债权文书对主债务和担保债务同时赋予强制执行效力的，人民法院应予执行；仅对主债务赋予强制执行效力未涉及担保债务的，对担保债务的执行申请不予受理；仅对担保债务赋予强制执行效力未涉及主债务的，对主债务的执行申请不予受理。

人民法院受理担保债务的执行申请后，被执行人仅以担保合同不属于赋予强制执行效力的公证债权文书范围为由申请不予执行的，不予支持。

第二十三条 上一级人民法院对不服异议裁定的复议申请审查后，应当按照下列情形，分别处理：

（一）异议裁定认定事实清楚，适用法律正确，结果应予维持的，裁定驳回复议申请，维持异议裁定；

（二）异议裁定认定事实错误，或者适用法律错误，结果应予纠正的，裁定撤销或者变更异议裁定；

（三）异议裁定认定基本事实不清、证据不足的，裁定撤销异议裁定，发回作出裁定的人民法院重新审查，或者查清事实后作出相应裁定；

（四）异议裁定遗漏异议请求或者存在其他严重违反法定程序的情形，裁定撤销异议裁定，发回作出裁定的人民法院重新审查；

（五）异议裁定对应当适用民事诉讼法第二百二十七条规定审查处理的异议，错误适用民事诉讼法第二百二十五条规定审查处理的，裁定撤销异议裁定，发回作出裁定的人民法院重新作出裁定。

除依照本条第一款第三、四、五项发回重新审查或者重新作出裁定的情形外，裁定撤销或者变更异议裁定且执行行为可撤销、变更的，应当同时撤销或者变更该裁定维持的执行行为。

人民法院对发回重新审查的案件作出裁定后，当事人、利害关系人申请复议的，上一级人民法院复议后不得再次发回重新审查。

第二十四条　对案外人提出的排除执行异议，人民法院应当审查下列内容：

（一）案外人是否系权利人；

（二）该权利的合法性与真实性；

（三）该权利能否排除执行。

第二十五条　对案外人的异议，人民法院应当按照下列标准判断其是否系权利人：

（一）已登记的不动产，按照不动产登记簿判断；未登记的建筑物、构筑物及其附属设施，按照土地使用权登记簿、建设工程规划许可、施工许可等相关证据判断；

（二）已登记的机动车、船舶、航空器等特定动产，按照相关管理部门的登记判断；未登记的特定动产和其他动产，按照实际占有情况判断；

（三）银行存款和存管在金融机构的有价证券，按照金融机构和登记结算机构登记的账户名称判断；有价证券由具备合法经营资质的托管机构名义持有的，按照该机构登记的实际投资人账户名称判断；

（四）股权按照工商行政管理机关的登记和企业信用信息公示系统公示的信息判断；

（五）其他财产和权利，有登记的，按照登记机构的登记判断；无登记的，按照合同等证明财产权属或者权利人的证据判断。

案外人依据另案生效法律文书提出排除执行异议，该法律文书认定的执行标的权利人与依照前款规定得出的判断不一致的，依照本规定第二十六条规定处理。

第二十六条　金钱债权执行中，案外人依据执行标的被查封、扣押、冻结前作出的另案生效法律文书提出排除执行异议，人民法院应当按照下列情形，分别处理：

（一）该法律文书系就案外人与被执行人之间的权属纠纷以及租赁、借用、保管等不以转移财产权属为目的的合同纠纷，判决、裁决执行标的归属于案外人或者向其返还执行标的且其权利能够排除执行的，应予支持；

（二）该法律文书系就案外人与被执行人之间除前项所列合同之外的债权纠纷，判决、裁决执行标的归属于案外人或者向其交付、返还执行标的的，不予支持。

（三）该法律文书系案外人受让执行标的的拍卖、变卖成交裁定或者以物抵债裁定且其权利能够排除执行的，应予支持。

金钱债权执行中，案外人依据执行标的被查封、扣押、冻结后作出的另案生效法律文书提出排除执行异议的，人民法院不予支持。

非金钱债权执行中，案外人依据另案生效法律文书提出排除执行异议，该法律文书对执行标的的权属作出不同认定的，人民法院应当告知案外人依法申请再审或者通过其他程序解决。

　　申请执行人或者案外人不服人民法院依照本条第一、二款规定作出的裁定，可以依照民事诉讼法第二百二十七条规定提起执行异议之诉。

　　第二十七条　申请执行人对执行标的依法享有对抗案外人的担保物权等优先受偿权，人民法院对案外人提出的排除执行异议不予支持，但法律、司法解释另有规定的除外。

　　第二十八条　金钱债权执行中，买受人对登记在被执行人名下的不动产提出异议，符合下列情形且其权利能够排除执行的，人民法院应予支持：

　　（一）在人民法院查封之前已签订合法有效的书面买卖合同；

　　（二）在人民法院查封之前已合法占有该不动产；

　　（三）已支付全部价款，或者已按照合同约定支付部分价款且将剩余价款按照人民法院的要求交付执行；

　　（四）非因买受人自身原因未办理过户登记。

　　第二十九条　金钱债权执行中，买受人对登记在被执行的房地产开发企业名下的商品房提出异议，符合下列情形且其权利能够排除执行的，人民法院应予支持：

　　（一）在人民法院查封之前已签订合法有效的书面买卖合同；

　　（二）所购商品房系用于居住且买受人名下无其他用于居住的房屋；

　　（三）已支付的价款超过合同约定总价款的百分之五十。

　　第三十条　金钱债权执行中，对被查封的办理了受让物权预告登记的不动产，受让人提出停止处分异议的，人民法院应予支持；符合物权登记条件，受让人提出排除执行异议的，应予支持。

　　第三十一条　承租人请求在租赁期内阻止向受让人移交占有被执行的不动产，在人民法院查封之前已签订合法有效的书面租赁合同并占有使用该不动产的，人民法院应予支持。

　　承租人与被执行人恶意串通，以明显不合理的低价承租被执行的不动产或者伪造交付租金证据的，对其提出的阻止移交占有的请求，人民法院不予支持。

第三十二条　本规定施行后尚未审查终结的执行异议和复议案件，适用本规定。本规定施行前已经审查终结的执行异议和复议案件，人民法院依法提起执行监督程序的，不适用本规定。

第二部分·条文释义

引　言　为了规范人民法院办理执行异议和复议案件，维护当事人、利害关系人和案外人的合法权益，根据民事诉讼法等法律规定，结合人民法院执行工作实际，制定本规定。

【条文主旨】

本条是《最高人民法院关于人民法院办理执行异议和复议案件若干问题的规定》（以下简称《规定》）制定的目的和法律依据。

【条文理解】

一、《规定》起草的目的

执行异议和复议制度是执行程序中的重要制度。1991 年 3 月出台的《民事诉讼法》第 208 条即有关于执行异议的规定：执行过程中，案外人对执行标的提出异议的，执行员应当按照法定程序进行审查。理由不成立的，予以驳回；理由成立的，由院长批准中止执行。如果发现判决、裁定确有错误，按照审判监督程序处理。但是，1991 年《民事诉讼法》关于执行异议制度的设计存在以下两点缺陷：

（一）异议的范围过窄

首先，从提起异议的主体看，仅案外人能够提出异议，执行当事人和利害关系人却不能提出任何异议。其次，就异议的对象而言，异议人只能对执行标的提出实体权利异议，对于大量存在的程序性事项，例如查封、扣押、冻结等执行措施，即使违法也不能对之提出异议。

（二）异议审查程序缺乏正当性

一是审查的主体仍然是负责实施案件的执行人员，有自我审查之嫌。二是审查的程序不明。异议审查人员是否需要具备法官身份，是书面审查还是开庭审查，是采取合议制还是采取审批制等问题，法无明文规定。三是审执不分。执行人员可以判断执行依据的对错，违反了审执分离的原则。四是一裁终局。异议申请人不服异议裁定时无法向上一级人民法院提起复议或者向执行法院提起诉讼程序进行再救济。

原有执行异议程序的先天缺陷，导致当事人等相对人在受到违法执行行为侵害时，难以进行有效的救济，执行实施权难以受到有力的监督和制约，执行领域在一定程度上存在为社会各界所诟病的执行乱问题。自二十世纪末开始，为了解决执行难和执行乱，人民法院开始着力执行体制改革，无外乎"合""分"两策。合，即是在外部环境难以改变的情况下，人民法院充分挖掘内部资源，集中力量解决执行难。人民法院在实践中创造了提级执行、指定执行、交叉执行、集中执行等防范地方保护、消极执行、抗拒执行的有效措施，其标志是2000年1月14日最高人民法院出台的《关于高级人民法院统一管理执行工作若干问题的规定》。分，即是将执行权划分为执行实施权和执行审查权，赋予当事人和利害关系人对执行行为的异议和复议权，通过执行审查权对执行实施权的监督制约，解决执行乱问题，应当说，通过实践运行，取得了良好效果。但是，由于缺乏立法依据，各地法院各行其是，在一定程度上又带来了标准不一、程序混乱等新的问题。正因如此，最高人民法院在2007年全国人大常委会修正《民事诉讼法》时，建议修改完善执行异议和复议制度。

2007修正的《民事诉讼法》，吸收了各地执行改革的成果，对执行异议制度进行了全面改造，区分了程序异议和实体异议，并设计了不同的异议程序。但是，《民事诉讼法》关于执行异议的规范仅有两条，过于粗疏，对异议期限、主体范围、裁定形式等实践中迫切需要明确的诸多问题仍语焉不详，执行异议和复议程序无法可依的问题依旧突出，在制作裁定时不得不参照民事诉讼第一、二审程序的规定。社会各界和下级法院强烈呼吁尽快出台相关司法解释予以规范。2009 年伊始，最高人民法院执行局即开始《规定》的起草工作，历时六年，凡十六稿，经最高人民法院审判委员会四次讨论通过。

二、《规定》的基本原则

根据《民事诉讼法》对执行异议和复议制度的定位，结合人民法院执行工作实际，《规定》贯彻了以下原则：

（一）权利保障原则

执行异议和复议程序对于保护当事人、利害关系人以及案外人的合法权益，保证执行程序的公正具有十分重要的意义。一方面，执行程序作为规范执行权运行的公法程序，必须保障参与程序的各方当事人和利害关系人在受到违法执行行为侵害时，有向有关机构寻求救济的权利，亦即必须具有"善"的品质，才具有存在的正当性。另一方面，如果被执行人等参与执行程序的利害关系主体行使异议权的渠道不畅，不可避免地会对执行程序的公正性存在疑问，进而对强制执行产生抵触情绪，反过来加剧执行难。《规定》对保障当事人、利害关系人和案外人异议权的有效行使，在三个方面作了具体规定：一是确保异议主体提出异议的案件都能够及时被受理和审查。《规定》第 2 条规定：如果异议人不服人民法院不予受理或者驳回异议的裁定，可以自裁定送达之日起 10 日内向上一级人民法院申请复议。第 3 条规定：如果人民法院消极不受理或者不审查异议，异议人可以直接向上一级人民法院提出异议。二是确保异议主体的知情权。针对实践中个别执行法院在相关异议裁定中不告知复议权和提起异议之诉权利的错误做法，《规定》第16条要求人民法院在作出相关裁定和决定时，必须依法告知相关权利人申请复议或者向执行法院提起异议之诉的权利和期限。三是程序规定尽量简便。从方便异议主体提起异议的角度，《规定》在程序设置上尽量方便人民群众，避免推诿敷衍，增加异议主体的救济成本。例如，《规定》第2条规定：人民法院发现执行异议申请材料不齐备的，应当一次性告知异议人在3日内补足。

（二）分权制衡原则

执行权除了具有司法权的被动性外，还具有强制性和主动性的一面，一旦使用不当便会侵害相对人的合法权益。因此，必须建立分权运行机制，将其牢牢锁进制度的笼子里。执行异议和复议正是在执行权内部进行分权的一项制度，通过执行审查权对执行行为合法性和适当性的审查，实现对执行实施权监督、制约的目的。《规定》从两个方面实现执行审查权对执行实施权的制衡：一是人员的分离。《规定》第11条要求，办理执行实施案件的执行人员不得参与执行异议和复议案件的办理，以避免相关人员先入为主。二是事项的分离。对于程序事项的异议，由执行机构自行审查；对于实体事项，除非法律或者司法解释有特殊规定外，通过诉讼程序由审判机构最终裁决。

（三）效率原则

众所周知，和审判程序不同，执行程序的主要目的是迅速实现债权人经过生效法律文书确定的债权，效率是其基本价值取向。执行异议和复议程序的目的是解决执行过程中衍生的程序和实体争议，实际是执行程序的子程序，其价值取向毫无疑问仍是效率。正因如此，在执行异议和复议程序设计时，力求避免实践中越来越严重的"诉讼同质化"倾向。《规定》着重从以下三个方面体现效率原则：一是救济有限。为了防止异议人滥用异议权阻滞执行，《规定》第6条对异议人提出异议的期限作了明确规定。二是书面审查。执行行为是公法行为，其合法与否根据卷宗记载即可判明；对案外人异议，由于定位为异议之诉前的程序审查，根据当事人提交的证据材料和执行卷宗一般亦可满足形式审查的要求。所以，为了避免拖延，书面审查是审查执行异议和复议案件的主要方式；只有案情复杂、争议较大的案件，才开庭听证。三是形式审查。由于只有15日的审查期间，且有异议之诉最终裁判，案外人异议审查原则上根据执行标的的权利外观表象来判断权属，只有无法根据权利外观判断或者法律和司法解释有特殊规定时，才进行实质审查。

（四）利益平衡原则

执行程序是各方利益聚集的领域，不同的主体之间彼此利益对立。《规定》力求在制度层面，协调各方冲突因素，使相关主体的利益在执行程序中达到合理的优化状态。具体而言，应做到以下三个方面的利益平衡：

1. 申请执行人与被执行人之间的利益平衡。执行程序是专为实现申请执行人的确定债权而设计，维护申请执行人的利益自然是首要任务。但是，在维护申请执行人利益的同时，执行的谦抑原则也要求把被执行人的痛苦降低到最低限度，对其合法的权利和利益予以必要保护，而执行异议和复议程序就是保护包括被执行人在内的当事人和利害关系人合法权益不受非法侵害的具体路径。但是，正如俗话所言"甘蔗没有两头甜"，执行异议和复议程序也存在容易为被执行人滥用的弊端，《规定》因此建立了禁止重复提起异议等防止执行异议和复议程序被恶意利用的制度。

2. 申请执行人与案外人之间的利益平衡。执行标的被人民法院限制处分之前，在交易流转中不断附载案外人的实体权利，而查封执行标的坚持的形式审查标准，又会错误执行实际属于案外人的财产。如何平衡申请执行人和案外人之间的利益冲突，一直是执行程序"剪不断，理还乱"的难题。《规定》一方面根据我国目前物权登记的实际情况，对案外人在执行标的之上的权利予以切合实际的保护。另一方面，也对案外人在执行标的之上的权利进行适当干预。例如，《规定》第 32 条在对不动产受让人的物权期待权予以保护的同时，也要求案外人按照人民法院的要求，而不是其与被执行人之间的合同，支付剩余价款。

3. 案外人与受让人之间的利益平衡。当人民法院处分的财产实际属于案外人时，面临如何平衡案外人的财产所有权与买受人信赖司法拍卖公信力之间的矛盾。执行程序是需高度安定的程序，尤其是司法拍卖，除非因违法而被撤销，受让人取得的财产权益必须得到彻底地保护，不允许所有权人任意追夺。否则，司法拍卖的公信力将荡然无存。《规定》一方面确保案外人提出异议的权利，另一方面也区别执行标的受让人是否是当事人，对案外人的异议权利作出了不同的规定。

三、《规定》的逻辑结构

《规定》共分 32 条：第 1 ~ 16 条是关于执行程序的一般规定；第 17 ~ 23 条是关于执行行为异议和复议的规定；第 24 ~ 31 条是关于案外人异议的规定；第 32 条是关于《规定》的适用范围问题。

第一条　异议人提出执行异议或者复议申请人申请复议，应当向人民法院提交申请书。申请书应当载明具体的异议或者复议请求、事实、理由等内容，并附下列材料：

（一）异议人或者复议申请人的身份证明；

（二）相关证据材料；

（三）送达地址和联系方式。

【条文主旨】

本条是关于执行行为异议、复议和案外人异议申请形式要求的规定。

【条文理解】

《民事诉讼法》第225条和第227条规定，执行行为异议、案外人异议应当以书面形式提出，但对书面异议的形式要件未作进一步规定。本条司法解释对执行行为异议、复议及案外人异议申请的形式要求作了统一规范。

《民事诉讼法》第225条规定的执行行为异议，是指当事人、利害关系人认为人民法院的执行行为违反法律规定，向执行法院提出的书面异议。所谓执行行为，是指人民法院运用国家强制力，强制实现执行依据中所确定权利的公法行为。违反法律规定的执行行为，是指法律、司法解释有明确规定，执行人员违反该规定而实施的执行行为。《民事诉讼法》第225条是针对违法执行行为规定的救济方法，属于一种程序上的执行救济，这种救济针对的是执行行为本身，一般不涉及实体争议事项。① 但在符合本司法解释第 7 条第 2 款，以及《刑事裁判涉财产部分执行规定》第 14 条的情形下，执行行为异议和复议程序也审查处理相关实体法争议。执行行为异议包括当事人执行异议和利害关系人异议。当事人是指申请执行人和被执行人，案外第三人被依法变更为申请执行人，或者被依法变更、追加为被执行人的，也属于执行案件当事人。利害关系人是指执行案件当事人以外，与人民法院执行行为存在利害关系的自然人、法人和其他组织。这里的利害关系，是指法律上的利害关系，还是事实上的利害关系，抑或是两者均可包括在内？法律、司法解释均未提及。台湾地区对利害关系人的界定，仅指法律上的利害关系人，即当事人以外的人法律上的权益因执行行为受到侵害的情形，并不包括事实上的利害关系。例如，工厂被查封拍卖时，其员工不能以有失业之虞为理由，提出异议。② 根据本司法解释第 5 条规定，有下列情形之一的，当事人以外的公民、法人和其他组织，可以作为利害关系人提出执行行为异议：（1）认为人民法院的执行行为违法，妨碍其轮候查封、扣押、冻结的债权受偿的；（2）认为人民法院的拍卖措施违法，妨碍其参与公平竞价的；（3）认为人民法院的拍卖、变卖或者以物抵债措施违法，侵害其对执行标的的优先购买权的；（4）认为人民法院要求协助执行的事项超出其协助范围或者违反法律规定的；（5）认为其他合法权益受到人民法院违法执行行为侵害的。

《民事诉讼法》第 225 条规定的执行复议，是指当事人、利害关系人不服执行法院作出的执行行为异议审查裁定，向上一级人民法院申请

---

① 参见王飞鸿、赵晋山、黄年：《全国人民代表大会常务委员会关于修改〈中华人民共和国民事诉讼法〉的决定》（执行部分）的理解与适用，载最高人民法院执行工作办公室编：《执行工作指导》（2007 年第 4 辑），人民法院出版社 2008 年版，第 21 页、第 25 页。

② 参见杨与龄：《强制执行法论》（最新修正），中国政法大学出版社 2002 年版，第 172 页。

复议的救济制度。

《民事诉讼法》第227条规定的案外人异议，是指执行案件当事人以外的第三人，对执行标的主张阻止执行的实体权利，请求对该标的停止执行而向执行法院提出的实体异议。在大陆法系国家和台湾地区，案外人对执行标的主张实体权利，请求停止对该标的强制执行的诉求，是通过直接向审判机构提起案外人异议之诉（第三人异议之诉）的方式获得救济。我国《民事诉讼法》设置了案外人实体异议前置程序，案外人应先向执行法院提出案外人异议，经执行机构对案外人异议进行审查后，对异议审查结果不服的，才能向执行法院的审判机构提起案外人异议之诉。

关于案外人异议与利害关系人异议的区分问题。执行法院在审查执行异议的过程中，容易混淆案外人异议和利害关系人异议，主要表现为将案外人异议识别成利害关系人异议，并对执行行为的程序合法性进行审查，在异议裁定中赋予当事人向上一级法院提出复议的权利，或者将利害关系人异议识别成案外人异议，并引导当事人提起执行异议之诉。执行异议审查程序的适用错误，容易导致执行过程中的纠纷不能及时得以适当处理，损害当事人利益。因此，有必要对案外人异议和利害关系人异议的区别作简单说明。

案外人异议是案外人认为法院的执行行为侵害了其实体权利，是基于对执行标的主张实体权利提出的异议，即实体异议。利害关系人异议是因执行行为本身违反程序性规定，侵害了执行案件当事人以外第三人的合法权益，由利益受损的第三人以法院违反执行程序为由提出的异议，即程序异议。从实践中看，所有的异议从表面上都指向执行行为，主张执行行为错误，但是判断一个异议是实体异议还是程序异议，也就是说判断实体异议和程序异议的标准，只能是看异议所依据的基础权利的性质。如果异议指向的对象是执行标的物，且所提异议依据的是所有权或者其他足以阻止执行标的物转让、交付的实体权利的，就构成实体异议。反之，如果案外人（利害关系人）所提异议所依据的基础权利为程序权利，比如排除超标查封的权利，因为在先查封所主张的优先受偿权利等等，则构成程序异议。[①] 当然，上述区分方法只是原则性的，在司法解释另有例外规定的情况下，应按相关规定处理。例如，根据《刑事裁判涉财产部分执行规定》第14条，在财产刑执行过程中，案外人对执行标的主张足以阻止执行的实体权利提出的案外人异议，执行法院应当依照《民事诉讼法》第225条的规定处理。这是因为财产刑执行程序中，没有民事执行意义上的申请执行人，执行异议之诉的提起也受到很大限制。根据《民事诉讼法解释》第307条，案外人异议之诉以申请执行人为被告。在申请执行人许可执行之诉中，申请执行人处于原告诉讼地位。由于申请执行人这一诉讼角色的缺失，典型的案外人异议之诉和申请执行人许可执行之诉在财产刑执行中是不存在的。正是基于这种考虑，《刑事裁判涉财产部分执行规定》第14条对财产刑执行中案外人异议审查作了变通规定，不再适用《民事诉讼法》第227条，而是依照《民事诉讼法》第225条的规定处理。

另外，根据本司法解释第8条规定，案外人基于实体权利既对执行标的提出排除执行的案外人异议，又作为利害关系人提出执行行为异议的，人民法院应当依照《民事诉讼法》第227条规定进行审查；案外人既基于实体权利对执行标的提出排除执行的案外人异议，又作为利害关系人提出与实体权利无关的执行行为异议的，人民法院应当分别依照《民事诉讼法》第227条和第225条规定进行审查。

本条司法解释对执行行为异议、复议和案外人异议的形式要件，规定了三项内容：

---

　　① 范向阳：《程序异议与实体异议的区分》，载江必新主编、最高人民法院执行局编：《执行工作指导》（2010年第4辑），人民法院出版社2011年版，第126页。

1. 提交书面申请书。针对实践中多种多样的异议形式，本条司法解释根据《民事诉讼法》关于提出书面异议的规定，统一要求异议人、复议申请人应当提交书面异议申请书、复议申请书。对于异议人口头提出异议并由人民法院记入笔录的做法，原则上不再采用。这一规定对当事人、利害关系人和案外人提出了更高的程序要求，有利于提高执行异议、复议审查程序的规范化水平。

2. 申请书的具体内容。申请书应当载明以下内容：

（1）异议或者复议请求。申请书应写明异议、复议请求。请求事项应当明确、具体，请求法院撤销或变更某项执行行为，维持、撤销、变更某执行裁定或执行裁定中的部分事项，停止或排除对执行标的的执行等内容，均应在申请书中逐项列明。异议、复议请求不明确或者相互矛盾的申请，不符合执行异议、复议案件立案审查条件，应由相关异议、复议申请人明确请求后，再行立案审查。

（2）相关案件事实。申请书应载明与请求事项相关的案件事实。案件事实的陈述应简明扼要，突出与执行争议有关的主要事实。

（3）异议或者复议的理由。申请书应围绕请求事项，结合相关案件事实，对异议、复议请求事项的成立陈述理由。

（4）其他内容。申请书的首部应写明异议人、复议申请人的基本情况。尾部的落款人和提出申请的时间也应写明，并由申请人签名或盖章。提出申请的时间对于判断异议、复议申请是否在法律、司法解释规定的期限内提出，具有重要意义。异议人、复议申请人据以提出异议、复议请求的相关法律依据，也应在申请书中写明。规范的申请书还会写明申请书所致法院的名称。

3. 申请书应当附具的材料。

（1）异议人或者复议申请人的身份证明。异议人、复议申请人为自然人的，应当提交身份证明；法人应当提交营业执照、组织机构代码证、法定代表人身份证明等证明材料；其他组织应当提交主要负责人身份证明，有组织机构代码证的，应提交组织机构代码证。如有委托代理人的，应当提交委托代理人的委托代理手续和身份证明。要求异议人、复议申请人提交上述材料，以便于法院识别、查明异议、复议案件相关主体信息。

（2）有关证据材料。异议人、复议申请人应当提交证明其异议、复议请求成立的有关证据材料。例如，案外人向执行法院提交权利受让合同、已支付价款的书面凭证、已合法占有执行标的的相关证据等，证明其对执行标的享有足以阻止执行的实体权利。提供证据材料，主要是针对行为责任意义上的证明活动而言。异议人、复议申请人为证明其异议、复议主张成立，有必要向法院提供相关证据。法院在异议、复议审查过程中，也可以根据相关当事人申请，或依职权调查案件事实。虽然本条司法解释要求异议人、复议申请人向法院提供证据，但这并不表明异议、复议审查程序对事实的查明采完全的当事人主义。

（3）送达地址和联系方式。本条司法解释要求异议人、复议申请人提供送达地址和联系方式，是为了准确送达执行法律文书，避免法律文书送达过程出现纰漏。掌握异议人、复议申请人的联系方式，有利于及时通知其相关程序事项，维护异议人、复议申请人合法权益，保障异议、复议审查程序的顺利进行。有的执行异议、复议案件，异议人、复议申请人将法律文书送达地址及其联系方式在申请书的首部写明。有的异议人、复议申请人在申请书所附材料中，专门提交送达地址和联系方式等相关材料。案件有委托代理人的，委托代理人的送达地址和联系方式也应当向人民法院提供。

【实践中应当注意的问题】

司法实践中，异议人并非完全按照《民事诉讼法》规定和人民法院要求提交书面异议申请。异议申请书的表现形式多种多样，有的申请书冠以"执行申诉书"的名称，有的以"情况反映"表达异议诉求，还有的以"执行监督申请书"或"再审申请书"为表现形式，实则属于向人民法院提出执行异议。另外，异议人的法律素养参差不齐，有的异议申请毫无条理，异议请求表达不清，或者没有法律依据，甚至从内容到形式都不能称之为法律文书。我国不具备执行异议、复议案件全部实行律师代理的条件，大量执行异议、复议案件都没有律师参与，执行异议、复议申请书并不都能符合法律、司法解释规定的形式要求。针对这种现状，实践中对于异议人提交的以"情况反映""执行申诉书"等为名，实则向人民法院提出执行异议的书面申请，只要有明确的异议请求，执行法院应作为相关执行异议案件审查处理。异议人提交的书面申请所提异议请求不明确，无法审查处理的，执行法院可要求提出异议的申请人补正，明确其异议请求后，再行立案审查。对于表述形式不规范的书面申请，经审查申请书，能够基本掌握异议人的异议请求、所述事实及理由的，执行法院应当按照书面异议表述的基本含义进行审查，相关异议人可向执行法院补充、明确其异议请求。

【相关法律法规】

中华人民共和国民事诉讼法
（2012 年 8 月 31 日）

第二百二十五条 当事人、利害关系人认为执行行为违反法律规定的，可以向负责执行的人民法院提出书面异议。当事人、利害关系人提出书面异议的，人民法院应当自收到书面异议之日起十五日内审查，理由成立的，裁定撤销或者改正；理由不成立的，裁定驳回。当事人、利害关系人对裁定不服的，可以自裁定送达之日起十日内向上一级人民法院申请复议。

第二百二十七条　执行过程中，案外人对执行标的提出书面异议的，人民法院应当自收到书面异议之日起十五日内审查，理由成立的，裁定中止对该标的的执行；理由不成立的，裁定驳回。案外人、当事人对裁定不服，认为原判决、裁定错误的，依照审判监督程序办理；与原判决、裁定无关的，可以自裁定送达之日起十五日内向人民法院提起诉讼。

最高人民法院
关于适用《中华人民共和国民事诉讼法》的解释

2014 年 12 月 18 日　　　　　　　　　　　法释〔2015〕5 号

第三百零七条　案外人提起执行异议之诉的，以申请执行人为被告。被执行人反对案外人异议的，被执行人为共同被告；被执行人不反对案外人异议的，可以列被执行人为第三人。

最高人民法院
关于刑事裁判涉财产部分执行的若干规定

2014 年 9 月 1 日　　　　　　　　　　　　法释〔2014〕13 号

第十四条　执行过程中，当事人、利害关系人认为执行行为违反法律规定，或者案外人对执行标的主张足以阻止执行的实体权利，向执行法院提出书面异议的，执行法院应当依照民事诉讼法第二百二十五条的规定处理。

人民法院审查案外人异议、复议，应当公开听证。

最高人民法院
关于人民法院办理执行异议和复议案件若干问题的规定

2014 年 12 月 29 日　　　　　　　　　　法释〔2015〕10 号

第五条　有下列情形之一的，当事人以外的公民、法人和其他组织，可以作为利害关系人提出执行行为异议：

（一）认为人民法院的执行行为违法，妨碍其轮候查封、扣押、冻结的债权受偿的；

（二）认为人民法院的拍卖措施违法，妨碍其参与公平竞价的；

（三）认为人民法院的拍卖、变卖或者以物抵债措施违法，侵害其对执行标的的优先购买权的；

（四）认为人民法院要求协助执行的事项超出其协助范围或者违反法律规定的；

（五）认为其他合法权益受到人民法院违法执行行为侵害的。

第七条第二款　被执行人以债权消灭、丧失强制执行效力等执行依据生效之后的实体事由提出排除执行异议的，人民法院应当参照民事诉讼法第二百二十五条规定进行审查。

第八条　案外人基于实体权利既对执行标的提出排除执行异议又作为利害关系人提出执行行为异议的，人民法院应当依照民事诉讼法第二百二十七条规定进行审查。

案外人既基于实体权利对执行标的提出排除执行异议又作为利害关系人提出与实体权利无关的执行行为异议的，人民法院应当分别依照民事诉讼法第二百二十七条和第二百二十五条规定进行审查。

第二条　执行异议符合民事诉讼法第二百二十五条或者第二百二十七条规定条件的，人民法院应当在三日内立案，并在立案后三日内通知异议人和相关当事人。不符合受理条件的，裁定不予受理；立案后发现不符合受理条件的，裁定驳回申请。

执行异议申请材料不齐备的，人民法院应当一次性告知异议人在三日内补足，逾期未补足的，不予受理。

异议人对不予受理或者驳回申请裁定不服的，可以自裁定送达之日起十日内向上一级人民法院申请复议。上一级人民法院审查后认为符合受理条件的，应当裁定撤销原裁定，指令执行法院立案或者对执行异议进行审查。

【条文主旨】

本条是关于执行异议立案审查的规定。

【条文理解】

一、执行异议的立案审查

修改后的《民事诉讼法》从制度上确立了我国的执行异议制度，这不得不说是一种法制的进步，初步区分了执行异议与异议之诉两个不同的概念。然而，制度上确立了执行异议制度，但针对法条中的"法定程序"规定依然不明确，在最高人民法院其他相关的司法解释中也找不到执行异议立案审查的具体审查程序，相对于司法实践而言，目前相关法律和司法解释的规定过于抽象和概括，因此在司法实践中，各地法院普遍存在操作不规范、无章可循、各行其是的局面。一方面使得司法实践中对于执行异议案件的立案审查处于失范状态，不利于执行异议审查制度的统一和规范；另一方面在对当事人正当权利的保护上，缺失了制度和程序的保障和细化，偏于简陋和粗疏。为此，本条对执行异议决定立案的条件、期限、立案后的通知期限、不符合立案条件的程序处理、立案后发现不符合立案条件的案件的处理逐一进行了规定，弥补了现有法律及司法解释的空白。

（一）执行异议的立案条件

从《民事诉讼法》第225条、第227条，《最高人民法院关于适用〈中华人民共和国民事诉讼法〉执行程序若干问题的解释》第5条、第15条的规定，人民法院受理执行异议案件，必须符合下列条件：

1. 执行异议应当由异议人主动申请提出。这一条件又被称为申请启动原则。即执行行为异议审查制度应当由异议申请人申请启动，不申请则不予立案审查，区别于法院依职权实施的执行监督程序。由于民事强制执行以实现私权利为目的，因此，民事诉讼中"不告不理"的当事人自愿原则和处分原则仍然是民事强制执行的重要原则。执行程序的发动必须经债权人的申请。执行程序启动以后，债权人撤回执行申请的，执行机关应立即停止所采取的执行措施，结束执行程序，而不能以债务人尚未完全履行义务为由继续执行。执行行为异议审查制度依然体现意思自治性，作为当事人或利害关系人维护自己私权利的程序，当事人或利害关系人对此也具有相当的处分权，必须通过执行异议人申请异议审查，异议审查程序才能展开。倘若法院依职权主动启动对法院自身的瑕疵执行行为的异议审查程序，就违背了当事人的意思自治和处分原则，也与制度内在的逻辑相冲突。

2. 提出执行异议的，应当是执行案件的当事人、利害关系人或者案外人。依《民事诉讼法》第 225 条规定，有资格提起执行行为异议的人，必须是执行案件的当事人或利害关系人，执行行为对其利益产生影响、与其有法律上的利害关系；对其利益不产生影响、与其没有法律上利害关系的，则不具有异议人的主体资格、不得作为异议人提出执行行为异议。

所谓当事人，即是指强制执行程序中的债权人或债务人，分别称为申请执行人和被执行人。当事人并不限于执行依据上所列明的当事人，在执行过程中，依照判决既判力和执行力扩张的理论，① 一定情形下，人民法院可以依法变更、追加为当事人的自然人、法人或其他组织，这些主体在被追加或变更后也属于能够提起执行行为异议的当事人。依照我国民事诉讼法及相关司法解释的规定，这类被变更或追加的当事人主要有：

可以被变更为债权人的主体，包括：（1）债权人死亡的，其继承人、受遗赠人、遗嘱执行人、遗产管理人；债权人被宣告失踪的，其财产代管人。（2）债权人与其配偶离婚的，按照离婚协议或者生效法律文书取得执行根据所确定的债权的一方。（3）作为债权人的法人分立的，分立协议中约定继受该债权的法人，分立协议没有约定的，分离后存续的各法人。（4）作为债权人的法人与其他人合并的，合并后存续的法人。（5）债权人姓名或者名称变更的，变更姓名或者名称后的自然人、法人或者其他组织。（6）作为债权人的其他组织被撤销的，开办该组织的公民或者法人。（7）作为债权人的企业法人依法破产、被撤销、注

① 既判力是指终局判决内容的实质上的确定力。一旦作出终局判决，在诉讼程序中就不能再以通常声明不服的方法被撤销，其内容就成为最终解决纠纷的判断。既判力分为主观范围和客观范围，既判力范围的扩张主要是指其主观范围的扩张，即既判力对于人的效力，在执行程序中，发生特定事由时，当事人发生变动，则执行依据又依法及于当事人以外的第三人，此时第三人即为承受当事人权利义务之人。既判力扩张，执行力也扩张。

销、吊销营业执照或者歇业的，其清算组织或者负有清算义务的人。（8）作为债权人的机关法人被撤销的，继续行使其权利的机关；其职权无国家机关继续行使的，撤销它的机关。（9）执行依据中确定的债权依法转让的，或者经破产程序分配给其他债权人的，其受让或者受分配人。（10）作为债权人的自然人丧失民事行为能力的，其法定代理人或监护人。（11）依法受让执行根据确定的债权的受让人。

可以被追加或变更为被执行人的主体，包括：（1）债务人死亡的，其继承人、受遗赠人、遗嘱执行人、遗产管理人；债权人被宣告失踪的，其财产代管人。（2）执行名义确定的债务人与其配偶离婚，离婚协议或者生效法律文书将债务分割给其配偶一方的，该配偶一方；夫妻共同债务的对方配偶。（3）作为债务人的法人依法定程序分立的，分立协议中确定承担该债务的法人；依法定程序合并的，合并后存续的法人。作为债务人的机关法人被撤销的，继续行使其职权的机关；其职权无国家机关行使的，撤销它的机关。（4）作为债务人的独资企业、合伙企业或者企业法人的分支机构等其他组织不能清偿债务的，设立该组织的公民或者企业法人。（5）作为债务人的法人依法进入清算程序的，其清算人或者负有清算义务的人或组织；该法人的遗留财产被第三人无偿占有或者接收的，该第三人。（6）债务人姓名或者名称变更的，变更姓名或者名称后的自然人、法人或其他组织。（7）依法受让执行根据确定的债务受让人。（8）债务人无财产清偿债务，且开办单位对其开办时投入的注册资金不实或抽逃注册资金的开办单位。（9）无能力履行生效法律文书的义务的个人合伙组织或和合伙型联营企业，其合伙人或参加该联营企业的法人。

除了上述当事人可以提起执行行为异议之外，其权益因法院的执行行为瑕疵受到损害的利害关系人也可以提出执行异议。利害关系人是指当事人以外，对人民法院的执行行为提出程序性异议的公民（自然人）、法人和其他组织。利害关系人的产生，往往是权利义务关系对内、对外两个层次分离的结果，即利害关系人与执行案件的一方当事人有某种权利义务关系，而这种权利义务关系又使得执行行为的违法行使损害其程序上的权利或者利益。比如，执行中拍卖标的物的竞买人、买受人，他们并非案件当事人，但执行行为却有可能直接侵害其权利、利益，因此，他们在权利、利益受到侵害时，可以作为利害关系人提出执行异议。

依照《民事诉讼法》第227条的规定，执行过程中，案外人可以针对执行标的提出异议。所谓案外人，是指当事人以外，对执行标的主张所有权等阻止执行的实体权利的公民（自然人）、法人和其他组织。其具备两方面的特征：第一，必须是申请执行人和被执行人以外的人，是执行依据效力所不及的第三人。如财产所有权人、对财产有管理权和处分权的人，如破产管理人、遗嘱执行人、物上承租人。第二，必须是对执行标的主张权利的人。案外人对执行行为所及的标的物，认为自己享有实体上的权利，而该实体权利将会因法院的执行处分而丧失。这里的执行行为从程序角度来说很可能是正确的，但标的权利存在争议，案外人对该标的主张实体权利。

3. 执行行为异议及案外人异议应当在法定期限内提出。理论界的通说认为，执行行为异议应当在"执行过程中"提出，即从强制执行程序开始直到强制执行程序终结。从域外主要国家和地区的立法例的考察来看，异议人提起程序性执行救济的时间一般要求在执行程序终结前。我国台湾地区的"强制执行法"很明确地规定，当事人或利害关系人"得于强制执行程序终结前，为声请或声明异议"。而《规定》也继续延续了这一时间界限的规定，将提出执行行为异议的时间限定在执行过程中，但对于执行终结措施本身提出的异议除外。

4. 执行行为异议和案外人异议的提出应当具有特定的事由。由于强制执行程序所具有的追求效率、讲求时效等特点，倘若对异议事由范围不做任何限定，将可能导致异议过多，被执行人可能会利用该规定妨碍执行，执行效率会受到严重影响。同时，法院的工作量也将成倍增加，法院可能会陷入疲于应对层出不穷的异议和复议，反而影响了其他案件的正常执行。关于异议事由实践中也逐步形成了一些基本共识。例如，《民事诉讼法》第 225 条"违反法律规定"中的"法律"应当作广义理解，行政法规、司法解释等也应当包括在内。此外，当事人、利害关系人不能在毫无事实和理由的情况下泛泛地提出异议，而应当在书面异议申请中写明异议的事实和理由。再者，有关法律、行政法规或司法解释对某些事项的处理有专门规定的，应当适用该规定，而不能适用《民事诉讼法》第 202 条的规定。

二、立案审查中相关问题的处理

权利保障原则是执行异议制度的一项基本原则。对保护当事人、利害关系人的合法权益，保证执行程序的公平公正具有重要意义。如果当事人、利害关系人及案外人行使异议权的渠道不畅，将使其对执行程序的公正性存在疑问，对强制执行产生抵触情绪，在一定程度上加剧"执行难"；另一方面，也会使部分群众对人民法院的执行工作产生负面评价，降低司法公信力。同时，执行异议程序是强制执行派生出的裁决程序，因此强制执行的效率原则依然适用于异议程序。在兼顾权利保障原则和效率原则的前提下，一方面要保障当事人、利害关系人及案外人正当权利的行使；另一方面要尽可能避免因为异议程序的冗长拖沓而影响了原本执行案件的执行，从而影响了其他当事人合法正当权利的实现。为此，《规定》第 2 条明确了人民法院对执行异议的立案审查条件。主要解决了以下问题：

（一）规定了对执行异议一律应当进行立案审查

对执行异议统一办理立案登记手续，一方面，有利于异议人的程序权利在技术上落到实处；另一方面，也有利于法院的流程管理和绩效管理。

（二）规定了立案审查的内容

在实践中，法院对异议的立案审查分为形式审查和实体审查。即只对当事人、利害关系人、案外人提出的异议申请是否符合《民事诉讼法》第225条、第227条规定的条件予以审查。形式审查一般是指对当事人、利害关系人及案外人提出异议时提交的异议申请书是否具备应当记载的事项（包括当事人的姓名、性别、年龄、民族、职业、工作单位和住所，法人或者其他组织的名称、住所和法定代表人或者主要负责人的姓名、职务；异议请求和事实与理由）、异议的证据及证据来源、异议手续是否齐备（如异议人若是自然人需要提交身份证复印件，是法人则需要提交营业执照复印件、组织机构代码证复印件和法定代表人身份证明；如果委托他人代理，还需要提交委托书及受托人的身份证明文件）等材料进行的审查；实体审查主要是指对异议人的主体资格、是否属于异议范围的事项或法律关系、是否符合提起异议的期限、法院是否具有管辖权等问题进行的审查。

（三）规定了执行异议立案审查后的处理方式

《规定》参照了诉讼案件立案审查的处理方式，将执行异议立案审查的处理方式分为四种：通知立案受理、不予受理、裁定不予受理和裁定驳回申请。

1. 通知立案受理。人民法院在初步审查后，认为符合条件的，应当在3日内立案，并在立案3后日内通知异议人及有关当事人。通过条文对立案审查的期限作了明确规定，避免受理法院久拖不立，或在立案后不及时通知异议人及相关当事人。

2. 不予受理。人民法院在对执行异议进行立案审查时，发现异议人提交的材料不齐备的，例如缺少身份证复印件、营业执照复印件、组织机构代码证复印件和法定代表人身份证明等材料的，或者异议申请书上记载事项缺漏的，比如缺少当事人姓名或住址，缺漏异议理由和相应事实的。人民法院应当通知异议人在 3 日内补足。需要注意的是，异议人在规定期限内补足材料后，人民法院即启动异议的立案审查程序，符合受理条件的，在 3 日内予以受理；不符合受理条件的，在 3 日内作出不予受理的裁定。启动异议立案审查程序的期限应当从人民法院收到异议人补足材料时起算。异议人逾期未补足相关材料的，视同其放弃异议，人民法院将不予受理。

3. 裁定不予受理。异议人提出的执行异议不符合受理条件的，人民法院应当作出裁定，将不予受理的结果答复异议人。通过裁定这一法律文书的形式答复异议人，就是考虑到实践中一些法院对异议人提出的异议不予受理，但也不做书面答复，导致异议人在其异议被拒绝受理后，因为没有相应的法律文书形式载体，无法就法院不予受理其提出的异议寻求相应的救济。

4. 裁定驳回异议申请。人民法院对执行异议立案后又发现不符合受理条件的，应当裁定驳回申请。这一规定同样也是借鉴了诉讼案件的立案审查处理方式，用裁定的形式驳回异议人的申请，一方面对异议人有法律文书的书面答复，一方面有效保障其被驳回申请后的救济途径。

（四）规定了对不予立案或者驳回申请不服时的救济

为了防止执行法院以立案审查的方式变相提高执行异议的门槛，《规定》增设了异议人不服不予受理或者驳回申请裁定的，有向上一级法院申请复议的权利，上一级人民法院经过审查，认为符合执行异议受理条件的，应当裁定撤销原裁定，指令执行法院立案或者对执行异议进行审查。

从而首次明确了于不予立案和驳回申请裁定不服的，可以通过向上一级法院申请执行复议，上一级应当通过法定程序予以审查并作出相应裁定。这是从诉讼程序中借鉴了不予受理或驳回立案申请的救济程序，对执行异议程序中当事人的权利保护更为完善和充分。

【案　例】

辽宁省高级人民法院（2013）辽执二复字第 2 号

【基本案情】

本案执行依据为锦州市人民法院（以下简称锦州中院）作出的（2001）锦经初字第 5 号民事判决书。原告为信达资产管理公司沈阳办事处（以下简称信达公司沈阳办），被告为北宁市农药厂（现为北镇市农药厂），该判决认定中国人民建设银行北宁市支行（以下简称建行北宁支行）与北宁市农药厂签订的 154 万元借款合同、北宁市农药厂以其自有的 3288 平方米厂房作抵押的抵押合同合法有效。1999 年 12 月 24 日，建行北宁支行与信达公司沈阳办签订债权转让协议，将对北宁市农药厂的 154 万元贷款本息的债权转让给信达公司沈阳办。判决书判决：（1）被告北宁市农药厂于判决生效后 10 日内给付所欠原告信达公司沈阳办借款本金 154 万元及利息 219 682.27 元（自 1999 年 9 月 21 日至判决书执行之日止的利息按双方约定计付）。如逾期则加倍支付迟延履行期间的债务利息。（2）如被告北宁市农药厂不能如期履行前款义务，则以变卖抵押物所得价款优先偿付给原告信达公司沈阳办，超出部分归被告所有，不足部分由被告北宁市农药厂继续清偿。现抵押财产中大部分厂房的所有权已无偿转移到申请复议人盂凡伍名下。

该判决生效后，信达公司沈阳办向锦州中院申请执行，后该院以（2001）锦执字 125 号立案执行并在 2005 年 1 月 20 日变更渤海公司为本案的申请执行人。2012年5月28日，依据渤海公司的申请，锦州中院作出（2012）锦执二字第00031号执行裁定书，追加孟凡伍为本案的被执行人。孟凡伍不服，于2012年6月1日向锦州中院提出执行异议。另，2012年6月8日锦州中院又变更洪喜生为本案的申请执行人。锦州中院认为，根据该院（2001）锦经初字第5号民事判决书，可以认定原建行北宁支行与北宁市农药厂签订的借款抵押合同合法有效。孟凡伍提出抵押合同无效无法律依据，不予支持。抵押权人可依法对抵押财产行使抵押权。孟凡伍明知抵押合同存在，在未征得抵押权人同意的情况下，仍将大部分抵押财产无偿转移到自己名下，依法应在转移财产的范围内对申请执行人承担债务清偿责任。至于孟凡伍提出渤海公司把债务转让他人，系与他人恶意串通损害其利益，因其未能提供相应证据，该院不予采信。遂裁定驳回孟凡伍提出的异议请求。

申请复议人孟凡伍不服锦州中院异议裁定向辽宁省高级人民法院（以下简称辽宁高院）称：（1）本案的抵押财产是1998年12月28日在北宁市工商行政管理局登记的，而根据1997年6月1日颁布的《城市房地产抵押管理办法》相关规定，应在房产部门登记。抵押财产只有依法办理了抵押登记，人民法院才可以对抵押物进行执行。本案抵押财产不是在法定抵押登记部门进行的登记，北宁市农药厂违反法定程序进行抵押，对外不产生法律效力。异议裁定不应以孟凡伍主张抵押合同无效，无法律依据为由，驳回上述异议事项。（2）渤海公司的法定代表人满一男系中国建设银行股份有限公司锦州分行不良资产管理人员，信达公司沈阳办与渤海公司所签不良资产转让合同系恶意串通和受让人为金融监管机构工作人员参与的非金融机构法人的，违反法发（2009）19号通知的有关规定，应属无效，而这又导致了渤海公司与洪喜生所签转让合同亦无效。因此，不应裁定变更洪喜生为本案的申请执行人。异议裁定不应以孟凡伍未能举证证明相关事实为由，驳回上述异议事项。（3）孟凡伍取得本案的抵押物是基于支付了近500万元将原北镇市农药厂的职工进行了安置，北镇市农药厂现仍然存在，有可供执行的财产，锦州中院应执行该企业的财产，而不应执行孟凡伍的财产。

【裁决结果】

辽宁高院于2013年5月7日作出（2013）辽执二复字第2号执行裁定，裁定内容如下：

一、孟凡伍所提出的抵押合同对外不产生法律效力的异议事项，不符合执行异议的受理条件，予以驳回；

二、孟凡伍所提出的裁定变更洪喜生为本案申请执行人错误的异议事项，理由不成立，予以驳回；

三、孟凡伍所提出的锦州市中级人民法院应执行北镇市农药厂的财产，而不应执行孟凡伍的财产的申请复议事项，不符合申请复议的受理条件，不予受理。

【裁决理由】

《民事诉讼法》第225条规定：当事人、利害关系人认为执行行为违反法律规定，可以向负责执行的人民法院提出书面异议。因此，所提异议只有针对执行行为的，才属执行异议；形式上针对执行行为，实质上针对执行依据的，不属执行异议，不符合受理条件，不应予以受理，受理后才发现的，则应予以驳回。本案中，作为执行依据的锦州中院（2001）锦经初字第5号民事判决确定，原建行北宁支行与北宁市农药厂签订的抵押合同合法有效。因此，孟凡伍以抵押财产不是在法定机构登记的为由，提出的抵押合同对外不产生法律效力的异议事项，属形式上针对执行行为，实质上针对执行依据的，不属执行异议，不符合执行异议受理条件，尽管已经受理，但一经发现，即应予以驳回。孟凡伍认为执行依据错误，侵害了自己的权利，可以寻求其他法律途径救济。

当事人、利害关系人向执行法院提出执行异议，对所依据的事实有责任提供证据加以证明，没有证据或证据不足以证明其事实主张的，由其承担不利后果。本案中，孟凡伍提出了裁定变更洪喜生为本案申请执行人错误的异议事项。理由是：渤海公司的法定代表人满一男系中国建设银行股份有限公司锦州分行不良资产管理人员，信达公司沈阳办与渤海公司所签不良资产转让合同系恶意串通和受让人为金融监管机构工作人员参与的非金融机构法人的，违法无效，而这又导致了渤海公司与洪喜生所签转让合同亦无效。上述理由所涉事实孟凡伍未能举证加以证明，因而，应由其承担不利后果，即应驳回上述异议事项。

《最高人民法院关于执行工作中正确适用修改后民事诉讼法第202条、第204条规定的通知》第3条规定：当事人、利害关系人认为执行法院的执行行为违法的，应当先提出异议，对执行法院作出的异议裁定不服的才能申请复议。执行法院不得在作出执行行为的裁定书中直接赋予当事人申请复议的权利。因此，申请复议事项不能超出原异议事项的范围，超出原异议事项范围的，不应予以受理。本案中，孟凡伍以其取得本案的抵押物是基于支付了近500万元将原北镇市农药厂的职工进行了安置，北镇市农药厂现仍然存在，有可供执行的财产为由，提出的锦州中院应执行该企业的财产，而不应执行孟凡伍的财产的申请复议事项，不在原异议事项范围内。因此，该申请复议事项不符合申请复议受理条件，不应予以受理。孟凡伍认为执行法院的执行行为违反法律规定侵害了自己的权利，可以依照相关法律规定向执行法院提出书面异议。

【实践中应当注意的问题】

对于不予受理执行申请的裁定能否提出执行异议？依照《执行工作若干规定》第18条的规定，人民法院受理执行案件应当符合一定条件，对不符合条件的执行申请，人民法院应当裁定不予受理。司法实践中，人民法院对执行申请裁定是否受理，直接决定着债权人的债权能否通过法院强制实现，对申请执行人的利益有决定性的影响，法律上应当赋予申请执行人相应的救济途径，这一点并不存在争议。但是，申请执行人能否依照《民事诉讼法》第225条的规定，向作出不予受理执行申请的法院提出执行行为异议，实践中却存在不同观点。有一种观点认为，人民法院不予受理执行申请，属于立案环节的问题，不属于执行行为，因此不应当依照该条规定提出异议。还有观点认为，对执行申请不予受理与对起诉不予受理属于同一性质的问题，而根据《民事诉讼法》第123条的规定，人民法院对于不符合起诉条件的裁定不予受理，原告对裁定不服的，可以提起上诉。那么申请执行人对不予受理执行申请的裁定不服的，也应当可以提起上诉，如可以将其归入依照《民事诉讼法》第225条可以提出异议的范围，就会出现在同一部法律中对同一性质的问题不同对待的情形。

但是，对于不予受理执行申请固然应当像对起诉不予受理异议，允许提起上诉，但是鉴于《民事诉讼法》对不予受理可以上诉的内容规定在第一审普通程序一章中，严格来说，很难在执行程序中适用，在这种情况下，将不予受理执行申请的裁定纳入《民事诉讼法》第225条的适用范围，符合为当事人提供充分救济途径的理念。本《规定》对执行行为的时点界定，也应适当予以拓宽，即对于执行开始和执行终结这两个时点法院所为的行为，都纳入执行行为的范围，赋予当事人提出异议的权利来实现对当事人合法权利更为全面的救济，就是为了避免出现对不予受理执行申请裁定，债权人既不能提起上诉，也不能提出异议和复议，进而导致其实体权利的实现成为无根之木、无本之源。

同理，当事人对人民法院受理不当的执行申请同样有权提出执行异议。这是对实施执行的一些特殊行为的程序性救济，如果人民法院受理了依法不应受理的执行申请，将直接侵害债务人免予被强制执行的程序权利并可能给债务人的实体权益造成侵害，即导致债务人承担其依法不应承担的债务。为了保护债务人的合法权益，在执行法院受理了依法不应受理的执行申请后，被执行人有权提出执行异议，要求执行法院撤销已受理的执行案件。这与对不予受理裁定通过执行异议程序救济相比，在程序上是一致的、在逻辑上也是合理的。

【相关法律法规】

中华人民共和国民事诉讼法

（2012 年 8 月 31 日）

第一百二十三条 人民法院应当保障当事人依照法律规定享有的起诉权利。对符合本法第一百一十九条的起诉，必须受理。符合起诉条件的，应当在七日内立案，并通知当事人；不符合起诉条件的，应当在七日内作出裁定书，不予受理；原告对裁定不服的，可以提起上诉。

第二百二十五条 当事人、利害关系人认为执行行为违反法律规定的，可以向负责执行的人民法院提出书面异议。当事人、利害关系人提出书面异议的，人民法院应当自收到书面异议之日起十五日内审查，理由成立的，裁定撤销或者改正；理由不成立的，裁定驳回。当事人、利害关系人对裁定不服的，可以自裁定送达之日起十日内向上一级人民法院申请复议。

第二百二十七条 执行过程中，案外人对执行标的提出书面异议的，人民法院应当自收到书面异议之日起十五日内审查，理由成立的，裁定中止对该标的的执行；理由不成立的，裁定驳回。案外人、当事人对裁定不服，认为原判决、裁定错误的，依照审判监督程序办理；与原判决、裁定无关的，可以自裁定送达之日起十五日内向人民法院提起诉讼。

最高人民法院
关于适用《中华人民共和国民事诉讼法》执行程序
若干问题的解释

2008 年 9 月 8 日　　　　　　　　　　　　　　法释〔2008〕13 号

第五条　执行过程中，当事人、利害关系人认为执行法院的执行行为违反法律规定的，可以依照民事诉讼法第二百零二条的规定提出异议。

执行法院审查处理执行异议，应当自收到书面异议之日起十五日内作出裁定。

第十五条　案外人对执行标的主张所有权或者有其他足以阻止执行标的转让、交付的实体权利的，可以依照民事诉讼法第二百零四条的规定，向执行法院提出异议。

最高人民法院
关于人民法院执行工作若干问题的规定（试行）

2004 年 9 月 16 日　　　　　　　　　　　　　　法释〔2004〕12 号

18. 人民法院受理执行案件应当符合下列条件：

（1）申请或移送执行的法律文书已经生效；

（2）申请执行人是生效法律文书确定的权利人或其继承人、权利承受人；

（3）申请执行人在法定期限内提出申请；

（4）申请执行的法律文书有给付内容，且执行标的和被执行人明确；

（5）义务人在生效法律文书确定的期限内未履行义务；

（6）属于受申请执行的人民法院管辖。

人民法院对符合上述条件的申请，应当在七日内予以立案；不符合上述条件之一的，应当在七日内裁定不予受理。

第三条　执行法院收到执行异议后三日内既不立案又不作出不予受理裁定，或者受理后无正当理由超过法定期限不作出异议裁定的，异议人可以向上一级人民法院提出异议。上一级人民法院审查后认为理由成立的，应当指令执行法院在三日内立案或者在十五日内作出异议裁定。

【条文主旨】

本条是关于对执行异议消极立案或者消极审查的处理。

【条文理解】

一、执行异议的消极立案

（一）执行异议立案难的现状

司法实践中，存在对异议人所提异议既不予立案也不作出不予受理裁定，而是完全置之不理，对当事人不作出相应书面答复，消极对待异议人提出异议的现象。执行异议立案难的现状主要从以下三方面有所反映：一是有的地区信访申诉案件与该地异议案件的数量相比来看，存在较大反差。例如，根据2013广东省高级人民法院对2008～2012年5年间广东全省法院执行异议案件办理情况所做的相关调研，该省每年处理涉及信访案件大约为2600余件，而全省法院立案受理的执行行为异议案件，每年却不足2000件。二是有的地区法院没有或者很少有异议案件，但却是执行信访的高发地区，信访内容往往集中反映法院违法执行的有关情况，还有的地区其异议率远低于该省份其他地区的异议率。① 三是从信访申诉的内容来看，一些信访人到上级法院反映的都是执行法院对执行异议的不处理、不答复、不说明和不立案问题。

（二）执行异议立案难的主要原因

1. 地方保护主义。有的法院由于行政干预、保护本地企事业单位当事人或人大代表等因素，对对方当事人提出的执行异议漠然处之、不予理睬，长期不立案也不答复。

2. 对执行异议制度不重视。个别法院及执行人员对执行异议制度缺乏正确认识，认为执行异议制度是阻碍执行、给执行工作"添麻烦"，从思想上抵触和抗拒执行异议案件的立案受理，对相关法律不遵守、不执行，存在消极抵触的情形。

3. 对执行异议案件的立案缺乏流程管理。有的法院没有把执行异议案件纳入案件流程管理体系，对执行异议案件的立案随意、混乱，有的地区甚至没有做到执行实施权与执行裁决权相分离，由执行实施人员审查是否决定立案，而这些实施人员为了尽快执行案件，从动机和根源上不愿意对异议立案受理，有的执行异议案件甚至成了"抽屉案"。

4. 缺乏执行异议立案监督程序。现有法律及司法解释没有明确执行法院对执行异议案件不依法立案时，异议申请人应当通过何种程序寻求救济，上级法院又应当如何监督，立法上的空白客观造成了执行异议立案难的情况出现。

5. 立案标准不统一。执行异议的立案本身存在较多难点，如执行异议事由竞合时，判断异议主体是利害关系人还是案外人，异议的性质究

---

① 参见《广东法院五年办理执行异议、复议案件的调查报告》，载《执行工作指导》总第47辑，人民法院出版社2014年版，第159页。据该报告图标显示，该省中汕尾、韶关、梅州三地的异议率不足0.3%，远低于该省1.78%的异议率。

竟是执行行为异议还是执行标的异议，本身存在疑难，有的法院在无法把握时便消极应对、不予处理。

二、执行异议的消极审查

依照《民事诉讼法》第 225 条、第 227 条及《民事诉讼法执行程序解释》第 5 条的规定，执行行为异议和案外人异议的审查期限均为 15 日。并且该期限的起算点为"收到书面异议之日"起。截止点为"作出裁定之日"。而实践中，执行异议案件的超审限问题突出，很多执行异议案件没有在法律规定的审查期限内完成。主要有以下几个方面的原因：

（一）法律及司法解释规定的异议期限过短

《民事诉讼法》及相关司法解释规定了执行异议 15 日的审查期限，且没有延长期限的规定，其本意是充分考虑到强制执行程序的效率优先原则，为了避免在强制执行程序基础上衍生的异议审查程序占用时间过长反过来严重影响到原生执行案件的继续执行。但从执行实践来看，在 15 日的审查期间内要完成立案审查、异议审查，个别案件因为案情复杂还需要举行听证，听证完成后从承办人制作裁定到案件合议再到最后的审批环节，着实有些捉襟见肘。

（二）立案审查、听证程序、取证程序等环节所费时间过长

在目前案件流程管理的背景下，立案机构对执行异议案件的立案审查时间较长，占用了本已十分短暂的异议审查期限。而有的法院为了落实执行公开，对异议程序一律采取公开听证，有些还需要调取相关证据，使得异议审查程序更难在 15 日内完成。

（三）消极思想作祟

有的法院及执行人员对执行异议程序不重视，超过法定期限长期不

作出审查裁定，导致异议申请人到处申诉，无形中增加了相当一部分的申诉信访案件量。

三、上一级法院对下级法院执行异议消极立案及消极审查的监督

（一）上级法院的内部执行监督权源

根据执行监督的主体和对象是否属于同一组织或同一系统进行划分，可将监督划分为执行外部监督和执行内部监督。执行外部监督指监督主体属于执行机关系统外部的监督，如立法机关的监督、检察监督等。"内部监督又称系统的自循环监督，指监督主体和监督对象属同一组织或同一系统的自我约束的机制。"① 故执行内部监督就是指执行机关系统内部的监督者，对执行机构及其执行人员的执行行为进行评价，并对执行不当或者违法行为予以矫正的机制。在我国，民事执行权配置给了人民法院，执行内部监督就是法院系统内部对执行工作的监督。

（二）法院内部上下级监督的必要性考量

执行内部监督机制一方面服务于执行权本身的价值追求，增强了执行机关抵御外部非法干预的能力；另一方面也是司法机关体察和满足人民群众对于执行公正和效率需要的必然途径。

首先，无论何种权力都有可能导向恣意、腐败和独裁的特质，正如德国历史学家迈内科所说，一个被授予权力的人，总是面临着滥用权力的诱惑，面临着逾越正义与道德界线的诱惑。权力的性质决定权力载体的组织构造与运作方式，从执行权权力性质及运行规则来看，相对审判

---

① 汤唯、孙季萍：《法律监督论纲》，北京大学出版社 2001 年版，第 12 页。

权而言，执行权不仅高度集中，而且缺乏有效的监督制约。因此，要克服目前执行权运行中的种种弊端，确保执行权公正、高效运行，必须以权力制衡和制约权力，建立一套行之有效的执行权监督制约体系，这一点已成为各界的共识。而执行内部监督是司法机关内部的自律机制，是执行机关自律意识的客观体现。执行机关作为社会机体，拥有对执行活动进行目标决策和价值判断的能力，其具有保持正常运转的条件，也应当允许内部监督发挥重要作用。

其次，司法公正是强制执行追求的价值内核，较为普遍的观点认为司法公正是"法官和执法者所应具有的品质。它意味着平等地对待正义的双方当事人或各方当事人，不偏袒任何人，对所有的人平等和公正地适用法律。"[①] 执行是维护司法公正的最后一道防线，事关生效法律文书的实际兑现，是衡量司法制度公正与否的试金石。强制执行追求公正的目标是为了实现实体公正，而为了保障实体公正能够最终实现，人们又求诸于程序公正的保障和规制。从实体上来说，强制执行通过实现生效法律文书确定的债权人的权利，使权利由文书上的权利存在形态转变为实然权利形态，保证了权利人实体权利的最终实现。与此同时，执行程序中的公正当然也包括对债务人（被执行人）合法权利的保障。执行程序本身就是"以人们能够看得见的方式"实现司法公正，严格遵守法定执行程序，本身也就意味着民事执行权的运行受到了程序规制的严格限制，防止因为无限制或恣意的权力造成对债务人（被执行人）正当权利的剥夺。

在价值取向上，内部的执行监督程序是对强制执行程序的规制，是对违反法定程序的执行行为予以纠偏和矫正。与外部执行监督相比，由于外部监督的非主体性，一般只能进行事后监督，而执行内部监督作为

---

① 戴维·M·沃克：《牛津法律大辞典》（中文版），光明日报出版社 1989 年版，第 433 页。

一种内生性的自律机制，监督者是执行权主体的组成部分，能够通过对执行权运行的各个层面和各个阶段的监督，实现预防和纠错的双重功能。前者主要通过事前、事中的监督活动来预防执行程序发生偏差，后者则是事后的监督来纠正执行程序的错误和不当。通过贯穿执行程序整个过程，内部执行监督程序对强制执行程序的推进产生直接而深远的影响，其对于程序公正的实现具有不可替代的重要作用。

再次，从执行效率的实现上看，内部执行监督仍有其必要性。"效率"在字典中的释义为单位时间内完成的工作量，是指最有效地使用社会资源以满足人类的愿望和需要。效率作为经济学中的一个概念，随着经济生活对法律越来越无法避免的影响和支配，已逐步成为衡量一项法律制度能否在单位时间内通过优化资源配置最大程地度实现利益均衡分配及最大化的核心指标。对强制执行程序而言，效率原则本身就是其追求的一项基本原则，如何迅速和低成本地实现当事人的合法权益，是民事执行权运行的根本任务，体现其正当性和合理性的价值应当是效率。执行效率有三个层次的含义：一是时间和速度，即在单位执行时间内实现当事人合法利益最大化的要求；第二是成本，即以最少的投入取得最大的收益，以最恰当的执行程序实现执行目的；第三是效果，即执行案件所产生的法律效果、社会效果等多方面的综合效果。

从强制执行程序运行过程来看，执行内部监督机制不仅有利于执行公正的实现，同时也能满足对效率价值的追求。不管是对事前、事中执行的预防和矫正、对消极执行的监督，还是事后的执行错误及不当的纠正，其对避免消极执行导致的效率低下，对防止执行程序错误导致的成本耗费，都具有在宏观上促进执行效率的作用。与内部执行监督相比，外部执行监督一方面由于在专业程度方面的差距，使其监督无法深入执行程序核心，往往无法达到理想的监督的深入性和有效性，容易导致监督失效或监督偏位；另一方面，外部监督往往要通过监督机关与执行机关的多重交涉和协调，会影响到执行的总体效率。而内部执行监督则没有这些顾虑，行使监督权的主体是上级法院，具有专业素质和发现解决问题的天然优势，能广泛全面而富有针对性地开展监督。再者，执行内部监督上传下达渠道的快速和直接，保证了信息传递和反馈的高速，更有助于监督者采取措施迅速纠正执行行为的错误，从而进一步促进执行工作的效率。

（三）通过执行内部监督程序对执行异议拒不立案或者消极审查予以纠正的具体内容

从制度层面看，《民事诉讼法》修正后设立执行异议制度，上级法院可以通过异议复议程序及裁定撤销或者改正下级法院违反法律规定的执行行为，进行纵向的监督。但是对于执行异议消极立案、消极审查等情形如何解决，由于法律和司法解释没有明确规定，实践中做法不一。为了弥补法律规定上的欠缺，《规定》第 3 条首次明确了人民法院收到执行异议后 3 日内既不立案又不作出不予受理裁定，或者在受理后超过法定期限无正当理由不作出异议裁定的，异议人可以向上一级人民法院提出异议。上一级人民法院经审查认为理由成立的，应当指令执行法院在 3 日内立案或者 15 日内作出异议裁定。从而明确赋予了异议人向上一级人民法院请求救济的权利。在征求下级法院意见时，本条获得了一致赞同，认为对执行异议不立案、不审查的问题已经成为执行实践中的突出问题，亟需通过司法解释的形式加以明确和规范。具体来看，启动对执行异议拒不立案或者消极审查的内部执行监督程序有以下几个要件：

1. 收到执行异议的人民法院存在法定期限内既不立案又不作出不予受理裁定，或者对相关异议没有以裁定形式作出书面审查结论的行为。根据《民事诉讼法》、相关司法解释及本《规定》第 2 条的规定，首先，执行异议应当向执行法院提出，对于符合《民事诉讼法》第 225 条或者

第 227 条，规定条件的执行异议，执行法院必须在 3 日内立案，并在立案后 3 日内通知异议人及有关当事人；不符合受理条件的，裁定不予受理；在特殊情况下，即执行异议材料不齐备的情况下，人民法院应当通知异议人在 3 日内补足材料，待材料补足后，人民法院须在 3 日内决定是否受理案件，并以相应的形式通知异议人。如果人民法院未在上述规定期限内决定立案受理或者裁定不予受理，才能启动执行异议的立案监督程序。

此外，根据《民事诉讼法》、相关司法解释及本《规定》第 2 条对执行异议审查期限的规定，人民法院必须在 15 日内对异议人提出的异议进行审查，并且必须以裁定的形式对相关异议的审查作出结论。如果人民法院未在这一法定期限内作出异议裁定的，异议人也有权向上一级法院申请启动监督程序。

2. 须由异议人向上一级人民法院提出异议。异议人认为下级法院存在法定期限内不立案亦不作出不予受理裁定，或者在法定期限内未对相关异议作出裁定的，可以向上一级人民法院提出异议，要求上一级法院对下级法院的消极立案或消极审查行为进行监督。

3. 经审查认为异议人理由成立的，上一级法院应当指令下级法院在法定期限内受理异议案件或作出异议裁定。首先，对于异议人以下级法院消极立案为由提出异议的，上级法院应当对相关异议进行审查，判定其是否符合《民事诉讼法》第 225 条及第 227 条规定的执行异议的立案条件，符合立案条件的，应当指令下级法院在 3 日内立案受理。需要注意的是，如果经审查认为异议人所提异议不符合法律规定的立案条件，不应立案受理的，无需指令下级法院作出不予受理的裁定，按照执行申诉处理程序通知异议人，其所提异议不符合异议案件的立案条件即可。其次，对于异议人以下级法院在法定期限内未作出异议裁定为由提出异议的，上级法院则仅需对相关异议的立案时间、下级法院是否存在超过法定期限未作出裁定的事实进行审查，如果存在超期审查未作裁定的情形，就应当指令下级法院在 15 日内作出异议裁定。

4. 上级法院对下级法院拒不立案或者消极审查的监督应当在合理期限内作出。我们可以注意到，对于上级法院应当在多久的期限内监督下级法院受理案件或作出异议裁定，《规定》未予明确，实践中，执行监督程序的审查期限一般为 6 个月，那么此处上级法院的监督也应理解为最多不超过 6 个月。

5. 上级法院指令下级法院的形式比较灵活，未作硬性要求。《规定》对指令的具体方式没有明确规定，实践中上级法院采取裁定、决定、通知等方式指令下级法院纠正均可。

【实践中应当注意的问题】

异议人向上一级人民法院提出异议后，上一级法院未指令下级法院受理异议、通知异议人不符合受理条件或在法定期限内作出异议裁定的，异议人有何救济途径呢？根据《最高人民法院关于人民法院执行工作若干问题的规定（试行）》第 129 条的规定，上级人民法院依法监督下级人民法院的执行工作。最高人民法院依法监督地方各级人民法院和专门法院的执行工作。对于上级法院对异议人根据《规定》第 3 条向上一级法院提出的异议不予答复，或者直接作出不予受理的通知的，异议人可以根据上述规定，向再上一级法院提出申诉请求，直至向最高人民法院提出申诉请求。

【相关法律法规】

最高人民法院
关于人民法院执行工作若干问题的规定（试行）

1998 年 7 月 8 日　　　　　　　　　　　　　法释〔1998〕15 号

129. 上级人民法院依法监督下级人民法院的执行工作。最高人民法院依法监督地方各级人民法院和专门法院的执行工作。

130. 上级法院发现下级法院在执行中作出的裁定、决定、通知或具体执行行为不当或有错误的，应当及时指令下级法院纠正，并可以通知有关法院暂缓执行。

下级法院收到上级法院的指令后必须立即纠正。如果认为上级法院的指令有错误，可以在收到该指令后五日内请求上级法院复议。

上级法院认为请求复议的理由不成立，而下级法院仍不纠正的，上级法院可直接作出裁定或决定予以纠正，送达有关法院及当事人，并可直接向有关单位发出协助执行通知书。

132. 上级法院发现下级法院的执行案件（包括受委托执行的案件）在规定的期限内未能执行结案的，应当作出裁定、决定、通知而不制作的，或应当依法实施具体执行行为而不实施的，应当督促下级法院限期执行，及时作出有关裁定等法律文书，或采取相应措施。下级法院长期未能执结的案件，确有必要的，上级法院可以决定由本院执行或与下级法院共同执行，也可以指定本辖区其他法院执行。

第四条 执行案件被指定执行、提级执行、委托执行后，当事人、利害关系人对原执行法院的执行行为提出异议的，由提出异议时负责该案件执行的人民法院审查处理；受指定或者受委托的人民法院是原执行法院的下级人民法院的，仍由原执行法院审查处理。

执行案件被指定执行、提级执行、委托执行后，案外人对原执行法院的执行标的提出异议的，参照前款规定处理。

【条文主旨】

本条规定了执行管辖权转移后对原执行法院执行行为和执行标的异议的管辖问题。

【条文理解】

一、执行管辖权的移转

（一）执行管辖权转移的概念

执行管辖权转移，是指经上级人民法院决定或者同意，把案件的管辖权由下级人民法院转移给上级人民法院，或由上级人民法院转移给下级人民法院，或转移给另一同级人民法院。其区别于移送管辖的概念，后者是指人民法院对于已受理的执行案件发现本院没有管辖权，因而将案件移送给有管辖权的人民法院执行。虽然管辖权转移与移送管辖都发生了管辖权的转移，但二者之间有着严格的区别，表现在以下几个方面：

（1）移送管辖原则上是在同级人民法院之间进行，管辖权转移主要发生有隶属关系的上下级人民法院之间。（2）移送管辖是将案件从没有管辖权的法院移到有管辖权的法院；管辖权转移是将案件从有管辖权的法院转移到原来没有管辖权的法院。（3）移送管辖对案件的移送，无需上级人民法院和受移送法院的同意，管辖权转移则必须经过上级人民法院决定或同意。（4）移送管辖仅移送案件材料，管辖权转移则不仅移送案件材料，而且移送管辖权。（5）移送管辖主要是为了纠正管辖权行使上的错误，管辖权转移则是为了使管辖具有必要的灵活性而采取的变通和微调措施。执行管辖权的转移主要有指定执行、提级执行、委托执行等。

（二）指定执行

指定执行是指对于下级人民法院之间发生管辖权争议的案件，或者认为应当由其他人民法院执行的案件，上级人民法院通过裁定指明管辖该案的人民法院的执行。根据现行法律和司法解释的规定，指定管辖主要适用于以下两种情况：

1. 发生管辖争议。管辖争议是指两个法院之间因就同一案件应由何地法院管辖而发生的争议。既包括两个法院都主张有管辖权，并要求管辖的积极争议，也包括两个法院都主张没有管辖权而拒绝管辖的消极争议。发生管辖争议后，应根据《执行工作若干规定》第 16 条的规定，由双方协商解决，协商不成的，再报请双方共同的上级法院指定管辖。2000 年 1 月 14 日《执行工作若干规定》第 6 条规定：高级人民法院负责协调处理本辖区内跨中级人民法院辖区的法院与法院之间的执行争议案件。对跨高级人民法院辖区的法院与法院之间的执行争议案件，由争议双方所在地的两地高级人民法院协商处理；协商不成的，按有关规定报请最高人民法院协调处理。共同的上级人民法院是指争议双方所属同一辖区的上级人民法院。例如，同属一个地、市辖区内的两个基层法院发生执行管辖权争议的，如果双方协商解决不了，由该地、市的中级人民法院指定管辖；如属跨省、自治区、直辖市的两个法院发生执行管辖权争议的，如果双方协商解决不了，应当上报各自的省、自治区、直辖市高级人民法院，由两个高级人民法院协商解决；两个高级人民法院经过协商后解决不了的，应当各自陈述意见，报请最高人民法院指定管辖。报请上级人民法院指定管辖时，应逐级进行。

2. 有管辖权的人民法院因特殊原因不能行使管辖权。所谓特殊原因，既包括法律原因也包括事实方面的原因。法律原因是指由于法律的某种规定，使得有管辖权的人民法院无法行使管辖权。事实方面的原因则是指人民法院在客观上遇到了不能行使管辖权的情况。以上两种情况出现时，原管辖法院应报请上级人民法院指定其他法院管辖。

3. 上级法院认为需要指定的。《执行工作若干规定》第 132 条第 2 款规定：对下级法院长期未能执结的案件，确有必要的，上级法院可以决定由本院执行或与下级法院共同执行，也可以指定本辖区其他法院执行。《最高人民法院关于高级人民法院统一管理执行工作若干问题的规定》第 8 条规定：高级人民法院对本院及下级人民法院的执行案件，认为需要指定执行的，可以裁定指定执行。高级人民法院对最高人民法院函示指定执行的案件，应当裁定指定执行。

此外，还存在一种指定执行的情形。为了避免下级法院久拖不执，保护债权人的合法权益及时实现，《民事诉讼法》第 226 条规定：人民法院自收到申请执行书之日起超过 6 个月未执行的，申请执行人可以向上一级人民法院申请执行。上一级人民法院经审查，可以责令原人民法院在一定期限内执行，也可以决定由本院执行或者指令其他人民法院执行。根据《民事诉讼执行程序解释》第 11 条的规定，上一级人民法院可以根据申请执行人的申请，变更执行法院的情形主要有：（1）债权人申请执行时被执行人有可供执行的财产，执行法院自收到申请执行书之日起超过6个月对该财产未执行完结的；（2）执行过程中发现被执行人可供执行的财产，执行法院自发现财产之日起超过6个月对该财产未执行完结的；（3）对法律文书确定的行为义务的执行，执行法院自收到申请执行书之日起超过6个月未依法采取相应执行措施的；（4）其他有条件执行超过6个月未执行的。此外，上一级法院责令执行法院限期执行，执行法院在指定期限内无正当理由仍未执行完结的，上一级人民法院应当裁定由本院执行或者指令本辖区其他人民法院执行。

（三）提级执行

1. 报请上级法院执行。执行实践中，有些案件由于当事人地位特殊，或因在辖区内牵涉案件多，有管辖权的基层法院或者中级法院因为受地方保护或其他干扰难以执行或其他原因不便执行或难以执行。比照《民事诉讼法》中关于审判案件的管辖，执行程序中也建立了相应的提级执行制度。即《执行工作若干规定》第17条规定的"基层人民法院和中级人民法院管辖的执行案件，因特殊情况需要由上级人民法院执行的，可以报请上级人民法院执行"。

2. 依职权提级执行。依职权提级执行，就是基层人民法院和中级人民法院管辖的执行案件，因特殊情况需要由上级人民法院执行的，可以报请上级人民法院执行，高级人民法院对下级人民法院管辖的案件，在特殊情况下可以裁定提级执行。根据《最高人民法院关于高级人民法院统一管理执行工作若干问题的规定》第9条的规定，提级执行主要有以下几种情形：（1）高级人民法院指令下级人民法院限期执结，逾期未执结需要提级执行的；（2）下级人民法院报请高级人民法院提级执行，高级人民法院认为应当提级执行的；（3）疑难、重大和复杂的案件，高级人民法院认为应当提级执行的。（4）高级人民法院对最高人民法院函示提级执行的案件，应当裁定提级执行。

3. 依申请执行人申请提级执行。《民事诉讼法》第 226 条赋予了申请执行人在执行法院收到申请执行书超过 6 个月未执行时，向上一级法院申请变更执行法院的权利，上一级人民法院应当对当事人的申请进行审查，经审查后认为有必要的，可以提级执行。《民事诉讼执行程序解释》第 11 条对具体可以提级执行的情形作了较为详细的规定。

（四）委托执行

委托执行是指受理案件的执行法院对于被执行人或被执行财产在外地的案件，委托当地人民法院代为执行的制度。委托执行是人民法院执行工作中一个重要的组成部分，是解决跨辖区执行案件执行难、克服地方保护主义、切实保障跨辖区案件当事人合法权益的有效措施。《民事诉讼法》第 229 条规定了"被执行人或者被执行的财产在外地的，可以委托当地人民法院代为执行"。这是法院委托执行案件的法律依据。《最高人民法院关于委托执行若干问题的规定》的第 1 条明确了委托执行的三个条件：一是执行法院经过财产调查程序；二是被执行人在本辖区内已无产可供执行；三是被执行人在其他省、自治区、直辖市内有可供执行的财产。这三个条件应当同时具备、缺一不可。此外，委托应当在同级法院之间进行。虽然《执行工作若干规定》第 113 条规定了经对方法院同意，也可委托上一级的法院执行。但其后的《最高人民法院关于委托执行若干问题的规定》明确了委托应当在同级人民法院之间进行，实际上是对《执行工作若干规定》的相关内容进行了修正。

二、执行管辖权转移后对原法院执行行为异议的审查处理

关于执行异议的管辖，依照《民事诉讼法》的规定，当事人、利害关系人对执行行为有异议的，应当向执行法院提出，由执行法院负责执行异议审查，体现了对执行资源效率价值的尊重。因为，执行行为是由

执行法院实施的，执行法院对有关情况也最为了解，由其负责审查处理当事人、利害关系人的异议，可以减少对执行行为本身的调查支出，并且有利于节约成本、提高效率。

但是，对于在执行管辖权因为前述原因被指定执行、提级执行、委托执行后，对原法院执行行为异议，应当由原来的执行法院还是现在管辖案件的法院审查处理，现执行法院能否直接撤销原执行法院的执行行为等问题，之前的法律及相关司法解释均未作出明确的规定，实践中也成为一直困扰下级法院的疑难问题。《规定》第4条明确了是由现执行法院审查处理。主要有以下两个方面的考虑：

（一）执行权移转后，附着在执行权之上的执行审查权应当一并移转

《执行权合理配置和科学运行若干意见》中将执行权分为执行实施权和执行审查权，分由不同的主体按照不同的程序行使，互相制约、规范运行。在执行法院拥有完整的执行管辖权时，由其行使执行实施权后，对其执行实施行为是否合法的审查也应有享有执行权的该法院进行审查。但当发生执行管辖权的移转的情形时，原属于其所有的执行权因法定事由或特定情势被移转于其他法院，则原执行法院对执行案件已丧失了管辖权，对于执行行为是否符合法律规定的执行审查权也一并丧失，应当由其后享有管辖权的法院享有基于对原执行案件享有的管辖权所派生出的执行审查权。

（二）由现执行法院审查也便利当事人、利害关系人行使异议权

当原执行法院将整个执行案件都移转于其他法院后，当事人或利害关系人如果认为原执行法院作出的执行行为违反法律规定，仍旧要向原

执行法院提出异议的话，当事人、利害关系人就会因为案件的执行及异议奔波于不同的法院，客观上不利于当事人、利害关系人行使其异议权利。

但是，也存在例外情形，即受指定或者受委托的人民法院是原执行法院的下级法院的，仍由原执行法院审查处理。这是因为，当审查异议的法院与原执行法院存在上下级关系时，限于审级关系，执行法院直接审查，尤其是异议成立直接撤销原执行法院的执行行为，会造成下级法院撤销直接上级法院裁定，而其复议法院又是原执行法院的情形，为避免此种情况的发生，本条规定，在受指定或者受委托的法院是原执行法院下级法院的情况下，仍由原执行法院审查。

三、执行管辖权转移后案外人对原执行法院的执行标的提出异议的审查

执行管辖权移转后，对案外人的异议审查虽不涉及对原执行法院执行行为的审查问题，但如果案外人对原执行法院采取了查封、扣押等执行措施的执行标的提出异议，且异议成立，需要解除原执行法院对相关执行标的所采取的执行措施时，也涉及由哪一个法院解除的问题，《规定》第4条第2款明确了执行案件被指定执行、提级执行、委托执行后，案外人对原执行法院的执行标的提出异议的，应当参照执行行为异议的精神处理。即原则上由现执行法院审查处理，但当受指定或者受委托的人民法院是原执行法院的下级法院的，仍由原执行法院审查处理。

【案　例】

山东省高级人民法院请示案

一、案件由来

A公司与B厂、C厂借款合同纠纷一案，北京市海淀区人民法院于

1999 年 11 月 15 日作出（1999）海经初字第 3065 号民事判决书判决：
一、B 厂向 A 公司偿还贷款本金 120 万元及相应利息；二、C 厂对第一项给付义务承担连带清偿责任。

A 公司于 2000 年 4 月 25 日向北京市海淀区人民法院申请执行，同年 11 月 7 日，北京市海淀区人民法院将该案委托山东省莱州市人民法院执行。在执行过程中，山东省烟台市中级人民法院将该案指定由本辖区的栖霞市人民法院执行。2005 年 12 月 23 日，该案申请执行人 A 公司将涉案债权转让给张某，2005 年 12 月 30 日，张某将该案债权转让给 D 公司。2006 年 1 月 10 日，D 公司与张某签订协议，将涉案债权又转让回张某，双方未向债务人 B 厂和 C 厂发出债权转移通知。2007 年 7 月 3 日，栖霞市人民法院以涉案债权已转让给张某为由，作出（2007）栖执字第 460—1 号裁定书，变更张某为本案的申请执行人。后，C 厂于 1993 年 1 月以其厂房和现有设备等固定资产出资成立 E 公司，2002 年 8 月 E 公司更名为 F 公司，据此，栖霞市人民法院作出（2007）栖执字第 460—2 号执行裁定书，变更 F 公司为本案的被执行人。2012 年 3 月 5 日，山东省高级人民法院考虑该案长期未能执结，决定跨地区指定执行，将案件指定日照市五莲县人民法院执行。2012 年 4 月 23 日，五莲县人民法院作出（2012）莲执字第 356 号裁定书，扣划 F 公司银行存款 201 万元。F 公司提出异议，请求撤销（2007）栖执字第 460—2 号执行裁定，返还划拨的 201 万元存款并解除对其银行存款的冻结措施。2012 年 5 月，五莲县人民法院作出（2012）莲执异字第 9 号执行裁定，驳回其执行异议。

二、当事人的复议申请

F 公司不服五莲县人民法院的异议裁定，向山东省日照市中级人民法院申请复议称，五莲县人民法院作出的（2012）莲执异字第 9 号执行裁定认定事实不清，适用法律错误，主要理由为 F 公司不应承担 C 厂的债务，在执行法院变更 F 公司为被执行人前，被执行人 C 厂就已经将其持有的 F 公司的股权全部转让，且其与 C 厂之间也不存在恶意转移财产规避执行的行为，F 公司不应对 C 厂的债务承担连带责任。综上，请求撤销（2012）莲执异字第 9 号执行裁定。

三、日照市中级人民法院的意见

日照市中级人民法院在本案执行复议审查阶段，关于是否有权对栖霞市人民法院的执行行为进行审查，形成以下两种意见：

第一种意见认为，申请复议人 F 公司的异议实际是针对栖霞市人民法院的裁定提出，并非针对五莲县人民法院作出的裁定。日照市中级人民法院作为五莲县人民法院的上级法院，仅能对五莲县人民法院作出的裁定进行复议审查，无权对辖区外人民法院作出的执行裁定进行审查。F 公司如对栖霞市人民法院（2007）栖执字第 460—2 号执行裁定中的变更被执行人裁定不服，应当向作出该裁定的栖霞市人民法院提出执行异议。

第二种意见认为，该案已经由山东省高级人民法院指定五莲县人民法院执行，为保证执行程序的顺畅，五莲县人民法院应当有权对该执行案件中所有可能存在错误的执行行为进行审查。另外，栖霞市人民法院对该案已经没有管辖权，其无权再对案件中的执行措施进行审查。故五莲县人民法院对 F 公司提出的执行异议有权进行审查，日照市中级人民法院也应当对其复议申请进行审查。

五、山东省高级人民法院的意见

山东省高级人民法院请示的法律适用问题是：五莲县人民法院和日照市中级人民法院是否有权对栖霞市人民法院的执行行为进行审查，即指定执行后的法院能否对原执行法院的执行行为进行审查。

对此，山东省高级人民法院审判委员会形成两种意见：

第一种意见认为，五莲县人民法院和日照市中级人民法院无权对栖霞市人民法院的执行行为进行审查。本案指定五莲县人民法院执行，栖霞市人民法院对该案虽已无管辖权，但其作出的（2007）栖执字第460—2号执行裁定依然具有法律效力，仍可对该裁定进行审查。五莲县人民法院作为指定执行后的执行法院，无权对栖霞市人民法院的执行行为进行审查。日照市中级人民法院作为五莲县人民法院的上级法院，仅能对五莲县人民法院作出的裁定进行复议审查，无权对其辖区外的基层人民法院作出的执行裁定进行审查。如果允许指定执行后的人民法院审查原执行法院的执行行为，假若指定后的人民法院审级低于原执行法院，则可能在实践中造成混乱。因此，F公司如对栖霞市人民法院作出的执行裁定不服，应当向作出裁定的栖霞市人民法院提出执行异议。

第二种意见认为，该案已经由山东省高级人民法院指定五莲县人民法院执行，五莲县人民法院有执行管辖权，为保证执行程序的顺畅，五莲县人民法院应当有权对被执行人提出的异议进行审查。另外，栖霞市人民法院已将该案移送五莲县人民法院，因此对本案已无管辖权，亦无权再对本案执行行为进行审查。本案中，F公司的请求为撤销（2007）栖执字第460—2号执行裁定（变更F公司为被执行人）和（2012）莲执字356号执行裁定（划拨F公司银行存款），两个裁定分别由栖霞市人民法院和五莲县人民法院作出，如五莲县人民法院对原执行法院的执行行为无审查权，势必要将该案先指定回栖霞市人民法院审查处理后，再指定到五莲县人民法院审查后一执行裁定，如此将无端增加当事人讼累。且参照《民事诉讼法》中最高人民法院、高级人民法院裁定再审的案件，指定到其他人民法院审理的，指定后的法院即可依法审查原审法院裁判文书的规定，五莲县人民法院对F公司提出的执行异议应有权进行审查，日照市中级人民法院也应当有权对其复议申请进行审查。

六、最高人民法院的审查处理意见

经审查研究，最高人民法院于2014年6月24日以（2014）执他字第20号函复山东省高级人民法院：根据《民事诉讼法》第225条之规定，当事人、利害关系人认为执行行为违反法律规定，应当向负责执行的人民法院提出书面异议。指定执行后，原执行法院的执行管辖权因指定执行而转移到被指定的执行法院，执行异议申请应当向当前负责执行的人民法院提出，并由当前执行法院受理审查。但考虑上下级人民法院之间审判执行业务的监督指导职责，当争议的执行行为系当前执行法院的直接上级人民法院作出的情况下，执行异议应当向原执行法院提出，并由其受理审查。本案中，当前执行法院是五莲县人民法院，作出变更裁定的栖霞县人民法院的上级法院是烟台市中级人民法院，不是五莲县人民法院的直接上级法院，所以，五莲县人民法院、日照市中级人民法院可以受理当事人所提异议与复议申请，并进行审查。

【实践中应当注意的问题】

正确理解执行管辖权转移的时点，保护当事人、利害关系人的合法权益。执行实践中，为了避免以执行管辖权转移为由拒绝受理当事人、利害关系人的异议申请，出现推诿责任、踢皮球的现象，导致当事人、利害关系人无法正常行使异议权，必须对执行管辖权转移的时点做严格把握。

上级人民法院通过裁定指定执行或提级执行的，必须是上级人民法院作出的指定执行或者提级执行的裁定生效后，当事人、利害关系人就原执行法院执行行为或执行标的提出执行异议申请的，才由现执行法院处理。如果上级人民法院尚未作出指定执行裁定或指定执行的裁定尚未生效，此时当事人、利害关系人就执行行为或执行标的向原执行法院提起执行异议，原执行法院仍应予以审查处理。

人民法院委托其他法院执行的，依照相关司法解释的规定，原执行法院应当在受托法院依法立案并收到受托法院的立案通知书后，才能作委托结案处理。也只有在此时，原执行案件的管辖权才转给了受托法院，当事人、利害关系人此后就原执行法院的执行行为或执行标的提出异议的，才由现执行法院审查处理。如委托执行尚未完成，原执行法院不得以案件已委托其他法院执行为由拒绝受理当事人、利害关系人提出的执行异议。

【相关法律法规】

中华人民共和国民事诉讼法

（2012 年 8 月 31 日）

第二百二十六条 人民法院自收到申请执行书之日起超过六个月未执行的，申请执行人可以向上一级人民法院申请执行。上一级人民法院经审查，可以责令原人民法院在一定期限内执行，也可以决定由本院执行或者指令其他人民法院执行。

第二百二十九条 被执行人或者被执行的财产在外地的，可以委托当地人民法院代为执行。受委托人民法院收到委托函件后，必须在十五日内开始执行，不得拒绝。执行完毕后，应当将执行结果及时函复委托人民法院；在三十日内如果还未执行完毕，也应当将执行情况函告委托人民法院。

最高人民法院

关于人民法院执行工作若干问题的规定（试行）

1998 年 7 月 8 日   法释〔1998〕15 号

16. 人民法院之间因执行管辖权发生争议的，由双方协商解决；协商不成的，报请双方共同的上级人民法院指定管辖。

17. 基层人民法院和中级人民法院管辖的执行案件，因特殊情况需要由上级人民法院执行的，可以报请上级人民法院执行。

113 第 1 款．委托执行一般应在同级人民法院之间进行。经对方法院同意，也可委托上一级的法院执行。

132 第 2 款．对下级法院长期未能执结的案件，确有必要的，上级法院可以决定由本院执行或与下级法院共同执行，也可以指定本辖区其他法院执行。

最高人民法院
关于高级人民法院统一管理执行工作若干问题的规定

2000 年 1 月 14 日　　　　　　　　　　　　法发〔2000〕3 号

六、高级人民法院负责协调处理本辖区内跨中级人民法院辖区的法院与法院之间的执行争议案件。对跨高级人民法院辖区的法院与法院之间的执行争议案件，由争议双方所在地的两地高级人民法院协商处理；协商不成的，按有关规定报请最高人民法院协调处理。

八、高级人民法院对本院及下级人民法院的执行案件，认为需要指定执行的，可以裁定指定执行。

高级人民法院对最高人民法院函示指定执行的案件，应当裁定指定执行。

九、人民法院对下级人民法院的下列案件可以裁定提级执行：

1. 高级人民法院指令下级人民法院限期执结，逾期未执结需要提级执行的；

2. 下级人民法院报请高级人民法院提级执行，高级人民法院认为应当提级执行的；

3. 疑难、重大和复杂的案件，高级人民法院认为应当提级执行的。

高级人民法院对最高人民法院函示提级执行的案件，应当裁定提级执行。

最高人民法院
关于适用《中华人民共和国民事诉讼法》
执行程序若干问题的解释

2008 年 9 月 8 日   法释〔2008〕13 号

第十一条 依照民事诉讼法第二百零三条的规定，有下列情形之一的，上一级人民法院可以根据申请执行人的申请，责令执行法院限期执行或者变更执行法院：

（一）债权人申请执行时被执行人有可供执行的财产，执行法院自收到申请执行书之日起超过六个月对该财产未执行完结的；

（二）执行过程中发现被执行人可供执行的财产，执行法院自发现财产之日起超过六个月对该财产未执行完结的；

（三）对法律文书确定的行为义务的执行，执行法院自收到申请执行书之日起超过六个月未依法采取相应执行措施的；

（四）其他有条件执行超过六个月未执行的。

最高人民法院
关于委托执行若干问题的规定

第一条第一款 执行法院经调查发现被执行人在本辖区内已无财产可供执行，且在其他省、自治区、直辖市内有可供执行财产的，应当将案件委托异地的同级人民法院执行。

第二条第一款 案件委托执行后，受托法院应当依法立案，委托法院应当在收到受托法院的立案通知书后作委托结案处理。

第五条　有下列情形之一的，当事人以外的公民、法人和其他组织，可以作为利害关系人提出执行行为异议：

（一）认为人民法院的执行行为违法，妨碍其轮候查封、扣押、冻结的债权受偿的；

（二）认为人民法院的拍卖措施违法，妨碍其参与公平竞价的；

（三）认为人民法院的拍卖、变卖或者以物抵债措施违法，侵害其对执行标的的优先购买权的；

（四）认为人民法院要求协助执行的事项超出其协助范围或者违反法律规定的；

（五）认为其他合法权益受到人民法院违法执行行为侵害的。

【条文主旨】

本条是对可以提出执行行为异议的利害关系人范围的界定。

【条文理解】

对于执行行为可能存在的瑕疵问题，各国的立法上大多规定了相应的救济方法和途径。比如《德国民事诉讼法》第 766 条第 1 款规定：对于强制执行的种类和方式，或对于执行员在执行时应遵守的程序提出申请、异议与抗议时，由执行法院裁判之。《韩国民事诉讼法》第 16 条第 1 款规定：对于执行法院作出执行程序的裁判之中不得提出及时抗告的裁判、执行官的执行处分、执行官要遵守的执行程序，可以向法院提出异议申请。我国台湾地区"强制执行法"第 12 条规定：当事人或利害关系人，对于执行法院强制执行之命令，或对于执行法官、书记官、执行员实施强制执行之方法，强制执行时应遵守之程序，或其他侵害利益之情事，得于强制执行程序终结前，为声请或声明异议。

我国关于利害关系人提出执行行为异议，其明确概念的提出系在 2007 年修订的《民事诉讼法》中。该法第 202 条关于当事人对执行行为的异议中规定，当事人、利害关系人认为执行行为违反法律规定的，可以向负责执行的人民法院提出书面异议。当事人、利害关系人提出书面异议的，人民法院应当自收到书面异议之日起 15 日内审查，理由成立的，裁定撤销或者改正；理由不成立的，裁定驳回。当事人、利害关系人对裁定不服的，可以自裁定送达之日起 10 日内向上一级人民法院申请复议。

该项内容在此后 2012 年新修订的《民事诉讼法》中予以了延用。现行《民事诉讼法》第 225 条对于当事人、利害关系人的异议作出了与 2007 年修正的《民事诉讼法》第 202 条相同的规定。通过 2007 年的设立，2012 年的延续，很大程度上已经完善了我国民事执行救济制度，针对执行行为和针对执行标的而适用的不同救济程序，也通过《民事诉讼法》第 225 条和第 227 条作了较为明确的区分。针对执行行为，适用第 225 条之规定，除了当事人以外，其他与执行行为存在利害关系的人也有权提出执行行为异议。执行行为异议指向的对象是人民法院的执行措施、实施执行措施的方式、方法、期间、顺序等纯粹程序性的事项。

实践中，在当事人提出执行行为异议的问题上，并无混淆之处，所需要注意的只是通过执行行为异议进行救济和通过执行监督程序进行救济的适用问题。但是，作为利害关系人提出执行行为异议，法律条文在相关问题上则交代不清。利害关系人的范围具体包括哪些，谁能够作为利害关系人对执行行为提出异议，语焉不详。在近年来的司法研究及实践探索中，由此也产生了一定的争议，出现了相应的问题。尤其是《民事诉讼法》虽然用"利害关系人"来表示执行行为异议的主体，用"案外人"来表示执行标的异议的主体，但法律条文中并未明确界定"利害关系人"与"案外人"。无论是对于执行行为异议或是执行标的异议，在适用条件和范围上均未予明确，使得执行实践中两种执行异议可能被同一主体重复或者混淆提起。甚至执行法院在审查处理执行异议时也可能适用法律不当。案外人适用第225条提出执行行为异议，或者利害关系人适用第227条提出案外人异议的情况多有发生，甚至出现同时提出两个异议的情形。个别法院在适用第225条和第227条时也存在理解偏差，导致在赋予当事人申请复议的权利还是提起案外人异议之诉的权利问题上处理不当，并因此导致在异议程序中所作的审查处理不适当，从而产生程序反复，使执行过程中的纠纷不能及时和彻底得以处理，损害相关当事人、利害关系人及案外人的权益。此外，因提出异议的主体范围未作任何限制，一定程度上也造成了异议过多、权利被滥用的问题，被执行人可能利用该规定妨碍执行，恶意创造利害关系人或者案外人，人民法院因忙于应付异议和复议，执行效率受到严重影响，执行程序难以有效突进。此外，从执行法院方面来看，也可能存在执行法院在是否适用异议程序上产生困惑，不予处理或者不及时处理相关利害关系人的异议，使得合法权益被执行行为侵害的权利人无从主张。基于以上背景，本次出台的司法解释对于利害关系人作出了明确的定义和界定。

利害关系人，是指当事人以外，对人民法院的执行行为提出程序性异议的公民、法人和其他组织。具体而言，该异议指向的一般不是执行标的所涉及的实体权利本身，而是基于人民法院的执行程序而生。所针对的执行行为可以是人民法院实施的具体执行行为或者采取的执行措施，也可以是人民法院基于上述执行行为或者执行措施而作出的某项法律文书，还可以是其他侵害利害关系人合法权益的执行行为。概括而言，即利害关系人所提异议所依据的基础性权利为程序权利。比如排除超标的查封的权利，针对在先查封所主张的优先受偿权等等。① 本条从两个角度具体划定了利害关系人范围：一是以列举的方法对利害关系人的外延进行界定；二是以概括的方法对利害关系人的其他情形进行兜底规定。具体作如下解析：

一、以列举的方法对利害关系人的外延进行界定

本条主要列举了以下四类利害关系人：

（一）他案债权人

他案债权人如认为人民法院的执行行为违法，妨碍其轮候查封债权受偿的，可以提出执行行为异议。该条文主要针对的是在先查封的人民法院的执行行为影响轮候查封案件的债权人受偿的问题，以解决实践中一些法院出于地方保护的目的，或者自身案件执结率和到位率等等因素的考量，对被执行人的财产长期予以查封而不处置，另案债权人救济无门等等问题。

1. 他案为普通债权。主要涉及首查封法院出于地方保护，长期控制执行标的物而不采取变价处分措施，致使轮候查封案件的债权人长期未得受偿，或者首查封法院执行措施不当，比如以补正裁定的方式扩大原查封不动产面积，侵害轮候查封案件债权人合法权益，导致其受偿金额减少甚至无法受偿。对此，从平等保护债权人角度出发，应当设置相应的救济程序，赋予他案债权人提出异议的权利。

2. 他案为优先权。对于他案债权人基于抵押权等优先权提出执行异议，他国立法已有先例。美国加州的执行法律包括了对扣押财产主张权

---

① 范向阳：《程序异议与实体异议的区分》，载《执行工作指导》2010 年第 4 辑。

利的第三人异议的处理程序，其中就规定了关于第三人主张拥有更优先的担保权益或留置权的救济途径，即在第三人与债权人拥有衡平权利时，第三人可以提出异议。第三人异议可以在执行命令或者扣押命令实施过程中提出。[①]

我国此前的法律及司法解释并未对他案中享有担保物权等优先权的债权人赋予明确的异议权利，执行实践中产生了一些问题。比如，参与分配中，司法解释对于首查封法院的处置权作了规定，即对参与被执行人财产的具体分配，应当由首先查封、扣押或冻结的人民法院主持进行。该规定符合执行工作规律及当前的司法实践，但有时会造成担保物权实现的过分迟延。尤其是如果对查封财产享有的担保物权几乎涵盖查封财产的全部价值时，首查封法院出于自身案件执行的效果考虑，往往并不积极采取财产变价处分措施，以拖延程序来迫使轮候查封的担保物权人放弃一部分权利，实现首查封法院申请执行人的部分受偿。又因此前的法律及司法解释并未赋予他案债权人明确的异议权，相关法院对于他案债权人提出的异议往往不作处理，使得担保物权人的权利事实上难以受到完全的保障。故此，在强化上级人民法院监督力度，并以相应制度完善人民法院间的协调配合的同时，在此法解释中赋予了他案债权人明确的提起执行行为异议的权利，首查封法院对于此类异议，必须严格依照《民事诉讼法》所规定的程序进行审查处理。

（二）拍卖程序中的竞买人

在司法拍卖中，竞买人不仅要承担私法意义上的拍卖关系中的义务，如拍卖成交后依约支付价款，否则要承担违约责任，包括支付第一次拍卖的佣金以及补足再次拍卖产生的差额等等，同时，基于司法拍卖的强

[①] 唐力：《外国民事强制执行立法比较研究》，载《强制执行法的起草与论证（三）》，中国法制出版社 2014 年版。

制性，竞买人在执行法院委托拍卖不动产、其他财产权或者价值较高的动产前还要向委托拍卖的人民法院缴纳保证金。拍卖成交后，买受人未依约支付价款的，保证金数额如不足以支付违约款项，人民法院在买受人不补交的情况下，还可以直接对买受人的财产进行强制执行。此外，私法领域内的拍卖不允许委托人或者其代理人参与竞买，而在司法拍卖中，则允许财产的所有者，即被执行人参与竞买，同时也允许申请执行人参与竞买。因此，对于竞买人而言，其虽不是当事人，但由于参与人民法院的拍卖程序，就一定程度上进入了相关案件的执行程序中，与执行法院、执行当事人之间产生了一定关系。拍卖程序如果违法，将直接影响竞买人公平竞价的权利，执行法院的相关执行行为也将对竞买人产生相应的影响。因此，有必要赋予竞买人针对特定执行行为提出异议的权利。比如，竞买人认为拍卖机构与其他竞买人存在关联关系，或者存在恶意串通的情形，导致其无法公平竞价，损害其合法权益。对此，应当允许竞买人提出异议，由人民法院对拍卖程序及拍卖结果的合法性进行审查。如果确实查明拍卖过程中拍卖机构与买受人恶意串通，拍卖过程中未能公平竞价，损害他人合法权益的，人民法院应裁定该拍卖无效。此外，实践中还存在人民法院违规撤销拍卖，导致竞买人丧失竞买机会，或者买受人无法取得已竞得财产的情形，也可以纳入利害关系人提起执行异议的范畴。

（三）优先购买权人

即对执行标的享有优先购买权等权利，认为执行行为对其程序权利造成影响的人。对于优先购买权人提出的异议，需由执行法院根据案件具体情况予以审查。应当注意的是，本条中规定的执行行为对优先购买权人所造成的影响仅限于程序权利。比如，在拍卖执行标的物之前，忽略承租人的优先购买权，未通知承租人参与竞买，承租人即可提出异议。

或者是在拍卖程序中，有最高应价时，优先购买权人表示以该最高价买受，执行法院仍将标的物拍归其他竞买人的，优先购买权人可以提出异议。但是相反，如果执行行为不仅是侵犯优先购买权，而且是剥夺产生优先购买权等权利的实体权利时，例如，否定共有权，否定或解除租赁关系，相关优先购买权人则依法应当以案外人身份提出阻却执行的实体权利异议。

（四）协助义务人

所谓协助义务人，顾名思义，即基于一定的义务，而以一定行为辅助民事执行机构，保障民事执行工作顺利进行，以利债权人之债权得以实现的人。关于协助执行人，虽然无论我国或者域外立法中都未有明确出现"协助执行人"一词，但这只是形式意义上的名称问题，并不妨碍实际意义上协助执行人协助义务的明确存在。协助执行人参与执行过程，主要是在人民法院查明财产和实施强制执行措施两个阶段。在查明财产阶段，人民法院主要需查明被执行人的财产性质、类别、数量、价值、所在地等等，该阶段即需掌握财产信息的各类协助义务人的全程参与。我国《民事诉讼法》第242条中总体规定了在查明财产阶段协助义务人协助查询的财产范围，当然，实践中，协助义务人的协助查明义务并不限于列举的财产，应当还包括被执行人的房产、车辆等等各项财产。对此，《执行工作若干规定》第28条也作了相应的规定。从立法本意以及实践操作上总体加以概括，掌握相关信息的有关单位，均是协助义务人。从域外立法上看，日本的民事执行法、我国台湾地区的"强制执行法"，均明确了查明财产阶段协助执行人的存在，英国、美国也在发现程序中规定了协助执行人对债务人财产负有协助查明义务。因此，在查明财产的阶段，协助执行人的功能可以概括为向执行机构提供被执行人财产信息。

而对于强制执行措施的实施阶段，协助执行人的范围也很广泛，《民事诉讼法》第243条、第255条以及《执行工作若干规定》，均涉及了对存款、股权、证券、房产、车辆、收入、债权、特定标的物等等各项财产的执行协助，涉及的不仅是负有协助义务的有关单位，还包括持有特定标的物、对被执行人负有债务等等情形下的个人。

从目前的执行实践上看，协助义务不仅仅只在上述两个阶段中针对财产而存在，实际上也针对被执行人本身。掌握被执行人身份信息、位置信息等等的有关单位和个人，同样负有向人民法院提供相应信息的义务。由于协助义务涉及面广，对于不予协助的单位和个人，法律及司法解释也规定了罚款、司法拘留、追回财产、赔偿等惩罚措施，甚至是追究有关责任人的刑事责任。但此前，关于协助义务人是否有权提出异议，以及人民法院对其异议的审查程序，法律及司法解释并未作任何规定。负有协助义务的单位和个人即便有难以协助的正当理由，往往也不直接对执行法院提出，而是采取向上级有关部门反映，通过相关途径协调解决的方式提出自身的异议。因此，有必要设置一个法定的、与协助义务相对应的程序上的救济措施。如果协助义务人认为人民法院的协助执行要求超出其协助范围或者违反法律规定，直接影响其合法权益的，应当有权对相关执行行为提出异议。比如，人民法院协助执行通知书中所载明的金额大于协助执行人所能协助执行的数额，或者大于协助义务人依照与被执行人的约定所应支付的价款金额等等情形。再比如，执行法院要求协助义务人协助办理房产的产权证照，而该房产并非依法设立，不具备办理产权证照的条件时，协助执行人可以依法提出执行异议。

二、以概括的方法对利害关系人的其他情形进行兜底规定

由于以列举方式并不能涵盖利害关系人的全部范围，故司法解释作了兜底解释，即认为其法律上的其他合法权益受到人民法院执行行为违

法侵害的情形。需要指出的是，这里的"其他合法权益"应是指程序性权益和不能排除执行的实体权益，如果是主张能够排除执行的实体权利，则其身份是案外人。该兜底条款涉及执行行为所辐射到的当事人、轮候查封的债权人、竞买人、优先购买权人以及协助义务人之外的其他人。比如，被执行人的财产不足以清偿全部债务时，其他经生效法律文书所确认的持有普通金钱债权的债权人申请参与分配时，对财产采取控制和处分措施的人民法院出于地方保护，有时会区别对待本院申请执行人与其他申请参与分配的债权人，甚至驳回其他债权人参与分配的申请。在目前有关参与分配的规定并不全面、细致的背景下，该种情形应当也可以适用此兜底条款，为其他债权人设置具体而可操作的救济途径。当然，执行行为涉及方方面面，其他利害关系人的具体范围需要进一步通过执行实践不断积累经验，深入研究。

【案　例】

【基本案情】

　　泰州二建与鎏毅公司合同纠纷执行一案，执行中，浦东新区人民法院对鎏毅公司的工业房地产、在建工程及相应土地使用权予以查封，并进行了评估拍卖，优比诺公司竞得。后浦东新区人民法院发现鎏毅公司涉案较多，另一家人民法院此前已对涉案房产进行了拍卖，三次拍卖流拍后，将涉案房产抵债给了债权人，但尚未办理过户手续，债务人故意隐瞒，故浦东新区人民法院并不知晓上述情况。后经两家法院协商，浦东新区人民法院决定撤销拍卖程序，并向拍卖机构发出书面撤销拍卖通知，要求该行告知买受人无需交付拍卖成交价款，并将已支付的保证金予以退还。此后，优比诺公司提出异议，并向上海市高级人民法院反映，但始终未得处理，优比诺公司遂向最高人民法院申诉。

【裁决结果】

最高人民法院于2014年11月26日发函上海市高级人民法院，要求其继续督促浦东新区人民法院尽快对上海优比诺资产管理有限公司所提异议予以处理，认真审查相关程序是否合法，妥善处理本案执行争议，避免损害买受人的合法权益，并依法保障申请执行人的相关权利。

【裁决理由】

最高人民法院经审查认为，浦东新区人民法院已查封了案涉房产，依照《执行工作若干规定》的规定，各债权人对执行标的物如无担保物权，应按照执行法院采取执行措施的先后顺序受偿。即使能够认定鎏毅公司未经清理或清算而撤销、注销或歇业，其财产不足清偿全部债务的，浦东新区人民法院作为首查封法院，依法也应主持财产的处置和分配。因此，该院应以执行异议程序对执行程序是否合法，撤销拍卖是否具备充分法律依据等问题，作进一步审查认定。优比诺公司针对执行行为提出异议，浦东新区人民法院应予处理。该院至今未作出审查处理意见，实属程序不当，应予纠正。

【实践中应当注意的问题】

一、注意正确处理执行异议救济程序的竞合

依照《民事诉讼法》第225条之规定，当事人、利害关系人均是提出执行行为异议的主体。既然当事人、利害关系人都有提出执行异议的权利，对于同一强制执行案件，针对同一执行行为，则可能会出现当事人、利害关系人同时提出异议的情形，即为执行异议救济程序的竞合。执行法院在处理异议时应当区分不同情况，予以处理。各个异议权利主

体如基于各自的理由请求救济，执行法院审查后作出的裁定结果则可能并不相同。例如，在执行法院拍卖被执行人的不动产以清偿债务的金钱给付案件的执行中，对于评估机构的评估报告所确定的评估价，申请执行人主张过高而提出异议，认为难以变现，侵犯其合法权益。与之同时，被执行人认为评估价太低而提出异议，竞买人则针对公平竞价权利受到不当妨害提出异议。此时，执行法院审查后，可认为其中一部分人的异议理由正当，而据此重新评估或重新确定拍卖保留价，同时又以无理由驳回另一部分人的执行异议。当然，如经审查，执行法院认为评估拍卖程序正当，也可以确认异议人的主张均不能成立，而裁定予以驳回。

二、注意把握执行行为异议程序与执行监督程序的关系

《执行工作若干规定》第 129 条专门规定了上级人民法院有权对下级人民法院执行工作进行监督。从近年来的执行实践来看，执行监督的内容非常丰富，不仅涉及执行行为，也涉及执行依据。就法院的执行行为而言，又涉及滥用执行权和怠于行使执行权等不同的情形。提起的原因也包括当事人、利害关系人申诉和上级人民法院主动启动两方面。执行监督制度，客观上起到了保护执行当事人、利害关系人等主体合法权益的作用，一定程度上弥补了执行救济制度供给不足的缺陷。随着相关主体申请执行监督的案件越来越多，执行监督案件审查处理的程序也愈发规范，无论在权利主体的保护方面，还是人民法院的执行规范化方面，都起到了相当积极的作用。

但应当注意的是，执行监督与当事人、利害关系人提起执行异议等执行救济是两个不同的概念。尽管二者都可能会达到纠正执行错误和瑕疵的实际效果，但是纠错的途径、启动程序、审查处理程序、法律文书、法律效力等都不尽相同。二者可以作为两种不同的纠错机制同时存在，在具体适用时可以并行不悖，因此可能出现执行救济程序与执行监督程

序竞合的情况。

执行监督是人民法院内部的一种监督、指导和纠错制度，其实施主体是不同层级的人民法院，具体程序在法院内部运行，当事人、利害关系人可以参与，但在程序提起的过程中参与范围有限，对于程序的进行也无主导权。上级法院以监督程序审查处理之后，除作出裁定或决定以外，还可以视情况向有关法院下发内部函文，对下进行指导。当事人、利害关系人虽有权向上级法院反映情况，请求上级法院行使执行监督权，以保护其合法权益，但这种权利一般解释为宪法赋予公民的申诉权，而非执行救济权。因此种申诉行为并不必然产生相应的程序法上的效果，向上级法院反映情况后，是否会得到处理，以及在多大程度上得到处理，均由人民法院审查确定，申诉人自身无法决定。与申请执行监督不同，提出执行异议是法律赋予当事人、利害关系人的法定权利，其对违法执行行为提出异议进而申请复议，只要符合法定条件，执行法院和上一级法院就必须进行审查处理，并作出裁定，裁定应当送达当事人、利害关系人和有关法院。在此过程中，当事人、利害关系人有权依法参与执行救济程序的运行，表达意见和主张，提出抗辩和理由，提供证据，进行质证和辩论，以此来影响救济裁定的作出。因此，对于不当执行行为，在当事人、利害关系人未提出异议或者对裁定不服时未向上一级人民法院申请复议时，如果上级人民法院发现执行法院存在违法执行问题，则应当主动依法进行监督；如果当事人、利害关系人已经提出了异议或正在申请复议，在救济程序正常进行的情况下，上级法院一般无需再就同一问题重复进行监督。当然，作为一项监督权力，上级法院认为必要时可以随时行使监督权。

【相关法律法规】

中华人民共和国民事诉讼法

（2012 年 8 月 31 日）

第二百二十五条　当事人、利害关系人认为执行行为违反法律规定的，可以向负责执行的人民法院提出书面异议。当事人、利害关系人提出书面异议的，人民法院应当自收到书面异议之日起十五日内审查，理由成立的，裁定撤销或者改正；理由不成立的，裁定驳回。当事人、利害关系人对裁定不服的，可以自裁定送达之日起十日内向上一级人民法院申请复议。

第二百二十七条　执行过程中，案外人对执行标的提出书面异议的，人民法院应当自收到书面异议之日起十五日内审查，理由成立的，裁定中止对该标的的执行；理由不成立的，裁定驳回。案外人、当事人对裁定不服，认为原判决、裁定错误的，依照审判监督程序办理；与原判决、裁定无关的，可以自裁定送达之日起十五日内向人民法院提起诉讼。

最高人民法院
关于适用《中华人民共和国民事诉讼法》执行
程序若干问题的解释

2008 年 9 月 8 日　　　　　　　　　　　　法释〔2008〕13 号

第五条　执行过程中，当事人、利害关系人认为执行法院的执行行为违反法律规定的，可以依照民事诉讼法第二百零二条的规定提出异议。

执行法院审查处理执行异议，应当自收到书面异议之日起十五日内作出裁定。

第十条　执行异议审查和复议期间，不停止执行。

被执行人、利害关系人提供充分、有效的担保请求停止相应处分措施的，人民法院可以准许；申请执行人提供充分、有效的担保请求继续执行的，应当继续执行。

第六条　当事人、利害关系人依照民事诉讼法第二百二十五条规定提出异议的，应当在执行程序终结之前提出，但对终结执行措施提出异议的除外。

案外人依照民事诉讼法第二百二十七条规定提出异议的，应当在异议指向的执行标的执行终结之前提出；执行标的由当事人受让的，应当在执行程序终结之前提出。

【条文主旨】

本条是关于执行异议期限的规定。

【条文理解】

一、制定目的

执行异议的主要目的在于通过赋予当事人、利害关系人、案外人法定权利，及时纠正违法的执行行为和切实维护案外人的实体权利。《民事诉讼法》第225条没有规定执行行为异议的期限，《民事诉讼执行程序解释》第5条进一步明确了当事人、利害关系人认为执行法院的执行行为违反法律规定提出异议的，应当在执行过程中提出，《民事诉讼法》第227条虽规定了案外人异议应在执行过程中提出，但也没有明确所谓"执行过程中"的具体标准，导致实践中当事人、利害关系人和案外人可以随时提出异议，降低了执行效率，进而损害了申请执行人的合法利益。为防止当事人、利害关系人、案外人利用异议权拖延执行，促使其及时提出异议，本条文对提出异议的期限加以明确和限制。

二、提起执行行为异议的期限

（一）修订过程

本条中关于执行异议提出时间的规定，经历了从15天不变期间回归到执行程序终结前这样一个较为宽泛期间的过程。实践中有人提出，对于执行行为异议而言，法院的执行往往需要迅速推进，而执行行为尤其是财产处分行为，由于涉及买受人的利益，具有不可逆性，如规定过长的期限，异议结果的不确定性会让执行人员左右为难，事实上会阻滞执行。因此，在这次司法解释稿起草过程中，部分观点主张应当对将申请执行异议的期间设定为不变期间，本条最初是采纳了这一意见，设定了15日的申请异议期限。并将15日期间的起算点确定为：对于查封、扣押、冻结等有法律文书的执行行为，自当事人、利害关系人收到相关法律文书之日起计算。而对于一些没有法律文书的执行行为，例如对于法院实施执行措施的方式方法，或者没有收到相关法律文书的执行行为，则从其知道或者应当知道该执行行为侵害其权利之日起计算。但在《规定》送审稿经最高人民法院审委会审议时，一些委员提出，今年3月15日施行的《立法法》决定将司法解释纳入备案的范围，明确要求司法解释应当针对具体法律条文并符合立法目的、原则和原意。15天的不变期间限制了异议人的异议权，属于立法范畴的权力。另一些意见认为，可以采取变通做法，即增加异议期限的告知条款，但根据《立法法》的规定，即使增加告知条款，仍有限制异议人异议权之嫌。因此，《规定》最终将执行异议期限修改为符合法律原意的"执行程序终结之前"。这也与《民事诉讼法解释》中的规定相一致。

（二）"执行程序终结"的含义

执行程序的终结，在学理上可以分为整体终结和特定终结：

1. 执行程序的整体终结，指基于执行名义而实施之整个强制执行程序终结而言。① 人民法院在执行过程中，由于出现了某种情形，使执行程序无法或无需继续进行，从而结束执行程序。其特征有以下几个方面：（1）由于出现了某种情况，整个执行程序没有必要或者不可能再继续进行；（2）执行程序永远停止；（3）执行程序终结意味着以后不再恢复执行程序；（4）终结执行的权利应当由也只能由人民法院行使。

根据法律和司法解释的规定，执行程序终结主要包括以下几种情形：

（1）生效法律文书确定的内容全部执行完毕。对于金钱债权而言，即债权人收到了判决书确定的本金、利息、迟延履行期间的债务利息等全部款项；对于非金钱判决来说，即法律文书确定交付的财产全部交付给债权人，被执行的财产所有权或其他权利已经转移完成；或被执行人应履行的行为已经全部完成，或者禁止其实施的行为得到了有效制止，恢复了原状。当然，这种全部履行完毕也包括了权利人自己放弃了部分的权利，没有放弃部分全部执行完毕的情形。

（2）裁定终结执行。这是在执行程序中出现的特殊情况，亦称之为法定事由。此时虽然权利人的权利没有实现或者没有完全实现，执行程序也必须结束。根据《民事诉讼法》第257条的规定，有下列情形之一的，人民法院裁定终结执行：①申请人撤销申请的；②据以执行的法律文书被撤销的；③作为被执行人的公民死亡，无遗产可供执行，又无义务承担人的；④追索赡养费、扶养费、抚育费案件的权利人死亡的；⑤作为被执行人的公民因生活困难无力偿还借款，无收入来源，又丧失劳动能力的；⑥人民法院认为应当终结执行的其他情形。根据《民事诉讼法解释》第466条的规定，申请执行人与被执行人达成和解协议后请求撤回执行申请的，人民法院也可以裁定终结执行。此外，根据该解释第

---

① 杨与龄：《强制执行法论》，中国政法大学出版社2002年版，第163页。

494 条的规定，执行标的物为特定物而原物确已损毁或者灭失，双方当事人对折价赔偿不能协商一致时，人民法院也应当终结执行程序，申请执行人可以另行起诉。

（3）裁定不予执行。这是对法院判决裁定以外的由人民法院执行的其他法律文书执行中出现的情况，具体包括仲裁裁决、有强制执行效率的公证债权文书、行政非诉法律文书。此外，根据《民事诉讼法》第 239 条的规定，申请执行的期间为 2 年。对于超过申请执行期间的案件，人民法院可以裁定不予执行。

（4）当事人之间达成执行和解协议并且已经履行完毕的。这一类情况类似于生效法律文书确定的义务全部履行完毕的情形，故此不再赘述。

2. 执行程序的特定终结。亦即个别程序的终结，指对于特定的执行标的所进行的执行程序而言，是指拍卖、变卖成交裁定和以物抵债裁定生效，执行标的物权属移转于受让人或者交付申请执行人等情形。对某一特定物的执行程序终结，整个执行程序未必终结。例如，拍卖债务人动产尚不足以清偿债权，仍需进行不动产拍卖程序或执行其他财产权利的。

（三）《规定》确立的申请执行异议期限

对于执行行为异议而言，异议人对执行行为提出异议应在执行程序终结之前，因为对执行行为提出异议的目的，是纠正违法的执行行为，而执行程序终结之后需要纠正的违法执行行为已经不存在，失去了异议的对象。此处的执行程序终结，应当是指整个执行程序的终结。但是，终结执行本身作为一种特殊的执行措施，对当事人和利害关系人的权利会产生重大影响，所以，对其仍可以提出异议。

需要指出的是，超过执行行为异议期限，并不代表对于当事人或者利害关系人而言就失去了对执行违法行为予以纠正的救济途径，其仍可以通过向执行法院或上一级人民法院申诉，由人民法院启动执行监督程序予以审查处理。

三、提起案外人异议的期限

关于案外人异议的期限，《规定》对《民事诉讼法》第 227 条的"执行过程中"区分不同情况作了两种不同的解释：一是执行标的物由当事人以外的第三人受让时，案外人提出阻止执行的实体权利异议的，应当在执行标的执行程序终结之前。主要的考虑是，受让人通过司法拍卖程序已经取得了执行标的的所有权，为了维护司法拍卖的公信力，不应允许案外人再提出异议。考虑到我国目前的实际情况，这里所指的"执行标的执行程序"终结之前，和理论上不同，是指人民法院处分执行标的所需履行法定手续全部完成之前。例如，对于不动产和有登记的动产或者其他财产权，是指协助办理过户登记的通知书送达之前；对于动产或者银行存款类财产，是指交付或者拨付申请执行人之前。

二是当执行标的由申请执行人或者被执行人受让的，案外人提出异议的时间应在执行程序终结之前。此处的执行程序终结即指生效法律确定的债权实现后执行程序完全终结。这是因为，对申请执行人和被执行人而言，其因错误执行案外人财产所获得的利益理所应当予以返还，不存在信赖利益保护的问题，只要执行程序尚未结束，案外人提出异议的期限就不应届至。

是不是一旦超过异议期限，案外人财产即使被错误执行也再没有救济途径了呢？当然不是。无论是在前述第一种还是第二种情形下，案外人虽不能按照《民事诉讼法》第 227 条所规定的异议程序进行救济，但可以另行对申请执行人或者被执行人提起不当得利之诉，请求返还执行标的变价款或者请求返还执行标的。

【案 例】

超过异议期限被驳回请求的案例

【基本案情】

厦门海事法院在执行福建福州农村商业银行股份有限公司（以下简称农商行）与福建融通船务有限公司（以下简称融通公司）等与船舶营运有关的借款合同纠纷案中，融通公司等被执行人与抵押权人（申请执行人）农商行、买受人福建恒本机械设备有限公司（以下简称恒本公司）达成和解，被执行人融通公司愿意将其所有的"融通1号"船舶出售给恒本公司，出售款用于清偿抵押权人农商行的债务。和解协议签署后，农商行向厦门海事法院提出申请，请求解除对"融通1号"船舶的冻结、扣押。厦门海事法院根据申请执行人的申请，于2013年1月11日作出（2013）厦海法执行字第48号执行裁定：一、自即日起解除对"融通1号"轮的扣押；二、同意被执行人融通公司将"融通1号"轮财产权转移给买受人恒本公司。同时作出"解除扣押船舶命令"。福建省华侨友谊外货经营公司（以下简称华侨公司）认为，其为融通公司的合法债权人，执行法院在未经有关权利人同意的前提下，将属于被执行人融通公司所有的"融通1号"船舶变卖给恒本公司，该变卖行为违法，并于2013年7月24日向厦门海事法院提出异议，请求裁定终止对"融通1号"船舶的变卖措施，依法拍卖该船舶。厦门海事法院审查后认为，在执行过程中未发现其他债权人的情况下，申请执行人农商行与融通公司等被执行人及买受人恒本公司自行达成执行和解，当事人自行处置抵押船舶的行为符合《最高人民法院关于人民法院民事执行中拍卖、变卖财产的规定》第三十四条第一款规定。异议人认为执行法院未经拍卖程序，直接将"融通1号"轮变卖给恒本公司的执行行为违法没有事实依据，其申请不能成立，裁定驳回华侨公司的异议。

华侨公司不服厦门海事法院（2013）厦海法执异字第2号执行裁定，向福建省高级人民法院（以下简称福建高院）申请复议称：（1）其是被执行人融通公司的合法债权人。融通公司在明知还有其他债权人的情况下，私下与抵押权人农商行达成和解协议，将属于融通公司所有的"融通1号"船舶变卖以清偿抵押权人债权，侵犯了申请复议人及其他债权人的合法权益。（2）根据《民事诉讼法》及《拍卖、变卖规定》，人民法院对查封、扣押、冻结的财产进行变价时，应当优先采取拍卖的方式。厦门海事法院未通过拍卖程序，且在未征得相关权利人同意的前提下，以较低价格变卖被执行人融通公司所有的"融通1号"船舶，该变卖行为违法。请求撤销厦门海事法院（2013）厦海法执异字第2号执行裁定，并终止对"融通1号"船舶的变卖。

申请执行人农商行称：（1）其为本案讼争船舶"融通1号"的抵押权人，对该标的物依法享有优先受偿权。（2）在执行过程中，申请执行人在未发现有其他债权人申请执行或者扣押"融通1号"的情况下，与被执行人融通公司及买受人恒本公司达成和解协议，自行处置抵押物"融通1号"的行为并无不妥。（3）其申请执行融通公司等人与船舶营运有关的借款合同纠纷案，已于2013年1月全案执行完毕，并已向厦门海事法院申请结案，申请复议人于2013年7月向厦门海事法院提出执行异议，已过提起执行异议审查期限。综上，请求驳回申请复议人华侨公司的复议申请。

福建高院查明，福建拓普商贸有限公司（以下简称拓普公司）因生产经营需要，向农商行借款人民币3900万元，双方签有《流动资金借款合同》一份。融通公司自愿为拓普公司的上述借款提供担保，并将登记在其名下的"融通1号"船舶抵押给农商行。借款合同签订后，农商行依约先后两次将3900万元汇入拓普公司指定的账户。2012年11月25

日，拓普公司向农商行明确表示无法按期还款，要求展期。农商行认为拓普公司的信用下降，并且明确表示无法按期偿还该笔借款，遂根据借款合同约定，向厦门海事法院提起诉讼。经厦门海事法院调解，双方当事人自愿达成调解协议：拓普公司于2013年1月10日之前向农商行归还借款本金3900万元，并按《流动资金借款合同》的约定支付相应利息，由融通公司、许建华、黄世凤、吴建峰、叶丰国承担连带责任。厦门海事法院于2012年12月21日作出（2013）厦海法商初字第9号民事调解书。

调解书生效后，拓普公司、融通公司等未按调解协议履行还款义务，农商行于2013年1月11日向厦门海事法院申请强制执行。该案在执行过程中，申请执行人农商行、被执行人拓普公司、融通公司、许建华、黄世凤、吴建峰、叶丰国及第三人恒本公司自行达成和解协议，三方约定：被执行人融通公司愿意将其所有的"融通1号"船舶按市价值4300万元出售给恒本公司，出售款用于清偿抵押权人农商行的债务。该协议签订后，申请执行人农商行即向厦门海事法院提出申请，请求解除对"融通1号"船舶的冻结、扣押。厦门海事法院根据申请执行人的申请，作出（2013）厦海法执行字第48号执行裁定：一、自即日起解除对"融通1号"轮的扣押；二、同意被执行人融通公司将"融通1号"轮财产权转移给买受人恒本公司，同时作出"解除扣押船舶命令"。后买受人恒本公司根据和解协议约定，将购船款汇入三方自行指定的被执行人拓普公司账户，拓普公司将其中的4018.68万元偿还了其欠申请执行人农商行的贷款（本金3900万元、利息118.68万元）。2013年1月间，申请执行人农商行向厦门海事法院提出结案申请。2013年7月24日，华侨公司认为厦门海事法院变卖"融通1号"船舶行为违法，向厦门海事法院提出异议。

【裁决结果】

福建高院于 2014 年 1 月 27 日作出（2014）闽执复字第 3 号驳回申请复议人福建省华侨友谊外货经营公司的复议申请。

【裁决理由】

《民事诉讼执行程序解释》规定，执行过程中，当事人、利害关系人认为执行法院的执行行为违反法律规定的，可以提出异议。也就是说，当事人、利害关系人提出异议的期限应该是在执行过程中，即执行程序开始之后、执行程序终结之前。当事人、利害关系人在执行程序开始前、终结后提出执行异议的，人民法院应不予受理。农商行与融通公司等与船舶营运有关借款合同纠纷执行案，经申请执行人申请，已于 2013 年 1 月结案。本案申请复议人华侨公司于 2013 年 7 月 24 日向执行法院提出执行异议，已超过提出异议的期限，因此其申请执行异议、复议，人民法院不予受理。华侨公司认为执行法院未经有关权利人同意变卖"融通 1 号"船舶行为违法，其应当通过其他途径寻求救助。

【实践中应当注意的问题】

案外人对多项执行标的提出异议的，其申请异议的期限应如何计算？

依照《规定》的精神，特定标的由当事人之外的买受人受让的，案外人异议应是在其提出异议的特定标的的具体执行程序终结前提出，如果特定标的已执行完结，即使债权未全部实现，案件尚在执行过程中，案外人对该特定标的也不应再提出异议。如标的涉及多个，其中某个或多个标的已执行完结，即使尚有其他标的仍在执行过程中，案外人对已经执行完结的标的也不应再提出异议。如果多个标的的受让人均是由买受人受让的，则其提出异议的期限应当是整个执行程序终结前。如果多个执行标的中，既有当事人之外的买受人受让，又有当事人受让的情形，则案外人提出异议的期限，应当根据是否由买受人受让来区分案外人就特定标的提出异议的期限。

【相关法律法规】

中华人民共和国立法法

（2015 年 3 月 15 日）

第一百零四条　最高人民法院、最高人民检察院作出的属于审判、检察工作中具体应用法律的解释，应当主要针对具体的法律条文，并符合立法的目的、原则和原意。遇有本法第四十五条第二款规定情况的，应当向全国人民代表大会常务委员会提出法律解释的要求或者提出制定、修改有关法律的议案。

最高人民法院、最高人民检察院作出的属于审判、检察工作中具体应用法律的解释，应当自公布之日起三十日内报全国人民代表大会常务委员会备案。

中华人民共和国民事诉讼法

（2012 年 8 月 31 日）

第二百五十七条　有下列情形之一的，人民法院裁定终结执行：

（一）申请人撤销申请的；

（二）据以执行的法律文书被撤销的；

（三）作为被执行人的公民死亡，无遗产可供执行，又无义务承担人的；

（四）追索赡养费、扶养费、抚育费案件的权利人死亡的；

（五）作为被执行人的公民因生活困难无力偿还借款，无收入来源，又丧失劳动能力的；

（六）人民法院认为应当终结执行的其他情形。

第二百五十八条 中止和终结执行的裁定，送达当事人后立即生效。

最高人民法院
关于适用《中华人民共和国民事诉讼法》的解释

2015 年 2 月 4 日   法释〔2015〕5 号

第四百六十四条 根据民事诉讼法第二百二十七条规定，案外人对执行标的提出异议的，应当在该执行标的执行程序终结前提出。

第四百六十六条 申请执行人与被执行人达成和解协议后请求中止执行或者撤回执行申请的，人民法院可以裁定中止执行或者终结执行。

第四百九十四条 执行标的物为特定物的，应当执行原物。原物确已毁损或者灭失的，经双方当事人同意，可以折价赔偿。

双方当事人对折价赔偿不能协商一致的，人民法院应当终结执行程序。申请执行人可以另行起诉。

最高人民法院
关于人民法院执行工作若干问题的规定（试行）

1998 年 7 月 8 日   法释〔1998〕15 号

108. 执行结案的方式为：

（1）生效法律文书确定的内容全部执行完毕；

（2）裁定终结执行；

（3）裁定不予执行；

（4）当事人之间达成执行和解协议并已履行完毕。

第七条　当事人、利害关系人认为执行过程中或者执行保全、先予执行裁定过程中的下列行为违法提出异议的，人民法院应当依照民事诉讼法第二百二十五条规定进行审查：

（一）查封、扣押、冻结、拍卖、变卖、以物抵债、暂缓执行、中止执行、终结执行等执行措施；

（二）执行的期间、顺序等应当遵守的法定程序；

（三）人民法院作出的侵害当事人、利害关系人合法权益的其他行为。

被执行人以债权消灭、丧失强制执行效力等执行依据生效之后的实体事由提出排除执行异议的，人民法院应当参照民事诉讼法第二百二十五条规定进行审查。

除本规定第十九条规定的情形外，被执行人以执行依据生效之前的实体事由提出排除执行异议的，人民法院应当告知其依法申请再审或者通过其他程序解决。

【条文主旨】

本条是对当事人、利害关系人依照《民事诉讼法》第225条提出异议的执行行为的范围进行界定。

【条文理解】

2007 年修正的《民事诉讼法》第 202 条①的规定从制度上确立了我国的执行异议制度。这次修改，在异议上区分了执行行为异议与案外人实体权利异议两个不同的概念。2012 年修正的《民事诉讼法》沿用了上述规定的内容。《民事诉讼法》中关于执行异议的规定，虽然在制度上明确了执行行为异议，但法条中的"违反法律规定"，具体指向不甚明确。该项制度在一定程度上确实保护了当事人、利害关系人的合法权益，但也为一些人拖延执行、阻碍执行创造了方便，在当前执行难的现实背景下不利于执行工作效率的提高。有的当事人在签收调解书的时候未提出任何异议，却在进入强制执行阶段时以调解书的法律效力有问题为由提出异议。修正后的《民事诉讼法》将案外人异议的提出时间限定在执行过程中，却没有限定当事人、利害关系人异议的提出时间，致使有的执行案件已经执行终结，却也有人以利害关系人的名义提出执行异议，无端耗费有限的司法资源。各地法院在司法实践中，关于异议的审查和处理，操作也不太规范，五花八门、无章可循。

事实上，执行行为异议在司法实践中量大面宽，遭遇的疑难问题确实也最多。而执行行为异议制度最突出的特点在于该制度旨在救济执行过程中出现的程序性瑕疵，基于此，解决执行异议制度中存在的问题，其核心就是需要对具体执行行为所涵盖的范围，作一个明确的限定。

考察域外的执行程序救济制度，无论是德国的民事诉讼法还是我国台湾地区的"强制执行法"，都以列举的形式对执行异议的具体内容加

---

① 2007 年《民事诉讼法》第 202 条规定：当事人、利害关系人认为执行行为违反法律规定的，可以向负责执行的人民法院提出书面异议。当事人、利害关系人提出书面异议的，人民法院应当自收到书面异议之日起 15 日内审查，理由成立的，裁定撤销或者改正；理由不成立的，裁定驳回。当事人、利害关系人对裁定不服的，可以自裁定送达之日起 10 日内向上一级人民法院申请复议。

以规定。我国台湾地区对强制执行的立法模式是单独立法，并在其中专章规定执行行为瑕疵的救济方法。

根据台湾地区"强制执行法"的规定，其强制执行救济方法可以分为程序上的执行救济方法和实体上的执行救济方法。程序上的执行救济方法为"程序合法之保障"，[①] 可分为三种：第一，声请。指当事人或利害关系人请求执行机构为一定行为或不为一定行为的意思表示。第二，声明异议。指当事人或利害关系人请求执行机构将其所为一定行为或不行为予以变更或撤销之意思表示。第三，抗告。指当事人对于执行法院就其声请或声明异议所为之裁定，声明不服。[②] 声请或声明异议的主体即为当事人或利害关系人。对于声请或声明异议的事由，主要有四种：强制执行的命令、实施强制执行的方法、强制执行时应遵守的程序或对于其他侵害利益之情事。由于台湾地区的强制执行制度是单独立法，针对各项执行措施及其执行救济方法均在法条中一一详列。

德国的执行救济方法分为程序上的执行救济和实体上的执行救济，程序上的执行救济即执行异议。《德国民事诉讼法》对执行异议的情况规定颇为详尽，主要包括：

第一，对于发给执行条款的抗议。在德国实施强制执行，不仅要有判决正本或其他有执行力的正本，还必须要有执行条款[③]，执行程序才能启动。债务人可以对执行条款提起抗议。第二，对于强制执行的种类与方式的抗议。此种执行异议，其异议事由不止于对强制执行的种类与方式，具体来说包括三类：一是对于强制执行的种类和方式；二是对于执行员在执行时应遵守的程序；三是对于执行员拒绝接受执行委托，或拒绝依照委托实施执行行为，或对于执行员所计算的费用。以上抗议，

---

① 杨与龄：《强制执行法论》，中国政法大学出版社 2002 年版，第 169 页。
② 杨与龄：《强制执行法论》，中国政法大学出版社 2002 年版，第 170 页。
③ 《德国民事诉讼法》第 724 条。

由执行法院裁判。第三，已有足够保证时的异议。对于该项异议，前提必须是债权人对债务人的动产已经设置了质权或留置权，并且该占有动产的价额足以抵偿该项债权。第四，对于假扣押的异议。对于命令假扣押的裁定，可以提出异议①。异议人应在异议中陈述其提出撤销假扣押的理由。假扣押的执行并不因提出异议而停止，但法院可以发出暂时命令，如债务人提供担保而暂时停止强制执行或者债权人提供担保而暂时实施强制执行，针对此类裁定，不得声明不服。异议提出后，法院应以终局裁判对假扣押的合法与否，作出裁判。

日本关于强制执行制度的法律，即民事执行法，也是单独立法。从总体而言，日本的执行救济制度种类齐全、划分科学、规定细致，既有程序性的救济制度，又有实体性的救济制度。程序性救济制度分为执行抗告和执行异议，而执行抗告制度是日本执行救济的特色。根据《日本民事执行法》第 10 条第 1 款的规定和日本民事执行机构的设置，执行抗告的对象是执行法院对于民事执行的程序所作出的裁判。但是对于执行法院的这些裁判，"只有在特别规定的情况下"，才可以提出执行抗告。根据《日本民事执行法》的规定，当事人提起抗告有两种情况：第一，对于撤销裁判可提出执行抗告。《日本民事执行法》第 12 条规定：对于撤销民事执行的裁定，可以提出执行抗告。对于执行官撤销民事执行程序的处分提出的执行异议被驳回的裁判，或者命令执行官撤销民事执行程序的裁定，也可以提出执行抗告。除法律另有规定的除外，凡涉及撤销民事执行程序的裁判，均可以提出执行抗告。例如，不动产强制执行中，执行法院驳回强制拍卖申请或继续强制拍卖申请的裁判②；又如，动产强制执行中，执行法院驳回变更禁止扣押动产范围的申请的决定③，

---

① 《德国民事诉讼法》第 924 条。
② 《日本民事执行法》第 45 条第 3 款和第 47 条第 5 款。
③ 《日本民事执行法》第 132 条第 4 款。

等等。第二，对具体处分、许可、命令的裁判可提出执行抗告。这主要是从分散在各部分的可执行抗告的条文中梳理出来的。例如，在总则中，执行法院对执行法院书记官关于执行费用的处分申请异议的裁定①。又如，在分则中，不动产强制执行中，执行法院对不动产卖出的保全处分决定②；损害一方自身的权利时的卖出许可或不许可决定③；动产强制执行中，执行法院根据扣押债权人的申请，命令第三人将扣押物交付执行官的裁判④；作为或不作为强制执行中，对作为或不作为强制执行的申请的裁判⑤，等等。日本民事执行程序性救济方法的另一种是执行异议，其对象是不得提出执行抗告的执行法院的执行处分，以及执行官的执行处分。执行异议的管辖法院是执行法院。执行异议的提起没有法定期间和提交书面理由书的限定。

借鉴以上域外的规定，我国民事执行程序中，当事人、利害关系人可以基于何种事由提起异议，或者说允许提出异议的事项应该包括哪些，也应当予以明确。目前，我国《民事诉讼法》笼统规定为违反法律规定的执行行为，但是不进行任何限制，对所有当事人、利害关系人认为违法的执行行为均允许提出异议，可能导致当事人滥用权利，影响执行效率；同时，异议的处理必然占用大量的人力、物力和财力资源，执行法院的工作量也成倍增加。因此，比较可行的方案是将异议的范围限定在执行措施等对当事人、利害关系人利益影响较大的事项上。本条确定的执行行为的具体范围和所涉事项，主要涉及以下几方面：

---

① 《日本民事执行法》第 42 条第 7 款。
② 《日本民事执行法》第 55 条第 5 款。
③ 《日本民事执行法》第 74 条。
④ 《日本民事执行法》第 127 条第 3 款。
⑤ 《日本民事执行法》第 171 条第 5 款。

一、以列举的方式列明了终局执行程序中执行行为的范围

一般而言，执行行为主要包括两类：一类是查封、扣押、冻结、拍卖、变卖、以物抵债、暂缓执行、中止执行、终结执行等各类执行措施；另一类是执行的顺序、期间等执行机构应当遵守的法定程序。当然，规定也以兜底的方式，将执行法院作出的其他侵害当事人、利害关系人合法权益的行为列入了执行异议的范畴中。需要注意的是：首先，本条中所涉及的执行行为，一般是针对人民法院已经作出的违法积极行为，请求撤销、补正或者中止、终结，但也未排除对消极执行行为的异议，例如轮候查封债权人请求认为在先人民法院应当尽快拍卖查封的不动产而不拍卖的，可以提出异议。其次，并非人民法院在执行中作出的所有行为均可提出异议。比如，人民法院的内部管理行为，例如更换承办人、延长执行期限等等，不能提出异议。再如，上级人民法院的监督行为，例如指定执行、提级执行不能提出异议，裁定以及对针对异议裁定作出的复议裁定，当事人、利害关系人不能再提出异议。

1. 查封、扣押、冻结、拍卖、变卖、以物抵债、暂缓执行、中止执行、终结执行等各类执行措施。该规定是针对执行机构具有的执行措施实施权而言的。执行措施是指执行人员在实施强制执行时所采取的具体方法和手段，其采取和实施必须符合法定的条件和程序。在执行过程中，执行机构或执行人员采取何种执行方法以及如何采取执行方法，会直接影响到实际执行效果，对当事人或利害关系人各方的利益都会产生直接影响。尤其是财产控制以及变价手段，对当事人及利害关系人影响重大，因此，如果因为执行机构查封等控制措施或者财产变价措施违法导致债权人的合法权益没有得到充分实现或导致债务人的合法权益受损又或侵害了利害关系人的合法权益的，当事人或利害关系人可以向执行法院提起执行行为异议，以求救济。例如，执行机构未按照《查封、扣押、冻

结规定》第1条第2款规定，在查封、扣押、冻结财产时未依法作出裁定，在采取该种执行措施需要有关单位或者个人协助的不依法作出协助执行通知书或根本不依法通知有关协助执行机关办理查封登记之类事项，或者是执行法院在拍卖时，拍卖公告的范围违反法律规定，拍卖流拍后长期拖延不及时进行下一次拍卖，对依法应当拍卖的财产直接予以变卖，此时，相关的当事人、利害关系人即可向执行法院提出异议。又如，《执行工作若干规定》第39条规定：查封、扣押财产的价值应当与被执行人履行债务的价值相当。也就是说，明确规定了价值相当原则，如果人民法院在查封、扣押财产时超出范围查封、扣押，即为不当执行行为，当事人、利害关系人可以提出异议。

2. 执行的期间、顺序等执行机构应当遵守的法定程序。强制执行时应遵守的法定程序，系指执行机构在实施强制执行时，依照我国《民事诉讼法》及相关司法解释的规定应遵守的程序手续。如果执行机构在实施强制执行措施时违反这些程序规定，对当事人或者利害关系人的合法权益也会产生一定的影响，也应赋予其提出异议的权利。例如，《民事诉讼法解释》第486条规定：对被执行的财产，人民法院非经查封、扣押、冻结不得处分。如果人民法院不经查封、扣押、冻结就直接处分被执行的财产，当事人、利害关系人即可以提出异议。

3. 其他侵害当事人、利害关系人合法权益的执行行为。执行法律规范中有大量类似于以上列举的有关执行措施实施的条件和程序的规定，执行行为的表现形式也多种多样，一一列举并不能涵盖行为之全部。违法的执行行为将直接侵害当事人、利害关系人的程序保障权，同时也可能给他们的实体权益造成损害。因此，如果执行机构的执行措施违法，具有其他侵害利益之情形，或实施强制执行的方法不当，·或违背强制执行时应遵守的程序之外，任何违法强制执行行为，被执行人及其他利害关系人仍有权提出异议，要求停止或纠正违法的执行行为。需要注意的是，这里的合法权益是指不能排除执行的合法权益，如果主张的是排除执行的实体权益，应当依照《民事诉讼法》第227条提出案外人异议。

二、保全和先予执行裁定实施中的行为能否提出异议的问题

人民法院的保全、先予执行裁定的实施属于执行程序之一种，执行法学理论称之为"保全执行"和"假执行"，理应纳入执行行为异议的范围，以利于当事人和利害关系人对保全和先予执行程序中的违法和不当的执行行为进行救济。对此，《执行权合理配置和科学运行若干意见》已有规定，此次上升为司法解释。但是，如果是对保全和先予执行裁定本身提出异议的，则不属于本条所规定的执行异议的范畴，当事人应当依照《民事诉讼法》第108条的规定申请复议。

三、被执行人主张申请执行的债权消灭等实体事由如何救济的问题

被执行人对申请执行债权主张履行、和解、抵销等消灭债的实体事由的，在大陆法系有关国家和地区是通过债务人异议之诉的方式进行救济，而我国尚无此类诉讼，《民事诉讼法》也未规定对此类异议依照何种程序救济和审查，但相关类型的异议却大量存在。本条根据债务人实体异议事由发生的时间区分为发生于执行依据生效之前和之后两种情况。对于执行依据生效之后发生的异议事由，由于债务人实体异议针对的是申请执行的债权，且是新发生的事由，受既判力基准时的限制，应当在执行程序中审查，故本条明确了参照执行行为异议程序进行审查。对于执行依据生效之前发生的实体事由，由于涉及执行依据错误与否，不属于执行程序审查范围，除本司法解释第19条规定的情形以外，应当通过再审、仲裁撤销或者其他废弃执行依据执行力的程序予以解决。第19条所规定的情形，此处不作具体论述，在后续条文的解析中再作介绍。但

是，无论发生在执行依据生效之前还是之后，理论通说，当事人主张抵销的，不受既判力基准时的限制，任何时间均可提出。因此，应当允许被执行人在执行程序中以异议的方式提出主张。经审查，如执行法院认为系执行依据生效前的实体事由，则应告知当事人依法申请再审或者通过其他程序解决。

【案　例】

【基本案情】

青海银行与东湖公司借款担保合同纠纷一案，青海高院于 2007 年 8 月 23 日作出（2007）青民二初字第 2 号民事判决，判令东湖公司偿还青海银行借款本息。判决生效后，东湖公司未履行义务，青海银行向青海高院申请执行。执行中，青海高院委托评估机构对东湖公司的全部土地、地上建筑物进行了评估，并进行了三次整体拍卖，均因无人竞买流拍。2009 年 4 月 24 日，青海高院作出（2007）青执字 10－5 号执行裁定，以青海银行表示不能以拍卖财产交付其抵债，东湖公司确无其他财产可供执行为由，裁定终结本次执行程序，并解除对东湖公司财产的查封。

后经青海银行申请，青海高院恢复执行，再次查封了东湖公司财产，并重新委托评估、拍卖。2014 年 2 月 27 日，青海高院作出（2013）青执恢字第 1－2 号执行裁定，认为终结本次执行程序的裁定系由该院依法作出，并非东湖公司的原因造成，据此确定自该院（2007）青执字 10－5 号执行裁定送达之日起，终结本次执行程序期间的利息及迟延履行金均不再计算。青海银行不服，向青海高院提出异议。青海高院经审查认为：该院依法穷尽调查措施，已查证东湖公司无财产可供执行，经青海银行同意后，终结本次执行程序，符合法律规定。由此产生的利息及迟延履行金并非东湖公司的原因形成，不予计算终结本次执行程序裁定送达之日以来的利息及迟延履行金并无不当。因此，青海银行提出的该院违法终结本次执行程序、不计算终结本次执行程序以后的利息及迟延履行金显属不当等主张不能成立。据此，青海高院于2014年4月2日作出（2014）青执异字第3号执行裁定，驳回青海银行的异议。

青海银行不服，向最高人民法院申请复议。其主要理由为：（1）青海高院认定东湖公司无其他财产可供执行，经青海银行同意后终结本次执行程序，与事实不符。（2）认定青海银行表示不能以拍卖财产交付其抵债，缺乏依据。（3）青海银行就评估、拍卖程序违法等问题提出多项异议，青海高院未予处理。（4）终结本次执行程序期间的利息及迟延履行金不予计算，缺乏法律依据。

【裁决结果】

最高人民法院于2014年12月12日作出（2014）执复字第19号执行裁定，撤销青海省高级人民法院（2014）青执异字第3号及（2013）青执恢字第1-2号执行裁定。

【裁决理由】

最高人民法院经审查认为，本案争议涉及以下事由：前次评估、拍卖程序是否合法；终结本次执行程序以及恢复执行是否正当；终结本次执行程序期间应否计算迟延履行利息。

关于青海银行就前次评估、拍卖程序所提执行异议，执行法院在异议审查程序中未予审查认定。但是，前次拍卖并未实际成交，执行法院在恢复执行后已再次选定了评估机构，将对涉案土地及地上建筑物重新进行评估、拍卖，原评估结论不再具有约束力，故再对前次评估、拍卖程序是否合法进行专门审查已无必要。对于青海银行争议的原评估报告是否存在重复评估等问题，可以在当前重新启动的评估中，通过执行法院、评估机构和各方当事人的参与，依法作出合理认定，从而形成准确的评估价，并以此为参考确定拍卖保留价，实施拍卖。因此，执行法院在异议审查中未专门针对前次评估、拍卖程序是否合法正当作出裁定，虽有不当，但可通过重新评估、拍卖予以解决，本院对此不再作出审查处理意见。本案重点解决以下两个问题：

一、终结本次执行程序以及恢复执行是否正当的问题

对于终结本次执行程序，执行法院在异议裁定中给出下列结论：依法定程序穷尽调查措施，确实查证被执行人东湖公司无财产可供执行，并经申请执行人青海银行同意后，终结本次执行程序，符合法律规定。但对于当事人在异议程序中提出的具体事实和法律依据，执行法院并未予以审查处理。本院根据查证的事实，作如下认定：

1. 关于变卖程序的问题。按照《拍卖、变卖规定》第 28 条第 2 款的规定，涉案标的物在三次拍卖均流拍后，启动变卖程序还需满足的前提条件是 A 银行拒绝接受或者依法不能接受该标的物抵债。但事实是，三次拍卖流拍后，青海银行及东湖公司均向法院作出了以物抵债的意思表示，东湖公司还相继提出了几套具体履行方案。在此情况下，执行法院不能违背当事人以物抵债的意思自治，在第三次拍卖终结之日起的 7 日内径行决定变卖涉案标的物。因此，执行法院未发出变卖公告，并非程序不当。此后，执行法院告知青海银行，将对涉案标的物予以变卖或者抵债，但青海银行并未明确答复，仅是笼统提出依照判决实现抵押权的要求。2010 年 1 月，青海银行还向执行法院申请以房产抵债，此时距第三次拍卖终结已四月有余，远超出司法解释规定的 7 日期限。在此过程中，执行法院显然不宜置当事人沟通协商之现实而不顾，自行作出变卖决定。更何况，根据相关规定，拍卖流拍后的变卖应以第三次拍卖的保留价进行，但可以设想的是，在第三次拍卖终结四个多月后，市场行情可能已有变化，标的物价值亦有发生较大波动的可能，法院此时再发出变卖公告，以第三次拍卖的保留价组织变卖，客观上已无法具备合法性与合理性。

综上，执行法院未启动变卖程序不构成否定其终结本次执行程序裁定正当性的理由。

2. 关于能否抵债的问题。青海银行主张，执行法院认定其表示不能以财产抵债，缺乏依据。依据法律规定，以拍卖的不动产交付抵债需征得申请执行人的同意，且应以拍卖所定的保留价为标准进行折抵，应受清偿的债权数额低于抵债财产价值的，申请执行人还需补交差额。本案中，被执行人虽提出抵债方案，但因涉案标的物的拍卖保留价高于本案生效法律文书所确定的应履行数额，双方当事人就涉案标的物如何分割、其价值如何确定、申请执行人应否支付差额以及如何计算差额等事项均未达成一致。在未征得申请执行人同意的情况下，执行法院不能强制将拍卖财产交其抵偿债务。故本案不存在执行法院对于抵债处置不当的问题，亦不能以此认定终结本次执行程序不当。

3. 关于青海银行是否同意终结本次执行程序的问题。根据查明的事实，执行法院在终结本次执行程序的裁定作出后确曾告知青海银行本案将终结本次执行程序，但现无任何书面证据证明青海银行曾表示同意。执行法院有关青海银行同意终结本次执行程序的认定，欠缺事实根据。但是，终结本次执行程序之适用，并不以申请执行人同意为要件，亦即申请执行人是否同意不影响人民法院依法作出终结本次执行程序的裁定。因此，即使青海银行确实未曾表示同意，也不能以此为由否定终结本次执行程序的正当性。

4. 关于东湖公司是否确无财产可供执行的问题。根据调查的情况，东湖公司并未歇业，一直处于正常经营状态。执行法院未经查明东湖公司除涉案标的物外是否有其他财产，即直接认定其无财产可供执行并作出终结本次执行程序的裁定，存在程序瑕疵，应予纠正。但鉴于该瑕疵已经通过恢复执行并重启评估、拍卖程序而得以弥补，因此，已无必要再行撤销执行法院终结本次执行程序的裁定。

二、终结本次执行程序期间应否计算迟延履行利息的问题

1. 依据《民事诉讼法》的规定，被执行人需要加倍支付迟延履行期间的债务利息的前提，是未按判决指定的期间履行金钱债务。金钱给付判决的被执行人负有以其全部财产清偿债务的法定责任，东湖公司有责任根据自身履行能力主动偿付相应的款项，即使在无力偿清全部债务，或者对履行数额有争议的情况下，东湖公司也有义务先行偿付部分债务。东湖公司提出以物抵债的相关方案，并不等于实际履行义务。执行法院虽裁定终结本次执行程序，但终结本次执行程序并非债务消灭意义上的终结执行，其法律上的效果实际相当于中止执行。该执行程序的暂时中止并未改变被执行人未依法律文书履行义务的状态。故确定被执行人不承担终结本次执行程序期间的迟延履行利息，缺乏法律依据。

2. 关于东湖公司主张的青海银行拒绝接受多种以物抵债方案，导致终结本次执行程序，是否属于青海银行的过错问题。本案执行依据确定的是金钱给付，申请执行人青海银行有权利主张以被执行人的实物资产变价所得款项受偿，以物抵债则是其在特定条件下可以行使的权利，而不能把接受以物抵债作为申请执行人的义务。对于东湖公司提出的以物抵债等多种变通执行的方案，青海银行最终未予同意，是依法行使权利，符合法律规定，不能将其视为青海银行的过错，并据以要求其承担迟延履行利息方面的不利后果。

3. 从终结本次执行程序所带来的实际损益情况看，涉案土地和地上建筑物未拍卖成交，继而执行法院终结本次执行程序并解除查封，东湖公司的资产仍得以维持且未受限制，此对于东湖公司继续正常经营具有客观利益。因此，在终结本次执行程序期间，对迟延履行利息不作任何计算，亦不合理。

因此，执行法院径以终结本次执行程序期间"产生的利息及迟延履行金并非东湖公司的原因形成"为由，不予支持青海银行主张的相关利息请求，理据不足，应予纠正。执行法院在下一步执行中，应考虑本案标的物三次流拍、整体处置或分割处置实属两难等客观现状，对本案加倍部分债务利息酌情予以计算，公平合理保护各方当事人的合法权益。

【实践中应当注意的问题】

整体理解执行异议制度，按照执行异议的积极与否，事实上可以将执行异议分为积极的执行异议和消极的执行异议。所谓积极的执行异议，是指当事人或利害关系人对执行机构的消极行为，提出积极的要求予以救济，比如，对执行机构超过程序法规定期限的行为提出异议。如台湾地区以"声请"方式的救济和我国的"申请"。所谓消极的执行异议，是指当事人、利害关系人对执行机构的积极行为，提出消极的主张予以救济，如台湾地区的"声明异议"和我国的"提出异议"。从《民事诉讼法》第225条对违法的执行行为，人民法院应当予以"裁定撤销或者改正"的用语看，这里的执行行为应当是指作为行为，即积极的行为，但是对于特殊情况下的消极执行行为，也没有排除，例如轮候查封的债权人请求在先查封法院处置财产的行为，按照本条的规定应当可以提出异议。但是从长远来看，对于不作为行为，由于其具有不同于作为行为的特点，救济程序应当单列，将来拟建立"申请"制度予以规范。针对前述所言的其他消极行为，目前可以适用的法律条款主要为《民事诉讼法》第203条规定的"人民法院自收到申请执行书之日起超过六个月未执行的，申请执行人可以向上一级人民法院申请执行。上一级人民法院经审查，可以责令原人民法院在一定期限内执行，也可以决定由本院执行或指令其他人民法院执行"。2008年的《民事诉讼法执行程序解释》也进一步细化了该消极执行行为异议程序。该解释第12条规定：上一级人民法院依照《民事诉讼法》第203

条规定责令执行法院限期执行的，应当向其发出督促执行令，并将有关情况书面通知申请执行人。上一级人民法院决定由本院执行或者指令本辖区其他人民法院执行的，应当作出裁定，送达当事人并通知有关人民法院。第13条规定：上一级人民法院责令执行法院限期执行，执行法院在指定期间内无正当理由仍未执行完结的，上一级人民法院应当裁定由本院执行或者指令本辖区其他人民法院执行。

【相关法律法规】

中华人民共和国民事诉讼法

(2012 年 8 月 31 日)

第二百二十五条 当事人、利害关系人认为执行行为违反法律规定的，可以向负责执行的人民法院提出书面异议。当事人、利害关系人提出书面异议的，人民法院应当自收到书面异议之日起十五日内审查，理由成立的，裁定撤销或者改正；理由不成立的，裁定驳回。当事人、利害关系人对裁定不服的，可以自裁定送达之日起十日内向上一级人民法院申请复议。

第八条　案外人基于实体权利既对执行标的提出排除执行异议又作为利害关系人提出执行行为异议的，人民法院应当依照民事诉讼法第二百二十七条规定进行审查。

案外人既基于实体权利对执行标的提出排除执行异议又作为利害关系人提出与实体权利无关的执行行为异议的，人民法院应当分别依照民事诉讼法第二百二十七条和第二百二十五条规定进行审查。

【条文主旨】

本条是关于执行异议竞合时的处理。

【条文理解】

当事人以外的人同时提出案外人异议和执行行为异议的，有的学者称之为"异议竞合"。也有的学者认为，案外人异议和执行行为异议无论是异议目的、依据的基础权利、指向的对象均不相同，根本不存在竞合问题。在弄清楚这个问题之前，有必要先对案外人提出的实体权利异议和利害关系人提出的执行行为异议进行区分。

出于"审执分立"的原则要求和对案外人实体权利的程序保障，《民事诉讼法》建立了案外人实体异议与执行行为异议两类不同性质的异议，并适用不同的程序，实践中也就有了对这两类异议标的进行识别的必要。两类异议的区别主要体现在以下三点：

1. 依据的基础权利不同。案外人提出执行行为异议的依据是其程序权利受到了侵害。例如，另案申请执行人提出执行法院未对主债务人穷尽执行即先执行一般保证人的财产，剥夺了其对一般保证人财产受偿的机会。对某人财产的受偿机会即是程序上的分配权。而案外人提出实体异议所依据的基础权利是其实体权利受到了侵害。这种实体权利不是一般的权利，能够产生排除执行的效力。一般表现为所有权、地役权等物权性质的权力，但也可能是特殊的债权，例如依照《查封、扣押、冻结规定》第 17 条所规定的无过错买受人的物权期待权即是。当然，是否具有排除执行的效力，要结合具体的实体法规范来确定。

2. 异议指向的对象和目的不同。案外人实体异议指向的是法院正在执行的标的物，目的是排除法院对某一执行标的物的执行，保护其私法上的实体权利不受侵害。执行行为异议指向的是法院的执行程序，目的是纠正违法的执行行为，保证自己公法上的程序权利和利益不受非法侵害，并不以排除执行为必要。①

3. 程序的功能不同。执行行为异议程序的功能比较单一，其功能在于纠正违法的执行行为，所以异议审查时要对执行行为进行合法性判断，审查的结果是撤销或者变更执行行为。而案外人实体异议则有两大功能：一是确权或者代位确权；二是对法院应不应当停止对特定标的物的执行作出裁断。案外人实体异议程序对公法关系的判断，仅限于在判断实体权属的基础上，对应不应该停止执行发表意见，该意见从属于对实体权属的判断，仅到此为止，不可再越雷池一步，其不能对公法关系的合法性问题发表意见。

执行行为异议与案外人实体异议区分的难点在于案外人提出实体异议理由的同时，也会提出执行行为异议理由，出现了异议标的难以区分的问题。尤其是实践中，相当多数的案外人并无区分这两类异议的专业知识，异议的理由往往都是要求纠正"违法的执行行为"。因此，有的

①　章武生、金殿军：《执行程序中案外人异议之诉制度研究》，载《执行实务与新类型法律问题研究》，人民法院出版社 2010 年版，第 154 页。

学者提出以异议理由作为区分这两类异议的方法并不具有可行性。[①] 还有的学者则干脆将此类情形称之为"执行救济方法的竞合"，认为案外人在此时既可以提出案外人实体异议，也可以以利害关系人的身份提出执行行为异议。[②] 执行行为异议与案外人实体异议在制度功能设计上截然不同，不可能把本应由案外人实体异议解决的问题放到执行行为异议中去解决，反之亦然。至于此种情形下如何区分异议的标的，我们认为，虽然诉讼标的的识别与案外人异议标的识别并不相同，但诉讼标的识别的相关理论，尤其是德国诉讼法学家赫尔维希建立在实体请求权基础上的传统诉讼标的理论、罗森贝克以基础事实和诉的声明为双重识别要素的"二分肢"说[③]，能够提供识别案外人异议标的的灵感。借鉴前述诉讼标的识别理论，案外人实体异议与执行行为异议标的区分，可以采取基础权利＋异议目的来判断，而非单纯从异议理由来识别。即只要案外人提出异议所依据的基础权利是实体权利，异议的目的是排除对执行标的物的执行，则为案外人实体异议。如果异议的基础权利是程序权利，异议的目的是纠正违法的执行行为，则纳入执行行为异议。

《规定》第 7 条正是采用"基础权利＋目的"区分标准，将案外人同时提出案外人异议和执行行为异议的情形，区分为两种不同的类型：

1. "基础权利及目的竞合"情形。案外人提出两类异议，所依据的基础权利都是实体权利，提出异议的目的也都是请求人民法院停止对特定标的物的执行，但其形式上既对执行标的又对执行行为提出异议。此时，只要对其实体异议进行审查，执行行为异议就没有审查的必要，此即实体异议吸收程序异议。

---

① 邓世军、王宏斌：《民事执行程序中两种异议制度的辨析——兼论执行异议与案外人异议的禁止竞合》，载《法律适用》2012 年第 4 期。

② 陈娴灵：《我国民事执行异议之诉研究》，湖北人民出版社 2009 年版，第 36 页。

③ 张卫平：《诉讼构架与程式》，清华大学出版社 2000 年版，第 211 ~ 220 页。

2. "主体竞合"的情形。当事人以外的人既以实体权利为基础提出案外人异议，又提出与实体权利无关的执行行为异议，异议的目的分别是阻止对特定标的物的执行和纠正违法的执行，实际上是同一个异议主体分别作为案外人和利害关系人提出了两类不同性质的异议。应当分别适用不同的审查程序，分别作出裁定。

【案 例】

一、将案外人的实体异议错误作为执行行为异议处理的案例

【基本案情】

陕西省高级人民法院（以下简称陕西高院）依据已经发生法律效力的最高人民法院（2005）民二终字第31号民事判决，在执行申请执行人西部信托公司与陕西宏华房地产开发公司、中国航空器材进出口总公司西北公司、陕西省交通职工技协服务部（以下简称交通技协）借款担保纠纷案过程中，根据申请执行人西部信托公司提供的财产线索，于2012年1月18日作出（2011）陕执恢字第16-4号执行裁定，查封了西安市高新路8号西安科技（丽华）大厦第12层建筑面积为1278.5平方米、第6层建筑面积为115.83平方米的房产（以下简称涉案房产）。案外人陕西交通物业有限责任公司（以下简称交通物业公司）提出异议，要求解除对涉案房产的查封，称：2004年6月，西安市中级人民法院（以下简称西安中院）作出（2001）西经执字第120-2号民事裁定，将涉案房产作价688.851378万元，以物抵债给该案申请执行人交通技协。后交通技协又将涉案房产转让给陕西道路科工贸有限公司（以下简称道科贸公司），西安中院作出（2001）西经执字第120-3号协助执行通知书，要求西安市国土资源和房屋管理局高新分局将涉案房产直接过户至道科

贸公司名下。道科贸公司营业执照被吊销后，陕西省交通运输厅作为道科贸公司的控股单位收回了涉案房产，并将其交由交通物业公司占有、经营。因此，涉案房产现已由交通物业公司合法取得，不再属交通技协所有，陕西高院的查封措施不当，应予撤销。

陕西高院经审查，认为交通物业公司的异议理由成立，作出（2012）陕执异字第5号执行裁定，依照修改前《中华人民共和国民事诉讼法》第二百零二条之规定，裁定：交通物业公司异议成立。如不服该裁定，可在该裁定送达之日起十日内向最高人民法院申请复议。

西部信托公司向最高人民法院申请复议称：道科贸公司虽被吊销营业执照，但未进行清算并办理工商注销登记，其企业法人主体仍然存续，交通物业公司不是涉案房产的所有权人，也不具有提出执行异议的主体资格。陕西高院（2012）陕执异字第5号执行裁定错误，请求予以撤销

【裁决结果】

最高人民法院2013年8月8日作出（2013）执复字第11号执行裁定：

一、撤销陕西省高级人民法院（2012）陕执异字第5号执行裁定；

二、发回陕西省高级人民法院依据《中华人民共和国民事诉讼法》第二百二十七条之规定重新审查并作出裁定。

【裁决理由】

案外人基于对执行标的物主张实体权利而提出异议，以排除对该执行标的物之强制执行的，属于案外人异议，不管其主张实体权利的依据是否涉及其他法院的相关生效法律文书，均应当适用《民事诉讼法》第227条（即原第204条）规定处理，以保护案外人和当事人通过诉讼途径寻求实体救济的合法权利。本案中，案外人交通物业公司以西安中院

作出的有关民事裁定和协助执行通知书等为依据，主张自己已合法取得的涉案房产，陕西高院不应再将其作为交通技协财产予以执行，显系以主张实体权利的方式寻求排除强制执行，属于案外人异议，应依照《民事诉讼法》第 227 条（即原第 204 条）进行审查及作出异议裁定。因本案案外人异议与作为执行依据的最高人民法院（2005）民二终字第 31 号民事判决书无关，案外人、当事人对异议裁定不服的，应当通过向执行法院提起诉讼解决。陕西高院（2012）陕执异字第 5 号执行裁定适用了修改前的《民事诉讼法》第 202 条的规定，赋予案外人、当事人向上级法院申请复议的权利，属于适用程序法律错误。

二、混淆两类不同异议的案例

【基本案情】

浙江省高级人民法院（以下简称浙江高院）在办理中国工商银行浙江省临海市支行（以下简称临海工行）申请执行美洲集团（珠海）有限公司（以下简称美洲公司）、珠海经济特区信托投资公司（以下简称珠海信托）委托贷款合同纠纷一案过程中，华润银行于 2012 年 6 月 8 日向浙江高院提出书面执行异议，称：浙江高院查封的位于珠海市吉大园林路工业区第七栋工业厂房 1-6 层的房产及相应土地使用权（以下简称涉案房地产）为珠海信托转让给其前身珠海城市合作银行（以下简称珠海城行）拱北支行的物业，双方于 1997 年 4 月 1 日签订《房屋转让协议》，珠海信托将涉案房地产的权属证书交给了珠海城行拱北支行。双方还签订了《有关转让吉大工业厂房的补充协议》，约定珠海信托配合珠海城行拱北支行变更房屋租赁合同，将出租方改为珠海城行拱北支行。珠海信托出具《声明》：该厂房的所有权已属于珠海城行拱北支行。翌日，珠海城行拱北支行依约将房屋转让款人民币 1000 万元转入珠海信托账户。据此，涉案房地产已完成实物交付和产权交割。珠海城行拱北支行实际占有涉案房地产并一直出租，已是事实上的所有人。从涉案房地产交付华润银行之日起，该行就一直要求珠海信托协助办理过户更名手续。华润银行的前身珠海市商业银行拱北支行与珠海信托还曾于2001年1月2日向珠海市房地产交易中心提交《保管房地产权证证明》，请求该交易中心给予办理产权交易。但因广东省广州市中级人民法院（以下简称广州中院）及广东省珠海市财政局分别于1999年2月3日、2001年6月25日将涉案房地产查封和限制过户，因而无法进行变更登记。华润银行无奈之下向广东省珠海市香洲区人民法院（以下简称香洲区法院）起诉，该院判决确认前述《房屋转让协议》《有关转让吉大工业厂房的补充协议》合法有效，珠海信托为华润银行办理房产更名过户手续。根据最高人民法院《关于人民法院民事执行中查封、扣押、冻结财产的规定》第17条的规定，华润银行对涉案房地产未办理过户手续没有主观过错，不应予以查封。更何况涉案房地产已由生效判决确权在华润银行名下，更不应执行不属于被执行人的财产。综上，浙江高院将华润银行的财产予以查封并执行租金存在错误，依照《民事诉讼法》第204条之规定，提出案外人异议，请求：撤销浙江高院（2012）浙执恢字第1号、第1-3号协助执行通知和（2012）浙执恢字第1-2号、第1-4号执行裁定，解除对涉案房地产的查封并终止对涉案房地产的执行。

　　针对华润银行的异议，浙江高院于2012年6月27日举行了听证，华润银行在听证时增加异议理由称：根据《最高人民法院关于审理涉及金融不良债权转让案件工作座谈会纪要》，申请执行人应当向法庭报告债权转让的情况及证据。依据本案执行依据最高人民法院（1999）经终字第158号民事判决，珠海信托承担的是赔偿责任，浙江高院应在对美洲公司财产执行穷尽后才能启动对珠海信托的执行措施，目前不应对珠海信托采取执行措施。同时，该行还将原依照《民事诉讼法》第204条之规定以案外人身份提出的案外人异议，改为依照《民事诉讼法》第202条以利害关系人的身份提出执行行为异议。浙江高院对适用《民事诉讼法》第204条和第202条规定的异议程序的区别进行了释明，但华润银行坚持选择依照《民事诉讼法》第202条的规定提出异议。

浙江高院查明：临海工行与美洲公司、珠海信托委托贷款合同纠纷一案，浙江高院作出（1998）浙经初字第18号民事判决，判令：（一）美洲公司归还临海工行借款本金19 604 000元，偿付利息776 318元，罚息11 213 488元（计算至1998年11月3日），合计31 593 806元。于判决生效后10日内履行完毕；（二）珠海信托对美洲公司的上述借款本息承担赔偿责任。一审案件受理费178 232元，由临海工行承担10 000元，珠海信托负担10 000元，美洲公司负担158 232元。后珠海信托不服该判决提起上诉，最高人民法院于1999年12月31日作出（1999）经终字第158号民事判决，判令：（一）维持浙江高院（1998）浙经初字第18号民事判决主文第一项本金和利息及一审案件受理费承担部分；（二）变更浙江高院（1998）浙经初字第18号民事判决主文第一项中的罚息部分为美洲公司应偿还临海工行自合同到期后至实际给付之日止的逾期还款违约金（按照中国人民银行不同时期规定的逾期付款违约金分段计付）；（三）变更浙江高院（1998）浙经初字第18号民事判决主文第二项为：由珠海信托对美洲公司上述第一、二判项承担赔偿责任。

2000年4月20日，临海工行将本案债权转让与中国华融资产管理公司杭州办事处。2010年3月22日，中国华融资产管理公司杭州办事处又将债权转让与浙江省发展资产经营有限公司。2011年8月12日，浙江省发展资产经营有限公司将本案债权转让与珠海添富投资咨询有限公司（以下简称添富公司）。前述转让行为，相关各方分别在《浙江日报》《杭州日报》作了公告。

依据添富公司的申请，2012年1月16日浙江高院作出（2012）浙执恢字第 1 号民事裁定，变更添富公司为本案申请执行人。同日，该院作出 (2012) 浙执恢字第 1-2 号执行裁定：查封被执行人珠海信托所有的涉案房地产。同年 1 月 19 日，该院向珠海市房地产登记中心送达了上述裁定和 (2012) 浙执恢字第 1 号协助执行通知。

浙江高院另查明：1997 年 2 月 28 日珠海市拱北城市信用合作社与珠海信托签订一份编号为 970227 的《资金拆借合同》，约定珠海信托从珠海市拱北城市信用合作社拆借人民币 1000 万元，期限为 1997 年 3 月 4 日至 1997 年 6 月 4 日。同日，双方还签订了一份《拆借抵押合同》，以涉案房地产作为上述借款的抵押物，并办理了房地产抵押登记。同年 4 月 1 日，珠海信托、珠海城行拱北支行签订一份《房屋转让协议》，约定：珠海信托将涉案房地产转让给珠海城行拱北支行，转让费 1000 万元，在协议生效之日起三天内，珠海城行拱北支行将 1000 万元房款转入珠海信托在珠海城行拱北支行所设的账户。同日，双方又签订一份《有关转让吉大工业厂房的补充协议》，就房屋租赁等事宜进行了约定。落款日期为 1997 年 4 月 2 日的城市信用合作社特种转账借方传票记载：付款单位名称为"合作行拱北支行"；收款单位名称为"特区信托投资公司"；账号或地址为"232-4100004"；开户银行为"拱北支行"；金额为"1000 万元"；转账原因为"付款"。2001 年 5 月 31 日，珠海市商业银行与圆明小学签订《租赁合同》，将涉案房地产出租给圆明小学，期限自 2001 年 6 月 1 日至 2011 年 5 月 31 日。珠海市商业银行在该《租赁合同》中承诺对出租场地拥有所有权。2009 年 5 月 19 日，珠海市商业银行与润海投资签订《其余不良标的资产收购协议》，约定珠海市商业银行将 1997 年 4 月 1 日《房屋转让协议》项下的权利转让给润海投资。润海投资曾于 2011 年委托珠海金德汇拍卖有限公司对受让的涉案房地产进行拍卖，但未成交。2011 年 6 月 1 日，润海投资与圆明小学签订《租赁合同》，将涉案房地产出租给圆明小学，期限自 2011 年 6 月 1 日至

2013 年 5 月 31 日。润海投资在该《租赁合同》中承诺对出租场地拥有所有权。涉案房地产至今登记在珠海信托名下，所涉土地为国有行政划拨用地。该房地产曾于 1999 年 2 月 3 日被广州中院查封，2011 年 9 月 13 日被浙江省台州市中级人民法院查封。2011 年 11 月 22 日，华润银行以珠海信托为被告诉至香洲区法院，珠海信托未到庭参加诉讼。香洲区法院于 2012 年 4 月 26 日作出（2011）珠香法民一初字第 6447 号民事判决，确认华润银行、珠海信托于 1997 年 4 月 1 日签订的《房屋转让协议》《有关转让吉大工业厂房的补充协议》合法有效，同时判令珠海信托于判决生效之日起七日内为华润银行办理更名过户手续。

浙江高院再查明：华润银行由珠海市拱北城市信用合作社、珠海城行、珠海市商业银行变更而来。润海投资系独立法人。

浙江高院认为，对于华润银行以《民事诉讼法》第 204 条规定为据提出的案外人异议，变更为以《民事诉讼法》第 202 条规定为据，以利害关系人身份提出执行行为异议，应尊重该行的选择，对华润银行的异议按执行行为异议审查程序处理。该案的争议焦点是华润银行是否具备依照《民事诉讼法》第 202 条规定提出异议的利害关系人资格。利害关系人是指当事人以外，与强制执行行为有法律上利害关系的公民、法人或其他组织。华润银行认为其对查封的涉案房地产享有物权，并以此为据提出系本案执行行为的利害关系人。对此，首先，查封的涉案房地产至今仍登记在珠海信托名下。华润银行的前身珠海城行拱北支行与珠海信托 1997 年 4 月 1 日签订《房屋转让协议》后，至今已逾 15 年，期间涉案房地产存在未被司法限制的情况，华润银行有足够的时间办理过户手续，或者通过司法途径行使救济，但华润银行未通过上述两种途径之一行使救济，以保障权利。其次，涉案房地产中的土地使用权系国有划拨土地使用权，根据《城镇国有土地使用权出让和转让暂行条例》第 44 条、第 45 条的规定，划拨土地使用权和地上建筑物转让须经市、县人民政府土地管理部门和房产管理部门批准，否则不得转让。从现有证据看，没有证据表明 1997 年 4 月涉案房地产的转让经过相关部门批准，故珠海信托与华润银行的转让行为违反法律、行政法规的禁止性规定。第三，华润银行提出已经支付房屋转让款的主张存疑。华润银行提交的落款日期为 1997 年 4 月 2 日的城市信用合作社特种转账借方传票、贷方传票，记载的付款时间、金额虽与《房屋转让协议》约定相符，但华润银行的前身珠海市拱北城市信用合作社又与珠海信托于 1997 年 2 月 28 日签订拆借 1000 万元的《资金拆借合同》，约定期限为 1997 年 3 月 4 日至 1997 年 6 月 4 日；珠海信托的开户行是由珠海市拱北城市信用合作社变更而来的珠海城行拱北支行，传票记载的付款原因仅为"付款"，因此，前述传票所记载的款项是否已实际支付，是属涉案房地产的转让款，还是《资金拆借合同》项下的款项等事实不明。故仅凭前述传票，难以认定传票所涉款项属涉案房地产转让款。第四，华润银行与珠海信托签订涉案房地产转让协议之后，又与润海投资签订了不良资产收购协议，润海投资取得了对涉案房地产享有的合同权利，华润银行已不再享有《房屋转让协议》项下的合同权利，事实上润海投资也曾委托拍卖机构拍卖涉案房地产。综上，华润银行既不是涉案房地产物权所有人，也已不是《房屋转让协议》合同项下的权利人，不具备对涉案执行行为提出异议的利害关系人资格，无权依据《民事诉讼法》第 202 条对涉案执行行为提出异议。2012 年 7 月 10 日浙江高院作出（2012）浙执异字第 1 号执行裁定，驳回华润银行的异议。华润银行不服该裁定，向最高人民法院提出复议。

【裁决结果】

最高人民法院于 2012 年 12 月 21 日作出（2012）执复字第 31 号裁定：

一、撤销浙江省高级人民法院（2012）浙执异字第 1 号执行裁定；

二、发回浙江省高级人民法院重新审查。

【裁决理由】

华润银行所提异议内容涉及执行行为异议和案外人异议两类不同性质的异议，依法应当按照相应的程序分别处理。浙江高院（2012）浙执异字第 1 号执行裁定对华润银行所提异议不加区分，一并作为执行行为异议进行审查，适用法律错误，程序不当，应予撤销。对华润银行所提异议应当由浙江高院重新审查。

【实践中应当注意的问题】

有的法院以尊重当事人选择权为由，对实践中本应按照《民事诉讼法》第 227 条审查的异议事项，按照第 225 条的规定进行审查，这种做法是错误的。需要说明，分辨当事人的异议属于何种性质并决定适用相应的程序属于法院的职责。因为，法院在相关的执行异议裁定中必须告知当事人是向上一级法院提起复议还是向本院提起案外人异议之诉进行救济，当事人并没有选择权。

【相关法律法规】

中华人民共和国民事诉讼法

（2012 年 8 月 31 日）

第二百二十五条　当事人、利害关系人认为执行行为违反法律规定的，可以向负责执行的人民法院提出书面异议。当事人、利害关系人提出书面异议的，人民法院应当自收到书面异议之日起十五日内审查，理由成立的，裁定撤销或者改正；理由不成立的，裁定驳回。当事人、利害关系人对裁定不服的，可以自裁定送达之日起十日内向上一级人民法院申请复议。

第二百二十七条　执行过程中，案外人对执行标的提出书面异议的，人民法院应当自收到书面异议之日起十五日内审查，理由成立的，裁定中止对该标的的执行；理由不成立的，裁定驳回。案外人、当事人对裁定不服，认为原判决、裁定错误的，依照审判监督程序办理；与原判决、裁定无关的，可以自裁定送达之日起十五日内向人民法院提起诉讼。

最高人民法院
关于适用《中华人民共和国民事诉讼法》执行
程序若干问题的解释

2008 年 9 月 8 日　　　　　　　　　　　　法释〔2008〕13 号

第十五条　案外人对执行标的主张所有权或者有其他足以阻止执行标的转让、交付的实体权利的，可以依照民事诉讼法第二百零四条的规定，向执行法院提出异议。

第九条 被限制出境的人认为对其限制出境错误的，可以自收到限制出境决定之日起十日内向上一级人民法院申请复议。上一级人民法院应当自收到复议申请之日起十五日内作出决定。复议期间，不停止原决定的执行。

【条文主旨】

本条是关于限制出境措施的救济程序的规定。

【条文理解】

民事强制执行依执行方法可以分为直接执行、间接执行和代替执行三种。这三种民事执行方法，分别承载了不同的执行价值目标。民事间接强制执行方法与直接执行措施相对，是执行机构不直接对执行标的采取强制执行行为，以物理强制力实现债权，而是通过对债务人预告财产或人身上的不利益，从而使债务人心理上产生一种压力，进而迫使债务人自动履行债务的一种执行方法。债务人不仅不主动履行生效裁判所确定的义务，而且不采取积极态度配合法院强制执行，其行为具有明显的违法性。这不仅表现为在经济交往活动中被法律确认为违反交易规则、不诚实信用、不公平交易等，且在法院裁决之后，仍不能反悔过错行为，不自觉履行法律义务，显见其行为本身不仅是对债权人财产权利进行侵犯，且构成对法律的蔑视。既然其连法律责任都不能积极承担，更妄谈道义责任，实为缺乏信义及操守之不良人格，因此，法律上理应对其施以制裁。就间接执行措施而言，所采取的制裁措施需产生相应的威慑，使潜在的违法者知晓通过违法并不能获取到利益，且所受到的惩罚及痛苦远远大于获取利益的快乐，从而自觉选择守法之路。当然，我们并不首先选择制裁措施，一般系在实施直接的强制执行行为遇到妨害时，制裁措施才开始发挥作用。

采取间接强制措施的前提，是需有相应的法律依据。从《民事诉讼法》的规定上看，1991 年颁行的《民事诉讼法》中仅有迟延履行金、迟延履行债务利息、罚款和拘留等四类间接执行措施。此后，为了提高执行实效，《民事诉讼法》中又增设了在征信系统记录、通过媒体公布不履行义务信息、限制出境、限制高消费等间接执行措施。

具体到本条所涉及的限制出境措施，我国关于限制出境的法律规定最早起始于 1986 年实施的《外国人入境出境管理法》和《公民出境入境管理法》。《外国人入境出境管理法》第 23 条第 1 款第 2 项以及《公民出境入境管理法》第 8 条都有关于人民法院通知有未了结民事案件不能出境的明确规定。该两条规定中所使用的是"不准出境""不批准出境"的用语，而不准出境和不批准出境，在行为性质和内容上与限制出境措施实际是同一的，只是表述方式上的差异。但是，从当时的法律规定上来看，虽然相关的出入境管理法中有限制出境措施的法律规定，但是民事执行程序中使用限制出境措施仍然存在适用法律上的障碍。因为，从法律规范的目的来看，出入境管理法是公安机关对公民因私出国申请护照是否审批的法律依据，其审批行为是行政管理行为，属于具体行政行为中的行政许可行为。出入境管理机关通过不批准申请人出境、拒绝签发出境证件而实现的限制出境行为属于行政许可范畴，并没有赋予法院限制出境的决定权。一直到 1987 年，最高人民法院、最高人民检察院、公安部、国家安全部在《关于依法限制外国人和中国公民出境问题的若干规定》中才首次规定了有未了结民事案件（包括经济纠纷案件）的，由人民法院决定限制出境并执行。《最高人民法院关于审理涉港澳经济纠纷案件若干问题的解答》也明确说明了对于无财产可供执行又拒不提供担保的香港、澳门地区的当事人，人民法院可以按照出入境管理法决定令其不准出境。2005 年 12 月印发的《第二次全国涉外商事海事审判工作会议纪要》中明确使用了"限制当事人出境"的概念，并对具体操作问题进行了规定，使其进一步制度化。2007 年修正的《民事诉讼法》在执行篇中增加了一条，作为第 231 条：被执行人不履行法律文书确定的义务的，人民法院可以对其采取或者通知有关单位协助采取限制出境，在征信系统记录、通过媒体公布不履行义务信息以及法律规定的其他措施，这也就在民事诉讼中正式确立了限制出境措施的法律地位。《民事诉讼执行程序解释》对限制出境措施适用进行了比较详细的规定。至此，民事执行程序中限制出境措施既得到了立法的认可，也具有了适用的法律依据。此后，2012 年修正的《民事诉讼法》第 255 条基本沿用了 2007 年的规定，对该项制度进一步予以巩固。

现行的《民事诉讼法》将限制出境措施列入了执行措施之中，因此，限制出境属于执行措施的一种。但是，对于限制出境措施的具体性质，目前还存在分歧。一种观点认为属于保障性执行措施，保障性的执行措施是为辅助和配合直接实现申请人权利的基本措施而实施的执行措施，具有辅助性和保障性[1]。另一种观点认为，限制出境措施属于针对妨害执行行为的强制措施，法院对于妨害民事执行活动的行为人采取的执行措施，目的在于维护执行程序的顺利进行[2]。第三种观点则认为，从形式上看，限制出境措施属于对妨害执行的强制措施，民事诉讼必须严格依照程序、方式进行，它要求法院、双方当事人及诉讼参与人正确行使诉讼权利，自觉履行诉讼义务，按照法定程序进行各项诉讼活动。对实施妨害民事诉讼活动行为的人，可以根据《民事诉讼法》的规定采取强制措施，以排除干扰，保障诉讼顺利进行。而从目的上看，强制措

---

[1]　宋朝武：《民事诉讼法学》，中国政法大学出版社 2008 年版，第 471 页。

[2]　江伟：《民事诉讼法》（第四版），中国人民大学出版社 2008 年版，第 422 页。

施的目的在于排除妨害，保证执行程序的顺利进行。从保障民事执行活动顺利进行的目的分析，针对妨害民事诉讼的行为所施以的强制措施与限制出境的目的相同，同时也反映了限制出境措施的保障性和辅助性。限制出境措施形式上表现为制裁性，目的则表现为保障性，应将其定位为具有制裁性兼具保障目的的一种特殊的强制措施①。但不论限制出境措施的具体性质如何，该措施在执行程序中的具体运用并不涉及当事人之间或者当事人与利害关系人、案外人之间的权利义务关系，因此，具有典型的行政性和强制性。

　　限制出境程序的启动方式、具体适用对象、程序的终结，法律及司法解释中已作规定。但是，关于其监督机制和救济途径，现行的法律规定中并未涉及。在民事诉讼活动中，当事人对诉讼程序的监督主要通过充分行使诉讼权利来实现。诉讼权利在法律纠纷的解决中是一把双刃剑，一方面具有维护当事人合法权益的功能，另一方面又具有监督的功能。权利和权力都是人类社会需求的产物，都是规范化的法律表现形式，是对无制约的任性的否定，二者既相互制约又功能互补。一方面社会公众利用权利对国家权力予以制约和控制，防止有关权力的滥用，另一方面，权力监控、制约权利的行使，保障权利的合法实现。就监督而言，在执行程序中，一方面是申请执行人对法院的监督，另一方面是被执行人对法院的监督。申请执行人主要监督法院是否存在拖延执行、消极执行的情形，被执行人主要监督法院是否存在执行乱的情形，是否违反程序规定。说到底，执行程序的进行是否合法合理，当事人最有发言权，也正因为关系到当事人的切身利益，所以更要重视当事人的监督。限制出境措施作为间接执行措施的一种，是一柄双刃剑，其具有执行经济和较高实效性的一面，而如果适用不当，则也会产生侵害基本人权的可能。限

---

① 杜以星：《民事诉讼中限制出境的若干实务问题》，载《法律适用》2012 年第 4 期。

制出境是对债务人人身自由、生活自由以及迁徙自由的限制，在求助于此项执行措施的同时，必须通过一定的保障措施平衡制度内在的价值冲突。以此着眼，对于执行措施设置相应的救济渠道实为必须。

对于限制出境措施具体设置何种救济权利，长期以来，未形成一致意见，各地在执行实践中，具体处理方式也有差别。一种意见认为，按照目前的执行异议程序，当事人或利害关系人对强制执行的命令不服、实施强制执行的方法不服、执行机构未遵守强制执行程序等都可以提出执行异议、复议。限制出境措施在法律性质上属于对妨害执行的强制措施，也属于执行异议、复议的范围，当事人具有提起异议、复议的权利。当事人、利害关系人认为执行行为违反法律规定的，可以向负责执行的人民法院提出书面异议，当事人、利害关系人提出书面异议的，人民法院应当在收到异议15日内完成审查。理由成立的应裁定撤销或者改正，异议理由不成立的，通知予以驳回，同时应当告知当事人有申请复议的权利。当事人对裁定不服的，可以在收到裁定10日内向上级法院申请复议。但复议期间不停止裁定的执行。另一种意见则认为，限制出境，性质上是一种惩戒措施，系对被执行人不履行法定义务所作的惩罚，并不涉及当事人之间或者当事人与利害关系人、案外人之间的权利义务关系，因此，不应适用执行异议的规定，亦不必要适用该项规定赋予被执行人异议、复议权，以提高执行效率，避免程序滥用，耗费执行法官太多精力。第三种意见则认为，可以引入广义的民事复议制度，就限制出境措施赋予被执行人复议的权利。

广义的民事复议制度，按复议发生的阶段分类可以分为审判阶段的复议和执行阶段的复议。根据目前的《民事诉讼法》及相关司法解释的规定，广义的民事复议主要包含六项事项：当事人提出回避申请，人民法院作出决定，申请人不服的，可以申请复议一次；对人民法院财产保全或者先予执行的裁定不服的，可以申请复议一次；对罚款、拘留的决定不服，可以向上一级人民法院申请复议；《最高人民法院关于民事诉讼证据的若干规定》规定了当事人及其诉讼代理人申请人民法院调查取证，未获人民法院准许的，可以向受理申请的人民法院申请复议；对执行管辖权有异议，人民法院审查后作出裁定，当事人对该裁定不服的，可以向上一级人民法院申请复议；当事人对人民法院执行行为提出异议，人民法院审查后作出裁定，当事人、利害关系人不服该裁定的，可以向上一级人民法院申请复议。

按照上述现行法律规定的可申请复议的具体程序事项，民事诉讼中的复议可以分为两种情形：一是因驳回当事人程序性申请引发的复议。如当事人向人民法院提出回避申请，行使申请回避的诉讼权利，人民法院认为不符合回避条件予以驳回，当事人不服的情况，对应的是当事人申请回避的诉讼权利。再比如，当事人不服人民法院执行行为，提出异议被驳回而申请复议的情形，也属于这一类。二是因人民法院职权行为引发的复议，主要指当事人就人民法院主动采取的措施直接提起复议，例如，人民法院的保全或执行措施，被执行人不服的情况；人民法院对妨害民事诉讼的人采取罚款或拘留等强制措施，相对人不服的情况。这类复议的立法特点是，复议申请主体是人民法院职权行为作出的裁决定所影响的当事人或者其他相关人，类似行政机关的行政行为对应的相对利害关系人。

囿于传统偏见认为的民事执行工作的技术性远大于其理论性，限制出境措施在法律规定中较为简略。前些年，司法实践中整体适用较少，限制出境措施因而被学者和司法工作者所忽略。其实，限制出境措施既涉及民事诉讼领域又涉及公安出入境行政管理领域，并且近年来在经济发达地区、沿海地区的适用呈现数量逐年上升的趋势。随着全球化进程的加快、金融业务的开放性，涉外民事纠纷逐步增多，限制出境措施纳入执行威慑机制建设之后，也将成为常规性的执行措施之一，以保障民事执行程序的顺利进行。尤其是随着失信被执行人名单制度的建立和完善，该项执行惩戒措施的运用会更为常态化。相应地，制度建设的系统性、司法实践的应用性、理论研究的宽广度也将随之提高与完善。

和执行行为一样，限制出境措施一旦违法和不当行使会对被执行人的合法权利造成不利影响。但是，目前针对执行程序的法律规定中没有明确此类间接执行措施的救济渠道，最高人民法院也仅在关于失信被执行人名单的司法解释中明确，被执行人认为纳入失信被执行人名单错误的，可以请求执行法院纠正。对于限制出境措施的救济如何设置，并不是说必须套用执行异议、复议制度。执行程序中的措施，是否必须适用执行异议、复议的规定，也并不是一概而论的。更为主要的，应当是要从措施本身的性质出发来进行设置。通过前文关于申请复议事项的类型的分析，限制出境措施，应当认定为系人民法院职权行为，其与《民事诉讼法》第116条规定的拘留、罚款性质相同，是人民法院为了促使被执行人履行义务，对被执行人的人身施加一定限制的间接执行措施。因此，本次制定司法解释时，根据实际情况，对限制出境规定救济渠道，参照《民事诉讼法》第116条的规定，赋予了被执行人向上一级人民法院申请复议的权利。

【案　例】

【基本案情】

张某与振阳公司、倍合德公司民间借贷纠纷一案，扬州市中级人民法院于2009年11月20日作出（2009）扬民三初字第47号民事判决书，判决：振阳公司在判决生效后10日清偿张某人民币150万元，倍合德公司上海办事处担保虽然无效，但因其具有过错，应承担相应民事责任。因其不具有独立法人资格，倍合德公司应对其分支机构上海办事处所承担民事责任负责，即承担不能清偿部分的二分之一责任。宣判后，倍合德公司不服一审判决，提起上诉。江苏省高级人民法院2010年5月16日作出（2010）苏商外终字第28号民事判决书，判决驳回上诉，维持原判决。二审判决生效后，倍合德公司仍不服判决，通过检察院抗诉程序，申诉至最高人民法院。最高人民法院经提审，于2011年11月10日作出（2011）民提字第219号民事判决书，维持江苏省高级人民法院（2010）苏商外终字第28号判决。判决生效后，振阳公司、倍合德公司未履行法律义务，张某向扬州市中级人民法院申请强制执行。

在执行过程中，执行人员向振阳公司、倍合德公司依法送达执行通知书后，被执行人未自动履行义务。后查明振阳公司已经停业，无资产可供执行。倍合德公司上海办事处仅从事业务咨询，在执行时已被注销。后又查明，倍合德公司全额独资在北京成立了北京倍和德营养制品科技发展公司，故执行法院先后向该公司送达了三份民事裁定书和协助执行通知书，要求该公司协助冻结倍合德公司的预期股息、将倍合德公司应得股息支付给申请人等。后经查询，北京倍和德营养制品科技发展公司因经营不善，已无股权收益可供执行。在多次查找倍合德公司在中国大陆无财产可供执行后，申请人张某提供线索，称倍合德公司法定代表人俞某经常出入中国及美国口岸，要求对美国倍合德公司法定代表人采取限制出（入）境措施。

【裁决结果】

2012年5月28日，扬州市中级人民法院依法作出裁定书，决定限制被执行人倍合德公司法定代表人俞某出入境，并扣留其有效护照。6月6日，江苏省高级人民法院向江苏省公安厅发出了办理限制对俞某出境的通知。7月9日，俞某经上海浦东机场出境时被限制。

【裁决理由】

扬州市中级人民法院经合议庭研究认为：倍合德公司及其法定代表人在中国境内对其履行义务完全知情的情形下，不自动履行且不配合法院执行工作，存在规避执行的嫌疑，故决定对倍合德公司法定代表人俞某采取限制出（入）境措施，迫使被执行人自动履行义务。

【实践中应当注意的问题】

一、复议期间不停止执行

应当注意的是，本条司法解释对于复议审查期间案件的执行，出于防止因复议审查影响案件执行的正常进行，确定了在对程序性事项的审查期间，不停止执行的规定。

以往的理论秉承程序工具主义的观点，认为程序是手段，实体公正是目的，保障实体公正是程序的全部意义，对程序的是非判断首先取决于实体是否公正。但是，程序正义是在法律程序本身或者法律实施过程中得到实现的价值，程序正义属于法律程序本身的内在优秀品质，这种内在优秀品质是独立于而非依附于程序的工具性。如果程序本身不具有正当性，那么司法权威和公信力就会受到影响，进而影响执行行为本身的可接受性。因此，填补民事诉讼中诉讼权利救济的真空地带，将法官的司法权置于当事人和利害关系人监督之下，其目的不只是为了保障结果的公正，还有法律程序自身的正义性要求。程序有其独立的价值，作为程序法的民事诉讼法也应有其真正的法律地位，不应仅作为一个审判过程的指导和流程表。违反规范的行为到法律后果的产生之间，救济机制就是桥梁，如果没有救济机制，即使法官违反程序法，也不会有任何法律后果。

可复议事项的适当扩充在一定程度上弥补了当事人诉讼权利救济的真空，对法官程序性司法行为加强了制约力度和广度，有助于私权利对公权力的制约。权力来源于权利，权力应该为保障和实现相对人的权利而设。权力必然离不开制约，因国家权力是为公民权利的实现而存在，公民权利才是目的，赋予相对人相当的诉讼权利，并为权利提供救济，实质上是通过权利来制约权力。体现在执行中，当事人的复议权作为一种权利救济方式，有助于控制司法权的恣意和滥用。

诉讼权利救济的原则一般认为包含"有侵害就有救济"原则、平等救济原则、及时救济原则、经济救济原则等。这些原则本身就存在天然的矛盾需要权衡。"有侵害就有救济原则"要求只要当事人的诉讼权利受到侵害，无论造成后果的恶劣程度，都应得到有效救济；平等救济原则要求公平地给予当事人双方在其诉讼权利受到侵害或者可能受到侵害时获得救济的机会。满足前两者必然意味着时间成本、司法资源的投入，就可能妨碍及时救济原则和经济救济原则的贯彻。对当事人而言，迟来的正义非正义，过多过于完备的救济途径会迫使当事人付出更多的时间、金钱或者机会成本，对法院来说，司法资源是有限的，如果为必须的和非必须的程序性诉讼权利的保护消耗过多资源，就会影响对其他案件的审查处理，影响社会上其他公民合法权利的救济。因此，应当在权衡程序正义和权利救济要求的基础上，对执行中可能出现的争议进行梳理，分清轻重缓急，适用不同的救济途径。基于上述考量，本条司法解释对于限制出境措施设置的是申请复议的权利，而关于该复议程序的效力，规定了复议期间不停止执行。且一旦做出处理结论，当事人对该复议结论不得再行救济。也即当事人就程序性事项提出复议，上级法院对复议理由是否成立作出了裁定，则实质上"一复终复"。这也符合程序的安定性原则和程序不可逆的原理，有助于提高司法资源的利用效率，避免执行程序的拖延和反复。

二、10 日内向上一级人民法院申请复议

本条司法解释规定了就限制出境措施申请复议的期限，即被限制出境的人需在收到限制出境决定之日起 10 日内，向上一级人民法院申请复议。

执行复议的提起具有被动性，没有申请，上级人民法院不能主动启动执行复议程序。执行复议仅依据相关当事人的主观意志而启动，这一被动性特征准确反映了执行复议制度救济性程序的本质。而作为执行程序中的独立救济程序，其程序的启动都应当有统一固定的期限，复议制度如果申请期限不明，往往让当事人无所适从。目前民事诉讼程序中的复议制度，多未规定申请复议的时限。而从执行措施的确定性以及惩罚措施的不可逆角度出发，应当确定申请的期限。对逾期申请复议的，不予受理。这是为了督促当事人、利害关系人及时行使申请执行复议的权利，避免执行过程的过分拖拉和迟延，保障执行工作的顺利进行。当然，执行法院应当行使释明权，告知复议权、复议期间和复议的法院。只是，针对不同的救济设置多长的期限，往往较难斟酌。考虑到限制出境仅是间接执行措施，而《民事诉讼法》中对裁定的上诉期限规定的是 10 日，因此，在制定司法解释时，也将限制出境措施的复议申请期限规定为 10 日。

【相关法律法规】

中华人民共和国民事诉讼法

（2012 年 8 月 31 日）

第一百一十六条　拘传、罚款、拘留必须经院长批准。

拘传应当发拘传票。

罚款、拘留应当用决定书。对决定不服的，可以向上一级人民法院申请复议一次。复议期间不停止执行。

第二百五十五条　被执行人不履行法律文书确定的义务的，人民法院可以对其采取或者通知有关单位协助采取限制出境，在征信系统记录、通过媒体公布不履行义务信息以及法律规定的其他措施。

最高人民法院

关于适用《民事诉讼法执行》程序若干问题的解释

2008 年 9 月 8 日　　　　　　　　　　法释〔2008〕13 号

第三十六条　依照民事诉讼法第二百三十一条规定对被执行人限制出境的，应当由申请执行人向执行法院提出书面申请；必要时，执行法院可以依职权决定。

第三十七条　被执行人为单位的，可以对其法定代表人、主要负责人或者影响债务履行的直接责任人员限制出境。

被执行人为无民事行为能力人或者限制民事行为能力人的，可以对其法定代理人限制出境。

第三十八条　在限制出境期间，被执行人履行法律文书确定的全部债务的，执行法院应当及时解除限制出境措施；被执行人提供充分、有效的担保或者申请执行人同意的，可以解除限制出境措施。

最高人民法院

关于公布失信被执行人名单信息的若干规定

2013 年 7 月 1 日　　　　　　　　　　法释〔2013〕17 号

第三条　被执行人认为将其纳入失信被执行人名单错误的，可以向人民法院申请纠正。被执行人是自然人的，一般应由被执行人本人到人民法院提出并说明理由；被执行人是法人或者其他组织的，一般应由被执行人的法定代表人或者负责人本人到人民法院提出并说明理由。人民法院经审查认为理由成立的，应当作出决定予以纠正。

第十条　当事人不服驳回不予执行公证债权文书申请的裁定的，可以自收到裁定之日起十日内向上一级人民法院申请复议。上一级人民法院应当自收到复议申请之日起三十日内审查，理由成立的，裁定撤销原裁定，不予执行该公证债权文书；理由不成立的，裁定驳回复议申请。复议期间，不停止执行。

【条文主旨】

本条规定的是对当事人不服驳回不予执行公证债权文书申请裁定的救济。

【条文理解】

关于公证债权文书。1991 年公布施行的《民事诉讼法》第 218 条规定：对公证机关依法赋予强制执行效力的债权文书，一方当事人不履行的，对方当事人可以向有管辖权的人民法院申请执行，受申请的人民法院应当执行。公证债权文书确有错误的，人民法院裁定不予执行，并将裁定书送达双方当事人和公证机关。《民事诉讼法》的这一规定在法律上正式确立了公证机关依法赋予强制执行效力的债权文书的强制执行效力，也同时确立了人民法院对公证债权文书的司法审查制度。当前，我们正在构建社会主义和谐社会，迫切要求建立多元纠纷解决机制。多元纠纷解决机制，既包括和解、调解、仲裁、诉讼，也包括公证，公证在化解社会矛盾纠纷中发挥着重要作用，尤其是在纠纷的事前预防方面，是其他的纠纷解决机制所不可替代的。根据目前的司法实践情况，公证在化解矛盾纠纷中的地位和作用也是逐渐显现。因此，这一法律制度设计，是我国建立多元纠纷解决机制，充分发挥公证法律制度的作用以化解矛盾纠纷的重要措施，也是充分尊重公证事项当事人意思自治的表现。为进一步落实上述法律制度，2000 年，最高人民法院、司法部发布了《债权文书执行的联合通知》，对具有强制执行效力的公证债权文书应具备的条件、债权文书的范围等作了明确规定。此后，2007 年修正后的《民事诉讼法》第 214 条以及现行 2012 年修正的《民事诉讼法》第 238 条也仍然沿用了 1991 年《民事诉讼法》关于公证债权文书制度的相关规定。

但是，随着相关规定在实践中的运用，也出现了一些新情况和新问题，比较突出的有两种情况：一是公证债权文书的债权人没有在《民事诉讼法》规定的申请执行的期限内向人民法院提出强制执行的申请，而直接向人民法院提起民事诉讼。二是债权人依法提出强制执行的申请，但债务人以存在民事争议为由向法院提起民事诉讼。特别是 2005 年通过的《公证法》第 37 条规定：对经公证的以给付为内容并载明债务人愿意接受强制执行承诺的债权文书，债务人不履行或者履行不适当的，债权人可以依法向有管辖权的人民法院申请执行。该法第 40 条规定：当事人、公证事项的利害关系人对公证书的内容有争议的，可以就该争议向人民法院提起民事诉讼。于是，实践中便出现债权人依据当时的《民事诉讼法》第 214 条和《公证法》第 37 条的规定依法向法院提出强制执行的申请，而债务人依据《公证法》第 40 条的规定向人民法院提起民事诉讼的大量现象。由于对上述法律规定理解的不一致，导致实际处理中存在争议和冲突。2008 年 12 月 8 日，最高人民法院审判委员会第1457 次会议通过了《最高人民法院关于当事人对具有强制执行效力的公证债权文书的内容有争议提起诉讼人民法院是否受理问题的批复》，12 月 26 日正式发布。批复的内容为：根据《民事诉讼法》第 214 条和《公证法》第 37 条的规定，经公证的以给付为内容并载明债务人愿意接受强制执行承诺的债权文书依法具有强制执行效力。债权人或者债务人对该债权文书的内容有争议直接向人民法院提起民事诉讼的，人民法院不予受理。但公证债权文书确有错误，人民法院裁定不予执行的，当事人、公证事项的利害关系人可以就争议内容向人民法院提起民事诉讼。

也就是在上述批复中，首次明确了法院对于公证债权文书裁定不予执行之后，当事人和利害关系人可以就公证债权文书所涉相关争议另行起诉。公证债权文书确有错误，人民法院裁定不予执行的，当事人、公证事项的利害关系人就争议内容向人民法院提起民事诉讼的，人民法院依法应当受理。上述《批复》"但书"是对《公证法》第37条和第40条关系的进一步明确。即对于具有强制执行效力的公证债权文书，只有在法院认为确有错误，裁定不予执行的情况下，当事人、公证事项的利害关系人才可以就争议内容向人民法院提起民事诉讼。这是对公证债权文书当事人救济权利的规定。人民法院对是否执行公证债权文书有权进行审查，经过审查，认为公证债权文书确有错误的，应当裁定不予执行。如果人民法院裁定不予执行，当事人、公证事项的利害关系人就争议内容向人民法院提起民事诉讼的，人民法院应当依法受理。人民法院裁定不予执行，实际上是认定公证债权文书本身有错误，不具有强制执行效力。在公证债权文书确有错误的情况下，人民法院要发挥司法监督公证的职能作用，依法裁定不予执行。此后，2015年2月4日起施行的《民事诉讼法解释》第480条进一步明确了具有强制执行效力的公证债权文书确有错误的情形，为人民法院对公证债权文书进行审查确立了实质性审查与程序性审查并行的标准。该标准的确定主要基于以下考量：第一，"确有错误"一词本就含有对内容进行审查的意思；第二，公证机关对债权文书进行公证为非诉程序，未对当事人之间的权利义务进行实质性审查，这就决定了人民法院对公证债权文书的审查与对仲裁裁决进行的程序性审查不同；第三，根据前述最高人民法院2008年12月26日正式发布的法释〔2008〕17号《关于当事人对具有强制执行效力的公证债权文书的内容有争议提起诉讼人民法院是否受理问题的批复》的精神，除非被人民法院裁定不予执行，否则对公证债权不允许当事人另行诉讼的内容，也就隐含了人民法院应当对公证债权文书进行实质审查的含义。

　　人民法院不予执行公证债权文书将导致债权债务关系处于不稳定的状态，当事人可以依法提起民事诉讼解决存在的争议，明确权利义务关系。这也是目前的《民事诉讼法》及司法解释确立的救济途径。但是，对于人民法院在不予执行公证债权文书的审查程序中作出的裁定，无论是裁定不予执行，或是裁定驳回当事人的申请，目前的法律及司法解释均未规定当事人继续救济的途径。当前，随着公证债权文书在解决纠纷上的作用越来越大，公证债权文书所涉的实体权利义务范围越来越广，对当事人的影响也越来越大，人民法院对公证债权文书所进行的司法监督程序也就越发重要。由于执行或者不予执行公证债权文书，均将对当事人的权利义务关系造成重大影响，由此决定相关争议是否能够有所定论，故对于此类裁定应当赋予当事人相应的救济途径。但是，关于救济途径如何设置，实践中一直存在较大争议。对于人民法院裁定不予执行公证债权文书或者驳回不予执行申请后当事人能否提出执行异议及申请复议的问题，有观点主张，将执行法院对公证债权文书的审查作为执行行为，适用《民事诉讼法》第225条规定的程序，即人民法院裁定不予执行公证债权文书或驳回不予执行公证债权文书的申请后，当事人对该裁定不服的，可以向法院提出异议，对法院驳回异议的裁定还可以向上一级法院提起复议。另一种观点则认为，对于人民法院对公证债权文书审查后作出的裁定，当事人可以直接向上一级人民法院提起复议。此外，还存在第三种观点认为，执行法院对具有强制执行效力的公证债权文书的审查是对执行依据的司法监督，是法院执行工作的一部分，但并非执行行为，系对执行依据执行力的判断，是带有裁判性质的行为，且此类裁定实践中都是由执行审查机构作出，再通过执行异议程序让同一机构处理已没有意义，也达不到救济的目的，因此，对因公证债权文书错误导致法院裁定不予执行的，不能适用《民事诉讼法》第225条的规定，采用执行异议和复议的程序解决。

面临同样争议的还有对仲裁裁决司法审查后的救济途径问题。对此，《民事诉讼法解释》最终确立了对不予执行仲裁裁决的裁定不允许再救济的原则，也就是说对于不予执行仲裁裁决的裁定，均不能再提出异议或者申请复议。只是，该条文并未否定对驳回不予执行仲裁裁决申请的裁定，当事人再行申请复议的权利。其仅针对不予执行仲裁裁决的裁定，规定了对当事人执行异议或者复议申请的不予受理，但是并未明确排斥当事人对驳回不予执行仲裁裁决申请的裁定申请复议的权利。事实上，对于该裁定是否可以适用二审程序，实践中也存在争议。考虑到人民法院驳回当事人的申请，意味着对仲裁裁决所作认定从执行力的角度再次进行了肯定，而不予执行仲裁裁决的裁定对于当事人所造成的影响显然大于驳回申请的裁定。因此，在司法解释未对此另行作出明确规定的情况下，对于该裁定，也不应当允许当事人再行申请复议。

对于公证债权文书，是否应当作出相同的规定？应当看到的是，仲裁裁决和公证债权文书在性质上并不相同。仲裁裁决实行一裁终局，且当事人在仲裁程序中享有开庭、言辞辩论等充分的程序保障，理论通说认为其和生效判决一样对当事人具有既判力。公证程序及公证债权文书则并不具备上述特征。对此，《规定》起草过程中曾形成两种方案：第一方案，对于不予执行和驳回申请的两类裁定均可直接向上一级人民法院提起复议。主要的理由为：目前一些地方的执行法院把公证债权文书的司法审查程序混同于民事诉讼的二审程序或者审判监督程序，对公证债权文书存在随意裁定不予执行的倾向，如果上级法院不行使监督权，将给地方保护主义大开方便之门，有架空公证债权文书执行制度的危险，应当赋予当事人向上一级法院提起复议的权利。同时，复议程序不同于上诉程序，是人民法院的内部审查程序，允许对不予执行裁定提起复议，不存在与《民事诉讼法》相关规定矛盾的问题。第二方案，对于不予执行的裁定，法律不允许上诉，而且，由于最高人民法院的相关司法解释已经规定了当事人可以另诉，因此不应赋予其复议程序。而对于驳回不予执行申请的裁定，由于公证债权文书作出程序没有开庭、言词辩论等程序保障，对其监督应当严格。人民法院对公证债权文书的审查既有程序问题，也有实体问题，在作出驳回不予执行申请的裁定后，应当允许当事人向上一级人民法院再行救济，即允许其复议。本次司法解释在制定的过程中，对上述两种意见也一直较难取舍，经过反复考量，《规定》最终采纳了第二种方案。

【案　例】

【基本案情】

2009 年 9 月 26 日，北京安鼎信用担保有限公司（以下简称安鼎公司，甲方）与无锡亿仁（乙方）在北京签订《委托贷款合同》，主要条款有：（1）安鼎公司将人民币 6000 万元委托杭州银行股份有限公司北京分行（以下简称杭州银行北京分行）向无锡亿仁发放委托贷款，月利率按 0.5% 执行，借款期限自 2009 年 9 月 27 日至 2009 年 11 月 28 日共计 60 天，最终以借款人与受托人签订的《委托贷款借款合同》约定的期限为准；（2）在协议签订后 3 日内，乙方向甲方支付全部利息 60 万元；为保证乙方全额还款，孙启银、孙珂珂、孙明个人及亿仁投资集团有限公司（以下简称亿仁集团）、济南亿仁肿瘤医院有限公司（以下简称济南亿仁）为其提供担保（分别签订了担保合同）；（3）借款期限届满，如乙方未能及时、足额向甲方清偿借款本息，乙方除应按本合同项

下借款利率向甲方支付逾期期间借款利息外，并应按逾期金额每日 5‰
的标准支付违约金。同日，安鼎公司、无锡亿仁向北京市中信公证处
（以下简称中信公证处）申请公证。9 月 27 日，中信公证处为上述《委
托贷款合同》出具（2009）京中信内经证字 10739 号公证书。

2009 年 9 月 26 日同一天，无锡亿仁（甲方）与安鼎公司（乙方）
及前述各担保人又签订《还款协议》，主要内容有：（1）乙方于 2009 年
9 月 29 日通过杭州银行北京分行向甲方发放该委托贷款，甲方应于 2009
年 11 月 28 日前偿还。（2）一旦甲方未完全、适当履行还本付息义务，
乙方有权向甲方及各担保人追偿。被追偿各方同意按各自签署的协议、
法律文书的规定支付违约金，没有明确规定的，按应付额每日 1% 向乙
方支付违约金。同日，无锡亿仁、安鼎公司及担保各方向中信公证处申
请公证，公证处当日为上述《还款协议》作出（2009）京中信内经证字
11928 号公证书。

2009 年 9 月 28 日，安鼎公司（甲方）、无锡亿仁（乙方）、杭州银
行北京分行（丙方）三方签订《委托贷款借款合同》，约定：（1）乙方
向甲方申请借款，甲方经审查同意后委托丙方发放贷款，借款金额为人
民币 6000 万元，借款用途为购进医疗设备，借款期限自 2009 年 9 月 29
日至 11 月 28 日。借款实际放款日和到期日以借款借据为准。（2）本合
同贷款利率执行固定贷款利率，为月利率 5‰。逾期贷款罚息利率为贷
款利率水平上加收 50%。合同签订后，安鼎公司委托杭州银行北京分行
于 2009 年 9 月 29 日、10 月 20 日向无锡亿仁分别放款 3000 万元，共计
6000 万元。

借款到期后，无锡亿仁未能按期还款，安鼎公司和杭州银行北京分
行于 2009 年 11 月 30 日向其发出《逾期委托贷款催收通知书》。无锡亿
仁于 2010 年 2 月 10 日向安鼎公司偿还 60 万元利息。

2010 年 8 月 6 日，安鼎公司向中信公证处申请执行证书，要求无锡

亿仁除支付本金外，还需支付截至当天的利息382.5万元（逾期月息0.75%）、违约金7230万元（每日5‰）。中信公证处工作人员当天向无锡亿仁和担保人亿仁集团、孙珂珂、孙启银、孙明进行了核实，并告知安鼎公司申请执行的标的，并询问对上述事实有无异议。孙珂珂、孙启银表示知晓此事但已偿还了部分款项，中信公证处通知其尽快提交有关证明材料。孙明表示知晓此事，未对上述事实提出异议。同日，中信公证处作出（2010）京中信执字00049号执行证书，确认安鼎公司申请执行无锡亿仁及各担保人的执行标的为：（1）借款本金人民币6000元，截止到2010年8月6日利息382.5万元（按《委托贷款合同》约定的月利率0.5%计算），共计欠付人民币6382.5万元。（2）相应的逾期违约金（按《委托贷款合同》约定的逾期金额每日5‰计算）。（3）实现债权所支付的其他费用（按实际发生额计算）。8月9日上午，中信公证处工作人员向另一担保人济南亿仁董事长冯涛进行核实，冯涛表示知晓此事，未提出异议。

2010年12月，北京市第一中级人民法院受理安鼎公司的强制执行申请，并裁定冻结无锡亿仁等被执行人相应财产。2011年1月6日，无锡亿仁及各担保人向北京市第一中级人民法院提出不予执行申请，主要理由是：（1）安鼎公司并未按照《还款协议》约定的期限发放贷款。（2）在借款合同履行过程中，安鼎公司存在欺诈行为。（3）民间借贷的最高借贷利息不得高于同期银行贷款利率的四倍，执行证书多计算了非法利息，执行数额明显错误，不能作为法院执行依据。

2011年6月20日，北京市第一中级人民法院作出（2011）一中执异字第622号执行裁定书，裁定不予执行北京市中信公证处（2009）京中信内经证字11928号公证书及（2011）京中信执字00049号执行证书。安鼎公司不服北京市第一中级人民法院（2011）一中执异字第622号执行裁定，向北京市高级人民法院申请复议。北京市高级人民法院于2011

年 9 月 27 日作出（2011）高执复字第 107 号裁定，认为本案公证的债权文书涉及的是委托贷款关系，由安鼎公司委托杭州银行北京分行向无锡亿仁发放贷款，杭州银行北京分行应当是委托贷款合同的主体之一，中信公证处应当对由杭州银行北京分行作为主体的三方协议进行公证，而不是对没有杭州银行北京分行参加的二方协议和《还款协议》作出公证书并签发执行证书，北京市中信公证处（2009）京中信内经证字 11928号公证书及（2011）京中信执字 00049 号执行证书确有错误，应当不予执行。据此，裁定驳回安鼎公司的复议请求。

2011 年 10 月，安鼎公司向最高人民法院申诉，请求撤销北京市高级人民法院和北京市第一中级人民法院相关裁定，继续执行该案。最高人民法院经审查于 2012 年 9 月 14 日作出（2011）执监字第 180号执行裁定，认为：（1）《委托贷款合同》《还款协议》均明确指出，双方的借贷款是通过杭州银行北京分行进行委托贷款，其后在履行合同时也是通过银行发放了贷款，说明《委托贷款合同》和《还款协议》指向的标的是委托贷款法律关系，不存在违反金融管理强制性规定的问题。（2）《委托贷款合同》《还款协议》《委托贷款借款合同》之间除了违约金数额的计算标准不同外，利率、期限等核心条款均不存在冲突。安鼎公司作为实际权利人和委托人，与借款人另行签订还款协议，与委托贷款业务的性质并无不合。在当事人之间对同一笔债权存在多个合同时，公证哪一个合同属于当事人意思自治的范围，人民法院不应当干预。（3）执行证书的签发程序不存在足以导致不予执行的违法情形。第一，关于未对安鼎公司违约放款事实核查的问题。《委托贷款借款合同》第 4 条约定，借款实际放款日和到期日以借款借据为准，说明该期限是可变期限，不能认为安鼎公司存在违约放款事实。第二，关于未询问债务人的问题。签发执行证书当天接受询问的债务人提出的已还部分款项的问题，已被实际采纳。对担保人之一的济南亿仁的核实虽在执行证书签发之后，由于其并无异议，不构成对执行证书签发程序的重大影响。第三，关于执行证书多计算债权数额的问题，人民法院在执行程序中查实后可以进行核减。第四，关于被执行人提出违约金数额过高的问题，不能构成不予执行的理由。据此，裁定撤销北京市高级人民法院、北京市第一中级人民法院相关裁定，驳回无锡亿仁及各担保人的不予执行申请，由北京市第一中级人民法院继续执行北京市中信公证处（2009）京中信内经证字11928号公证书和（2011）京中信执字00049号执行证书。

无锡亿仁不服本院上述裁定，向最高人民检察院申请监督，最高人民检察院经审查，向最高人民法院提出检察建议书，认为涉案公证债权文书确有错误，建议本院撤销（2011）执监字第180号执行裁定书，裁定本案不予执行。

【裁决结果】

最高人民法院经本院审判委员会讨论决定，于2015年3月16日作出（2011）执监字第180－1号执行裁定：北京市第一中级人民法院在执行北京市中信公证处（2009）京中信内经证字11928号公证书和（2010）京中信执字00049号执行证书过程中，对借款期限届满后产生的违约金及逾期利息总额按照不超过银行同类贷款利率四倍的标准执行。

【裁决理由】

最高人民法院认为，安鼎公司、无锡亿仁之间经过公证的《委托贷款合同》约定，如无锡亿仁未能及时、足额向安鼎公司偿还借款本息，应按逾期金额每日5‰的标准计算违约金。照此计算，则无锡亿仁借款6000万元本金，逾期未还需偿付的违约金数额为每年1.08亿元，相当于年利率180%，远远高出《最高人民法院关于人民法院审理借贷案件的若干意见》规定的民间借贷利率最高不得超过银行同类贷款利率四倍的标准，确属过高。考虑到公证债权文书制度的核心价值在于使当事人在自愿的基础上通过非诉的方式解决纠纷，促进交易效率，节省司法资源，本案安鼎公司通过银行向无锡亿仁发放贷款、无锡亿仁未按约偿还借款的基本事实客观存在，如果仅因双方约定的违约金过高就裁定全案不予执行，不符合公证债权文书制度设置的价值追求。安鼎公司对无锡亿仁的违约金利益，应在法律和司法解释许可的范围内得到执行。因此，检察建议书关于本案当事人约定违约金过高的问题客观存在，最高人民法院予以采信，但亦不能据此裁定全案不予执行。本案违约金及逾期利息部分的执行，应当参照《最高人民法院关于人民法院审理借贷案件的若干意见》的规定精神，在总额不超过银行同类贷款利率四倍的范围内执行。对不予执行部分，安鼎公司可另循法律途径解决。

【实践中应当注意的问题】

注意期限的问题——申请复议的期限。当事人可以自收到裁定之日起10日内向上一级人民法院申请复议。

公正与效率的关系，一直是相辅相成、对立统一的，故而也不可能同时达到完美。在公平与效率之中，需要寻求一个相对的侧重点。从司法制度的设置上看，公证程序更加侧重的是效率，在此基础上兼顾公平，诉讼程序则相对来说更以公正为重。诚然，任何抉择都不能满足所有方面的需要，但总需在天平之上找到一个平衡点。人民法院审查、驳回了当事人不予执行公证债权文书的申请，也即对公证债权文书的强制执行力进行了一次肯定。那么对于人民法院审查结果不服、进一步申请复议的时间，应当要设置一个较短的期限，以督促当事人及时行使权利，以维护公证债权文书的效率性优势。而执行程序中，对于不服异议裁定申请复议的期限,《民事诉讼法》规定为 10 日内向上一级人民法院申请复议。出于此种考量,《规定》最终将当事人对驳回不予执行申请的裁定不服申请复议的期限确定为 10 日。

【相关法律法规】

中华人民共和国民事诉讼法

(2012 年 8 月 31 日)

第二百三十七条 对依法设立的仲裁机构的裁决,一方当事人不履行的,对方当事人可以向有管辖权的人民法院申请执行。受申请的人民法院应当执行。

被申请人提出证据证明仲裁裁决有下列情形之一的,经人民法院组成合议庭审查核实,裁定不予执行:

(一)当事人在合同中没有订有仲裁条款或者事后没有达成书面仲裁协议的;

(二)裁决的事项不属于仲裁协议的范围或者仲裁机构无权仲裁的;

(三)仲裁庭的组成或者仲裁的程序违反法定程序的;

(四)裁决所根据的证据是伪造的;

(五)对方当事人向仲裁机构隐瞒了足以影响公正裁决的证据的;

(六)仲裁员在仲裁该案时有贪污受贿,徇私舞弊,枉法裁决行为的。

人民法院认定执行该裁决违背社会公共利益的,裁定不予执行。

裁定书应当送达双方当事人和仲裁机构。

仲裁裁决被人民法院裁定不予执行的,当事人可以根据双方达成的书面仲裁协议重新申请仲裁,也可以向人民法院起诉。

第二百三十八条 对公证机关依法赋予强制执行效力的债权文书,

一方当事人不履行的，对方当事人可以向有管辖权的人民法院申请执行，受申请的人民法院应当执行。

公证债权文书确有错误的，人民法院裁定不予执行，并将裁定书送达双方当事人和公证机关。

中华人民共和国仲裁法

（1994 年 8 月 31 日）

第五十八条　【申请撤销裁决条件】当事人提出证据证明裁决有下列情形之一的，可以向仲裁委员会所在地的中级人民法院申请撤销裁决：

（一）没有仲裁协议的；

（二）裁决的事项不属于仲裁协议的范围或者仲裁委员会无权仲裁的；

（三）仲裁庭的组成或者仲裁的程序违反法定程序的；

（四）裁决所根据的证据是伪造的；

（五）对方当事人隐瞒了足以影响公正裁决的证据的；

（六）仲裁员在仲裁该案时有索贿受贿，徇私舞弊，枉法裁决行为的。

人民法院经组成合议庭审查核实裁决有前款规定情形之一的，应当裁定撤销。

人民法院认定该裁决违背社会公共利益的，应当裁定撤销。

第六十二条　【仲裁裁决的执行】当事人应当履行裁决。一方当事人不履行的，另一方当事人可以依照民事诉讼法的有关规定向人民法院申请执行。受申请的人民法院应当执行。

第六十三条　【仲裁裁决不予执行】被申请人提出证据证明裁决有民事诉讼法第二百一十七条第二款规定的情形之一的，经人民法院组成合议庭审查核实，裁定不予执行。

第六十四条　【裁决中止、终结与恢复执行】一方当事人申请执行裁决，另一方当事人申请撤销裁决的，人民法院应当裁定中止执行。

人民法院裁定撤销裁决的，应当裁定终结执行。撤销裁决的申请被裁定驳回的，人民法院应当裁定恢复执行。

最高人民法院

关于适用《中华人民共和国民事诉讼法》的解释

2014 年 12 月 18 日　　　　　　　　　　法释〔2015〕5 号

第四百七十八条　依照民事诉讼法第二百三十七条第二款、第三款规定，人民法院裁定不予执行仲裁裁决后，当事人对该裁定提出执行异议或者复议的，人民法院不予受理。当事人可以就该民事纠纷重新达成书面仲裁协议申请仲裁，也可以向人民法院起诉。

第四百八十条　有下列情形之一的，可以认定为民事诉讼法第二百三十八条第二款规定的公证债权文书确有错误：

（一）公证债权文书属于不得赋予强制执行效力的债权文书的；

（二）被执行人一方未亲自或者未委托代理人到场公证等严重违反法律规定的公证程序的；

（三）公证债权文书的内容与事实不符或者违反法律强制性规定的；

（四）公证债权文书未载明被执行人不履行义务或者不完全履行义务时同意接受强制执行的。

人民法院认定执行该公证债权文书违背社会公共利益的，裁定不予执行。

公证债权文书被裁定不予执行后，当事人、公证事项的利害关系人可以就债权争议提起诉讼。

第十一条　人民法院审查执行异议或者复议案件，应当依法组成合议庭。

指令重新审查的执行异议案件，应当另行组成合议庭。

办理执行实施案件的人员不得参与相关执行异议和复议案件的审查。

【条文主旨】

本条是关于执行异议和复议案件审查组织的规定。

【条文理解】

《最高人民法院关于进一步加强和规范执行工作的若干意见》第三部分第 3 条第 3 款规定：科学界定执行审查权和执行实施权，并分别由不同的内设机构或者人员行使。《执行权合理配置和科学运行若干意见》则规定，对执行实施和审查事项采取不同的运行方式，对于实施事项采取审批制，而对于审查事项采取合议制。本条是在司法解释层面对相关规范性文件进行回应，执行异议复议案件，应当采用合议制。

合议制度，是指三名以上奇数的审判人员组成审判组织，以人民法院的名义，代表人民法院行使民事审判权，对民事案件进行审理并作出裁判的制度。[①] 合议庭是人民法院的基本审判组织，是法院代表国家行使审判权的重要表现形式。人民法院行使审判权的组织形式有两种，即独任制和合议制。合议制与独任制是相对的组织形式。独任制由一名审

————————
① 参见宋朝武主编：《民事诉讼法学》，中国政法大学出版社 2012 年版，第 97 页。

判人员代表人民法院对民事案件进行裁判。根据《民事诉讼法》第39条第2款的规定，适用简易程序审理的民事案件，由审判员一人独任审理，亦即此类案件适用独任制。独任制组织方式便捷灵活，便于提高效率，在民事诉讼的审判组织形式中比较实用。根据统计，适用简易程序审理的民商事案件达到71.26%，因为简易程序案件的审判组织形式为独任制，据此推断，适用独任制的案件数量超过了合议制的范围。①

应当注意的是，执行异议复议程序中排除了独任制的适用。这主要是因为：第一，从查明事实方面，合议制有着比独任制更慎重稳定的特点。执行裁判应当以查明事实为基本前提。民事执行程序中对事实的认定与民事诉讼程序中的标准一样，采用"盖然性原则"。尽可能地克服法官在认定事实中的意志性和创造性，最大限度地接近案件的客观真实，使法院裁判客观化，是设置合议庭制度的内在根据之一。因为在合议庭共同认定事实的情况下，每一个法官在认定案件事实的逻辑思维过程中，既包括有客观的、合理的成分，同时也必然含有法官主观性的认识。在许多情况下，法官对案件事实的认识中所包含的主观成分和客观成分并不完全相同，由于客观的事物更具有内在的合理性和逻辑性，因而在合议庭进行评议时，法官认识案件事实中所包含的客观成分会相互重叠、补充，从而强化对案件事实认识的客观化。与此同时，法官认识案件事实中所包含的主观成分则相互影响，因为主观的事物更具有个人属性，其结果必然是相互抵消各自的主观性，使得对事实的认定更趋于客观化。第二，合议制比独任制更能把握法律精神，统一适用法律。在已经认定的案件事实基础上，法官理解和适用法律作出裁判，同对事实的认定一样，在一定程度上也具有主观性。不同的法官因其所受的教育程度、思想品德、思维方式、意识形态和潜在的好恶心理等个人因素不同，对同

①　参见宋朝武主编：《民事诉讼法学》，中国政法大学出版社2012年版，第97页。

一法律条款都或存在不同的，甚至截然相反的理解。美国现实主义法学在分析个人特质对判决的影响后，甚至认为个人的经历、社会环境乃至潜在意识、预感、直觉等决定了其在判决中的倾向性，而这些因素都难以归入"理性思维"的范畴。美国大法官霍姆斯以实用主义为指导，指出了法律的不确定性，他强调"法律的生命始终在于经验而从来不是逻辑"。可见，法官理解并适用法律进行裁判的过程中，由于其个体因素和主观性，使得裁判结果具有很大的不确定性。实行合议庭审判，依据多数法官的意见裁判，尽管不能完全排除理解和适用法律的不确定性，但在一定程度上能够减少或限制这种不确定性，抑制主观偏见，使裁判尽可能地体现出法律的精神。从这个意义上讲，合议庭起到了"稳定器"的作用。第三，在裁决权行使的过程中，法官应当独立行使其审判权，不受外界任何因素的不当干扰，就独立行使审判权的内在本质要求而言，任何外在力量都不能影响法官对其审判权的行使。即使外界认为法官行使裁判权不当，也只能在法官作出裁判以后，通过法律规定的救济途径纠正不当的裁判，而不能在法官行使裁判权的过程中施加影响。然而，法官也是普通的人，也可能受到某些法律之外因素的影响。因此，对可能出现的审判权的滥用和不当行使，只能通过合议庭成员平等行使裁判权所产生的制约力量来防止。在实践中，执行腐败多发，为了预防廉政风险，合议制无疑发挥着比独任制更有效的作用。

　　现行法律和司法解释少有关于执行程序中行使执行裁决权的审判组织的规定。《执行工作若干规定》第5条规定：执行程序中重大事项的办理，应由三名以上执行员讨论，并报经院长批准。第6条规定依据《民事诉讼法》第217条或第260条的规定对仲裁裁决是否有不予执行事由进行审查的，应组成合议庭进行。这两条是较早对执行实施和裁决的组织形式的规定。明确规定执行程序裁判组织形式的是《最高人民法院关于进一步加强合议庭职责的若干规定》。该规定第11条明确，执行工作中依法需要组成合议庭的，参照本规定执行。而《最高人民法院关于进一步加强合议庭职责的若干规定》是依据《人民法院组织法》制定的，也参照了《民事诉讼法》的有关规定，因此，执行异议、复议程序中涉及合议制的事项，应当依照有关法律、司法解释的规定进行。

执行裁判合议庭是作为一个整体对外行使执行中的审判权，该审判权行使的客观效果如何，即能否实现其应有的功能，在很大程度上取决于合议庭内部每一个成员行使审判权的运作机制，以及每一个成员行使审判权的相互作用和影响。因此，要实现合议庭的功能就必须要有相应的保障制度，《人民法院组织法》《民事诉讼法》《最高人民法院关于人民法院合议庭工作的若干规定》《最高人民法院关于进一步加强合议庭职责的若干规定》等对合议庭的组成和运行机制都有明确的规定。

一、合议庭的人员构成

（一）人数和职务

《人民法院组织法》第9条第2款规定：人民法院审判第一审案件，由审判员组成合议庭或者由审判员和人民陪审员组成合议庭进行。该条第3款规定：人民法院审判上诉和抗诉的案件，由审判员组成合议庭进行。《民事诉讼法》第39条第1款规定：人民法院审理第一审民事案件，由审判员、陪审员共同组成合议庭或者由审判员组成合议庭。合议庭的成员人数，必须是单数。该条第3款规定：陪审员在执行陪审职务时，与审判员有同等的权利义务。《民事诉讼法》第40条第1款规定：人民法院审理第二审民事案件，由审判员组成合议庭。合议庭的成员人数，必须是单数。《最高人民法院关于进一步加强合议庭职责的若干规定》第2条规定：合议庭由审判员、助理审判员或者人民陪审员随机组成。合议庭成员相对固定的，应当定期交流。人民陪审员参加合议庭的，应当从人民陪审员名单中随机抽取确定。

根据上述规定，执行异议复议中的合议庭人数应为三人以上的奇数。异议程序中合议庭组成人员为审判员、助理审判员或者陪审员，既可审判员、助理审判员与陪审员共同组成合议庭也可由审判员或者审判员与助理审判员组成合议庭。复议程序与异议程序有所不同，只能由审判员或者审判员与助理审判员组成合议庭。

（二）关于合议庭审判长

《人民法院组织法》第9条第4款和《民事诉讼法》第41条规定，合议庭的审判长由院长或者庭长指定审判员一人担任；院长或者庭长参加审判的，由院长或者庭长担任。

执行程序中的合议庭审判长，应当由院长或者庭长指定审判员一人担任；院长或者庭长参加审判的，由院长或者庭长担任。

（三）关于指令重新审查的执行异议案件重新组成合议庭

《民事诉讼法》第40条第2款规定：发回重审的案件，原审人民法院应当按照第一审程序另行组成合议庭。该条第3款规定：审理再审案件，原来是第一审的，按照第一审程序另行组成合议庭；原来是第二审的或者是上级人民法院提审的，按照第二审程序另行组成合议庭。

为了防止异议审查人员先入为主，使审查流于形式，实现执行审查权对执行实施权的监督，规定了办理实施案件的执行员不得参与执行异议和复议案件的审查。同样道理，对于发回重新审查的案件，则应另行组成合议庭审查。

二、合议庭运行机制

（一）合议庭及组成人员的职责

合议庭承担下列职责：（1）根据当事人的申请或者案件的具体情况，可以作出财产保全、证据保全、中止执行等裁定；（2）确定案件委托评估、委托鉴定等事项；（3）依法举行听证；（4）评议案件；（5）提请院长决定将案件提交审判委员会讨论决定；（6）按照权限对案件及其有关程序性事项作出裁判或者提出裁判意见；（7）制作裁判文书；（8）执行审判委员会决定；（9）办理有关执行裁决的其他事项。

审判长履行下列职责：（1）指导和安排审判辅助人员做好庭前调解、庭前准备及其他业务辅助性工作；（2）确定案件听证方案、听证提纲、协调合议庭成员的听证分工以及做好其他必要的庭审准备工作；（3）主持听证活动；（4）主持合议庭对案件进行评议；（5）依照有关规定，提请院长决定将案件提交审判委员会讨论决定；（6）制作裁判文书，审核合议庭其他成员制作的裁判文书；（7）依照规定权限签发法律文书；（8）根据院长或者庭长的建议主持合议庭对案件复议；（9）对合议庭遵守案件审理期限制度的情况负责；（10）办理有关审判的其他事项。

承办法官履行下列职责：（1）主持或者指导审判辅助人员进行庭前调解、证据交换等庭前准备工作；（2）拟定庭审提纲，制作阅卷笔录；（3）协助审判长组织法庭审理活动；（4）在规定期限内及时制作审理报告；（5）案件需要提交审判委员会讨论的，受审判长指派向审判委员会汇报案件；（6）制作裁判文书提交合议庭审核；（7）办理有关执行裁决的其他事项。

（二）合议庭审查及评议

合议庭行使审判权最核心和最集中的表现，就是合议庭审查和评议案件并作出裁判。因此，合议庭对案件的审查和评议原则将直接影响到合议庭的功能能否实现。合议庭审查及评议案件时应当遵循以下原则和规则：

首先，全程参加原则。由于法官的个体因素存在差异，即使出于法官的良知和对正义追求的忠诚信念，对证据采信、事实认定和法律的理解也会出现不同的见解，其中可能包括不当的、偏激的，甚至错误的看法，更何况还不能完全排除个别法官的故意行为。合议庭评议案件时，法官积极行使其权力，就能抵消这些消极的后果。如果允许法官弃权，就无法实现这一功能，有悖于设置合议庭的根本目的。对当事人和社会而言，虽然是合议庭作为一个整体在行使审判权，但合议庭行使审判权必须依赖于合议庭成员对审判权的行使，合议庭作出的裁判实质上是每一个合议庭成员行使审判权相互整合的结果。审判权具有被动性，因此，审判权的运行要受到当事人权利的制约，一旦当事人依法提起异议，就必将启动法院的审判权，以审理和裁决当事人之间的争议；如果当事人依法撤回诉讼，也就导致审判权运行的终止。与此同理，因当事人依法提起诉讼而启动审判权以后，如果当事人没有撤回诉讼，审判权必将继续运行，而不能主动终止。弃权就是法官主动终止审判权的运行，就是拒绝裁判，与基本的诉讼法理相悖。正所谓"法官不能拒绝裁判"。从另一个角度来看，审判权是一种国家权力，而国家权力不同于民事权利，不能放弃。因此，在合议庭审查和评议案件时，合议庭成员不能以任何方式放弃对案件进行审查和表决。

其次，公开心证过程原则。在执行异议程序中，法官对当事人的主张是否存在进行判断的过程，实际上就是运用三段论进行逻辑推论的过程。这一逻辑推论过程存在于法官的内心，未经其公开或展示，不为外界所知晓。通过听证审理和言词辩论，每一个法官所获得的印象、认识，对证据效力的评估，对主张事实存在与否的判断，以及作出判断的心证强弱程度都存在着差异。合议庭的功能并不仅仅是以获得多数意见为满足，在合议庭每一个法官对案件进行合议表决的过程中，通过展示其作出判断的推论过程，相互会产生整合作用。通过相互的整合将会出现以下两种情况：一是相同或相近的印象、认识、分析及其推理会因"重叠"而得以强化，其认得的事实就更能接近客观真实，也就更能实现裁判的公正。二是相互冲突或相反的印象、认识及其推论，会促使法官重新审视其心证过程。在相反认识的作用下，对每一个法官而言，原先如果是弱的心证，欠缺合理性的推论，必将被修正；如果本身是强的心证，具有充分合理性的推论，就将得到进一步的强化，而将与之相反的印象、认识予以抵消或吞并。这样一来，缺少合理性的印象、认识及其推论在各自心证的相互整合过程中被排除，客观、合理和符合逻辑的心证被强化，从而使得认得事实更具有客观性。根据这一原则的要求，合议庭法官评议案件时，不仅仅是对案件的最终裁判结果进行表决，或者是对某一法官的裁判意见表示同意或不同意，必须充分展示其对案件的整个心证过程。

合议庭成员具有同等的权利和责任，每一个合议庭法官都必须自始至终地参与案件的审判，中途不得无故退出或更换，同时还应当认真地参与案件的评议，如实地、充分地陈述对案件的裁判意见。但是，在实践中存在名为合议庭审判、实为单个法官独自办案、三人署名的做法。因此，就多数案件而言，名义上是合议庭审理案件，实际上由承办人对案件的事实和法律负重要责任。从证据调查到案件裁决的基本意见都是由承办人一人独立完成，其他合议庭成员并不直接参与审判活动，只是在最后评议案件时，凭阅卷和承办人的汇报意见，就承办人的裁决意见进行表态。案件的把关自然便交给院长、庭长，从而导致合议庭合而不议，合议制实质上变成了独任制，合议制应有的功能没有发挥出来。这种状况的存在，除合议庭在事实上没有对案件的裁判权以外，合议制本身不完善和欠合理的规定也是一个重要原因。

基于上述两项原则，针对实践中存在的问题，执行裁判程序中应当遵守以下规则：

合议庭的听证、评议由审判长主持，全体成员平等参与案件的审理、评议、裁判，共同对案件认定事实和适用法律负责。依法不开听证审查的案件，合议庭全体成员均应当阅卷，必要时提交书面阅卷意见。

举行听证审查时，合议庭全体成员应当共同参加，不得缺席、中途退出或者从事与该听证无关的活动。合议庭成员未参加听证、中途退出或者从事与该听证无关的活动，当事人提出异议的，应当纠正。合议庭仍不纠正的，当事人可以要求暂停听证，并将有关情况记入听证笔录。

合议庭评议案件，合议庭全体成员均应当参加案件评议，实行少数服从多数的原则。评议案件时，合议庭成员应当针对案件的证据采信、事实认定、法律适用、裁判结果以及诉讼程序等问题充分发表意见。合议庭成员进行评议的时候，应当认真负责，充分陈述意见，独立行使表决权，不得拒绝陈述意见或者仅作同意与否的简单表态。同意他人意见的，也应当提出事实根据和法律依据，进行分析论证。合议庭成员对评议结果的表决，以口头表决的形式进行。必要时，合议庭成员还可提交书面评议意见。合议庭进行评议的时候，如果意见分歧，应当按多数人的意见作出决定，但是少数人的意见应当写入笔录。评议应当制作笔录，由书记员制作、合议庭的组成人员签名。评议中的不同意见，必须如实记入笔录。合议庭成员评议时发表意见不受追究。

除提交审判委员会讨论的案件外，合议庭对评议意见一致或者形成多数意见的案件，依法作出裁定。下列案件可以由审判长提请院长或者局长（庭长）决定组织相关审判人员共同讨论，合议庭成员应当参加：（1）重大、疑难、复杂或者新类型的案件；（2）合议庭在事实认定或法律适用上有重大分歧的案件；（3）合议庭意见与本院或上级法院以往同类型案件的裁判有可能不一致的案件；（4）当事人反映强烈的群体性纠纷案件；（5）经审判长提请且院长或者庭长认为确有必要讨论的其他案件。应当注意的是，上述案件的讨论意见供合议庭参考，不影响合议庭依法作出裁判。

合议庭应当依照规定的权限，及时对评议意见一致或者形成多数意见的案件直接作出判决或者裁定。但是对于下列案件，合议庭应当提请院长决定提交审判委员会讨论决定：（1）疑难、复杂、重大或者新类型的案件，合议庭认为有必要提交审判委员会讨论决定的；（2）合议庭在适用法律方面有重大意见分歧的；（3）合议庭认为需要提请审判委员会讨论决定的其他案件，或者本院审判委员会确定的应当由审判委员会讨论决定的案件。

合议庭对审判委员会的决定有异议，可以提请院长决定提交审判委员会复议一次。裁判文书一般由审判长或者承办法官制作。但是审判长或者承办法官的评议意见与合议庭评议结论或者审判委员会的决定有明显分歧的，也可以由其他合议庭成员制作裁判文书。对制作的裁判文书，合议庭成员应当共同审核，确认无误后签名。

第十二条　人民法院对执行异议和复议案件实行书面审查。案情复杂、争议较大的，应当进行听证。

【条文主旨】

本条是关于执行异议和复议案件审查方式的规定。执行异议、复议案件的审查，以书面审查为主，特殊情况下，对于案情复杂、争议较大的，可依法举行听证。

【条文理解】

执行程序要求高效性和及时性。同时，执行行为的公法性显著，其合法与否根据卷宗记载即可判明，关于案外人异议系异议之诉前的程序审查，根据当事人提交的证据材料进行审查也可满足要求。所以，为了避免拖延审查，书面审查应当是审查执行异议和复议案件的主要方式。但是，考虑到实践中情况比较复杂，对于一些特殊情况的案件应当更加慎重，所以规定对案情复杂、争议较大的案件，应当进行听证。

一、书面审查

从各国诉讼制度看，对案件事实的调查审理可分为两种类型。一是开庭审理或举行听证。即由法庭通知双方当事人在同一时间集中在特定场合内，听取双方当事人的意见和辩论，并在此基础上对争执作出裁判。二是书面的或不开庭的审理形式，即法庭通过审理诉状和当事人随诉状提交的证据对争执作出裁判的审理形式，其中也可以包括法官在认为必要时所进行的单独的、分别的调查活动。本条规定的书面审查即是第二种审查形式。

（一）书面审查概述

书面审查主要是指人民法院对争议案件，经过阅卷，认真审查诉讼材料，认为事实清楚的，可以不开庭而径行判决。书面审查的突出特点是，在最终裁决作出前，双方当事人不当面质证、不进行口头辩论，审查活动主要是法官的活动；法官的裁判依据不仅包括当事人在诉状中的意见、提交的证据，而且包括法官自己调查所得的证据。

执行和审判都是执行法律的活动，两者的职能区分主要在于所针对和处理的对象不同：审判是法院为解决民事主体之间利益争议而实施的活动；执行则是为保证法律文书确定的权利义务尽快得以实现，而采取的各种强制措施。执行程序中的书面审查原则主要借鉴行政诉讼法二审可以不开庭审理、民事诉讼法一审简易程序、二审书面审理制度。上述制度主要借鉴了法国行政诉讼书面审理的经验，及1977年《德国简易化修正法》规定的简易案件可以适用书面程序的规定。从这个意义上讲，执行程序中采取书面的审理观念，一定程度上也是受法国行政诉讼程序及德国简易程序"书面审理"特点的影响。

执行程序的性质要求快速果断、高效及时，为尽快实现生效法律文书确定的债权，法律上赋予了执行部门审查程序上的便捷，取消了诉讼审判程序上一些严格的限制。事实上，受诉讼效率原则的限制，任何诉讼都不追求无限的、永久的实体公正。书面审理的作用也恰恰在于有助于提高诉讼效率。以当事人对抗为特征的开庭的、口头审理方式强调当事人对判决的作用，当事人为了在庭审中居于主动地位必须进行复杂的调查和其他准备活动，诉讼过程必然拉长。而以书面审理为特征的审理方式强调法官的作用，法官根据阅卷情况可以自行决定进行必要的调查活动，不受当事人主张的限制，法官的裁量权大，能够主宰诉讼进程，有助于及时结案，因而有助于提高诉讼效率。

（二）书面审查的范围

执行异议、复议案件原则上应采用书面审查的方式。但是书面审查是与执行听证相对应的，书面审查也应当有一定的范围限制。如果因执行异议、复议适用书面审查程序不当而引起执行回转，反而会增加执行成本，降低执行效率。书面审查的范围一般包括以下几种情形：

1. 法官根据收到所有案卷材料并通过证据交换已形成对案件全面、深入的认识，对如何适用法律处理案件有了成熟的看法，已形成了内心的确信，便无需重复听证进行辩论、调查。此时要求执行异议、复议案件的双方当事人均提交了申请书及答辩状，同时，法官已经将证据向双方送达、交换完毕。

2. 法官经过对执行异议、复议案件争议焦点进行归纳，认为争议不大、案情简单或当事人协商一致同意而书面审查的案件，可以进行书面审查。当事人对程序利益的需求超过了对实体利益的追求，只要当事人提交适用书面审查协议的，执行部门即可以根据当事人意思自治原则进行书面审查。

3. 法官依职权可以适用书面审查程序的。

（1）送达执行异议、复议申请书副本后，另外一方不答辩或不争执或虽有争执但不涉及实质内容可适用书面审理方式直接裁判，反之则不适用。被异议、复议一方不及时提出防御方法即提交答辩状，法官可依情况作出以书面材料为依据的执行裁定书。

（2）针对程序问题的裁判，双方当事人实质上的争议只涉及程序问题而非实体审理，法院只针对程序问题作出书面裁判即可。

（3）一方当事人远离法院所在地或其他重大理由，提交书面审查的申请材料另一方表示同意或不反对的。

4. 对于法律问题复审的。执行程序与民事、刑事诉讼一个重大的不同在于，后者是解决一个原始的法律争执，而执行异议、复议是对已经解决的法律争议的复审。审判部门来认定债权债务关系是否存在、合同是否应当履行、侵权责任等条件事由。当事人在执行过程中对审判部门已经确定的权利义务关系提出异议的，执行部门一般仅对法律明确规定应当由执行部门审查的法律问题进行复审。例如，根据修改前的《民事诉讼法》规定，提出仲裁裁决适用法律确有错误问题，只是对于法律问题的复审，不必通知当事人到庭进行辩论。可以进行书面审查。

5. 对于执行行为的合法性审查。执行部门并不审查当事人之间的债权债务关系是否存在（事实），仅根据生效法律文书确定的债权关系，作出查封、扣押、冻结或拍卖被执行人财产的裁定书。也就是说，执行部门在审查执行行为或执行程序是否合法时，属于对执行行为的审查。执行程序要求执行部门在作出一个执行行为时必须有书面裁定书、工作记录、评议笔录等。包括查询银行存款、车辆、股权等财产性权益的查询记录，委托评估、拍卖的书面裁定书，查封、扣押、冻结的裁定书，合议笔录，结案报告等并制作相应的卷宗档案。当审查一个执行行为时，在许多情况下只需审查这些卷宗记录即可弄清执行部门是否依法办事，而无需传唤当事人到庭——询问或由法官另行调查。这样看来，开庭审理至少在许多情况下只是"画蛇添足"而已。

6. 对简单争议事实的审查。法庭在对双方当事人争议问题进行归纳后，认为争议问题属于简单事实问题，可以通过采取单独听取意见，分别进行的调查活动查明的，也可以进行书面审查。例如，被执行人提交已经履行完毕生效判决确定义务的证据，请求终结案件的执行的，可以听取申请执行人一方的意见，如果申请执行人认可履行完毕事实的，法院可以径行作出终结执行裁定书。

（三）书面审查的具体方式

执行异议、复议案件立案时、送达执行异议、复议申请书副本时，应当将格式化权利、义务须知一并送达当事人，既让当事人充分了解自己应有的权利和义务，又减少法庭告知时间。主审法官对执行异议、复议案件当事人双方无争议的事实不调查，相互承认的事实不举证、不质证，对法律适用无意见的无需辩论。调查证据所需要的时间、费用与当事人请求不相当，若双方当事人同意，法院可以不调查证据而只以当时所掌握案情及调取的书面卷宗进行裁判。裁判后，必须经过合议庭合议，合议庭成员对合议结果签字确认后，再作出执行裁定书。

书面审查某种程度上会减损诉讼程序保障的完善程度，但程序公正的局部减损是可以容忍的，对案情非常简单、争议不大的案件，人们对程序的预期也相对低些，即使适用简化的书面审理，也能满足当事人对程序公正的要求。只要诉讼程序本身是合理并运作得当就可以在效率与公平间寻得一种适度平衡。

二、执行听证

（一）关于听证的程序价值

听证程序源于英国最古老的司法原则——自然公正原则，发展于美国的正当法律程序原则。自然公正原则含义有二：其一，权利行使对他人产生不利影响时，应当听取他人的意见，即首先应当通知他人，他人有权辩护，作出决定时应当说明理由等；其二，任何人不能成为自己案件的法官。基于第一个要求，实践中形成了听证制度。在国外被普遍运用于司法和行政领域。

听证具有程序性、公开性、直接言辞性的法律特性，具备便捷、灵活、规范化的特点，使之成为我国民事强制执行程序中对执行异议、复议事项进行审查的重要程序。听证符合强制执行的价值追求。在执行中，为了实现执行中的效率，执行机构在执行中应当具有一定的裁决权。假设执行中任何新出现的争议都必须通过诉讼审判程序解决，那么可以预见，一个生效法律文书的执行过程可能会延长到无法想象，这必然会大大降低强制执行效率，因此，听证程序能够满足执行程序的制度需求。

对于执行听证，法学界的表述不尽相同，并没有通说的执行听证制度概念及含义。① 目前，关于执行听证制度的概念主要有程序说和方法说两种观点。程序说认为执行听证制度是执行中的一种程序，主要作用是查明执行中的事实并作出裁决。大部分制定了执行听证规则的法院持此种观点，如广东省高级人民法院制定的《执行听证程序规则（试行）》第2条规定：执行听证是人民法院在执行程序中，根据当事人、案外人对具体执行行为合法性提出的异议，以及在作出重大执行措施决定之前，组织有关当事人进行的公开举证、质证和辩论的程序，目的在于确定执行异议是否成立，以及执行措施是否正确的司法活动。《北京市法院执行听证程序规则（试行）》第1条规定：本规则所称听证，是指在执行程序中，人民法院根据执行案件当事人、第三人提出的申请或者案外人提出的异议，依法组成合议庭，召开听证会，组织听证参加人进行陈述、举证、质证和辩论，以查明事实，分清是非，正确适用法律，并依法作出裁定或者决定的司法活动。方法说认为执行听证并非执行程序，而仅仅是执行中调查案件事实的一种方法，主要用途是查明案件事实的手段。如根据《执行公开若干规定》第11条规定，执行法院在办理执行案件

---

① 2001年起，一些地方高级法院纷纷开始制定听证程序规则的内部规范性文件，在各自的辖区范围内开展听证试点工作，上海市高级人民法院制定的《执行听证审查操作规范（试行）》第1条规定：执行听证审查是指在案件执行过程中，因执行相关当事人向执行机构提出涉及自己某些实体权利或者程序权利的请求时，由法院执行机构的裁判合议庭听取他们的陈述证明以帮助依法作出裁决的一种公开审查方式。

过程中需要进行财产分配的，应当向申请参与分配的债权人告知被执行人财产处理的方案、分配原则和分配方案，同时告知相关法律规定。如果必要的，可以组织各方当事人召开听证会。

尽管定义不统一，但归纳起来，执行听证具有以下特征：第一，赋予执行裁判过程中当事人、利害关系人以及案外人的参与权。听证程序，基本满足了程序正义的要求，弥补了现有法律规定的不足，提高了执行机构的审查质量；第二，听证程序是当事人请求权和执行机构裁决权的结合。第三，听证程序发生和运行于执行过程中，用于解决执行中发生的实体性纠纷和程序性纠纷。

（二）听证基本原则

1. 公开原则。人民法院应当以公开的方式给予异议申请人及被申请人辩论和举证的机会。听证类似于民事诉讼程序中的庭审程序，社会各界可以对听证过程旁听。但是，也有一些案件是不能公开听证的。涉及国家秘密的，应当不公开听证；涉及商业秘密和个人隐私的，可以不公开进行。

2. 效率原则。效率是强制执行的价值追求，执行听证制度应当保障这一价值追求。执行听证既要考虑规范性也要考虑灵活性。因此，听证应当必要且适时，不能用无休止的听证来拖延执行，浪费宝贵的司法资源，降低执行效率。

（三）听证适用的范围

对执行听证适用的范围，现行的我国《民事诉讼法》第225条和第227条只规定执行法院对执行异议的审查权，但并未对异议审查是否必须召开听证作出规定。而《执行公开若干规定》第12条中规定：人民法院对案外人异议……等重大执行事项，一般应当公开听证进行审查……。执行听证的范围一般由各地法院自行掌握。具体说来，执行听证范围可以包括以下几类：

1. 案外人提出执行异议的案件。根据我国《民事诉讼法》第 227 条规定，案外人在执行过程中对执行标的提出异议的，应当提出书面异议，由执行法院在 15 日内审查，异议成立、不成立的分别作出中止执行和驳回异议的裁定。该条是基于对执行标的的物享有实体权利而提出异议，属于实体上的执行救济，对该类异议，一般应当举行听证，对异议案件进行审查从而作出裁决。

2. 当事人、利害关系人提出执行异议的案件。《民事诉讼法》第 115 条是对违反法律规定的执行行为提出异议，属于程序上的救济，从其违法性上区别为执行行为的程序性违法和执行行为损害当事人及利害关系人实体权利的违法。

当事人、利害关系人对执行行为提出的异议应纳入执行听证的范围，原因有二：一是执行行为的作出足以影响当事人的合法权益，对其的处理应当进行审查，是否进行执行听证应由受理执行异议的机构根据情况确定，不应一概排除在执行听证之外；二是现阶段法律对执行程序的规定不明确，法院在执行中采取的执行行为容易超出合理的范围，运用执行听证能够限制执行中的不合理之处，有助于化解矛盾、维护执行权威。

3. 变更或追加当事人的执行案件。

4. 对仲裁裁决、公证债权文书的不予执行案件。

5. 执行机构认为应当进行听证的其他案件。

根据强制执行法学理，强制执行法中对执行法院的一些要求有的是讯示性规定，有的是强制性规定。违反强制性规定所为的执行行为没有效力，而违反讯示性规定的，不影响执行行为的效力。[1] 由此可以推断，

---

[1]　黄宣编著：《执行法律精要与依据指引》，人民出版社 2005 年版，第 125 页。

在执行措施违反强制性规定，侵害相对人以及利害关系人的重大利益时，需要启动听证程序进行审查。

（四）听证调查的重点范畴

与普通民事案件查明案件事实不同的是：在听证调查阶段，符合《民事诉讼法》第225条的异议，应把查明执行行为的法律依据、执行异议依据的法律作为调查的重点，但追加变更被执行人的异议听证，在查明法律依据的同时，也应查明相关的案件事实；符合《民事诉讼法》第227条的异议，则应把查明执行标的物的权属是否属于案外人作为法庭调查的重点。

（五）听证的基本程序

关于执行听证程序，我国《民事诉讼法》中没有相关的规定，执行听证是执行程序中的审查，主要参照民事审判中的开庭审理规则进行。在执行过程中需要召开听证的，可由当事人申请而启动听证程序，也可由法院根据案件情况启动听证程序。

案件进行听证的，应当依法通知当事人、利害关系人或者案外人。依《民事诉讼法》关于送达法律文书的要求，将听证通知书以法定送达方式送达给当事人、利害关系人或者案外人。在听证通知书中应告知听证当事人以下内容：（1）听证的事实和理由；（2）听证双方当事人的权利义务；（3）需准备在听证时提供、出示的证实自己主张的法定证据材料；（4）合议庭组成人员的名单；（5）执行听证的时间、地点等内容。

听证准备和起始阶段程序。（1）执行听证的准备阶段。由书记员宣布执行听证纪律；告知在执行听证中当事人、利害关系人或者案外人享有的权利义务；征询双方到庭的当事人、利害关系人或者案外人对对方到庭人员有无异议等。（2）执行听证的起始阶段。包括：由听证主持人介绍合议庭成员、书记员姓名，并询问当事人、利害关系人或者案外人是否申请回避；核对到庭至参加听证的当事人、利害关系人或者案外人及其委托代理人的身份等；告知当事人、利害关系人或者案外人听证会召开的原因、程序等；如果当事人、利害关系人或者案外人提出回避申请的，听证主持人宣布休会，并按有关程序进行处理。

辩论阶段。这一阶段相当于普通诉讼程序中的庭审辩论阶段。由当事人、利害关系人或者案外人陈述听证申请、事实和理由；由对方发表答辩意见；由听证各方分别举证证明各自的主张，互相辩论；听取听证各方的陈述意见。

评议和认证阶段。对于听证各方提供的证据具有客观性、关联性和合法性的，合议庭可以当庭予以认证；对于事实和证据效力存在争议的，告知在开庭后再予认证等。

评议裁决。合议庭在听证结束后对听证查明的事实和证据予以评议。对于事实清楚、证据确凿的，可以在评议后当庭作出裁定；对于事实和证据认定存在分歧的，以合议庭多数人意见为准。听证结束后，听证笔录应当交由参加听证的当事人审核无误后签名盖章。参加听证的当事人拒绝签名的，由书记员和主持听证的执行人员在听证笔录上说明。

【实践中应当注意的问题】

一、书面审查中注意对特殊法律问题审查时也应举行听证

法律问题也有举行听证的必要。对于适用法律错误等问题的审查认定，只是相对于澄清事实问题来说，适用书面审理可行性要强，但并不是说没有问题。事实上，适用法律问题可能与事实问题一样，是一个复杂的问题，即使高素质的法官也难免有主观片面上的错误。真理往往在辩

论中才能更加明确。即使法官允许双方当事人书面交锋辩论，撇开书面辩论本身的不够直接的局限性不谈，当事人不能从口头辩论的直接感受中体会心理满足和判决的公正性、书面辩论更容易拉长诉讼时间等，又会产生其他的与迅速、公正解决纠纷的目的不相容的问题。

二、书面审查中法官行使调查权应当客观公正

书面审理必然引发法官的自主调查权。法官的自主调查权在客观上会产生支持其中一方当事人的结果，还会进一步诱发主观上为支持一方当事人而对某些问题进行调查或不调查的更为恶劣的问题。如果承认法官的根本使命是解决纠纷而不是可以主动打抱不平的侠客，那么这种至少在客观上容易导致支持一方当事人而与另一方当事人形成对立的调查权就不应该存在。但是，书面审理方式排斥当事人调查取证的责任。在不举行听证审理的情况下当事人向法官提交的证据未经对方当面口头质证，没有足够的可靠性，法官很难依赖当事人提交的证据裁断案件，只能自己进行调查。此时，更要求法官居中调查和裁判的公正性。法官必须尽到司法公正的注意力，不得以偏私左右为良知，书面审理中我们特别强调法官不得与任何一方当事人私下接触，一经发现必须更换，因为完全倚重诉讼资料的同时，缺乏庭审程序中必要的监督，在法官通过两方当事人递交的书面材料中所协议提出的诉求，结合法律与论证形成心证的过程，除了法官素质差异以外，对任何一方的偏私都将使书面审理罩上导致非公正的影子，但这并不是否决法官在审前不能与双方当事人一起进行接触。书面审查的案件，法官在审查报告中应当全面归纳各方当事人的书面意见，对于缺少一方当事人书面答辩意见的案件，应当通知当事人补全。对可能不予支持的一方当事人提交的意见及证据，应当充分说明驳回的理由和依据。

三、听证审查方式的范围限制

采取听证审查方式处理执行异议固然是一种比较可靠、稳妥的方式，但如果对所有执行异议都实行听证审查，不仅会降低执行效率，还会导致司法资源的浪费。目前，执行听证基本上类似于审理程序，有开庭、举证、答辩等程序，也需要查明案件事实，操作起来既需要更多审判资源，又需要更长的时间，执行机构应当区分不同的情况，选择是否举行听证，一味劳神费力地选择听证审查，在法理上实与执行程序的效率原则相悖，很容易导致审查期限超过法定的 15 日。即便勉强、仓促地在审查期限内完成听证，也很难保证当事人的权利和听证的效果。解释规定异议复议案件原则上应当书面审查，只是在案情复杂、争议较大的情况下才能适用听证程序。"案情复杂、争议较大"的案件，主要包含以下几种情形：（1）执行法律关系复杂的案件；（2）执行标的物价值较大的案件；（3）当事人、利害关系人对异议复议程序中需要查明的事实或者适用的法律争议较大的案件；（4）执行措施违反强制性规定，侵害当事人以及利害关系人重大利益的案件；（5）其他人民法院认为属于案情复杂、争议较大的案件。

【相关法律法规】

中华人民共和国行政诉讼法

（2014 年 11 月 1 日）

第八十六条 人民法院对上诉案件，应当组成合议庭，开庭审理。经过阅卷、调查和询问当事人，对没有提出新的事实、证据或者理由，合议庭认为不需要开庭审理的，也可以不开庭审理。

中华人民共和国民事诉讼法

（2012 年 8 月 31 日）

第一百六十九条　第二审人民法院对上诉案件，应当组成合议庭，开庭审理。经过阅卷、调查和询问当事人，对没有提出新的事实、证据或者理由，合议庭认为不需要开庭审理的，可以不开庭审理。第二审人民法院审理上诉案件，可以在本院进行，也可以到案件发生地或者原审人民法院所在地进行。

第十三条 执行异议、复议案件审查期间，异议人、复议申请人申请撤回异议、复议申请的，是否准许由人民法院裁定。

【条文主旨】

本条是关于撤回执行异议和复议的规定。

【条文理解】

异议、复议审查期间，当事人撤回异议、复议的，属于其行使处分权的范围，一般应当准许，但是，对于执行行为明显违法的，人民法院也可以不准许。

撤回申请，包括异议撤回申请和复议撤回申请。在执行异议和复议中，异议申请人或者复议申请人在立案受理后至法院作出裁定前这一期间内，可以撤回异议或者复议，从而终结执行异议、复议的审查程序。

一、申请撤回的条件

撤回申请必须满足以下条件：

1. 申请人必须是异议、复议申请人及其法定代理人，经申请人特别授权的诉讼代理人也可以提出撤回申请。

2. 撤回必须是申请人自愿。撤回申请是异议、复议申请人处分自己实体权利和诉讼权利的行为，除非申请人有明确的意思表示，任何人不得强迫异议、复议申请人撤回申请。

3. 撤回申请必须合法。撤回申请的时间必须是在法院受理案件之后、作出裁定之前；撤回申请在实体上不得有规避法律的行为，不得违反现行法律、法规的规定，不得有损于国家、集体和他人的利益。对于执行行为明显违法的，人民法院可以不准许。

4. 撤回申请必须由人民法院作出裁定。当事人行使处分权，必须在法律许可的范围内。异议、复议申请人撤回申请，人民法院应当依法进行审查，申请符合条件的，裁定准许撤诉，案件审理终结；申请不符合条件的，裁定驳回申请，案件继续审理。不论是否准许撤回申请，都必须以裁定的方式告知当事人。

二、撤回申请的法律效果

撤回异议、复议申请在执行程序中引起一系列的法律后果：

1. 撤回申请被法庭裁定准许后，异议复议程序即告终结。

2. 就同一执行行为或者同一执行标的撤回异议后不能再次提出异议。《规定》第 15 条规定：当事人、利害关系人对同一执行行为有多个异议事由，但未在异议审查过程中一并提出，撤回异议或者被裁定驳回异议后，再次就该执行行为提出异议的，人民法院不予受理。案外人撤回异议或者被裁定驳回异议后，再次就同一执行标的提出异议的，人民法院不予受理。可见，不同于诉讼程序中的撤诉，执行程序中一旦撤回异议，不能就同一执行行为或者执行标的再提出异议。

第十四条　异议人或者复议申请人经合法传唤，无正当理由拒不参加听证，或者未经法庭许可中途退出听证，致使人民法院无法查清相关事实的，由其自行承担不利后果。

【条文主旨】

本条规定了异议人或复议申请人违反听证程序，致使法庭无法查清相关事实时，应承担的法律后果。

【条文理解】

执行异议人及复议申请人引起了执行救济程序，在人民法院发传票传唤时，应当遵守执行救济程序的规则，按照法律规定，在执行听证中依法行使自己举证、质证的权利。向法院提出执行异议、复议申请的当事人，由于与案件处理结果有切身利害关系，应当在执行听证程序中客观陈述案件事实，同时，对自己的主张承担举证、质证的责任，并就权利发生的法律要件存在的事实或权利制约法律要件的存在事实负担举证责任，否则将在案件真伪不明时承担举证不能的风险，即本条规定的不利后果。本条主要包括两个重要部分：一是违反听证规则的情形；二是违反听证规则的后果。听证中举证责任的分配，决定了由谁承担不利后果承担。

一、违反听证规则的情形

（一）正确界定"经合法传唤，无正当理由"

1. "合法传唤"是指法院按照法定程序和方式对当事人进行传唤。

第一，要有法定的诉讼法律文书—传票；第二，要把传票送达给当事人或委托代理人；第三，要有送达回证。传唤的目的是保证执行异议、复议审查活动有计划的进行，及时处理案件。

2. 传唤程序。首先，承办法官需要填写传票呈批表，报领导批准后，加盖公章；其次，书记员依法将传票送达被传唤人，被传唤人应当在传票回执上签名或盖章，并注明受到日期；再次，对于特殊情况下只能口头传唤的，承办法官应当说明传唤的理由，并告知传唤的内容，将相关情况记入笔录，让当事人签字、盖章。

3. 关于何为"无正当理由"，可以参照《民事诉讼法》规定的"当事人因不可抗拒的事由或者其他正当理由耽误期限的，在障碍消除后的10日内，可以申请顺眼期限，是否准许，由人民法院决定"的规定。《最高人民法院关于民事诉讼证据的若干规定》第56条规定了：（1）年迈体弱或者行动不便无法出庭的；（2）特殊岗位确实无法离开的；（3）路途特别遥远，交通不便难以出庭的；（4）因自然灾害等不可抗力的原因无法出庭的；（5）其他无法出庭的特殊情况。这些是对《民事诉讼法》上述规定的具体化，在适用该条时，可以作为参照。

根据《民事诉讼法》"必须到庭的当事人和其他诉讼参与人有正当理由没有到庭的，可以延期开庭审理"的规定，对于不是必须到庭的当事人或者其他诉讼参与人有正当理由没有到庭的，虽然不按照撤诉处理，但可以延期开庭审理，也可以不延期审理，而缺席判决。在这里原告有正当理由不能到庭，可以延期审理，也可以根据实际情况（原告不到庭仍然可以查明案情的）缺席判决。

人民法院在诉讼准备阶段向当事人提供的《人民法院民事诉讼风险提示书》第13条明确提示：原告经传票传唤，无正当理由拒不到庭的，或者未经法庭许可中途退庭的，人民法院将按自动撤诉处里，被告反诉的，人民法院将对反诉的内容缺席审判。在执行异议、复议程序中，执行机构也应当参照此做法，在受理执行异议、复议请求后，向当事人出具《人民法院执行异议、复议风险提示书》，提示其违反听证规则的不利后果。

（二）正确界定"致使人民法院无法查清相关事实"

执行听证的目的是为了达到执行公开，增强审查的透明度，给予执行中异议人所主张的证据进行充分有效的质证，以利于查明事实。执行中，涉及需要听证的问题如果是涉及程序性的，如执行行为是否违法、增减执行标的数额等，异议人、复议申请人即使没有参加听证，也不会根本影响案件事实的调查，此时，法院仍应当对执行行为本身是否违法，依据书面证据，作出审查结果。但是如果听证涉及一些实体性问题，如增加被执行人、变更执行主体、案外人主张标的物所有权的情况，此种情况下，既需要异议人、复议申请人积极举证、质证，也需要被异议人、被复议申请人反驳和双方辩论才能查明案件事实，决定是否支持其请求。执行救济程序发起人的缺席会导致法官无法对证据的真实性、关联性作出全面判定，无法继续审查案件。如果申请人仅提出异议或复议申请，并无相关证据支持，又或者被申请人提供的证据足以使案件事实重新回到有争议或真伪不明的状态时，申请人一方无故中途退出听证，会导致事实无法查清，听证制度的公开性和当面辩诉性就失去了设立的原意，法庭无法再继续案件事实的调查程序，此时，应当由异议、复议申请人一方承担对其不利裁判后果的风险。司法实践中，针对部分事实清楚的，可以部分先予判决，对于尚未查清的事实部分，法庭往往会作出驳回申请人其他诉讼请求的表述，或者是对未判决部分裁定终结诉讼，告知当事人待案件事实清楚后，再另行起诉。

二、违反听证规则的不利后果

(一) 关于"不利后果"

本条在起草之初曾规定为：异议人或者复议申请人经合法传唤，无正当理由拒不参加听证，或者未经法庭许可中途退出听证的，人民法院可以裁定按撤回异议或者复议申请处理。在随后的研究讨论过程中，又形成两种不同的意见。一种意见支持对本条情形应"按撤诉处理"，主要理由是：异议人或者复议申请人无正当理由拒不参加听证的，说明其对程序权利处于放弃状态，没有必要再浪费司法资源对其异议或者复议进行审查，参照我国《民事诉讼法》第143条"按撤诉处理"的规定，可以按照异议、复议申请人撤回异议或者复议处理。另外一种意见认为，执行程序不同于民事审判程序，执行异议、复议审查程序较为灵活，效率原则优先，大量案件通过书面审查即作出结论，对部分事实复杂、争议较大的案件则通过听证程序处理事实问题。同时，我国《民事诉讼法》第153条规定：人民法院审理案件，其中一部分事实已经清楚，可以就该部分先行判决。根据该规定的精神，虽然当事人存在违反听证规则的情形，但案件的主要事实如果通过书面审查能够查清的，应当继续审理并作出裁决或部分裁决。这也是出于及时保障当事人利益的需要。执行案件有简有繁，如果只要异议、复议申请人缺席听证，就一律按撤诉处理，申请人会反复提出申请，导致执行程序无限期延长，不利于合法债权人私权的保障，能维护的权益要早日得以维护。当然，对于申请人违反听证规则，导致案件事实确实无法查清的，可以裁定驳回当事人的申请，或参照《民事诉讼法》的规定，按撤诉处理，但裁定按撤诉处理后，当事人再次以相同理由提出异议、复议申请的，法院应不予受理。审委会最终采纳了后面一种观点。

（二）不利后果的承担

执行听证主要是人民法院在案件执行过程中，在对执行主体的追加和变更、案外人异议的审查、案件中止和终结等重大事项作出裁决前，由执行法官召集各方当事人及其他利害关系人就争议的相关事项公开进行陈述、举证、质证和申辩等，以查明被执行人执行能力及执行中的有关事实的一种司法活动。可以看出，执行听证程序中最核心的内容是查明案件争议事实，及时作出执行裁定。当事人听证中应积极的主张权利，进行举证、质证，使自己的主张有充分的证据支持，才不会在案件事实真伪不明时承担不利后果。

根据证据规则，主张权利存在或成立的申请人，应对权利产生的法律要件事实承担证明责任。主张对方权利受到妨碍或限制的申请人，应对妨碍、限制该权利的法律要件事实承担证明责任。主张权利消灭的申请人，应对权利已经消灭的法律要件事实承担证明责任。仅仅是否认对方主张的，并不表示要对否认的事实承担证明责任，是否承担证明责任要看当事人主张中是否包含独立的、有利于自身法律规范的适用。在适用本条时，要主要区分执行程序性争议和执行实体性争议听证中的证明责任及违反听证规则的不利后果。

1. 程序性争议的审查是以解决执行程序是否符合法律规定为目标的司法活动。对执行行为的审查并不是一种诉讼形态，而是执行程序固有的救济形式。《民事诉讼法》第225条规定的执行异议、复议程序，是对执行行为合法性设置的程序性审查制度。另外在辅以执行监督程序，构成了我国执行程序性争议的救济体系。证据法理论一般认为，对于程序事实的认定适用自由证明规则。① 执行程序性争议中的证明责任，采取法院依职权调查与当事人举证混合的原则。由于执行法院对于执行行为是否合法的信息掌握更为全面，在当事人违反听证规则，没有举证或举证不足时，主观证明责任应以法院调查取证为主，当事人举证为辅。法院应根据现有证据，继续对争议问题进行审理并作出裁决。在对立双方或多方当事人参与的执行程序性争议审查中，有的案件在客观证明责任上可能存在程序要件事实的证明责任在当事人之间分配。如果主张因对方当事人的原因致使程序违法或无效的当事人、利害关系人拒不参加听证，导致要件事实真伪不明的，客观证明责任的不利后果应分配给提出主张的申请人，法院对其主张应裁定驳回或不予支持。在裁定维持原执行行为后，应尽快执行完毕；如裁定纠正原执行行为的，执行法院还应当依法继续实施执行行为。

如果将整个执行过程比喻为开动车辆到终点的行为，对程序性事项提出执行异议、复议申请的行为，相当于于行驶过程中的刹车行为。该行为会导致开车速度减缓、执行程序的中断，执行效率的降低。由于法律赋予了当事人提出执行异议、复议救济的刹车权利，在整个执行过程中，当事人对某个执行行为或程序性事项不服的，可以随时提出执行异议。为防止当事人或利害关系人滥用程序救济权利，拖延执行，损害债权人的合法权益。对于无故不参加听证，或中途退出听证的，执行法院经审查原执行行为正确，裁定继续执行后，当事人再次就同一执行行为提出异议、复议申请的，法院将不予受理。需要注意的是，当事人或利害关系人对执行法院在继续执行过程作出的新执行行为，提出异议、复

---

① 与自由证明相对的概念是严格证明概念。严格证明与自由证明原本是德国证据法中的概念，目前已经被我国证据法理论普遍接受。对于实体法要件事实，法律要求通过较为严格的方式加以证明，这种证明就是严格证明。而对于各类程序性事实则适用较为自由的方式证明，也就是自由证明。在证明方法上，严格证明适用最为严格的方法，贯彻直接言辞原则，而自由证明可以采用更为宽松的证明方法。严格证明对世事的证明成都一般高于自由证明。

议申请的，应当依法受理。

2. 对于听证中执行实体性争议的证明责任，区分为三种情形。一种是申请人系债务人，其主张妨碍、变更、消灭债权人请求权的实体性争议的证明责任。根据证明责任的分配，提出主张的人有证明责任，债务人对中止或终结执行程序的请求负举证责任，对排除执行的请求，需要提供书证、物证、证人等有利的证据加以证明，其证明责任比普通民事诉讼标准要高。排除高度盖然性原则的适用，即债务人提供的证据不是很充分，或者债权人、债务人双方所提供的证据难以分辨优劣时，推定债权人的主张成立，债务人的主张不成立。由于我国执行程序承担了一部分债务人异议之诉的职能，对于某些特定执行实体法纠纷，执行法官在债务人提出异议、复议申请后拒不参加听证时，不能拒绝裁判，在用尽执行程序允许的调查手段后，实体法要件事实如果仍然真伪不明，客观证明责任不能的风险应当由债务人来承担，这也与债务人在异议之诉的原告地位相对应。法院可以债务人的主张并无相关证据证明或证据不足以支持为由裁定驳回。

第二种是对执行依据不予执行的争议。《民事诉讼法》第237~238条、第274条分别规定了执行法院对国内仲裁和涉外仲裁、执行公证债权文书不予执行的审查程序，仲裁的审查事项限于仲裁的程序和证据问题，主要涉及程序和证据方面要件事实的证明。主张仲裁裁决不予执行的被执行人应对其主张承担证明责任，事实真伪不明时，被执行人应当承担不利后果。被执行人作为申请人违反听证规则，导致不予执行法定事由依据的前提事实真伪不明时，应由其承担继续执行仲裁裁决的不利后果。

根据《最高人民法院关于审理涉及公正活动相关民事案件的若干规定》第3条第2款规定，当事人、公证事项的利害关系人对具有强制执行效力的公证债权文书的民事权利义务有争议直接向人民法院起诉的，人民法院不予受理；但是，公证债权文书被人民法院裁定不予执行的除外。据此，如果法院驳回不予执行公证债权文书申请的，被执行人只能承受强制执行，无法通过诉讼途径解决；如果法院裁定不予执行的，当事人、利害关系人才能提起民事诉讼。执行程序驳回不予执行申请的结论具有一定的终局性。如果被执行人主张公证债权文书存在实体错误的，相关证明责任的分配规则应根据实体法规范确定；如果主张存在程序错误的，原则上应由被执行人对程序错误的要件事实承担证明责任。被执行人违反听证规则，导致案件事实查不清楚的，应当裁定驳回其申请不予执行的请求。

第三种是执行力扩张及相关的争议。执行当事人的变更和追加，既涉及程序法问题，也涉及实体法问题，但实质上是实体法问题，其理论基础是执行依据执行力主观范围的扩张。债权人作为申请人的，应当就执行依据执行力及于其本人或债务人的要件事实，即权利产生事实承担证明责任；债务人作为申请人的，应当对妨碍执行依据执行力向其扩张的要件事实承担证明责任。例外情形下，对证明责任应进行适当调整。例如，对《执行工作若干规定》第81条中规定的"无偿接收"财产的认定，原则上，申请执行人应当对此承担证明责任。但从实质公平角度考虑，无偿接收的第三方对于妨碍事由的证明更为容易。由第三方承担证明已经支付对价的证明责任，更为公平合理。此外，对于案外人异议的案件，在完全的审执分立模式下，原则上应通过诉讼审理，在相对的审执分立模式下，执行程序中的审查主要参照审判程序的证明责任规范。另外，证明责任减轻和免除的情形，如推定、自认、司法认知等，同样可以适用执行中法官对待证事实的认定。

变更、追加被执行人是执行过程中最容易产生争议的领域，大量此类纠纷都涉及事实认定问题。有观点认为，执行法院对执行当事人变化事项进行审查，并不实行严格的谁主张、谁举证的规则。只要当事人提供基本线索，执行机关就应当对是否有变更或者追加执行当事人的事实进行调查，而不是完全被动地等当事人提供证明材料。并且，如果是执行机关在调查债务人财产的过程中发现线索的，执行机关对相关情况及材料掌握更全面，职权作用相当明显，不具备证明责任制度的适用。我们认为，客观证明责任既存在于辩论主义，也存在于职权调查主义，只有主观证明责任与辩论主义相适应。执行程序中通过听证程序对执行力扩张纠纷的程序性保障是非常充分的，当事人积极主张权利、提供证据、陈述意见，对审查结果有足够的影响。

债权人申请追加第三人为被执行人，执行法院裁定驳回后，债权人提出异议、复议申请的，其应当对执行依据执行力及于第三人的要件事实承担证明责任。债权人违反听证规则，拒不参加听证的，应视为放弃举证的权利，法院裁定对其申请不予支持。而被追加的债务人应当对妨碍执行依据执行力向其扩张或向债权人扩张的要件事实，即权利消灭事实承担证明责任。这里的证明责任依然包括主观证明责任和客观证明责任双重含义。被追加的债务人违反听证规则，拒不参加听证的，将承担执行力扩张及本人的后果。但是，法律规定的例外情形除外。例如上述提到《执行工作若干规定》第81条中规定的"无偿接收"财产的认定，由第三方承担证明已经支付对价的证明责任，更为公平合理。

【实践中应当注意的问题】

注意从严把握必须参加听证的情形。

异议、复议案件的主审法官对于异议申请人或复议申请人是否必须参加听证有自由裁量权，如果认为只有申请人参加听证才能查清案情时，申请人则必须到庭接受调查。必须参加听证的关键在于案件事实的调查，是否必须要有异议、复议申请人的参与才能查明，如果申请人的异议请求及主张，均有相关证据能够证明，而被申请人对证据的真实性没有异议，仅是对法律适用问题有争议，或者是案件经过前期几次听证，固定了大部分证据，根据法律规定，举证责任以及分配到被申请人一方的，例如，异议申请人以婚姻关系存续期间的债务为共同债务为由，请求追加夫妻另外一方为被执行人的情形，此时，被追加一方对不应认定为夫妻共同债务，或不应被追加为案件被执行人承担举证责任。上述情形应当认为，申请一方是否参加听证关系不大，法庭可以直接根据申请人主张及提交的证据径行作出裁定，举行听证过程中，申请人一方退出听证的，可以对其罚款或拘留，但不宜按照撤诉来处理。

【相关法律法规】

中华人民共和国民事诉讼法

（2012 年 8 月 31 日）

第一百四十三条　原告经传票传唤，无正当理由拒不到庭的，或者未经法庭许可中途退庭的，可以按撤诉处里；被告反诉的，可以缺席判决。

最高人民法院
关于适用《中华人民共和国民事诉讼法》的解释

2015 年 1 月 30 日　　　　　　　　　　法释〔2015〕5 号

第二百四十条　无独立请求权的第三人经人民法院传票传唤，无正当理由拒不到庭，或者未经法庭许可中途退庭的，不影响案件的审理。

最高人民法院
关于人民法院执行公开的若干规定

2006 年 12 月 23 日   法发〔2006〕35 号

第十一条 人民法院在办理参与分配的执行案件时,应当将被执行人财产的处理方案、分配原则和分配方案以及相关法律规定告知申请参与分配的债权人。必要时,应当组织各方当事人举行听证会。

第十二条 人民法院对案外人异议、不予执行的申请以及变更、追加被执行主体等重大执行事项,一般应当公开听证进行审查;案情简单,事实清楚,没有必要听证的,人民法院可以直接审查。审查结果应当依法制作裁定书送达各方当事人。

第十五条　当事人、利害关系人对同一执行行为有多个异议事由，但未在异议审查过程中一并提出，撤回异议或者被裁定驳回异议后，再次就该执行行为提出异议的，人民法院不予受理。

案外人撤回异议或者被裁定驳回异议后，再次就同一执行标的提出异议的，人民法院不予受理。

【条文主旨】

本条是关于当事人、利害关系人对同一执行行为一并提出异议事由的规定。

【条文理解】

本条规定是对于人民法院行使执行裁决权时，贯彻民事诉讼中的"一事不再理"原则，以达到提高执行效率效果的相关规定。本规定主要分为两部分：一部分为当事人、利害关系人对同一执行行为有多个异议事由的，应当一并提出。另一部分为案外人对执行标的主张实体权利并提出阻止执行的异议的，被裁定驳回、按撤回异议处理或撤回异议的，不得重复提出异议。

一、相关理论基础

（一）一事不再理原则

一事不再理原则起源于古罗马 ne bis in idem 这一格言，是指对于发生在相同当事人之间的同一争议事项，一旦作出终局裁决，即不再进行第二次审理。[①] 一事不再理原则作为民事诉讼的重要原则，主要是基于以下考虑：一是维护法的安定性的需要，是追求法的公正性、确立法律权威和实现程序价值的必然要求；二是维护被告人利益和社会关系稳定性的关键所在；三是实现民事诉讼追求效率的基本目标的重要保障。

对于一事不再理原则的含义，学界存在争议，一种观点为一事不再理原则在已有生效的实体裁判的情况下发生作用，仅适用于实体裁判，而不适用于程序裁判。另一种观点则认为，一事不再理原则还应当包括诉讼系属的含义，不仅判决确定后不得就同一案件再次起诉，而且诉讼一经提起就不得以同一案件再次起诉。两种观点的差别在于一事不再理原则发生效力的时间问题，根据前一种观点，一事不再理原则仅在实体裁判已生效的情况下发生效力。根据后一种观点，法院只要立案并进行审理，即不能因同一事再行提起诉讼。[②] 我们认为，一事不再理原则应当既包括对于法院生效实体裁判的效力，也包括涉及实体的程序性裁判，即对于一个案件，法院已经作出实体裁判或有关实体的程序性裁判，除非法律有特殊规定，不得再次起诉及裁判。从一事不再理原则也适用于部分程序性裁判的角度出发，并结合执行程序对于效率价值的追求，本规定在执行法院异议程序中，要求异议人一并提出相同异议事项，以防止异议人滥用执行救济程序，妨碍执行效率目标的实现。

（二）既判力

既判力是大陆法系法学理论用来说明裁判效力的范畴。既判力与一事不再理原则的关系如同其他许多概念一样，在学者眼中颇有思辨的意味。有学者持所谓同一说，认为一事不再理为既判力之性质，两者用语虽然不同但本质和目的是一致的。不过是诉讼上表现了一事不再理的理

---

① 黄风编著：《罗马法词典》，法律出版社 2002 年版，第 182 页。
② 宋英辉、李哲：《一事不再理原则研究》，载《中国法学》2004 年第 5 期，第 128 页。

念而已。有学者则坚持区分说，如兼子一教授认为一事不再理是指判决已经被确定，不管其结果如何，同一案件的诉权被消灭，后诉通常因不合法而不被采纳。民事判决既判力的作用是对同一事项不允许作出不同的判断判决，既判力重视的是禁止法院就同一事件作前后矛盾的判决并非一事不再理。我国有学者从渊源与衍生或现象与理论这样的层面来阐述其关系，如陈瑞华教授指出现代大陆法实际是以既判力理论作为一事不再理的理论基础的，现代大陆法在继承罗马法中的一事不再理原则的基础上，发展出一套较为完整的既判力理论。这实际暗含着一事不再理是一种诉讼现象，既判力则是其理论注释。既判力通常具体有以下涵义：一是当事人之间作为诉讼标的之权利义务或法律关系因既判力而确定，称为既判力的对事即权利义务关系或法律关系的效力。二是当事人不得就该诉讼标的再行提起诉讼，法院也不得受理。即当事人因为既判力而丧失对同一诉讼标的的再次起诉的权利，法院亦因此丧失再次审判的权力。三是当事人在其他诉讼中不得就既判力确定的事项提出相异主张。

关于执行异议裁定的既判力问题，学界存在争议。有学者认为，异议理由不成立时由执行法官作出的驳回执行异议的裁定，因系有关程序问题的裁定，不产生既判力。如果当事人或利害关系人在异议被裁定驳回后，又以同一理由提出异议，执行法院不受前一裁定的拘束，换言之，此处不适用一事不再理原则。执行法院认为后一异议有理由的，仍可以作出与前一裁定相反的裁判，不受原裁定的拘束。① 也有学者认为，执行异议裁定在某些情况下不仅是对程序性事项的确认，也确认了当事人、利害关系人及案外人的实体性权利，甚至导致物权变动，因此不可笼统地说执行异议裁定无既判力。我们认为，第一种意见与本规定中涉及的执行法院对于同一执行行为提出异议不再受理的意见并不冲突，此时所

---

① 肖建国：《〈民事诉讼法〉执行编修改的若干问题探讨》，载《法律适用》2008 年第 4 期，总第 265 期。

指的执行法院不受前一裁定的拘束，不适用一事不再理原则，应当是指相关权利人对于执行异议裁定中对其实体权利的确认不服的，可以通过执行申诉或异议之诉的形式得以救济。

（三）效率原则

民事诉讼追求的两大基本目标是公正与效率。民事诉讼程序需确认双方当事人之间的实体权利义务的关系，因此更多追求的是公正，而民事执行程序则是要实现裁决确认的权利义务关系，更侧重于优先保护债权人，体现的是公平前提下的效率、及时原则。英美法及大陆法中的德国法都将效率优先原则作为民事执行制度的基本原则。

执行效率原则在民事执行程序中的具体体现是：

1. 法院执行机构对执行债权人的执行申请或审判人员移送执行的案件应当及时审查，符合有关规定的及时立案并执行。对于申请减、免、缓执行费用的，应迅速审查，及时答复。如果权利人无正当理由超过法定期限的，法院应当裁定驳回申请并及时通知权利人。

2. 法院在执行程序各个阶段，各项执行行为要在法定期限内进行和完成，不能久拖不执。应树立效率意识，讲究工作实效。

3. 执行效率原则要求法院在采取或解除任何强制措施时，都应保障强制措施所涉及的财产能够最大限度地得到流转，不应因强制措施采取或取消的不及时，导致物品的价值和使用价值的人为丧失或减少，对于查封、冻结等强制措施，要依法采用，不能因采取措施不当，影响被查封、冻结财产的流转。[①] 应当注意的是，民事执行的效率原则与公正原则并不是矛盾的，坚持效率原则并不排斥执行程序公正。缺失公正的效率是没有任何意义。只有通过公正合理的程序实现的执行效率，才是具

---

① 江必新：《民事执行新制度理解与适用》，人民法院出版社2010年版，第44页。

有正义性的效率。

二、司法实践中的现实情况

当事人提出执行异议、复议的，依照《诉讼费用交纳办法》的规定，无论标的额有多大，均无需交纳诉讼费用。法律也没有规定执行异议不成立要承担何种不利后果。由于异议提出并无成本，造成当事人、第三人及案外人可能出于转移财产、隐匿财产、规避执行等非法目的，恶意串通，滥用执行程序救济权利，多次反复提起异议以拖延人民法院的执行。以广州市中级人民法院为例，在修改后的《民事诉讼法》实施以前从 2007 年 1 月至 2008 年 4 月 1 日前 15 个月执行异议立案数为 274件，修订后的《民事诉讼法》实施后从 2008 年 4 月 1 日到 2008 年 12 月共 8 个月间的执行异议案件已经达到 193 件，2009 年 1 月 1 日到 6 月 30日共 6 个月时间收案达 152 件。其中不乏被执行人为抗拒、规避执行而提起，包括被执行人对人民法院在执行过程中的财产调查、控制、评估、拍卖、分配等各执行环节均提出异议；多个被执行人轮流提出相同的异议；执行行为未涉及的被执行人提出异议等。更有甚者，某被执行人在其异议被驳回后，以第三人收购被查封、扣押的财产在前为由，由多个所谓的购买人作为利害关系人轮流提出理由相同的异议。①

以上滥用执行程序救济权利的行为，造成司法资源的极大浪费，拖延执行工作进度，也严重影响执行效率。杜绝避免执行救济权利被滥用，正是本规定的意义所在。

① 刘卓江：《执行程序性救济的滥用及其对策——论对执行异议范围的限制》，载《法治论坛》第 18 辑，第 216 页。

三、本规定涉及的法院对执行行为异议及案外人异议的裁定结果

(一) 裁定驳回当事人、利害关系人的执行异议

人民法院经审查，认为执行行为并未违反法律或司法解释有关规定的，应当作出裁定，驳回异议人的异议理由。例如，被执行人提出执行程序中对其所有的不动产进行评估、拍卖时，存在低评低拍的情况，且程序违法，法院经审查认定，委托评估程序符合法律规定，评估报告作出后送达当事人，当事人未按期提出异议，拍卖依法进行了公告且拍卖程序无明细瑕疵的，认为被执行人异议理由不能成立，裁定驳回其异议。

(二) 裁定驳回案外人的异议

对于案外人的异议，《民事诉讼法》第 227 条明确规定了人民法院对于异议所包含的实体问题的审查。在案外人对执行标的提出主张了异议时，执行机关在识别和判断某财产是否属于被执行人的责任财产时，基于审执分立的要求和追求执行效率原则的考虑，一般遵循外观主义和形式化规则，仅仅依据执行标的的财产归属的外观情况，以及申请执行人的陈述或被执行人的报告来判断，例如，审查案外人提交的物权登记凭证或持有的作为权利凭据的生效司法文书等形式要件是否完备，对于案外人主张因法律规定而直接享有物权的予以审查，如《物权法》第 29 条规定，因继承或者受遗赠取得物权的。对于案外人异议理由成立的，应当中止对该标的物的执行，对于实体权利存在争议、主张权利的案外人不能提供物权凭证、司法文书或者不存在依据法律规定直接取得物权情形的，人民法院不应直接对其权利进行确认，而应作为权利不确定的情形处理，裁定驳回其异议。

（三）异议人撤回异议，按撤回异议处理

异议人撤回异议的，比照民事审判中的撤诉，主要基于以下情况作出：一是随着执行程序的进行，其合法权益得以实现，对相关执行行为再提异议已无必要，于是向执行法院申请撤回异议。如申请执行人原申请追加被执行人，执行法院却不予支持的，申请执行人依法提出异议，但随着执行法院加大执行力度，在执行异议审查程序中，其债权已得到实现，案件已执结，因此异议人撤回异议申请。二是意识到其异议理由及请求明显不会得到支持，或者证据不充足，出于降低异议成本，提高执行效率等考虑撤回异议。三是双方当事人达成执行和解协议，这是双方当事人对于生效法律文书确定的履行义务主体、标的物及其数额、履行期限和履行方式予以变更，以和解协议的履行代替原生效法律文书的执行，从而导致执行程序的阶段性结束，接下来双方当事人有一个自动履行的过程，因此执行机构对原执行行为的异议审查也无必要，异议人应撤回异议申请。对于异议人申请撤回异议，执行机构应当进行形式审查并作出裁定，准许撤回异议。

本条规定的撤回异议处理的结果，不同于民事审判程序中的撤诉的结果，不再赋予异议人重新提起异议的权利。主要基于以下几点考虑：一是执行行为一般不涉及实体权利，执行行为异议裁定不同于民事判决，一般也是对程序性事项作出认定，为了保障执行效率这一首要目标，不赋予异议人再行异议的权利；二是虽不予受理，异议人重新提出异议的，仍有其他救济途径。对执行行为仍有异议的，可通过执行申诉方式进一步反映，案外人主张对执行标的的实体权利的，仍可通过案外人异议之诉得以救济。

【实践中应当注意的问题】

一、合理界定何为"同一执行行为"

根据前文所述，执行行为涵盖的范围非常广泛，总的来说，可以归纳为以下几个基本类别：

1. 涉及强制执行时应当遵守的程序。包括《民事诉讼法》及有关法律、司法解释规定的强制执行时应当完成的规定动作，还包括其他法律及司法解释中有关执行程序的规定，如《破产法》关于人民法院受理破产案件后，对于债务人的财产保全措施应当解除，执行程序应当中止。又如《公司法》第73条规定的股权转让问题的相关规定，即人民法院在强制执行股权时应当通知公司及全体股东，以保护其他股东的优先购买权等。

2. 执行程序中发出的裁定、命令等法律文书。如向有关单位发出的协助执行通知书；对被执行人或其住所、财产隐匿地进行搜查的，由院长签发的搜查令；向被执行人发出的报告财产令；人民法院采取查封、扣押、冻结、拍卖、变卖等执行措施时作出的裁定等。

3. 执行的方法和手段。如拍卖程序中流拍后应及时进行下一次拍卖，查封不动产应当通知有关部门办理登记等。

4. 其他侵害当事人、利害关系人合法权益的执行行为。在适用本规定时，对于何为"同一执行行为有多个异议事由"的情形如何理解是关键。这里的同一执行行为，是指当事人、利害关系人请求撤销或者更正的同一异议对象。如当事人请求撤销拍卖，可能有多个事由，如恶意串通、不按规定公告、竞买人无资格，当事人提出撤销拍卖的异议时，应当在异议裁定作出前一并提出，不可今天异议被驳回后，明天再提出一个，明天的异议被驳回后，后天再提出一个。

二、严格遵守立案审查程序形式

本规定第 2 条对于立案审查程序作了严格规定，对于执行异议案件，应当参照诉讼案件立案审查的处理方式，统一办理立案登记手续，再进一步作出审查处理。对于同一执行行为未一并提出异议事由的，应当作出裁定不予受理；立案后发现是对同一执行行为提出异议的，应当裁定驳回申请。

三、依法告知、释明异议人其他救济途径

（一）注意与执行复议程序的衔接

对于裁定驳回异议、裁定不予受理的案件，当事人、利害关系人仍不服的，应当充分提示当事人、利害关系人，对同一执行行为有异议事由的，不可重复提起执行异议，执行法院不予受理，应当依照《民事诉讼法》第 225 条的规定，在法定期限内向上一级法院申请复议。或经审查未超过法定期限的，直接将异议材料转上一级法院审查处理。

（二）注意与执行监督的关系

对于超过申请复议期限的，应当告知异议人有进一步提起执行申诉的权利。《执行工作若干规定》第 129 条规定：上级人民法院依法监督下级人民法院的执行工作。最高人民法院依法监督地方各级人民法院和专门法院的执行工作。该规定中的上级人民法院可以进行执行监督的事项涵盖的范围非常广泛，几乎包括了所有可能出现的错误。该规定与《民事诉讼法》设立的执行异议复议救济制度在适用时是并存的关系。我们认为，尽管两种制度都可能达到纠正执行错误的实际效果，但纠错的途径、启动程序、审查处理程序、法律文书、法律效力等并不相同，

两种制度可以并行不悖，可以作为两种不同的执行纠错机制存在。当事人对违法执行行为提出异议、申请复议，是其享有的法定权利，异议、复议申请符合法定条件的，执行法院和上一级法院就必须进行审查处理并作出裁定。而执行监督程序作为法院内部的监督纠正程序，立案标准由上一级法院自行掌握。依照本规定，当事人、利害关系人提出执行异议被执行法院依法裁定驳回，或当事人、利害关系人申请撤回异议，执行法院裁定准许的，再因同一事由再次提出异议的，执行法院不予受理，如果在申请复议期限内，应告知其向上一级人民法院申请复议，若已超过申请复议期限的，当事人、利害关系人可以申请上一级人民法院启动执行监督程序，上一级人民法院认为必要时仍可就同一事由启动执行监督程序，行使执行监督权。当事人、利害关系人通过申诉途径反映执行问题的，不受《民事诉讼法》关于执行救济程序的相关程序规定限制，但也需承担上一级人民法院可能对其申诉并不立案审查的后果。

（三）注意与审判监督程序及案外人异议之诉的过渡

驳回案外人异议的裁定中，应当写明相应的救济途径，依照《民事诉讼法》第227条的规定，认为原判决、裁定错误的，依照审判监督程序办理，与原判决、裁定无关的，可以向人民法院提起诉讼。案外人仍向执行机构提出异议的，应当引导其通过审判监督程序或诉讼途径解决。

【相关法律法规】

最高人民法院关于适用
《中华人民共和国民事诉讼法》执行程序若干问题的解释

2008 年 11 月 3 日　　　　　　　　　　　　法释〔2008〕13 号

第十五条　案外人对执行标的主张所有权或者有其他足以阻止执行标的的转让、交付的实体权利的，可以依照民事诉讼法第二百零四条的规定，向执行法院提出异议。

中华人民共和国民事诉讼法
（2012 年 8 月 31 日）

第一百四十三条　原告经传票传唤，无正当理由拒不到庭的，或者未经法庭许可中途退庭的，可以按撤诉处理；被告反诉的，可以缺席判决。

第一百四十五条　宣判前，原告申请撤诉的，是否准许，由人民法院裁定。

人民法院裁定不准许撤诉的，原告经传票传唤，无正当理由拒不到庭的，可以缺席判决。

第二百二十五条　当事人、利害关系人认为执行行为违反法律规定的，可以向负责执行的人民法院提出书面异议。当事人、利害关系人提出书面异议的，人民法院应当自收到书面异议之日起十五日内审查，理由成立的，裁定撤销或者改正；理由不成立的，裁定驳回。当事人、利害关系人对裁定不服的，可以自裁定送达之日起十日内向上一级人民法院申请复议。

第二百二十七条　执行过程中，案外人对执行标的提出书面异议的，人民法院应当自收到书面异议之日起十五日内审查，理由成立的，裁定中止对该标的的执行；理由不成立的，裁定驳回。案外人、当事人对裁定不服，认为原判决、裁定错误的，依照审判监督程序办理；与原判决、裁定无关的，可以自裁定送达之日起十五日内向人民法院提起诉讼。

第十六条　人民法院依照民事诉讼法第二百二十五条规定作出裁定时，应当告知相关权利人申请复议的权利和期限。

人民法院依照民事诉讼法第二百二十七条规定作出裁定时，应当告知相关权利人提起执行异议之诉的权利和期限。

人民法院作出其他裁定和决定时，法律、司法解释规定了相关权利人申请复议的权利和期限的，应当进行告知。

【条文主旨】

本条是关于执行异议裁定及其他裁定、决定中对相关权利人再行救济的权利进行告知的规定。

【条文理解】

一、相关理论基础

（一）程序参与原则与当事人知情权

程序参与原则，在英美法中被称为"获得听审机会"原则（opportunity of heard）。人们通常将"程序参与"作为自然公平的第二个原则，主要内容是："必须给予诉讼当事人各方充分的机会来陈述本方的理由。这意味着必须将诉讼程序告知他们，并及时通知其任何可能受到的指控，以使当事人能够准备答辩。此外，还应允许当事人以适当的方式将答辩提交给法官。"① 程序参与原则，从权利的角度来说，是当事人及相关第三人所享有的"程序参与权"；从职责的角度来说，则要求法院保障当事人及相关第三人的程序参与权，禁止"突袭裁判"。诉讼当事人及相关第三人的程序参与权被称为"诉讼程序的大宪章"，大体上包括诉讼知情权和诉讼听审权。

知情权（the right of know），又称知悉权、了解权，是指公民或者法人享有最大限度地知悉、获取各种信息的自由和权利。当事人知情权，是指当事人在民事诉讼过程中，对程序上与当事人有关的法律规定的权利和义务，包含对案件中断、中止、终结等法定事由应当享有的知晓、了解的权利。从宪法的角度看，知情权是一项公民的基本权利。但是在民事诉讼中，知情权应当被理解为诉权的一项权能，是诉权的前提。法院必须平等、及时地告知受到诉讼结果影响的当事人及相关第三人，使其能够充分及时地了解诉讼程序的进行情况，以便其能够充分及时地参加诉讼，行使诉讼听审权或者适时适式地做出诉讼行为。法院的告知包括：（1）事前告知，即法院在作出裁判前所为的告知，比如送达开庭通知、告知诉讼权利义务等；（2）事后告知，即法院在作出裁判后告知裁判的内容；（3）救济告知，即法院应当在裁判中载明救济途径（比如复议、上诉等）。保障诉讼知情权的制度主要有通知、送达和公告制度。

1. 当事人知情权的理论基础：（1）法律的价值追求是知情权最根本的基础。当事人参加到诉讼中无疑是为了获得相应的回报，是为了让法律使自己较少的投入获得更多的产出，在最低意义上也是使自己的合法权益不受损害。但是现实情况有时并非如此，有的当事人尽管付出了心血和努力，不仅不能赢得"公道"，甚至造成更大的损失。究其原因，在很大程度上是由于当事人对法律法规不知情造成的，比如对证据的搜

---

① ［英］彼得·斯坦、约翰·香德：《西方社会的法律价值》，王献平译，中国法制出版社2004年版，第112～113页。

集方式不合法，或者采取的措施不正确等，都可能造成当事人的心血付之东流。因而，对当事人知情权的尊重与保护就显得尤为迫切了。当事人对利益的追求是体现在多方面的，比如，双方当事人对信息的知悉在数量上应是相当的，体现了当事人对平等利益的追求；法官按照法律的规定应向双方当事人提供相同的信息，体现了当事人对公平利益的追求。总之，对利益的追求是当事人获取知情权的内在动力。

（2）确立民事诉讼当事人的知情权是程序公正的要求。程序公正的观念肇端于英国，并为美国所继承和发展。在英美法中，程序公正观念经历了从自然公正观到正当程序观的演变过程。① 我国的学者对程序公正的标准的理解存在差异，但是，知情权的获得都是应有之义。它至少应包含以下几个含义：程序应当民主化、程序应当公开化和程序应当效益化。第一，程序民主化一直是人们追求的重要价值目标。达尔文提出"充分知情权"是保障民主的重要指标之一。只有使那些受到民事制裁或诉讼结局直接影响的人有充分的机会富有意义地参与民事诉讼的过程，并对裁判结果的形成发挥其有效的影响或作用，才能使得法律的权威深入人心。第二，在民事诉讼的活动中，一方处于强势、一方处于弱势的情况屡见不鲜，如何使当事人之间的力量处于一种尽量均衡的状态，尤其是使正当权利人的利益获得保护，就成为法院乃至整个法律制度建设的一个重要课题。当事人知情权的需求突显程序公开的重要性。当事人只有在明白诉讼的具体程序以及相关的内容，如诉讼时效、证据的效力等等一系列的问题，才能有效地参加诉讼。当然，程序的公开应当是平等的公开，不平等的公开是对知情权的侵害，更是对当事人合法权益的侵害。第三，迟到的正义非正义，当事人进行诉讼，当然希望在最短的时间、用最少的代价获得最大的效益，这就对当事人的知情权提出了要

① 樊崇义主编：《诉讼原理》，法律出版社 2003 年版，第 165 页。

求，因为有些案件之所以不能在短时间内解决，除了其他因素的影响，在很大程度上是由于当事人不够知情而延误了诉讼，法官如果能按照法律的规定有效地、合理地向当事人提供其不明了的、但与案件有关的事实信息，那么在一定程度上就能保证诉讼效益的实现。

2. 当事人知情权的内容。包括以下几个方面：

（1）对对方当事人证据的知悉是当事人参加诉讼、恢复自己合法权益的最重要的工具，如果对对方的证据一无所知，或者对方故意隐瞒所掌握的证据，然后在庭审的时候进行突袭，就可能使得有正当权益的当事人获得败诉的不利后果。因而，现在许多国家都十分重视审前程序，特别是对证据交换的关注尤其多，就是为了使双方当事人对证据的知悉处于平等的地位，我国也不例外。

（2）对自己所享有的诉讼权利和义务的知悉：当事人参加民事诉讼，自己所享有的权利和义务是前提。在民事诉讼规范的指引下，民事诉讼结构体现的是程序参与者进行角色分配和自我定位的状态。

（3）对审判人员或者合议庭的构成人员的知悉：这是保证程序公正的基础，参与审判的人员必须做到不偏不倚，因此在审判开始前，就应对可能影响公正裁判的因素加以涤除，使任何一个与双方当事人有关系的司法工作人员都被挡在案件之外。

（4）对自己参加诉讼所面临的风险的知悉：将自身的纠纷交由法院来裁决，事实上是当事人已经没有其他更好的办法了，伴之而来的就是将自身权利的让度所面临的诉讼风险，由于当事人自身、法院以及其他多种因素的影响，案件的结果有可能不符合当事人的意愿，甚至有可能付出的代价比不参加诉讼还要大。

（5）对合议庭的部分裁判的知悉：按照法律的规定，合议庭的裁判过程是不公开的，但是这并不科学，因为这样的规定为法官暗箱操作提供了便利，因而有必要将其中一部分，比如合议的过程中所产生的观点、最后的结论是如何产生的等作为当事人知情的部分。

（6）对诉讼程序上事实的知悉：普通的公众对程序上的知识大多都是处于不了解的状态，这就为参加诉讼带来不便，因而对诉讼的程序上事实的知悉对于当事人来说固然重要，对法院的工作也有助益。

（7）对裁判文书的知悉：法院的裁判文书是对当事人参加诉讼的回应和总结，因而当事人有权知悉，法院应当在法律规定的期限内将其送达当事人，同时要有理有据地说明诉讼的内容。

3. 程序参与原则在执行程序中的适用。民事执行程序旨在强制义务人执行确定判决、仲裁裁决等执行名义所确定的义务，以实现权利人的权益，不在于解决民事纠纷（即不在于确定双方当事人的民事权益义务），具有非讼性（属于广义的非讼程序），所以与争讼程序不同，无需平等保障执行当事人的质证权和辩论权，即执行程序中不存在双方当事人的言词质证程序和言词辩论程序。民事执行也须遵循程序参与原则。在我国民事执行程序中，程序参与原则具体体现为：（1）法院立案后，应当及时书面告知当事人，并且执行人员应当及时向当事人告知案件执行情况，如将执行措施实施情况及时告知双方当事人及其他利害关系人；（2）法院对案外人异议、终结执行、变更或追加被执行人等重大执行事项作出裁定前，应当保障当事人及相关第三人表达意见的机会，作出裁定后应当尽快完成送达；（3）对法院违法执行或违法裁定，当事人及相关第三人有权提出异议，请求法院撤销或重作。

《民事诉讼法》和《执行公开若干规定》等对上述内容有所规定，不过《执行公开若干规定》将上述内容规定为"执行公开"的内容。诉讼程序对当事人及其他利害关系人的公开，应当属于当事人程序参与原则的范畴。在执行程序中，法律或法院也会限制义务人的程序参与权。这种限制性的做法并不违反程序参与原则，因为法院裁定执行措施前，通知义务人或者保护其程序参与权，则可能提供因其转移或隐匿财产之机而致执行不能，同时在随后的程序中，义务人可以行使执行异议权以纠正法院的违法执行行为。

（二）程序性裁决的再救济

如同实体性裁决一样，程序性裁决也不能一经作出，即发生法律效力。当事人如果对程序性裁决不服，程序应当设置允许当事人继续提出救济申请的机会。考虑当事人为权利救济提出程序性申请本身就具有救济的性质，因此我们将这种针对程序性裁决所提出的程序异议称为"再救济"。① 程序性裁决的再救济实质上是程序性裁决程序的复审程序，与实体性裁决程序的上诉审程序一样，它应当符合以下要求：（1）该复审程序的启动必须以当事人的自愿为前提，法官无论在任何条件下都不能依职权主动提出。（2）根据具体情况，该程序不仅可以对案件的事实认定和实体法律适用问题进行复审，还可以对程序性违法是否存在以及程序性制裁有无必要加以实施的问题，承担继续审查的责任。（3）根据案件的不同情形，复审法院应当作出不同的裁定。包括维持原裁定，驳回当事人的再救济请求；在查明案情的基础上直接变更原裁决；撤销原裁决，发回原审法院重新审判。

二、告知相关权利人程序救济权利的法律价值

从哲学意义上讲，价值是一个表征关系的范畴，反映了人（主体）与外界物—自然、社会（客体）的关系，揭示了人的实践活动的动机和目的。正如马克思所说：价值这个普遍的概念是从人们对待满足他们需要的外界物的关系中产生的，是人们利用的并表现了对人需要的关系的物的属性。从法学意义上讲，价值则是指主体与客体之间的需要与满足

---

① 陈瑞华：《问题与主义之间———刑事诉讼基本问题研究》，中国人民大学出版社 2003 年版，第 103 页、第 147 页、第 150 页。

相统一的效应关系，体现了主体主观需求与客体客观承载的互动关系。①
一项法律制度有无价值、价值大小、不止取决于法律制度的内在性能，
更取决于主体对法律制度的需要，取决于法律制度能否满足主体的需要
以及满足的程度。因此，当一项法律制度的性能与社会主体的需要相一
致时，就表明其具有法律价值。

（一）实现权利救济

权利救济不仅仅是执行程序救济体系的首要功能，更是其核心价值。
执行异议复议程序以权利救济为灵魂，因权利救济而存在。没有权利救
济，执行异议复议程序必将一无是处。因此，当谈及执行异议复议程序
的法律价值时，权利救济得首当其冲，成为探讨的对象。"人类的权利
自始就是与救济相联系的。当人类脱离了盲动或依附而获得了一定的权
利时，也必有与之相适应的救济手段相随。没有救济可依的权利是虚假
的，犹如花朵戴在人的发端是虚饰一样。"② 一部人类权利发展的历史，
同时也必然是一部人类权利救济的历史。正因如此，两大法系国家都对
公民的权利救济问题倍加重视，举措连连。在英美法系国家，"救济方
法先于权利"的法律谚语被奉为至理名言，而在大陆法系国家，"如果
被公认的合法权利受到侵害，则应予救济"的科学论断也是深入人心。

因此，执行救济制度的设立，是民事诉讼权利救济的一部分，是社
会呼唤权利救济的结果，也是国家重视人权保障的缩影，顺应了权利救
济的历史发展潮流。而对于当事人而言，法院裁定、决定中告知救济途
径，是促使当事人意识到并启动再救济权利，实现救济权利的首要条件
和重要一环。

---

① 常怡主编：《比较民事诉讼法》，中国政法大学出版社 2002 年版，第 3 页。
② 程燎原、王人博：《赢得神圣——权利及其救济通论》，山东人民出版社 1998 年版，第 368
页。

（二）保障程序公正

在人类社会发展的历史长河中，公正是一个源远流长而又历久弥新的词汇。从古代到现代，从东方到西方，伴随着人类的发展和社会的进步，公正虽然受到了来自伦理、宗教、政治和法律等不同领域的注解和论释，但是公平与正义却一直是人类永恒不变的追求。一般而言，司法公正包括实体公正和程序公正。实体公正，即诉讼结果的公正，是指"个案的裁判结果基本达到实体法上的公正要求。"① 人们追求实体公正本来是无可厚非的，但是在我国根深蒂固的重实体、轻程序的传统观念的影响下，固守程序工具主义、否定程序独立价值、片面信赖诉讼结果的行为已经完全沦落为一种偏激与执拗。而作为实体公正的对立面，程序公正则是侧重于诉讼过程的公正，强调程序自身的独立价值。英国曾有一句古老的箴言：正义不仅要得到实现，而且要以人们看得见的方式得到实现。正因为程序本身是一种可以观测和感知的事物，其公正与否可以凭借客观标准加以判断，所以评价起来更为容易。另外，程序公正能够最终指向实体公正，从而实现司法公正的完美统一。科学且合理的程序能够赋予诉讼主体充分参与和表达的机会，从而促使其形成一种对程序的信赖心理。只要程序是正当的，那么就有理由相信结果也是正当的。作为文明社会中人类定分止争的主渠道救济方式，民事诉讼通过遵循科学程序、依据法定规则来正确合理地分配当事人之间的权利义务，从而最终实现司法公正。具体来说，即以法官的职能活动为主导，围绕司法权的运作，在当事人相互对立的前提下，遵循公众认可的游戏规则，通过裁判文书这一载体，藉以体现法官在现实社会价值体系中的选择与平衡，使原本无序的状态得以规整，从而呈现一个合理而有序的法律环

---

① 田平安主编：《民事诉讼法原理》，厦门大学出版社 2005 年版，第 41 页。

境。而民事执行作为民事诉讼制动中权利实现的最终保障，程序公正也是贯彻其中的基本价值追求。依照法律、司法解释的规定，告知当事人再行救济的权利，是在执行救济体系中程序公正的重要体现。

（三）提高执行效率

效率本是经济学上的概念，指的是投入与产出或者成本与收益的比例。但是由于法律作为上层建筑的组成部分之一，无可避免地接受经济基础的制约与支配。随着生产力的快速发展，"法学理论固守古罗马法文化遗产和理性观念而孤芳自赏的时代已经一去不复返了"。[①] 在这一背景下，"经济分析原理与诉讼法律之间的融合，导致了诉讼成本与诉讼效率观的产生"。[②] 诉讼效率引入现代司法制度具有积极的意义，一方面有利于人民法院控制成本、把握审限，提高办事效率，另一方面则有利于中和唯公正马首是瞻的传统价值体系。诉讼效率包括成本和时间两个衡量标准。其基本要求是充分、合理地运用司法资源，降低诉讼成本，缩短诉讼周期，简化诉讼程序，及时、有效地维护当事人的合法权益。执行效率是诉讼效率的应有之义，而且在执行程序中，对于效率的追求即为执行经济，是指执行过程中要以最小的执行成本，实现最大的执行效益。实际上，在执行资源与执行案件之间矛盾突出的情况下，司法资源显得更为紧缺，在这种情形之下提示、告知当事人依法申请再救济的权利和期限，在法律规定的框架内合理地行使自身权利，避免错过了法定救济途径，转而积压申诉案件，从这个角度而言，告知救济权利也是提高执行效率的体现。

---

① 项振华：《美国司法价值观的新发展》，载《中外法学》1996 年第 2 期，第 64 页。
② 李祖军：《民事诉讼目的论》，法律出版社 2000 年版，第 82 页。

【实践中应当注意的问题】

本条规定主要包括三个层面的含义：一是应当依法在相关裁定中告知权利人再行救济的权利，不得遗漏；二是正确区分具体情形，告知权利人应当适用何种程序再行救济；三是裁定中遗漏告知或告知错误的，应当如何处理。

一、确实告知当事人再行救济的权利

裁判文书是规范司法行为、强化司法权威的重要载体，《人民法院五年改革纲要》提出：加快裁判文书的改革步伐，提高裁判文书的质量。改革的重点是加强对质证中有争议证据的分析认证，增强判决的说理性；通过裁判文书，不仅记录裁判过程，而且公开裁判理由，使裁判文书成为向社会公众展示司法公正形象的载体，进行法制教育的生动教材。同样的，执行裁定的完整、规范是保障执行异议复议制度顺利运行的最终途径，法律、司法解释赋予当事人复议权利时，相关裁定应当将告知当事人不服该裁定、再行救济的权利作为格式固定要求，这应当作为裁定完整的基本要求，在相关执行文书样式中予以确定。

二、正确区分具体情形告知当事人再行救济的权利

本规定具体区分了三种情形：一是适用《民事诉讼法》第225条进行执行行为异议审查并作出异议裁定的，应当告知当事人、利害关系人，若对该裁定不服的，可依照《民事诉讼法》第225条的规定，自裁定送达之日起10日内向上一级人民法院申请复议。二是适用《民事诉讼法》第227条进行案外人异议审查并作出异议裁定的，应当告知当事人、利害关系人，若对该裁定不服的，可依照《民事诉讼法》第227条的规定，自裁定送达之日起15日内向人民法院提起诉讼。三是其他裁定、决

定，法律、司法解释规定了相关权利人申请复议的权利和期限的，在裁定、决定中也应告知当事人有再行申请复议的权利，如本规定第 2 条规定的异议人对不予受理或者驳回申请裁定不服的，可以自裁定送达之日起 10 日内向上一级人民法院申请复议。第 9 条规定的被限制出境的人认为对其限制出境错误的，可以自收到限制出境决定之日起 10 日内向上一级人民法院申请复议。第 10 条规定的当事人不服驳回不予执行公证债权文书申请的裁定的，可以自收到裁定之日起 10 日内向上一级人民法院申请复议。在司法实践中，应当注意避免以下情形：一是混淆适用第 225 条和第 227 条，将当事人、利害关系人执行行为异议视为案外人异议，进而错误告知其可通过另行诉讼进行再救济，或是将案外人异议视为执行行为异议，进而错误告知其可向上一级人民法院申请复议。二是在执行裁定中直接赋予当事人、利害关系人申请复议的权利，忽视了执行异议审查这个前置程序。关于以上两点，《最高人民法院关于执行工作中正确适用修改后民事诉讼法第 202 条、第 204 条规定的通知》均有明确规定，应当认真领会、正确运用。

三、遗漏告知、错误告知相关权利人救济权利的法律后果

相关裁定中遗漏告知、错误告知相关权利人救济权利的，应当不影响权利人实际行使救济权利。首先，权利人的相关救济权利是法律、司法解释赋予的，并不因相关裁定中遗漏或错误告知而发生变化或灭失。其次，在这种情形下，应当重新起算相关期限，裁定中未告知救济权利的，可以推定相关权利人不知道有再行救济的权利，因此，应当自权利人得知救济权利时再行计算复议、提起诉讼的期限。

【相关法律法规】

最高人民法院办公厅
关于切实保障执行当事人及案外人异议权的通知

2014 年 5 月 9 日 　　　　　　　　　　　法办〔2014〕62 号

各省、自治区、直辖市高级人民法院，解放军军事法院，新疆维吾尔自治区高级人民法院生产建设兵团分院：

2007 年民事诉讼法修正案实施之后，各级人民法院在执行案件压力大、任务重的情况下，办理了大量的执行异议和复议案件，有效维护了执行当事人及案外人的合法权益。但是，我院在处理人民群众来信来访的过程中，也发现在个别地方法院，仍然不同程度地存在忽视甚至漠视执行当事人及案外人异议权的一些问题：有的法院对执行当事人及案外人提出的异议不受理、不立案；有的法院受理异议后，无正当理由不按照法定的异议期限作出异议裁定；有的法院违背法定程序，对异议裁定一裁终局，剥夺异议当事人通过执行复议和异议之诉再行救济的权利。

出现上述问题，既有执行案件数量大幅增加、执行机构人手不够、法律规定不够完善等客观方面的原因，也有个别执行人员司法为民意识不强、素质不高等主观方面的原因。执行当事人及案外人异议权行使渠道不畅，将使当事人对执行程序的公正性存在疑问，对强制执行产生抵触情绪，在一定程度上加剧"执行难"；另一方面，也会使部分群众对人民法院的执行工作产生负面评价，降低司法公信力。因此，必须采取切实有力的措施加以解决。现就有关事项通知如下：

一、高度重视执行当事人异议权的保障。执行异议制度是 2007 年民事诉讼法修正案所建立的一项救济制度，它对于规范执行程序，维护执行当事人及案外人的合法权利和利益，防止执行权滥用和"执行乱"具有重要意义。各级人民法院要认真组织学习领会民事诉讼法的规定，纠正"提异议就会妨碍执行"的错误认识，克服"怕麻烦"的思想，真正把法律赋予执行当事人及案外人的这项救济权利在司法实践中落到实处。同时，还要注意把政治素质高、业务素质强、作风扎实的法官充实到执行异议审查机构中来，为执行当事人及案外人的异议审查提供人员保障。

二、严格依法受理和审查执行异议。对于符合法律规定条件的执行异议和复议、异议之诉案件，各级人民法院必须及时受理并办理正式立案手续，受理后必须及时审查、及时作出异议、复议裁定或者异议之诉判决。依法应当再审、另诉或者通过其他程序解决的，应当及时向异议当事人进行释明，引导当事人申请再审、另诉或者通过其他程序解决。上级人民法院应当恪尽监督职责，对于执行当事人及案外人反映下级人民法院存在拒不受理异议或者受理异议后久拖不决的，应当责令下级人民法院依法及时受理和审查异议，必要时，可以指定异地人民法院受理和审查执行异议。

三、提高执行异议案件审查的质量。对于受理的执行异议案件，一要注意正确区分不同性质的异议，严守法定程序，确保认定事实清楚，适用法律正确，处理得当；二要注意提高法律文书质量，做到格式规范，逻辑清晰，说理透彻，依据充分；三要注意公开透明，该听证的要及时组织公开听证，确保当事人的知情权和程序参与权。

四、开展专项检查和抽查活动。各高级人民法院要结合最高人民法院安排的各项专项活动，对辖区内各级人民法院保障执行当事人及案外人异议权的情况进行检查，对检查中发现的问题应当及时提出意见、建议并报告我院。我院将结合群众来信来访适时进行抽查。本通知下发之后，对于人民群众反映相关法院存在前述问题的案例，我院一经查实，将在全国法院范围内予以通报批评；情节严重的，要依法依纪严肃处理。

第十七条 人民法院对执行行为异议，应当按照下列情形，分别处理：

（一）异议不成立的，裁定驳回异议；

（二）异议成立的，裁定撤销相关执行行为；

（三）异议部分成立的，裁定变更相关执行行为；

（四）异议成立或者部分成立，但执行行为无撤销、变更内容的，裁定异议成立或者相应部分异议成立。

【条文主旨】

本条是对执行行为异议审查结果的规定。

【条文理解】

一、制定的目的

2007 年《民事诉讼法（修正案）》在执行程序中建立了执行异议制度，将执行异议区分为程序异议（执行行为异议）和实体异议（案外人异议），并适用不同的审查程序。然而，现行《民事诉讼法》及司法解释的"执行程序"部分无法涵盖执行异议程序的全部内容，只能是对一些原则和个别问题作出规定，导致司法实践中对执行行为异议审查的结果不尽统一，执行行为异议裁定主文的形式也较为混乱。为了加强对执行当事人合法权益的保护，对执行异议程序进行系统性规定，本条对执行行为异议的审查结果予以规范，主要是将实践中比较混乱的执行行为异议裁定主文的形式进行统一。

二、理论基础

依照《民事诉讼法》第 225 条的规定，执行行为异议是当事人、利害关系人认为人民法院的执行行为违法，请求执行法院审查的制度。执行行为异议指向的对象是人民法院的执行措施、实施执行措施的方式、方法、期间、顺序等纯粹程序性事项。当事人或者利害关系人认为执行法院的执行措施、具体的执行方法和应当遵循的法定程序等执行行为违反法律规定，可以向负责执行的法院提出书面异议，执行法院收到异议后 15 日内审查，对执行法院的审查结果不服的，可以上上一级法院提请复议。此即学理上所称执行行为异议。这类异议由于不涉及实体问题，纯粹是对法院的执行行为所提异议，目的是解决程序性争议，所以又称为程序异议。①

执行异议对违法或不当执行行为所造成的消极后果进行补救，以保护受害者的合法权益。在执行过程中，违法或不当执行行为所造成的消极后果是双重的，它一方面侵害了当事人或案外人的合法权益，另一方面又损害了人民法院的司法权威，影响了执行效率。因此执行异议就是通过纠正违法或不当执行行为，一方面对受侵害人的合法权益进行补救，另一方面有效监督人民法院依法行使执行权，确保执行中的司法公正。对当事人、利害关系人针对执行行为所提执行异议，受理和处理单位一般是执行法院。受理后，只对该异议进行程序性审查，异议理由成立的，裁定撤销执行行为或者改正执行行为；异议理由不成立的，裁定执行异议驳回。如果当事人和利害关系人对该裁定不服的，也可以向上一级的人民法院申请复议。执行行为异议的标的指向的是法院的执行行为，目的是排除违法的执行行为，保证自己的程序权利和利益不受非法侵害。

---

① 陈计男：《强制执行法释论》，台湾地区元照出版公司 2002 年版，第 193 页。

执行行为异议的功能比较单一，其功能在于纠正违法的执行行为，所以执行行为异议要对执行行为进行合法性判断，结果是撤销或者变更执行行为。

三、不同国家和地区的立法体例

对程序上的执行异议（执行行为异议）处理的程序和方式，不同国家和地区的立法是不同的，表现在如下几个方面：一是由法院、法官或者其他专门部门处理执行行为异议。根据《德国民事诉讼法》第732条、第766条，《日本民事执行法》第10条等规定，德国、法国、日本等国家由法院负责裁判、处理程序上的执行异议（执行行为异议）；美国、英国等国家，由法官来裁判解决程序上的执行异议（执行行为异议）；根据《瑞士联邦债务执行与破声法》第13条等的规定，瑞士由监督机构处理程序上的执行异议（执行行为异议），异议人如果不服监督机构对异议的处理结果，可以上诉至法院解决；我国台湾地区由法官来裁判解决程序上的执行异议（执行行为异议），异议人如果不服，由法院解决处理。可见，虽然不同国家、地区可以由不同的专门机构或者人员处理程序上的执行异议（执行行为异议），但是最终的裁判权还是由法院负责。

四、执行行为异议审查结果的四种情形

1. 异议不成立，直接驳回异议即可。

2. 异议成立，一方面要裁定异议成立；另一方面，从方便异议人和程序简便的角度出发，如果需要变更或者撤销相关执行行为的，异议裁定直接撤销或者变更即可，不用异议人另行申请撤销和变更。

3. 异议人的部分异议理由成立，例如异议人提出不应计算利息，人民法院经过审查应当计算利息，但是多计了，则应裁定理由成立的部分

异议成立，并变更相关执行行为即可。

4. 执行行为成立，但执行行为没有可撤销或者可变更内容的，只需裁定异议成立即可。例如，异议人提出执行人员不具备法定的执行资格，人民法院审查属实的只需裁定异议成立并更换承办人即可，在形式上并无具体执行行为可供撤销。

人民法院对执行行为异议的处理，不论是异议成立的、异议不成立的或者异议部分成立的，都采用裁定的方式进行处理。"判决是人民法院审理民事案件，根据查明和认定的案件事实，正确适用法律，以国家审判机关的名义，对案件中的民事实体权利义务争议，作出权威性的判定。裁定是人民法院在审理民事案件过程中，对需要解决的程序事项所作的审判职务上的判定。"① 裁定处理方式更加凸显法律的规范性和严肃性。

【案 例】

【基本案情】

北京怡心园物业管理有限责任公司（以下简称怡心园公司）依据（2012）丰民初字第 18091 号民事判决书，向北京市丰台区人民法院（以下简称丰台法院）申请强制执行，要求北京艾雷世纪国际贸易有限公司（以下简称艾雷公司）履行法律文书确定的义务。

丰台法院在执行中，异议人艾雷公司提出执行异议，称 2009 年，我公司与怡心园公司达成整体转让大院的意向，这期间我公司经怡心园公司作为中间人与产权单位北京奥克兰建筑防水材料有限公司沟通后在丰台区大红门久敬庄甲 1 号内单宿楼后空地建一栋 4 层楼房。后我公司经

---

① 翁晓斌：《民事执行救济制度》，浙江大学出版社 2005 年版，第 104~105 页。

与怡心园公司协商，怡心园公司只将单宿楼租赁给我公司使用。我公司认为判决书中只涉及单宿楼，未涉及我公司自建的楼房，而法院要求一并执行我公司自建的楼房没有法律依据，故请求法院中止执行我公司自建的房屋。

被异议人怡心园公司辩称，异议人所述与事实不符。我公司曾就该场地内房屋改造与北京奥克兰建筑防水材料有限公司策划沟通，并于2009年8月建成单宿楼后楼的临建房屋。而我公司与艾雷公司承租关系建立于2010年10月，因在单宿楼后建的楼房是临建房屋就没有记载在合同中。我公司提出的腾退房屋包含单宿楼和单宿楼后楼的临建房屋。综上，故我公司不同意异议人的申请。

经审查查明，怡心园公司与艾雷公司房屋租赁合同纠纷一案，本院于2012年12月4日作出（2012）丰民初字第18091号民事判决书，该判决确定：一、解除怡心园公司与艾雷公司签订的《房屋（场地）租赁合同》；二、艾雷公司于本判决生效后十日内将其承租的房屋场地腾退给怡心园公司。怡心园公司、艾雷公司均不服判决，提起上诉。2013年2月4日，北京市第二中级人民法院作出（2013）二中民终字第01768号民事判决：驳回上诉，维持原判。怡心园公司向本院申请强制执行，要求艾雷公司履行义务。2013年3月25日，本院依法向被执行人艾雷公司送达执行通知书。2013年9月12日，本院向丰台区大红门久敬庄路甲1号张贴通知及公告，责令艾雷公司于2013年9月22日前将其承租的房屋场地腾退给怡心园公司。

【裁决结果】

驳回异议人北京艾雷世纪国际贸易有限公司的异议。

【裁决理由】

2013年11月1日丰台法院作出（2013）丰执异字第00092号执行裁

定认为，本院作出的（2012）丰民初字第18091号民事判决书是生效的法律文书，该判决确定艾雷公司将其承租的房屋场地腾退给怡心园公司，虽然该判决未指明将单宿楼后所建楼房腾退，但判决主文已明示腾退应包括场地，故本院要求艾雷公司腾退单宿楼及单宿楼后所建楼房采取的执行行为符合法律程序。艾雷公司所述单宿楼后所建楼房是其自建可通过诉讼程序解决。综上，异议人艾雷公司的执行异议不成立。依照《中华人民共和国民事诉讼法》第一百五十四条第一款第（十一）项、二百二十五条之规定，作出了上述裁定。

【相关法律法规】

最高人民法院
关于人民法院办理执行案件若干期限的规定

2006年12月23日　　　　　　　　　　　　法发〔2006〕35号

第九条　对执行异议的审查，承办人应当在收到异议材料及执行案卷后15日内提出审查处理意见。

第十条　对执行异议的审查需进行听证的，合议庭应当在决定听证后10日内组织异议人、申请执行人、被执行人及其他利害关系人进行听证。

承办人应当在听证结束后5日内提出审查处理意见。

第十一条　对执行异议的审查，人民法院一般应当在1个月内办理完毕。

需延长期限的，承办人应当在期限届满前3日内提出申请。

最高人民法院
关于人民法院执行公开的若干规定

2006 年 12 月 23 日   法发〔2006〕35 号

第十二条 人民法院对案外人异议、不予执行的申请以及变更、追加被执行主体等重大执行事项，一般应当公开听证进行审查；案情简单，事实清楚，没有必要听证的，人民法院可以直接审查。审查结果应当依法制作裁定书送达各方当事人。

中华人民共和国民事诉讼法

(2012 年 8 月 31 日)

第二百二十五条 当事人、利害关系人认为执行行为违反法律规定的，可以向负责执行的人民法院提出书面异议。当事人、利害关系人提出书面异议的，人民法院应当自收到书面异议之日起十五日内审查，理由成立的，裁定撤销或者改正；理由不成立的，裁定驳回。当事人、利害关系人对裁定不服的，可以自裁定送达之日起十日内向上一级人民法院申请复议。

第二百二十七条 执行过程中，案外人对执行标的提出书面异议的，人民法院应当自收到书面异议之日起十五日内审查，理由成立的，裁定中止对该标的的执行；理由不成立的，裁定驳回。案外人、当事人对裁定不服，认为原判决、裁定错误的，依照审判监督程序办理；与原判决、裁定无关的，可以自裁定送达之日起十五日内向人民法院提起诉讼。

第二百五十六条 有下列情形之一的，人民法院应当裁定中止执行：

(一) 申请人表示可以延期执行的；

(二) 案外人对执行标的提出确有理由的异议的；

（三）作为一方当事人的公民死亡，需要等待继承人继承权利或者承担义务的；

（四）作为一方当事人的法人或者其他组织终止，尚未确定权利义务承受人的；

（五）人民法院认为应当中止执行的其他情形。

中止的情形消失后，恢复执行。

最高人民法院
关于适用《中华人民共和国民事诉讼法》执行程序若干问题的解释（2007 年版的《民事诉讼法》）

2008 年 11 月 3 日   法释〔2008〕13 号

第五条 执行过程中，当事人、利害关系人认为执行法院的执行行为违反法律规定的，可以依照民事诉讼法第二百零二条的规定提出异议。

执行法院审查处理执行异议，应当自收到书面异议之日起十五日内作出裁定。

第十八条　执行过程中，第三人因书面承诺自愿代被执行人偿还债务而被追加为被执行人后，无正当理由反悔并提出异议的，人民法院不予支持。

【条文主旨】

本条是关于执行中，第三人承诺代被执行人偿还债务而被追加为被执行人后，又反悔并提出异议的审查规则。

【条文理解】

执行过程中，案外第三人承诺自愿替被执行人偿还债务，是执行实践中经常遇到的情况。在被执行人不履行生效法律文书确定义务的情况下，有案外第三人自愿代被执行人履行，有利于申请执行人债权实现，以及人民法院执行程序继续进行。但在第三人自愿代被执行人履行义务的执行案件中，也存在一些法律问题有待司法解释予以明确。本条司法解释针对执行实践中广泛存在的第三人自愿代被执行人履行义务的情况，从执行异议、复议审查的角度，规定了第三人所提执行异议的审查规则。

一、本条司法解释的理论基础

（一）民事实体法理论基础

第三人自愿代被执行人履行债务，在民法理论上如何认识？有观点认为，这种情形属于债务承担；有观点认为，这种情形属于债务承担中的债务加入。所谓债务承担，是指在不改变债的内容的前提下，债务人通过与第三人订立转让债务的协议，将债务全部或者部分移转给第三人承担的法律事实。债务承担，按照承担后原债务人是否免责为标准，可以分为免责的债务承担和并存的债务承担。其中，免责的债务承担，是指经债权人同意，由第三人取代原债务人地位而承担全部债务，使原债务人脱离债权债务关系；并存的债务承担，又称债务加入、附加的债务承担、重叠的债务承担等，是指原债务人并不脱离债的关系，而由第三人加入债权人与原债务人之间既存的债权债务关系当中，与原债务人一起向债权人承担债务。免责的债务承担和并存的债务承担有以下不同之处：

1. 两者债务主体的变更不同。免责的债务承担导致原债务人脱离债权债务关系，第三人取代原债务人成为新债务人，引起债务主体的完全改变。债权人不得再请求原债务人承担债务，只能请求第三人承担债务。而并存的债务承担并不影响原债务人的地位，第三人只是新加入到原先的债权债务关系中来，在主体的变化上只是增加了债务人而已，所以并存的债务承担又被称为债务加入。严格地讲，只有免责的债务承担才属于债务的移转，并存的债务承担只是增加债务人的人数。正是从这个角度出发，免责的债务承担又被称为狭义的债务承担，有时民法上所称的债务承担仅指免责的债务承担。

2. 两者成立的条件不同。两者成立条件最大的不同，在于是否需要经过债权人同意。免责的债务承担，由于导致原债务人从债权债务关系中退出，由第三人取代原债务人，对于债权实现关系甚大。因此，免责的债务承担必须经过债权人同意。《合同法》第84条规定：债务人将合同的义务全部或者部分转移给第三人的，应当经债权人同意。而并存的债务承担，由于原债务人并不脱离债权债务关系，并且第三人对债务的加入，有利于债权人利益，因此债务加入原则上不需要经过债权人同意。

3. 两者第三人承担债务的方式和范围不同。免责的债务承担中，第三人只能独立地承担所移转的债务，其承担债务的范围一般与原债务人相同；而并存的债务承担，则是由第三人与原债务人就第三人承诺履行的部分债务，向债权人共同承担连带责任，第三人承担债务的范围不超过原债务的限度，也可以小于原债务。

根据上述分析，执行过程中第三人承诺自愿代被执行人偿还债务的，在被执行人不退出执行程序的状态下，加入的第三人与被执行人共同承担债务，增加了债务履行主体，有利于申请执行人债权的实现，往往不需要经过债权人同意，通常情况下符合债务加入的构成要件，可以从债务加入的层面解释。而免责的债务承担需要经过债权人同意才能生效，不符合本条司法解释规定的情形，不能用免责的债务承担理论理解本条司法解释。本条司法解释在民事实体法上一般涉及债务加入问题，但在执行程序中某些例外情况下，也会突破债务加入的范畴，需要从其他方面进行理论解释。例如，实践中有些公司的出资人或主管部门为达到注销公司的目的，或者为满足工商行政管理部门办理公司注销登记的要求，在工商登记材料中或者以其他形式，明确表示承继公司债权，负担公司债务。这种情况涉及出资人或主管部门的债务履行承诺问题。如出资人或主管部门的债务履行承诺成立，除以公司财产偿还债务外，作出履行承诺的出资人或主管部门还要以自身财产对公司债务承担清偿责任。出资人或主管部门在注销公司时作出债务履行承诺，应当属于何种性质？有学者主张为债务加入，有学者解释为债务承担，还有学者称其为第三人自愿履行。债务加入，以原债务人不退出原有债权债务关系为前提，债务承担以债权人同意为要素。在公司注销时，债权人不知道公司清算的事实，也无所谓是否同意由开办单位承担债务；在公司注销后，原公司已不复存在，不存在债务加入的可能。因此，将开办单位或者股东的履行承诺解释为第三人履行，或许更为合理。①

（二）民事程序法理论基础

1. 处分原则。《民事诉讼法》第13条第2款规定的处分原则，是指当事人有权在法律规定的范围内，处分自己的民事权利和诉讼权利。当事人处分的权利对象主要分为两大类：一是基于实体法律关系而产生的民事实体权利；二是基于民事诉讼法律关系所产生的诉讼权利。诉讼权利虽然属于程序意义上的权利，但往往与实体权利有关，当事人对实体权利的处分，一般是通过对诉讼权利的处分来实现。当事人的处分权不是绝对的，我国法律在赋予当事人处分权的同时，也要求当事人不得违反法律规定，不得损害国家、集体、他人利益，否则，人民法院将代表国家实行干预，通过司法审查确认当事人处分行为的效力。

执行过程中，第三人向人民法院承诺代被执行人履行债务，自愿进入执行程序承担相应义务的，属于行使处分权的行为，只要其替被执行人履行债务的意思表示真实有效，且不损害国家利益、社会公共利益和他人合法权益，人民法院对其处分行为应予认可，可以将第三人追加为被执行人，并对第三人财产强制执行。第三人行使处分权的范围，亦构成人民法院对其发动强制执行权的限制，如果第三人仅承诺代被执行人履行部分债务，人民法院虽得以将其追加为被执行人，但第三人承担债务的范围应当限于其承诺履行的部分，人民法院不得借此强制第三人履行全部义务。

2. 诚实信用原则。民事诉讼应当遵循诚实信用原则，是2012年《民事诉讼法》修改在第13条中新增加的内容。诚实信用原则首先体现在私法、民事实体法上，作为民法的基本原则，被誉为民法中的"帝王

---

① 叶林：《公司法研究》，中国人民大学出版社2008年版，第399页。

条款"。随着诚实信用原则的发展，已从私法领域延伸到公法领域，从民事实体法领域延伸到民事程序法领域。诚实信用原则由最初只规定在当事人之间的真实义务，开始向调整法院、当事人和其他诉讼参与人之间的全面关系演变，其内涵和外延不断丰富、扩大。诚实信用原则应当贯穿民事诉讼和执行活动的全过程，不仅是当事人和其他诉讼参与人应当遵守的原则，也是人民法院行使审判权、执行权应当遵守的原则。

禁止前后出现相互矛盾的行为，即"禁反言"规则，是民事诉讼诚实信用原则的重要内容之一。"禁反言"规则，是指当事人在民事诉讼和执行程序中，不得作出前后相互矛盾的陈述，实施的诉讼行为必须前后一致，如果当事人无正当理由改变陈述或变更诉讼行为，损害对方或他人利益，使之遭受不公平的结果，那么对当事人前后矛盾的行为应当予以禁止。诚实信用原则还包括禁止当事人滥用程序权利，对其作出的承诺随意反悔，并通过执行异议干扰执行程序正常进行等行为。

第三人承诺自愿代被执行人偿还债务而被追加为被执行人后，如果无正当理由反悔并提出异议，则属于违反诚实信用原则中"禁反言"规则的行为，人民法院对此不应支持。

二、本条司法解释的理解与适用

执行过程中，第三人承诺自愿代被执行人偿还债务的，在符合规定的条件下，人民法院可以追加该第三人为被执行人，并强制执行第三人相应的财产。如果该第三人无正当理由反悔，向执行法院提出执行异议的，人民法院不予支持。本条司法解释主要包括以下内容：

（一）追加第三人为被执行人的法律条件

执行机构根据相关规定，可以在执行程序中裁定变更或追加案外第三人为被执行人，责令其对涉案债务承担相应的清偿责任。变更、追加被执行人既涉及程序法问题又涉及实体法问题。一般认为，变更、追加被执行人的理论基础是既判力和执行力的扩张理论。[①] 一直以来，既判力的扩张和执行力的扩张被视为完全一致。但随着既判力扩张领域出现形式说与实质说的对立，当基于形式说的立场时，有必要对两者予以分别考虑。具体而言，执行力扩张之术语，在明确如下这个问题上使用是较为妥当的，即为了明确强制执行的要件，而是否可以向债务名义中未记载的第三人进行执行（或者是否可以让债务名义中未记载的第三人申请执行）。[②] 执行力的界限有主观范围和客观范围之分。执行力的主观范围涉及人的界限问题，是指基于某债务名义，何种范围的人可以申请执行或者可以对何种范围的人进行执行。[③] 变更、追加被执行人以执行力主观范围的扩张为理论依据。但因第三人承诺自愿代被执行人履行债务而追加被执行人的情形，是否也属于执行力主观范围的扩张，理论上有不同认识，此处不作详述。

执行机构在裁定变更、追加被执行人的过程中，除了应当符合实体法关于案外第三人承担民事责任的规定外，还要符合《民事诉讼法》及相关司法解释对变更、追加被执行人的程序要求。即使依照实体法规定，第三人应对涉案债务承担责任，但这一结论仅是执行机构在执行程序中的判断。变更、追加被执行人，涉及第三人实体权利义务问题，执行权对该问题的处理应受权力边界的限制，不能超越生效法律文书执行力扩张的范围和法律、司法解释的明确规定，在法定情形之外变更、追加被执行人。现行法律、司法解释对变更、追加被执行人的规定仅限于几类情形，属于对变更、追加被执行人的程序限制，执行机构应当遵循变更、

---

① 参见黄金龙：《关于人民法院执行工作若干问题的规定实用解析》，中国法制出版社2000年版，第228页。

② ［日］新堂幸司：《新民事诉讼法》，林剑锋译，法律出版社2008年版，第510页。

③ ［日］新堂幸司：《新民事诉讼法》，林剑锋译，法律出版社2008年版，第510页。

追加被执行人的法定事由处理此类问题。

第三人自愿代被执行人承担债务，通常符合实体法上债务加入的条件，人民法院要求第三人履行债务，有实体法依据。但在执行程序中，人民法院能否直接据此追加该第三人为被执行人，长期以来缺少程序法的明确规定，执行实践中的做法也不完全统一。本条司法解释虽然规定的是执行异议审查规则，属于执行行为评价规范的范畴，但实际上赋予了人民法院据此追加第三人为被执行人的权力，间接地发挥着指引行为规范的作用，可以作为追加被执行人的法律依据。根据本条司法解释规定，执行过程中，有案外第三人自愿代被执行人偿还债务，人民法院据此追加该第三人为被执行人的，应当符合以下条件：

1. 第三人以书面形式承诺代被执行人偿还债务。第三人代被执行人偿还债务的承诺，应当以书面形式作出或予以固定，仅以口头形式表示愿意替被执行人承担债务，但最终没有落实为书面形式而无法查证核实的，人民法院不得据此追加第三人为被执行人。之所以要求第三人以书面形式作出债务履行承诺，是因为书面形式更易于固定证据，便于证实第三人承诺替被执行人履行债务的真实性，减少事实上的争议。人民法院在根据第三人债务履行承诺，裁定追加其为被执行人的过程中，要注意以相应方式保留、固定证据，可以要求第三人向法院出具代履行债务承诺书、签署代被执行人履行相关债务的执行笔录，甚至有的法院还对第三人承诺代为履行债务的事实，采取录音录像等方式予以固定。司法解释作此规定，一方面考虑到追加第三人为被执行人，涉及第三人实体利益和程序利益，第三人将成为执行程序的当事人，对其关系甚大，人民法院应当留有充分证据，作为追加被执行人的事实根据；另一方面，也是为了应对今后可能出现的追加被执行人的争议问题。

2. 第三人代被执行人偿还债务系其自愿行为，且意思表示真实。第三人代被执行人偿还债务，必须出于自愿，不受强迫、欺诈等因素影响，其意思表示必须真实。意思表示真实，是指行为人在自觉、自愿的基础上作出符合其意志的表示行为。意思表示真实包括两个方面：其一，行为人的意思表示须是自愿的，任何个人和组织都不得强迫行为人实施或者不实施某一民事行为。其二，行为人的意思表示须是真实的，即行为人的主观意愿和外在的意思表示是一致的。[①] 人民法院在追加第三人为被执行人的过程中，应当审查第三人的债务履行承诺是否系其自愿做出的真实意思表示。只有在第三人代被执行人承担债务并愿意接受强制执行的意思表示真实的前提下，人民法院才能将其追加为被执行人。至于第三人和被执行人之间，或者与申请执行人之间，是否存在其他相关的民事法律关系，则不属于执行程序处理范围。

3. 人民法院追加第三人为被执行人的，第三人承担责任的范围，应当以其承诺履行的债务范围为限，人民法院只能在第三人承诺承担的债务之内强制执行。这一要求虽然未被司法解释明确规定，但属于追加被执行人的应有之义，也是民事诉讼处分原则的要求和体现。第三人承诺代被执行人履行债务，本身就是行使处分权的行为，其处分权利的范围亦构成对人民法院强制执行权的限制。人民法院不能超越第三人处分权的范围，责令第三人承担其承诺履行范围之外的债务，否则，就构成对第三人合法权益的侵犯，如果第三人就此提出执行异议，人民法院应予支持。

（二）第三人所提执行异议的审查

对第三人执行异议的审查规则，属于执行行为的评价规范。本条司法解释在追加第三人为被执行人规则的基础上，又增加了"无正当理由反悔"的条件，构成了完整的执行异议审查规则。同时，本条司法解释

---

①   魏振瀛主编：《民法》（第四版），北京大学出版社 2010 年版，第 156 页。

规定也表明，对于追加被执行人产生的争议，当事人可以通过执行异议、复议程序寻求救济。通过执行异议、复议程序审查变更、追加被执行人的争议问题，是目前我国尚未建立债务人异议之诉的制度背景下，执行程序的应对之策。

本条司法解释对第三人执行异议审查的规定，是建立在第三人已经被追加为被执行人的前提下，如果第三人因书面承诺自愿代被执行人偿还债务而被依法追加为被执行人后，又无正当理由反悔而提出执行异议，人民法院不予支持。第三人被追加为被执行人后无正当理由反悔，属于违反民事诉讼诚实信用原则的行为，按照"禁反言"规则的要求，其反悔的行为应属无效。需要强调的是，第三人反悔需无正当理由才为无效。正当理由，主要包括足以对追加第三人为被执行人的合法性构成实质挑战的理由。例如，第三人因受强迫、欺诈、陷于重大认识错误等，影响其意思表示真实性、自愿性的理由。如果第三人对人民法院依据其债务履行承诺追加其为被执行人的行为，没有提出具有正当性的理由而表示反悔的，其异议请求不能成立。如果第三人对追加其为被执行人的其他方面错误提出异议，执行法院应根据第三人的异议请求和理由依法审查。例如，执行法院追加第三人为被执行人后，责令其承担的债务超过第三人承诺自愿履行的范围，第三人据此提出异议的，人民法院对超过部分应予纠正。

在人民法院作出追加被执行人的裁定之前，第三人如果对其代被执行人履行债务的承诺反悔，应如何处理？本条司法解释将第三人反悔的时间界定在其被追加为被执行人之后。据此推论，在人民法院裁定追加被执行人之前，第三人反悔的，从尊重当事人处分权的角度出发，可以不再据此裁定追加第三人为被执行人。一旦追加第三人为被执行人的裁定作出并生效后，从维护执行程序安定性的角度出发，此时不再允许第三人无正当理由反悔，其应依法承担代被执行人履行债务的责任。

【案　例】

李继春申请复议案

【基本案情】

李继春因兰州长城电工股份有限公司（以下简称长城电工）申请执行其借款担保合同纠纷一案，不服甘肃省高级人民法院（以下简称甘肃高院）（2013）甘执异字第2号执行裁定，向本院申请复议。本院受理后依法组成合议庭进行审查，现已审查终结。

兰州市商业银行（以下简称兰州商行）与甘肃财富投资咨询有限公司（以下简称财富公司）、长城电工借款合同纠纷一案，甘肃高院于2007年5月18日作出（2007）甘民二初字第09号民事判决，判令：一、财富公司偿还兰州商行借款本金30 000 000元及贷款利息4 384 367.45元，并偿还逾期付款利息（自2006年12月22日起，至付清本金之日止，按中国人民银行同期贷款利率计算）。长城电工对上述债务承担连带清偿责任。二、财富公司偿还兰州商行借款本金70 000 000元的剩余贷款利息760 380元。长城电工不服，上诉至本院。本院于2007年10月23日作出（2007）民二终字第143号民事判决维持原判，并判令长城电工在承担保证责任后有权向财富公司追偿。

长城电工在偿还了财富公司欠兰州商行的贷款本息共计34 384 367.45元后，依法向甘肃高院申请执行，请求对财富公司行使追偿权。执行过程中，因财富公司无财产可供执行，甘肃高院于2009年9月11日裁定终结本次执行程序。

2012年8月31日，长城电工向甘肃高院提出申请，请求追加李继春为被执行人，对甘肃省人民检察院在刑事案件侦查中扣押李继春的600万元资金和一辆林肯越野车予以执行。2012年10月18日，甘肃高院作出（2009）甘执字第03－2号执行裁定，认定李继春为财富公司的投资人和实际控制人，申请执行人担保的款项被李继春个人使用，李继春亦承诺以自己的财产承担偿债义务。依照《中华人民共和国公司法》第二十二条、《中华人民共和国民事诉讼法》第二百零九条和《最高人民法院关于适用＜中华人民共和国民事诉讼法＞若干问题的意见》第272条的规定，裁定：一、追加李继春为本案被执行人；二、李继春应在裁定生效之日起三十日内向申请执行人长城电工清偿债务600万元资金和一辆林肯越野车。

李继春不服，向甘肃高院提出执行异议，请求撤销（2009）甘执字第03－2号执行裁定，主要理由为：（1）（2009）甘执字第03－2号执行裁定仅仅依据其在检察机关的供述追加其为案件被执行人，证据不足，适用法律不当。（2）法院没有依法送达追加申请，办案程序违法。

甘肃高院查明，兰州市安宁区人民检察院向该院提供了《关于李继春系甘肃财富投资咨询有限公司实际控制人的说明》和检察院对李继春的三份询问笔录，上述材料显示李继春系财富公司的投资人和实际控制人，长城电工担保的财富公司3000万元贷款，被其股东李继春用于个人炒股。同时，李继春于2009年4月14日在看守所向甘肃高院的执行人员表示，愿意以个人资产偿还财富公司所欠长城电工的债务。李继春还于2012年8月2日向甘肃省人民检察院书面承诺，同意以其扣押在甘肃省人民检察院的款项支付甘肃机械集团公司和长城电工的欠款。

甘肃高院认为，李继春向甘肃省人民检察院的书面承诺，及向该院执行人员所作的由其个人偿还财富公司所欠长城电工债务的陈述是其真实意思表示，该院依据申请执行人长城电工的申请，依法裁定追加被执行人财富公司的股东李继春为被执行人，并由其清偿财富公司所欠长城电工债务，事实充分，适用法律正确，程序合法。异议人李继春的异议理由不能成立。据此，甘肃高院于2013年11月19日作出（2013）甘执异字第 2 号执行裁定，依照《中华人民共和国民事诉讼法》第二百二十五条和《最高人民法院关于适用＜中华人民共和国民事诉讼法＞执行程序若干问题的解释》第五条的规定，裁定驳回李继春异议。

李继春不服上述裁定向本院申请复议，请求撤销（2013）甘执异字第 2 号执行裁定。主要理由如下：（1）借款担保合同签订的主体是财富公司，所借款项全部用于公司投资经营，该公司由于经营不善而无法偿还债务，这些完全是公司行为。执行依据并未将异议人列为被告，被执行主体是财富公司，李继春只是公司股东，将李继春追加为被执行人不符合追加被执行人的法定情形。（2）甘肃高院异议裁定认定"李继春为财富公司的投资人和实际控股人，长城电工为财富公司担保的 3000 万元贷款被李继春个人用于炒股使用；李继春向甘肃高院的书面承诺，及向本院执行人员所做的由其个人财产偿还财富公司欠长城电工债务陈述是其真实意思的表示"。该认定缺乏事实依据。李继春系财富公司股东，并不是公司的实际控制人。2007 年其因涉嫌挪用公款罪、行贿罪被羁押期间，甘肃省人民检察院的工作人员以写下还款承诺就可以使其重获自由相诱惑，致使其在无奈情况下才写下前述还款承诺，但其未向执行法院承诺还款。（3）甘肃高院未向申请人送达追加申请，也未组织听证，办案程序违法。

最高人民法院另查明：财富公司 2006 年后未再进行年检，已被吊销营业执照，但未依法进行清算，公司已无财产可供执行。

李继春在看守所向长城电工的委托代理律师承认，财富公司 3000 万元贷款被其用于个人炒股，并承诺愿以个人财产偿还财富公司所欠长城电工的债务。

2009 年 4 月 14 日，甘肃高院执行法官在看守所对李继春所作询问笔录中，李继春称，之前在看守所对长城电工委托律师所作的询问都是真实的，愿意以个人资产偿还长城电工的债务。2012 年 8 月 2 日，李继春向甘肃省人民检察院作出书面承诺，同意以在该院的扣押款支付甘肃机械集团公司和长城电工欠款。以上笔录均有李继春的签名和手印。

【裁决结果】

最高人民法院2014年12月26日作出（2014）执复字第12号执行裁定，驳回李继春的复议申请。

【裁决理由】

本院认为，本案的焦点问题有二：一是执行程序中追加李继春为被执行人是否有事实依据和法律依据；二是追加程序是否合法。分析如下：

一、关于追加李继春的事实依据和法律依据问题

第一，依照《执行工作若干规定》第81条的规定，被执行人被撤销、注销或歇业后，上级主管部门或开办单位无偿接受被执行人的财产，致使被执行人无遗留财产清偿债务或遗留财产不足清偿的，可以裁定由上级主管部门或开办单位在所接受的财产范围内承担责任。财富公司长期歇业，而李继春在看守所向检察院的供述表明，财富公司向兰州商行贷款的3000万元，被其用于个人炒股，前述事实可以认定李继春无偿接受了被执行人财富公司的财产，致使该公司无法清偿涉案债务。执行法院依据上述事实裁定追加其为被执行人，在无偿接受3000万元贷款的范围内承担责任，符合法律规定。

第二，《民事诉讼法》第13条规定：当事人有权在法律规定的范围内处分自己的民事权利和诉讼权利。李继春向甘肃高院承诺，愿以其个人财产偿还财富公司的债务，该承诺不违反法律规定，应视为李继春对其民事权利的自主处分，表明其自愿接受人民法院的强制执行，执行法院据此追加其为被执行人，并无不妥。李继春称未向甘肃高院作出前述承诺与本院查明的事实不符。其称该承诺并非真实意思表示，却未提交证据予以证明，本院不予支持。

二、关于追加的程序问题

首先，执行法院依申请执行人申请或依职权追加被执行人的，可在查清事实后依照相关法律规定直接裁定追加，虽然执行法院向被追加人先行送达追加申请更为妥当，但是否送达追加申请不属于法律规定的程序，被追加人不服的，可以依法向执行法院提出执行异议，未送达追加申请并不影响被追加人异议权的行使。

其次，《执行公开若干规定》第 12 条规定：人民法院对案外人异议、不予执行的申请以及变更、追加被执行主体等重大执行事项，一般应当公开听证进行审查；案情简单，事实清楚，没有必要听证的，人民法院可以直接审查。审查结果应当依法制作裁定书送达各方当事人。因本案事实清楚，执行法院可以选择不适用听证程序，并不违反相关法律规定，也未造成对各方当事人不公的后果，并无不当。

综上，李继春的复议理由不能成立，其复议请求应予驳回。甘肃高院（2013）甘执异字第 2 号执行裁定认定事实清楚，结果正确，应予维持。

【实践中应当注意的问题】

第三人自愿代被执行人偿还债务的承诺，应当向人民法院作出，或者经过人民法院审查认可。第三人向人民法院作出的债务履行承诺，具有公法上的效力，人民法院可据此实施相应的执行行为。只有符合上述条件的债务履行承诺，人民法院方可追加自愿做出承诺的第三人为被执行人。如果第三人仅向当事人承诺代被执行人履行债务，或者只在当事人与第三人之间协议约定由第三人代为履行债务，未经人民法院见证或确认的，尚不具备直接追加被执行人的条件，可由当事人和第三人自行履行。人民法院在据此追加被执行人的过程中，应当注意审查核实第三人履行债务意思表示的真实性，其是否自愿接受强制执行，只有经人民法院审查确认后，才能裁定追加第三人为被执行人。至于第三人与被执行人之间，或者与申请执行人之间是否存在其他原因关系，则不属于执行程序的处理范围。

【相关法律法规】

中华人民共和国合同法
（1999 年 3 月 15 日）

第八十四条 债务人将合同的义务全部或者部分转移给第三人的，应当经债权人同意。

中华人民共和国民事诉讼法
（2012 年 8 月 31 日）

第十三条 民事诉讼应当遵循诚实信用原则。

当事人有权在法律规定的范围内处分自己的民事权利和诉讼权利。

第十九条 当事人互负到期债务，被执行人请求抵销，请求抵销的债务符合下列情形的，除依照法律规定或者按照债务性质不得抵销的以外，人民法院应予支持：

（一）已经生效法律文书确定或者经申请执行人认可；

（二）与被执行人所负债务的标的物种类、品质相同。

【条文主旨】

本条是对被执行人在执行程序中主张抵销的审查标准。

【条文理解】

抵销，是指二人互负债务，各以其债权充当债务之清偿，而使其债务与对方的债务在对等额内相互消灭[①]。

对于抵销，我国现行法律中的明确规定主要见之于《合同法》，该法第 99 条规定：当事人互负到期债务，该债务的标的物种类、品质相同的，任何一方可以将自己的债务与对方的债务抵销，但依照法律规定或者按照合同性质不得抵销的除外。当事人主张抵销的，应当通知对方。通知自到达对方时生效。抵销不得附条件或者附期限；该法第 100 条规定：当事人互负债务，标的物种类、品质不相同的，经双方协商一致，也可以抵销；该法第 83 条规定：债务人接到债权转让通知时，债务人对让与人享有债权，并且债务人的债权先于转让的债权到期或者同时到期的，债务人可以向受让人主张抵销。该 3 条规定自民法理论上分类，可

---

① 王家福主编：《中国民法学·民法债权》，法律出版社 1991 年版，第 201 页。

以分别称为法定抵销、约定抵销和让与抵销制度。法定抵销是由法律规定其构成要件，当要件具备时，依当事人一方的意思表示即可发生抵销效力的权利。约定抵销是指按照当事人双方的合意所为的抵销。它重视当事人的意思自由，可不受法律规定的构成要件的限制。让与抵销可以说是法定抵销和约定抵销两大抵销制度下的一种特殊表现形态，从严格意义上来说，并不能称为一种单独的抵销制度。

此处我们主要讨论的是法定抵销。法定抵销在性质上属于单方法律行为，只要一方的意思表示到达对方即发生效力。抵销权因此也被称为形成权。通常我们将债务人用于抵销的债权称为自动债权或抵销债权或反对债权，债权人的被抵销的债权称为受动债权或被动债权或主债权。依照《合同法》第99条之规定，法定抵销必须具备以下要件：

1. 双方互负债务、互享债权。抵销系以在对等额内使双方债权消灭为目的，故以双方债权的存在为必要。存在的两个债权债务，须为合法有效，无法律上的瑕疵。任何一个债权债务不能有效存在，则当然不能抵销。

2. 债务的种类、品质相同。法定抵销要求双方互负债务的标的物种类相同、品质相同。正因要求标的物的种类、品质相同，故抵销通常在金钱债务或种类物债务中适用较多。当然，在约定抵销的适用中，依照《合同法》第100条的规定，标的物的种类、品质即使不相同，经双方当事人协商一致，也可抵销。

3. 债权已届清偿期。债权人通常仅在清偿期届至时，才可以现实地请求债务人清偿债务。若未届清偿期也允许抵销，就等于在清偿期前强制债务人清偿债务，以此迫使债务人牺牲期限利益，显属不合理。所以，法律规定自动债权已届清偿期才允许抵销。不过，自动债权未届清偿期的，只要债权人给债务人以宽限期，宽限期满即可抵销。应该指出，可作为例外的是，在破产程序中破产债权人享有的债权，无论是否已届清偿期，无论是否附有期限或条件，均可抵销。

4. 非不能抵销之债务。不能抵销的债务包括法律规定上不得抵销者，以及依债的性质不能抵销者，即指依给付的性质，如果允许抵销，就不能达到合同目的。例如，以不作为债务抵销不作为债务，就达不到合同目的，故不允许抵销。法律规定不得抵销的债务不得抵销，如故意实施侵权行为的债务人，不得主张抵销侵权损害赔偿之债。当事人之间有禁止抵销的约定时，债务不得抵销，从意思自治原则的要求着眼，也是当然结论。

5. 抵销的意思表示不得附有条件或期限。抵销的意思表示，不得附有条件或期限，因为附有条件或期限，使其效力不确定，与抵销的本旨相悖，并且有害于他人的利益，故不得主张抵销。

关于诉讼程序中的抵销权。一般情况下，法定抵销权以通知方式即可行使。但是，如债务人虽曾在诉讼程序之前行使抵销权，但遭到债权人的异议，而债权人仍然就自己的债权提出了诉讼，或者债务人未在诉讼程序之前行使抵销权，而首次在诉讼程序中提出抵销权作为抗辩的情形，则构成诉讼程序中的抵销。在我国，诉讼抵销无论是作为实体法的民法相关规定还是作为程序法的《民事诉讼法》的相关规定，都无法找到依据，因此也给司法实践造成了困惑。但从法律的历史发展以及域外的法律规定上看，诉讼抵销应为许可。

最早谈及抵销问题的是亚里士多德。在其著名的《政治学》中，亚里士多德探讨了抵销的好处，但他也指出，当时雅典的法院没有这种程序。后世学者对抵销的起源有所争论，但成文法中关于抵销最早的记载是罗马法中。[①] 在早期罗马法中，抵销不属于使债消灭的法定方式，而是一种可通过抗辩实行的方式。也就是说，是法官在诉讼中运用的冲销

---

① 廖军、解春：《抵销与反诉——历史与价值的探讨》，载《中外法学》2005 年第 1 期。

方式。盖尤斯的《法学阶梯》中，就在第四篇的诉讼篇中将抵销列入其中的实行抵销的诉讼。由以上罗马法抵销制度的起源来看，抵销最早产生于诉讼过程中，然后才发展成为消灭债的一般方式。在罗马法诸法合体的时代，抵销主要是一种程序规则。如果把罗马法中最早的抵销看作现代法意义上的诉讼抵销雏形的话，那么诉讼抵销应该是抵销之母，而不是现代法意义上的抵销制度下的一个种类。

此后，经过发展，又出现了德国民法典中的抵销溯及力理论，出现了抵销归入民事法律行为及形成权种类之一等理论，进一步强化了抵销的实体权利性质①。在英美法制史上，抵销是通过既有的扣减权、止付等制度逐渐渗入法庭断案过程中的。对抵销的承认是有过程的，因为法官受着"对裁决事项必须单一的固有观念"的影响，当初抵销并不受承认，后来主要是由于司法机构地位确保后，固定工资取代了诉讼费用获得的收入，多重诉讼带来的收益对法院已无特别诱惑。在这种背景下，防止诉讼循环和重复的观念不会遭到法院的反对，为抵销的承认减少了阻力。其次，商业规模的扩展及非本土化、非亲密化的趋势凸显了抵销的担保功能。英格兰法中抵销最初在破产法领域被认可。早期的普通法，除在破产程序中或合同约定抵销外，不承认抵销权。作为例外，普通法承认减价的答辩，在清偿买卖、劳务或是工程价金的诉讼中，允许被告主张由于货物等的瑕疵，其价值低于索取的价格，要求减少价金作为赔偿违反保证造成的损失。法院亦允许被告提出双方曾约定清偿各项相互交易产生的余额。② 1729 年的《英国抵销法》是英国制定法中第一个关于抵销的法律。除此之外，抵销的法律渊源还有 1735 年《英国抵销法》的规定、衡平法法院独立发展的抵销原则、1986 年《英国破产法》中的规定及其相关判例。1996 年生效的新的《英国民事诉讼规则》的实施，

---

① 廖军、解春：《抵销与反诉——历史与价值的探讨》，载《中外法学》2005 年第 1 期。
② 沈达明编著：《国际金融法上的抵销权》，对外经济贸易大学出版社 1999 年版，第 137 页。

被认为是英国民事诉讼改革的里程碑,它统一了民事诉讼制度方面的规定。后来经过不断的修订逐步完善。在第16章对案情声明的规定中,第6条规定了主张抵销的抗辩。在美国,抵销法也有成文法和衡平法上的规定。1645年弗吉尼亚州的法律允许民事被告行使抵销权,1654年马里兰州、1682年宾夕法尼亚州、1714年纽约州等州都通过立法规定了抵销制度。

从抵销的渊源和域外法律制度上看,诉讼程序中的抵销,其本身有着独立的价值。从程序意义上来说,它突出体现了诉讼效益与公平价值:

1. 诉讼效益。效益是一个经济学上的概念,将此引入诉讼法领域,用经济学的眼光看待法律问题,是试图以促进社会资源配置效益最大化或者说使总的社会成本最小化为程序设置的出发点,提高程序的诉讼效益。国家的司法资源与当事人的成本付出多少也是一种资源的配置。诉讼效益,是诉讼中产生的经济效益,是诉讼的收益与诉讼成本之间比值的最大化。它要求在司法投入恒定的情况下,取得最大司法收益,或者在司法产出恒定的情况下,投入最小的司法资源。因此,影响诉讼效益的主要因素是诉讼的收益和诉讼的成本。要使诉讼效益高,只有降低诉讼成本,以提高诉讼收益。而诉讼抵销制度,也具有反诉制度所具有的降低诉讼成本的功能。反诉的适用通常意味着在同一诉讼程序中实施了两个诉的合并,使本来应该展开的两个诉讼程序融为一个。当适用同一个诉讼程序解决两个民事纠纷的目的得以实现时,保持诉讼投入的相对恒定而促成诉讼产出尽可能增加的诉讼过程的效率价值便随之实现。诉讼抵销制度也是在一个诉讼过程中,将两个债权债务关系甚至可以是互不牵连的债权债务关系纠纷在同一程序中予以解决,一方面节约了审理成本即司法资源,另一方面也节约了当事人的诉讼成本,具有双重价值。当然,也会有当事人利用此制度故意拖延诉讼时间,造成诉讼复杂化,影响诉讼效率的情况,但毕竟是少数情况,而且我们可以从程序上设置限制性条件，如对行使的期限和条件等方面进行限制，防止复杂的诉讼抵销造成诉讼拖延。这样，就能达到预先的诉讼效益目的，也不影响诉讼效率。

2. 效益与公平作为诉讼的价值，在诉讼的过程中是存在矛盾的，而诉讼过程也可以说是在这两大矛盾之间寻求平衡。效益的最终追求实质上也是为了追求公平，迟到的正义是非正义的。要给公平下个定义是十分困难的，因为公平涵盖了相当广泛的领域，就其字面含义而言，应该有公正、不偏不倚、合理、平等地对待等含义。就民事诉讼领域而言，公平主要体现在法官独立于当事人居中裁判，当事人平等参与诉讼程序，并能行使自身的诉讼权利等等。作为当事人诉讼权利的体现之一，就是赋予了原、被告平等的诉权保护。原告享有起诉权，被告享有平等的对抗权利，即反诉权，才算是对被告的诉权保护，这是大多数人的观点。一般人认为反诉制度将被告的诉权落到了实处，使被告获得了与原告平等的司法保护和救济。可是，却忽略了诉讼抵销同样有对当事人诉讼权利给予平等保护的功能。首先，从它作为一种防御性的抗辩方式来说，它是诉讼权利的一种体现，虽然主要是由被告用来抗辩原告的诉讼请求，但并不全是被告的权利，因为所处角度不同，主张方和对抗方也是不同的。如原告也可以针对被告的抵销请求，请求法院用自己另外的债权抵销被告的债权进行对抗，而对本案的诉讼请求，请求法院予以判决。这种情况下，对于被告之抵销的反抵销就是原告的一种抗辩手段，也同样是对原告诉讼权利的保护。所以说，诉讼抵销制度是一种真正意义上的公平制度，它不具有倾向性，不偏向原告也不偏向被告，没有身份保护的区别，是对在诉讼中使用诉讼抵销作为抗辩的当事人的平等保护。其次，在诉讼中，即使将诉讼抵销看作是被告的权利，那么是选择以诉的形式提起反诉，还是以防御的方式提出抗辩都是被告的选择权利，也是一种处分权。所谓民事程序选择权，是指导当事人在法律规定的范围内，选择纠纷解决方式，在诉讼过程中选择有关程序及与程序有关的事项的权利。民事程序选择权直接源于民事程序主体性原则。它有助于增进民事判决的合法性，提高公众对民事诉讼的信服度和接纳度。诉讼抵销正是赋予了当事人这样一种选择的自由。因为这种自由从实体上来说，可以视同为对被告方的一种担保措施。在民法上，抵销与担保物权有非常相似的地方，其具有事实上的优先清偿的担保机能和效果。若不在诉讼中主张抵销，在法院支持原告诉讼请求并执行后，被告须就自身债权另行起诉，这时则有可能产生原来的原告在作为新诉的被告时，已经无履行债务的能力了，这时对于被告来说，就没有了执行利益，即使是获得了胜诉判决，也无法得到实质的利益了。对于破产程序中的抵销来说，这点更为明显。在破产程序中如无抵销权，破产债权人对破产人享有的债权，因破产人无力清偿，只能从破产财产中得到不完全的偿还，但对破产人所负的债务，却必须一分不少地完全清偿。相同的当事人之间，双方债权处于不平等的清偿地位，不仅使破产债权人的权益在清偿中受到损失，也有失公平。因此，破产法中便设立了抵销权的规定，以保障债权人的权益。诉讼抵销除了是对当事人的一种程序选择权的保障外，其实，在某些时候也是无奈的选择。例如，被告在诉讼外行使的抵销无法得到原告的认可，只有在原告提出的诉讼中再次行使抗辩，是对自己权利的一种保护。而且，在某些时候，在诉讼中行使抵销并不对被告产生不利益，反而比自助抵销来说更能保护被告。所以说，诉讼抵销还是有其独立的程序公正价值。

诉讼抵销制度的效益价值和程序公正价值一样也体现在执行方面。简单的举例，原告的债权和被告的债权在法律文书中予以确认，执行法院对两者进行扣减，得出的差额部分就为所须执行的部分，不须执行机构执行两次，节约了执行的费用，节省了人力、物力、资源和时间，也使得两方当事人处于实质平等的地位，不受执行法院执行措施、执行时间等相关因素的影响。这也为我国执行难问题的解决，从另一个角度提供了路径。但是，此前对于被执行人能否在执行程序中向申请执行人主张抵销，一直有反对的声音存在。否定的观点认为，债务抵销问题比较复杂，人民法院在执行程序中对申请执行人所欠被执行人的债务决定抵销，必然涉及债务是否成立等实体判断，有以执代审之嫌。而且，允许抵销也给当事人互相串通，制造虚假的债务以损害其他债权人的利益创造了机会。肯定的观点一方面是出于前述效益与公正的价值考虑，另一方面也认为，抵销是债消灭的一种法定形式，是债务人的法定权利，在执行程序中禁止抵销没有法律依据。至于虚假抵销损害其他债权人利益的问题，在诉讼中也会存在，对此，法律上有相应的救济渠道，不能因噎废食。基于此种考量，本次司法解释对于被执行人在执行程序中提出债务抵销持肯定的态度，但考虑到以上争议，本条对人民法院依职权决定抵销的债务作了两点限制：一是请求抵销的债务已经生效法律文书确定或者经申请执行人认可，这两类债务不存在实体审查的问题。二是该债务的标的物种类、品质相同，否则执行机构无法对标的物的价值予以衡量，更无从抵销。但是，如果是当事人自愿抵销的，则该债务是不是经过法律确定，是不是同种类则在所不问。

　　具体而言，对于自动债权已有执行依据的情形，当然应当允许抵销。因为相对于已有受动债权的执行依据，自动债权的执行依据与其处于平等地位。这里的执行依据范围很广，可以是人民法院的生效裁判，也可以是仲裁机构的仲裁裁决等。在此情形下，自动债权和受动债权的合法性都得到了生效法律文书的确认，即均已届清偿期，允许双方当事人以各自债权进行抵销，符合实体法规定抵销制度的立法宗旨，对任何一方当事人也不存在实体上或程序上的不公平。债务人主张抵销时，应当向执行法院提供对其自动债权予以确认的生效法律文书，由执行法院予以审查。

　　而对于未取得执行依据的情形，原则上不应允许被执行人主张抵销，除非申请执行人明确表示认可。因为在此情形下，申请执行人的债权已经过生效法律文书的确认，具有强制执行的法律效力，而对于被执行人主张的自动债权来说，只是其根据实体法的规定自认为可以进行抵销，并不直接具有强制性的法律效果。如允许被执行人直接进行抵销，则对申请执行人显非公平。但是，如果申请执行人对被执行人主张的抵销债权没有异议，则应当允许两项债权进行抵销。对于申请执行人明确认可的债权，允许在执行中抵销，有利于避免后续纠纷的产生甚至是新的诉讼的提起，从而既有利于诉讼公平也有利于诉讼效益。事实上，被执行人主张抵销权，不论主张成立与否，均可救济。救济方法可分两类：一为程序上的救济，及前述在执行程序中提起异议而为之；二为实体上的救济，须以诉为之。两种程序互为补充、互不冲突。被执行人主张抵销权的意见及所附证据应由执行机构首先进行形式审查，若经形式审查认为，从证据表面可以表明其享有能与申请执行人相抵销的债权时，则通知申请执行人，由申请执行人明确表示认可或者不认可，由此产生抵销或者不抵销的法律后果。被执行人抵销请求成立或者不成立的，均不影响被执行人就抵销权所涉纠纷另行提起诉讼。

【案　例】

【基本案情】

　　2010 年 9 月 14 日，中国国际经济贸易仲裁委员会华南分会就冼德芳与湛江市第一建筑工程公司（以下简称湛江一建）、玉林市金湾房地产有限公司建筑工程施工合同纠纷一案作出（2010）中国贸仲深裁字第 D89 号裁决书，裁决：湛江一建向冼德芳支付工程款人民币 2 423 773.37 元、返还农民工工资保障金 689 175 元、保险费 30 502 元以及垫付的仲裁费 107 206. 80 元、鉴定费 78 000 元、仲裁员实际开支费 5726. 40 元，并裁决玉林市金湾房地产有限公司向冼德芳承担相应义务。上述裁决书生效后，根据冼德芳申请，执行法院立案执行。后玉林市金湾房地产有限公司在该案中的义务全部执行完毕。

2013 年 4 月 17 日，执行法院作出（2010）湛中法执字第 132 号之 10 执行裁定，划拨被执行人湛江一建的银行存款 2 901 031 元。同日，湛江一建提出暂缓执行申请，理由为：湛江市坡头区人民法院已受理该公司于 2013 年 4 月 16 日诉冼德芳偿还因挂靠经营合同所欠 122 万元款项案和该公司于 2013 年 4 月 10 日诉冼德芳偿还借款 27 万元案，案号分别为（2013）湛坡法民三初字第 107 号和（2013）湛坡法民三初字第 102 号；挂靠经营合同纠纷案与本执行案属同一法律关系，冼德芳不同意抵销，该两诉讼案的审理结果与本执行案有利害关系，若该公司胜诉将可依法向冼德芳主张抵销权；依照《最高人民法院关于正确适用暂缓执行措施若干问题的规定》第 3 条的规定，请求暂缓执行。2013 年 4 月 28 日，执行法院作出 12 号决定书，依照《最高人民法院关于正确适用暂缓执行措施若干问题的规定》第三条第（三）项、第十条的规定，决定：暂缓执行被执行人湛江一建享有抵销权 160 万元，暂缓执行至 2013 年 7 月 27 日。

执行法院经审查冼德芳异议认为：12 号决定书决定暂缓执行湛江一建享有抵销权 160 万元，但是按湛江一建提交的冼德芳曾确认几个项目的费用及借款金额，也达不到 160 万元。而且湛江一建提出暂缓执行申请时也只认为挂靠经营合同纠纷案与本执行案属同一法律关系，两诉讼案的审理结果与本执行案有利害关系，若该公司胜诉将可依法向冼德芳主张抵销权。现在诉讼案件仍未审结，所涉及的标的额双方存在争议，异议人冼德芳不承认存在拖欠湛江一建的管理费或代垫费，湛江一建能否全部胜诉尚未确定。因此，12 号决定书决定暂缓执行被执行人湛江一建享有抵销权 160 万元，事实未清，依据不足，应予撤销，由执行实施部门重新核实清楚后再决定是否或如何暂缓执行。冼德芳的执行异议理由成立，予以支持。执行法院遂于 2013 年 5 月 21 日作出（2013）湛中法执异议字第 7 号执行裁定书，裁定撤销执行法院 12 号执行决定。

湛江一建不服向广东省高级人民法院申请复议，请求撤销执行法院（2013）湛中法执异议字第 7 号执行裁定、维持 12 号决定书。其主要理由是：冼德芳以申请复议人的名义承包工程，产生应当返还申请复议人的费用 121 万元，另有两笔借款 27 万元和 8.5 万元，应当依法予以抵销，法院暂缓对上述约 160 万元款项的执行确有依据，更是公平原则的体现。

【裁决结果】

广东省高级人民法院于 2013 年 8 月 26 日作出（2013）粤高法执复字第 108 号执行裁定，驳回申请复议人湛江一建的复议请求，维持湛江市中级人民法院（2013）湛中法执异议字第 7 号执行裁定。

【裁决理由】

《合同法》第 99 条第 1 款规定：当事人互负到期债务，该债务的标的物种类、品质相同的，任何一方可以将自己的债务与对方的债务抵销。据此，被执行人主张抵销的债务应属于到期债务。本案被执行人湛江一建提出申请执行人冼德芳对其负有债务并主张抵销，但双方对此存有争议发生诉讼正在有关法院审理之中，有无债务可以抵销、能够抵销债务的具体金额均需等待生效裁判予以明确。故双方债务抵销尚不具备法定条件。《最高人民法院关于正确适用暂缓执行措施若干问题的规定》第 3 条规定：被执行人对申请执行人享有抵销权的，人民法院可以决定暂缓执行。本案被执行人湛江一建对申请执行人冼德芳主张的债权正在其他法院审理之中，而执行法院在执行程序中作出的 12 号决定却直接确定被执行人享有抵销权的债务金额为 160 万元，显属不当，应当予以撤销。

【实践中应当注意的问题】

一、抵销权的行使应符合执行的相关要件

1. 主张抵销权的主体。执行是一种要式法律行为，必须依法定方式启动。我国立法例中采用的是债权人申请和执行机构依职权启动执行程序的折中主义。最高人民法院关于执行的司法解释中确认的原则是，执行一般应由当事人依法提出申请，移送执行的范围限于"给付赡养费、扶养费、抚育费的法律文书及刑事附带民事的判决、裁定和调解书"。从实体法关于抵销的要件分析，移送执行的几类债权应属于禁止抵销的情形，该几类案件的执行中应排除抵销权的行使。在依权利人申请启动执行程序的案件中，权利人启动执行程序是为了通过执行程序实现实体债权，权利人本身不会主动再为抵销，因此，主张抵销权的主体规定为被执行人。

2. 主张抵销权的时间。主张抵销应以抵销权的存在为前提，如果因法院执行已经使抵销权归于消灭，再为抵销的意思表示，则不发生抵销的效力。所以，在执行程序中主张抵销权的，必须在执行开始后至执行终结前提出。如果超过这个时间要件，则无法在执行中主张。

3. 主张抵销权的形式。我国《合同法》第 99 条第 2 款规定：当事人主张抵销的，应当通知对方。通知自到达对方时生效。抵销不得附条件或者附期限。这表明，抵销权应向对方主张，但对主张抵销权的形式并没有明确规定，只要符合法律关于法律行为及意思表示的规定即可。考虑到实体法关于抵销权的规定和我国执行程序中执行法院的主体地位性，执行程序中被执行人主张抵销权的，应向执行法院提出书面执行异

议，并应附证明抵销债权确实存在的相关证据，由执行法院以异议程序进行审查处理。

二、如何认定申请执行人认可债权

实践中，被执行人主张抵销时，如自动债权尚未经生效法律文书确认，申请执行人大多会以债发生的原因行为无效、得撤销或者债的数额不确定等为由提出抗辩。一般而言，此时自动债权尚处于不确定状态，执行机构对于申请执行人的抗辩以及自动债权本身不进行实体审查，应直接认定为申请执行人不认可债权，故不作抵销处理，裁定驳回被执行人主张抵销的异议，案件继续执行。但值得注意的是，若申请执行人对被执行人主张用于抵销的自动债权本身没有异议，仅以该自动债权未经诉讼确认等理由，主张不能抵销执行债权的，执行机构应允许被执行人抵销。若申请执行人对被执行人主张用于抵销的自动债权部分有异议，对没有异议的部分可先为抵销，有异议的部分告知被执行人另行通过诉讼等相关程序予以确认。

【相关法律法规】

中华人民共和国合同法

(1999 年 3 月 15 日)

第八十三条　债务人接到债权转让通知时，债务人对让与人享有债权，并且债务人的债权先于转让的债权到期或者同时到期的，债务人可以向受让人主张抵销。

第九十一条　有下列情形之一的，合同的权利义务终止：

（一）债务已经按照约定履行；

（二）合同解除；

（三）债务相互抵销；

（四）债务人依法将标的物提存；

（五）债权人免除债务；

（六）债权债务同归于一人；

（七）法律规定或者当事人约定终止的其他情形。

第九十九条 当事人互负到期债务，该债务的标的物种类、品质相同的，任何一方可以将自己的债务与对方的债务抵销，但依照法律规定或者按照合同性质不得抵销的除外。

当事人主张抵销的，应当通知对方。通知自到达对方时生效。抵销不得附条件或者附期限。

第一百条 当事人互负债务，标的物种类、品质不相同的，经双方协商一致，也可以抵销。

第二十条　金钱债权执行中，符合下列情形之一，被执行人以执行标的系本人及所扶养家属维持生活必需的居住房屋为由提出异议的，人民法院不予支持：

（一）对被执行人有扶养义务的人名下有其他能够维持生活必需的居住房屋的；

（二）执行依据生效后，被执行人为逃避债务转让其名下其他房屋的；

（三）申请执行人按照当地廉租住房保障面积标准为被执行人及所扶养家属提供居住房屋，或者同意参照当地房屋租赁市场平均租金标准从该房屋的变价款中扣除五至八年租金的。

执行依据确定被执行人交付居住的房屋，自执行通知送达之日起，已经给予三个月的宽限期，被执行人以该房屋系本人及所扶养家属维持生活的必需品为由提出异议的，人民法院不予支持。

【条文主旨】

本条是关于被执行人提出执行标的系其本人及所扶养家属维持生活必需住房的异议，人民法院应如何审查的规定。

【条文理解】

为被执行人及其所扶养家属因受强制执行而提供基本的居住条件，应当是社会保障制度的功能，属于政府职责范围，不少国家也有相关制度规定。在这种前提下，被执行人的居住房屋都是可以执行的财产，法院无需考虑被执行人及其所扶养家属的居住问题，应由政府承担相应的职能。但是，我国目前尚未有效建立这种住房社会保障体系，还没有解决被执行人因执行生效法律文书导致无房可住问题的有效途径。因此，我国的强制执行程序不得不考虑被执行人及其所扶养家属的居住问题。这里的被执行人所扶养家属，主要包括依据法律规定，应由被执行人履行扶养义务的共同生活的家庭成员，如夫妻、父母、子女、祖父母、外祖父母、孙子女、外孙子女、养子女、兄弟姐妹等近亲属，也包括与被执行人订有扶养协议，并依法已形成扶养关系的亲属或非亲属。

本条司法解释是对《查封、扣押、冻结规定》第6~7条的修改完善。被执行人除唯一住房外无其他财产可供执行的案件，往往成为人民法院执行过程中难以处理的问题。《查封、扣押、冻结规定》第6条规定：对被执行人及其所扶养家属生活所必需的居住房屋，人民法院可以查封，但不得拍卖、变卖或者抵债；该法第7条规定：对于超过被执行人及其所扶养家属生活所必需的房屋和生活用品，人民法院根据申请执行人的申请，在保障被执行人及其所扶养家属最低生活标准所必需的居住房屋和普通生活必需品后，可予以执行。这些规定为被执行人唯一住房的执行提供了法律依据，但并没有明确规定超出生活必需房屋的具体情形，也没有明确保障最低生活标准必需住房的操作模式。实践中，很多法院对被执行人唯一住房的执行，往往采取"查封后待处理"的消极方式应对，造成案件查封房屋后久拖不执的局面，债权人的利益难以实现，也影响了执行法院的司法权威。

执行法院查封被执行人房产后，被执行人以查封房产系其唯一住房、维持家庭基本生活所必需住房为由向执行法院提出异议，主张不能处置该房产的情形在实践中经常出现。虽然《查封、扣押、冻结规定》对被执行人及其所扶养家属生活必需住房属于执行豁免财产有明文规定，但被执行人的唯一住房并不完全等同于生活必需的居住房屋，人民法院应当根据唯一住房的具体情况和案件的执行内容，区分不同情形分别处理。本条司法解释在总结实践经验基础上，对被执行人提出的执行标的属于生活必需住房、执行法院不能强制执行的异议，分别从金钱债权的执行和物之交付请求权的执行两个方面，分两款规定相关异议的审查规则。在符合司法解释规定的几类情形下，允许执行法院对涉案房屋有条件地强制执行。其基本思路是：第一，人民法院保障的是被执行人的居住权，而非房屋所有权；第二，这种居住权应当是被执行人及其所扶养家属生活所必需；第三，保障是有期限的，债权人对债务人生存权的保障是应急性的，所谓"救急不救穷"，债务人最终还是应向当地政府申请住房保障，不能让本应当由政府承担的社会保障义务全部转嫁给债权人承担；第四，被执行人不能利用法律对其生存权的保障来逃避执行。

　　异议审查规则属于程序法中的评价规范，而应当如何对涉案房屋实施执行行为，则属于程序法中的行为规范。目前，关于被执行人及其所扶养家属唯一住房、生活必需住房如何执行的行为规范，现行的部分司法解释虽然有所涉及，但尚未形成系统、明确的操作规范。换言之，在行为规范尚不完备的情况下，本条司法解释从评价规范的视角，对人民法院执行生活必需住房的相关异议审查规则作出规定，从程序法规则建构体系的规范性角度考察，这种规则设计模式是存在一定问题的。但是，程序法的评价规范同时也发挥着指引行为规范的功能。对于执行行为来说，在无直接的行为规范而有间接的评价规范的情况下，评价规范依然会对执行行为如何实施发挥指导、规制的作用。因此，本条司法解释在现行法律规范体系下，已经不仅仅具有评价规范的作用，实际上对司法实践中人民法院如何实施执行行为，也兼具了行为规范的职能。这种局面与我国当前执行程序规范的建构体系密切相关。

　　关于本条司法解释的具体内容分述如下：

一、金钱债权执行中的异议审查规则

申请执行人申请实现金钱债权，是指通过人民法院强制执行，实现以给付一定数额金钱为目的的债权。金钱债权的执行标的，可以是被执行人所有的任何可供执行的财产。被执行人的责任财产表现为非金钱形态的，人民法院需通过拍卖、变卖等方式进行变价，将财产转化为金钱后向债权人清偿。如果执行标的为房屋，被执行人以该房屋为本人及其所扶养家属生活必需住房为由提出执行异议，人民法院应根据本条司法解释，确定涉案房屋是否具备执行条件。需要说明的是，本条司法解释虽然只提到被执行人提出异议，如果被执行人扶养的家属等利害关系人以此为由提出执行异议的，同样可以适用本条司法解释。执行异议的主体不限于被执行人，也应包括其他与涉案房产执行有关的利害关系人，在异议主体方面，对本条提及的异议主体作包括利害关系人的扩大解释，不违反《民事诉讼法》第225条规定。根据本条司法解释第1款规定，以执行标的系被执行人及其所扶养家属维持生活必需的居住房屋为由，要求停止执行涉案房屋的异议请求，具备以下情形之一的，人民法院不予支持：

（一）对被执行人具有扶养义务的人名下有其他能够维持生活必需的居住房屋

对被执行人有扶养义务的人，包括被执行人的配偶、成年子女、父母等依据法律规定，对被执行人负有扶养、赡养、抚养等义务的民事主体。通常意义上的扶养，指的是对"弱者"的经济扶助或生活上的供养。在社会生活中，存在着法定扶养与约定扶养两种扶养方式。世界上一些国家将亲属间经济供养义务统称为扶养，我国《刑法》《继承法》《民事诉讼法》也有类似的用法。而我国《婚姻法》则根据扶养权利人和义务人的辈分不同，将扶养分为扶养、赡养和抚养。同辈之间（如夫妻、兄弟姐妹）的扶养称为扶养，上辈对下辈（如父母对子女，祖父母、外祖父母对孙子女、外孙子女）的扶养称为抚养，下辈对上辈（如子女对父母，孙子女、外孙子女对祖父母、外祖父母）的扶养称为赡养。我国《婚姻法》上的这种区分主要是基于身份关系的差异，并不表明三者之间内容的不同。因此，在理解扶养的概念时，应使用广义上的扶养概念，它包含了《婚姻法》中的扶养、抚养和赡养。①

　　在被执行人因承受强制执行而导致其所有的居住房屋被法院处置时，对被执行人负有扶养、赡养、抚养等义务的人对被执行人基本生活应尽相关义务。如果这些义务人名下有其他能够维持生活必需的居住房屋，应提供给被执行人居住。在义务人能够提供维持生活必需住房的情况下，被执行人基本的居住权仍能得以保障，并未违反执行适度原则。即使被执行人名下的住房属于生活所必需，但由于其扶养义务人名下有其他可以维持生活必需的居住房屋，人民法院仍可对被执行人所有的房屋强制执行。申请执行人可以提出证据，证明相关民事主体对被执行人负有扶养、赡养、抚养等义务，以及该民事主体有其他能够维持生活必需的居住房屋，也可以申请法院对上述财产情况进行必要调查。经调查，能够认定上述义务人名下有其他维持生活必需的居住房屋，足以保障被执行人及其所扶养家属基本居住权利的，对被执行人、利害关系人要求停止执行涉案房产的异议请求，人民法院不予支持。

　　需要说明的是，人民法院在执行过程中，不能机械地理解本条司法解释第1款第（1）项的规定，而应当根据案件具体情况审查被执行人、利害关系人异议。本条司法解释第1款第（1）项规定，应在被执行人及其所扶养家属基本居住权能够得以切实保障的情况下适用，如果遇到

---

① 江必新主编：《民事强制执行操作规程》，人民法院出版社2010年版，第66~67页。

对被执行人具有扶养、赡养、抚养等义务的人名下虽有能够安置的住房，但义务人不履行相关义务，拒不提供住房，不能保障基本居住条件的情况，则不符合本条司法解释第1款第（1）项所称"能够维持生活必需"的要求。此时，被执行人的基本居住条件尚未得到有效保障，如果强制执行其名下房屋，则损害被执行人权益。因此，被执行人及其所扶养家属的居住权确有得以保障的现实条件，是本条司法解释第1款第（1）项适用的前提。

（二）执行依据生效后，被执行人为逃避债务转让其名下其他房屋

被执行人转让其名下房屋既可能是有偿转让，也可能是无偿赠与；既可能是正常的交易行为，也可能是转移财产逃避债务。所得款项既可能与房屋实际价值相符，也可能低于房屋实际价值。在生效法律文书确定债务人履行金钱给付义务的前提下，债务人转让房产所得价款，也构成其责任财产。以低于房屋实际价值转让房产和无偿转让房产的行为，造成被执行人责任财产的减少，会给法院执行工作和申请执行人债权的实现造成不利影响。被执行人转让房屋后，如果隐匿、转移所得价款，导致债务不能清偿的，直接构成逃避债务和规避执行的行为，被执行人应承担相应的法律后果。被执行人转让其名下其他房屋后，又以法院强制执行的房屋系维持其本人及所扶养家属生活所必需为由提出异议的，在同时符合下列条件的情况下，人民法院对其异议不予支持。

1. 被执行人转让的是其名下的其他房屋。其他房屋是除人民法院拟强制执行的房屋以外，还登记在被执行人名下的另外房屋。如果被执行人通过置换的方式转让房屋，将一套房屋置换为另一套，其实际所有的房屋仅为一处的，则不符合本条司法解释第1款第（2）项规定的情形。例如，被执行人为购置学区房，方便将来子女入学，将坐落于某市甲区的房产通过中介置换为乙区的学区房，置换完毕后其名下仍只有一套房产。这种做法并非本条司法解释第1款第（2）项所称转让被执行人名下其他房屋的情形。

2. 被执行人转让其名下的其他房屋，发生于执行依据生效后。执行依据生效后，如果债务人不主动履行债务，而是转移房产，那么对被执行人现有房产，即使是唯一房产，也不排除予以强制执行的可能。因为只有在执行依据生效后，债务人的金钱给付义务方得以被生效法律文书确定，债务人首先应以其财产偿还债务。其资产变动情况，可能影响强制执行。"执行依据生效后"，是本条司法解释第1款第（2）项对被执行人转让房屋行为进行法律评价的时间限制。如果被执行人在执行依据生效前就已转让其他房屋，且被转让的房屋没有被人民法院实施财产保全的，人民法院对被执行人名下现有房产的执行，则应持谨慎态度。

3. 被执行人转让其名下的其他房屋，是以逃避债务为目的。这是本条司法解释第1款第（2）项对被执行人转让房屋行为主观目的的限制。执行依据生效后，只有被执行人以逃避债务为目的转让其名下其他房屋的，才具备对其现有"维持生活必需"住房强制执行的条件。被执行人以逃避债务为目的转让房屋，具有规避执行的主观恶意，损害债权人利益，理应由被执行人承受对其剩余房屋强制执行的不利后果。

被执行人转让房屋，既可能出于改善生活、获取周转资金、进行投资、应对紧迫情况等正当目的，也可能出于转移财产、规避执行等不正当目的。本条司法解释第1款第（2）项规定将被执行人转让其他房屋的情形，限定为逃避债务这一恶意目的，既体现了制裁被执行人转移财产、规避执行行为的意图，又对制裁的范围作出限制，避免打击面过宽，影响被执行人本人及其所扶养家属的基本生活。

以逃避债务为目的，涉及被执行人转让房屋主观方面要素的证明，在有些案件中会比较困难。对此，可以采用推定的这一认定事实的方法，缓解被执行人主观方面要件事实的证明困难。如果没有直接证据证明被执行人出于逃避债务的目的转让房屋，则可以从被执行人与转让房屋有关的外在行为表现，推定其转让的目的为善意还是恶意。推定是指根据两个事实之间的一般联系规律或者"常态联系"，当一个事实存在的时候便可以认定另外一个事实的存在，[①] 是通过对基础事实与未知事实之间常态联系的肯定来认定事实的特殊方法。[②] 推定由三个基本要素构成：基础事实、推定事实、基础事实和推定事实之间的常态联系，与"证明""自认"和"司法认知"共同构成法院认定事实的方法。推定与间接证明不同。间接证明依据的每一项证据可以证明待证事实的某一部分或某一片段，单个证据无法完成证明任务，在这些证据联结起来形成完整的证据链条时，待证事实才随之完整地呈现，此时间接证明的任务才能完成。而推定在证据和最后的待证事实（推定事实）之间存在"断裂"和"跳跃"，证据并不是直接指向待证事实的一部分或一个片段，而只能证明基础事实的成立，基础事实和推定事实之间还需要"常态联系"的介入，才能完成推定认定案件事实的任务。

执行法官可以从被执行人转让房屋的相关行为表现这一"基础事实"，通过经验法则或者事物间的常态联系，认定其主观心理状态这一"推定事实"。推定从不同角度可以作出不同的分类，从是否有法律规定的角度看，推定可以分为法律推定和事实推定。司法实践中，应用更为广泛的是事实推定。被执行人是否具有逃避债务的目的，可以从其转让房屋的对价是否合理、所得转让款项是否被隐匿、受让人与被执行人是否存在某种特定关系等方面进行认定。

需要说明的是，推定的基础事实必须有相关证据予以证明，否则无

---

①　何家弘：《论司法证明中的推定》，载《国家检察官学院学报》2001 年 5 月，第 9 卷第 2 期。

②　裴苍龄：《再论推定》，载《法学研究》2006 年第 3 期。

法认定推定事实，在审查判断与基础事实有关的证据材料时，应注意把握各项证据材料能否清楚地证明基础事实。因为推定是一种通过常态联系和经验法则认定事实的方法，存在一定程度的概然性。所以，推定事实允许对方当事人提出证据予以推翻。在适用推定判断被执行人是否具有逃避债务的目的时，应注意保障被执行人提出证据推翻推定事实的权利，在被执行人提出反证的情况下，人民法院应重新审查推定事实是否成立。

（三）申请执行人按照当地廉租住房保障面积标准为被执行人及所扶养家属提供居住房屋，或者同意参照当地房屋租赁市场平均租金标准从该房屋的变价款中扣除 5~8 年租金

实践中，为平衡申请执行人与被执行人利益，一些法院在保障被执行人及其所扶养家属一定期限居住权，或者提供居住房屋的情况下，对被执行人房屋予以执行，也取得了较好的效果。本条司法解释第 1 款第（3）项在总结实践经验的基础上，规定了如果申请执行人能够按照一定标准提供居住房屋，或者同意从房屋变价款中扣除相应租金，保障被执行人及其所扶养家属基本居住权的，对于被执行人及其所扶养家属维持生活所必需的居住房屋，人民法院也可以强制执行。具体要求包括：

1. 申请执行人提供居住房屋。申请执行人能够按照当地廉租住房保障面积标准，为被执行人及其所扶养家属提供居住房屋的，人民法院可以对被执行人的生活必需住房强制执行。"当地"是指待强制执行的被执行人房屋所在地。"廉租住房保障面积标准"，根据当地政府公布的相应标准确定。

2. 申请执行人同意按一定标准从房屋变价款中扣除租金。如果申请执行人同意从房屋变价款中扣除一部分租金，用于保障被执行人及其所扶养家属基本居住条件的，人民法院也可以在强制执行该住房后，将相

应租金从房屋变价款中扣除，供被执行人及其所扶养家属租房使用。扣除租金的标准有两项：一是租金水平的确定，即参照当地房屋租赁市场平均租金标准；二是扣除租金的时间，即5~8年之间。"当地"是指待强制执行的被执行人房屋所在地。房屋租赁市场平均租金标准，是指一定地区范围内租房市场近期平均租金水平。关于从变价款中扣除租金的期限问题，如果扣除租金的期限过长，则过分保护了债务人的利益，债权人从房屋变价款中受偿的数额有限；如果扣除租金的期限过短，则不利于维持被执行人及其所扶养家属的基本生活。将扣除租金的期限规定为5~8年，赋予了执行法院在这段期限内根据案件具体情况，对扣除租金进行适当调整的自由裁量权。执行法院可以利用扣除租金期限的规定，调节租金的扣除数额，如被执行人确需更多的租金保障居住权，执行法院可在自由裁量权的范围内，适当延长扣除租金的期限。反之，则可确定相对较短的租金扣除期限。

二、物之交付请求权执行中的异议审查规则

本条司法解释第2款是关于物之交付请求权执行过程中执行异议审查的规定。执行依据确定被执行人交付居住的房屋，在强制执行法理论上属于物之交付请求权的执行。所谓物之交付请求权的执行，是指执行机关为实现债权人请求债务人交付一定动产或不动产的请求权，转移该物的占有而实施的强制执行。所谓物之交付请求权，是指债权人对债务人请求以特定动产或不动产为给付标的物的权利。物之交付请求权包括物权请求权（如所有物之返还请求权）和债权请求权（如交付租赁物请求权）在内。

执行依据确定被执行人交付居住的房屋既可能是物权请求权的执行，也可能是债权请求权的执行。执行程序中，除了原物的返还请求权，例如申请执行人所有的房屋被被执行人侵占，申请执行人通过提起诉讼，

请求被执行人返还自己所有的房屋，法院判决返还，这类交付标的物的请求权属于物权请求权。其他请求交付物的权利通常属于债权请求权，例如申请执行人基于租赁合同，请求被执行人向其交付标的物供其使用；再如，申请执行人基于买卖合同，请求被执行人向其交付买受物。

物之交付请求权的执行，其强制执行的内容就是向申请执行人交付财产，不存在适用《查封、扣押、冻结规定》第 6～7 条的条件，不受涉案房屋为被执行人及其所扶养家属生活必需住房的限制。如果执行依据明确要求被执行人从特定房屋中迁出，将房屋交付申请执行人的，执行法院应按照执行依据主文要求强制执行。例如，申请执行人和被执行人因买卖房屋纠纷导致诉讼，申请执行人已经全部交纳房款，但被执行人拒不履行合同义务，仍然占有、使用涉案房屋，法院判令被执行人继续履行房屋买卖合同义务，将房屋交付申请执行人，并协助完成房屋过户登记。这种情况下，虽然被执行人仍为房屋所有人，但生效判决已经判令其交付房屋，法院应对被执行人强制执行。此类情形属于债权请求权的执行。不论是交付房产的物权请求权还是债权请求权，只要已被执行依据所确定，则被执行人就应当履行交付房屋的义务，即使该房屋属于被执行人及其所扶养家属维持生活所必需，也不能对抗申请执行人。

需要说明的是，根据本条司法解释第 2 款规定，执行依据确定被执行人交付的房屋，如果属于被执行人及其所扶养家属维持生活所必需，执行法院应为被执行人交付居住房屋给予 3 个月的宽限期。宽限期自执行通知送达之日起开始计算。之所以作此规定，主要是给执行法院一个做工作的期间，避免直接强制执行引起被执行人与法院之间过分对立，也是再给被执行人一次主动履行的机会。毕竟强制交付生活必需的住房，涉及被执行人及其所扶养家属的居住权，此类案件执行难度往往较大，当事人之间的矛盾也比较尖锐，再给被执行人 3 个月宽限期，也有利于法院做好强制交付房屋的执行准备工作。被执行人超过执行依据确定的履行期限未交付房屋的，仍应依法承担相应的迟延履行金。

【案 例】

【基本案情】

广东省广州市中级人民法院（以下简称广州中院）查明：晋江市合兴服装织造有限公司（以下简称合兴公司）诉金统园、李燕买卖合同纠纷一案，广州中院（2008）穗中法民四初字第 152 号民事判决已经发生法律效力。该判决判令金统园、李燕在判决生效之日起十日内偿还合兴公司货款 143 025.1 美元及利息、代付款人民币 155 797 元及利息等。诉讼过程中，广州中院裁定查封金统园、李燕共有的广东省广州市番禺区东涌镇和乐一路 51 号 4 座 1 梯 202 室房产（以下简称涉案房产）。广州中院立案执行后，继续查封上述房产。2013 年 2 月 20 日，广州中院作出（2012）穗中法执字第 509 号执行裁定，拍卖被执行人金统园、李燕所有的涉案房产以清偿债务。对此，金统园、李燕提出执行异议。

广州中院另查明：广州市南沙区房地产交易中心 2013 年 4 月 26 日出具的《房地产权情况证明》记载：案卷号 H1－19－16305，权属人李燕，产权证号 5113720，占有份额全部，房屋坐落番禺区东涌镇和乐一路 51 号 4 座 1 梯 202，建筑面积 101.78 平方米。金统园和李燕于 2003 年 11 月 25 日登记结婚，婚后育有三名子女：2004 年 2 月 29 日出生的金辂彬，2007 年 2 月 14 日出生的金娄娜，2010 年 5 月 31 日出生的金娄妃。

广州中院认为：《民事诉讼法》第 244 条规定：被执行人未按执行通知书履行法律文书确定的义务，人民法院有权查封、扣押、冻结、拍卖、变卖被执行人应当履行义务部分的财产。但应当保留被执行人及其所扶养家属的生活必需品。《查封、扣押、冻结规定》第 7 条规定：对于超过被执行人及其所扶养家属生活所必需的房屋和生活用品，人民法院根据申请执行人的申请，在保障被执行人及其所扶养家属最低生活标准所必需的居住房屋和普通生活必需品后，可予以执行。根据上述规定，法院在执行中要保障被执行人的基本居住权，但居住权并非指被执行人必须有自己的房产，而是有房屋居住。金统园、李燕一家居住的涉案房产为其自有房产，建筑面积达101.78平方米，按被执行人所述五人居住仍属宽裕，超过了金统园、李燕及其所扶养家属生活所必需的房屋标准，且金统园、李燕均有劳动能力，可以工作收入保障一家人的基本生活需要。该房屋属于可以执行的财产，裁定拍卖涉案房产以清偿债务合法。至于房屋拍卖后金统园、李燕及其所扶养家属居住问题，应综合拍卖价格、被执行人的经济能力等实际情况，依法制定相关方案，切实保障被执行人及其所扶养家属最低生活标准所必需的居住房屋和普通生活必需品。广州中院依据《中华人民共和国民事诉讼法》第二百二十五条规定，作出（2013）穗中法执异议字第149号执行裁定：驳回金统园、李燕的异议。

金统园、李燕不服上述裁定，向广东高院申请复议，请求撤销上述执行异议裁定，终止拍卖行为。主要理由为：金统园、李燕没有经济来源，无力履行判决。根据《查封、扣押、冻结规定》第6条，涉案房产为被执行人及其所扶养家属生活必需的唯一住房，人民法院可以查封，但不得拍卖、变卖或者抵债。涉案房产不属于超过被执行人及其所扶养家属生活必需的房屋，不适用上述司法解释第7条规定。《民事诉讼法》第244条规定，应当保留被执行人及其所扶养家属的生活必需品。执行法院认为涉案房产可以拍卖，属于认定事实不清，适用法律错误。

广东高院经审查，对广州中院查明的事实予以确认。广东高院另查明：广州中院尚未制定涉案房产拍卖后对被执行人及其扶养家属居住房屋的保障安置方案。

广东高院认为：（1）根据目前查证情况，涉案房产系被执行人及其抚养未成年子女唯一居住房屋。依照《查封、扣押、冻结规定》第6条，对被执行人及其所扶养家属生活所必需的居住房屋，人民法院可以查封，故李燕、金统园以涉案房产为其唯一居住房屋为由，提出异议请求解除查封，缺乏法律依据，不予支持。广州中院对被执行人这一异议请求未予处理不当。（2）根据《民事诉讼法》第244条和《查封、扣押、冻结规定》第7条，人民法院在强制执行程序中，在保障被执行人及其所扶养家属必需的居住条件后，可以对被执行人唯一居住房屋采取拍卖措施。本案涉案房产系被执行人李燕及其抚养的三名未成年子女的唯一居住房屋，强制拍卖后他们将无法保留生活必需的居住房屋。因此，广州中院至迟应在裁定拍卖时，依法制定保障被执行人及其所扶养家属最低生活标准所必需居住房屋的安置方案。未制定相应保障方案时，不得裁定拍卖涉案房产。广州中院（2012）穗中法执字第509号执行裁定拍卖涉案房产，尚不具备法定条件。被执行人李燕请求停止拍卖涉案房产，理由成立，应予支持。广州中院可在作出被执行人及其所扶养家属最低生活标准所必需居住房屋的保障安置方案后，再行依法采取强制拍卖措施。广州中院认定事实基本清楚，但所作处理不当，应依法予以纠正。广东高院依照《中华人民共和国民事诉讼法》第二百二十五条、《最高人民法院关于适用〈中华人民共和国民事诉讼法〉执行程序若干问题的解释》第八条、第九条规定，作出（2013）粤高法执复字第111号执行裁定：一、撤销广州中院（2013）穗中法执异议字第149号执行裁定。二、驳回李燕、金统园关于解除查封广州市番禺区东涌镇和乐一路51号4座1梯202室房产的异议请求。三、撤销广州中院（2012）穗中法执字第509号执行裁定。

金统园、李燕不服广东高院上述裁定向最高人民法院申诉，请求撤销该裁定，主要理由为：金统园、李燕目前没有工作，无收入来源。涉案房产属于夫妻婚后抚养三名子女所必需的唯一居住房屋，且没有设定抵押，根据《查封、扣押、冻结规定》第6条，对被执行人及其所扶养家属生活所必需的居住房屋，人民法院可以查封，但不得拍卖、变卖或者抵债。执行法院拟拍卖的房屋是被执行人抚养三名未成年子女生活必需的唯一住房，不属于超过被执行人及其所扶养家属生活所必需的房屋，不适用上述司法解释第7条规定。执行法院认定涉案房产可以拍卖用于抵债，认定事实不清，适用法律错误。

【裁决结果】

最高人民法院2014年6月13日作出（2014）执监字第52号执行裁定：驳回金统园、李燕的申诉请求。

【裁决理由】

根据《民事诉讼法》第244条和《查封、扣押、冻结规定》第7条规定，人民法院在保障被执行人及其所扶养家属最低生活标准所必需的住房后，可以对超过基本生活所必需的唯一住房采取拍卖措施。涉案房产面积超过维持被执行人及其所扶养家属基本生活的最低标准，执行法院可以对该房产采取执行措施，广州中院裁定予以查封，符合法律规定。由于涉案房产系被执行人及其所扶养家属的唯一住房，执行法院应及时依法制定保障被执行人及其所扶养家属最低生活标准所必需住房的安置方案。广州中院在未制定相应保障方案的情况下裁定拍卖涉案房产，不利于保障被执行人及其所扶养家属生活必需的居住权。广东高院对此予以纠正，并要求广州中院作出安置方案后再依法采取拍卖措施，并无不当。综上，广东高院（2013）粤高法执复字第111号执行裁定应予维持。金统园、李燕的申诉请求不能成立。

【实践中应当注意的问题】

一、被执行人唯一住房与维持其本人及所扶养家属生活必需住房的区分

金钱债权的执行，需将被执行人财产进行变价后，以所得价款清偿债务。如果需要执行被执行人所有的唯一居住房屋，通常情况下，执行法院应考虑该房屋是否为被执行人及其所扶养家属生活所必需。被执行人的唯一住房和生活必需住房，在执行程序中是两个并不完全相同的概念。被执行人唯一住房，并非不能作为强制执行的标的物。即使对于被执行人及其所扶养家属维持生活必需的住房，在符合本条司法解释规定的条件下，也可以对生活必需的住房强制执行。换言之，被执行人唯一的住房和生活必需的住房，在符合法律、司法解释规定的条件下，均可以成为强制执行的标的。只是两者准许执行的标准和条件不同。被执行人及其所扶养家属维持生活必需的住房，在符合本条司法解释规定的条件下，可以执行。而被执行人的唯一住房，除了在符合本条司法解释规定条件下可以强制执行以外，在其他情况下，如果能够保障被执行人及其所扶养家属维持生活必需的居住条件，也可以采取相应的方式予以执行。例如，被执行人唯一住房的面积较大或者价值较高，超过被执行人及其所扶养家属生活必需，对于超过部分，可以根据《查封、扣押、冻结规定》第7条，采取"以小换大、以差换好、以远换近"等方式，在保障被执行人及其所扶养家属基本居住条件的前提下，对被执行人的唯一住房进行置换，将超过生活必需部分的房屋变价款用于清偿债务。被执行人、利害关系人据此提出执行异议的，人民法院不予支持。

二、执行过程中，应保障被执行人及其所扶养家属的基本居住权

本条司法解释明确了在哪些情形下人民法院可以执行被执行人及其所扶养家属生活必需的住房，但并未对具体操作过程中的细节问题作更为详细的规定。居住权并不等于房屋所有权，人民法院在执行涉案房产的过程中，应当保障被执行人及其所扶养家属基本的居住权，不能仅考虑执行房屋，不顾被执行人及其所扶养家属的基本生活。对于执行阻力大、当事人拒不配合的案件，有必要制定执行预案，对被执行人及其所扶养家属进行妥善安置，在完成执行任务的同时，保障被执行人及其所扶养家属必要的居住条件。由政府提供公租房、廉租房等供被执行人及其所扶养家属居住的社会保障机制，在全国范围内尚未建立。对被执行人及其所扶养家属的安置，实践中存在很多实际障碍，对执行法院来说往往是个两难问题，考验法院的执行智慧。

【相关法律法规】

最高人民法院
关于人民法院民事执行中查封、
扣押、冻结财产的规定

2004 年 10 月 26 日　　　　　　　　法释〔2004〕15 号

第六条　对被执行人及其所扶养家属生活所必需的居住房屋，人民法院可以查封，但不得拍卖、变卖或者抵债。

第七条　对于超过被执行人及其所扶养家属生活所必需的房屋和生活用品，人民法院根据申请执行人的申请，在保障被执行人及其所扶养家属最低生活标准所必需的居住房屋和普通生活必需品后，可予以执行。

最高人民法院
关于人民法院执行设定抵押的房屋的规定

2005 年 11 月 14 日　　　　　　　　　法释〔2005〕14 号

第一条　对于被执行人所有的已经依法设定抵押的房屋，人民法院可以查封，并可以根据抵押权人的申请，依法拍卖、变卖或者抵债。

第二条　人民法院对已经依法设定抵押的被执行人及其所扶养家属居住的房屋，在裁定拍卖、变卖或者抵债后，应当给予被执行人六个月的宽限期。在此期限内，被执行人应当主动腾空房屋，人民法院不得强制被执行人及其所扶养家属迁出该房屋。

第三条　上述宽限期届满后，被执行人仍未迁出的，人民法院可以作出强制迁出裁定，并按照民事诉讼法第二百二十九条的规定执行。

强制迁出时，被执行人无法自行解决居住问题的，经人民法院审查属实，可以由申请执行人为被执行人及其所扶养家属提供临时住房。

第四条　申请执行人提供的临时住房，其房屋品质、地段可以不同于被执行人原住房，面积参照建设部、财政部、民政部、国土资源部和国家税务总局联合发布的《城镇最低收入家属廉租住房管理办法》所规定的人均廉租住房面积标准确定。

第五条　申请执行人提供的临时住房，应当计收租金。租金标准由申请执行人和被执行人双方协商确定；协商不成的，由人民法院参照当地同类房屋租金标准确定，当地无同类房屋租金标准可以参照的，参照当地房屋租赁市场平均租金标准确定。

已经产生的租金，可以从房屋拍卖或者变卖价款中优先扣除。

第六条　被执行人属于低保对象且无法自行解决居住问题的，人民法院不应强制迁出。

第二十一条　当事人、利害关系人提出异议请求撤销拍卖，符合下列情形之一的，人民法院应予支持：

（一）竞买人之间、竞买人与拍卖机构之间恶意串通，损害当事人或者其他竞买人利益的；

（二）买受人不具备法律规定的竞买资格的；

（三）违法限制竞买人参加竞买或者对不同的竞买人规定不同竞买条件的；

（四）未按照法律、司法解释的规定对拍卖标的物进行公告的；

（五）其他严重违反拍卖程序且损害当事人或者竞买人利益的情形。

当事人、利害关系人请求撤销变卖的，参照前款规定处理。

【条文主旨】

本条是关于司法拍卖和变卖撤销条件的规定。

【条文理解】

司法拍卖和变卖在什么样的情形下应当撤销，一直是困扰人民法院的难题。本条对此问题予以明确，共涉及三个问题：一是撤销司法拍卖的途径；二是撤销司法拍卖的标准；三是变卖的撤销。

一、撤销司法拍卖途径

执行程序中，为了满足债权人对金钱债权的受偿要求，人民法院常常需要对查封、扣押、冻结的被执行人财产进行变价，而司法拍卖正是人民法院在执行程序中通过拍卖方式对执行标的物进行强制变价的执行措施之一。人民法院拍卖被执行人财产的权力来自于《民事诉讼法》的明确授权。1991 年出台的《民事诉讼法》第 226 条即规定：财产被查封、扣押后，执行员应当责令被执行人在指定期间履行法律文书确定的义务。被执行人逾期不履行的，人民法院可以按照规定交有关单位拍卖或者变卖被查封、扣押的财产。国家禁止自由买卖的物品，交有关单位按照国家规定的价格收购。其后，最高人民法院颁布的《执行工作若干规定》第 46 条进一步规定：人民法院对查封、扣押的被执行人财产进行变价时，应当委托拍卖机构进行拍卖。正式确立了"拍卖优先原则"。拍卖的优点在于其信息公开和竞价公开。拍卖通过确立"价高者得"的竞价规则，一方面使债权人的债权能够最大限度地受偿；另一方面也使被执行人的损失降低到最低限度。但是，拍卖程序也存在不可忽视的问题：首先，会产生拍卖佣金。在《拍卖、变卖规定》施行之前，拍卖机构是按照《拍卖法》的规定向双方当事人各收取 5% 的佣金，使本就不够受偿的财产"雪上加霜"。其次，违法拍卖屡禁不止。其中，既有个别执行法院不熟悉法律的规定、不按法定程序操作的问题，也有一些拍卖机构和竞买人故意控制拍卖标的物信息，围标、串标谋取不正当利益的问题。

如果当事人、利害关系人对人民法院的司法拍卖措施存有异议，尤其是认为拍卖违法请求撤销时，是向人民法院提起民事诉讼，还是按照《民事诉讼法》第 225 条的规定向人民法院提起执行异议直至复议，理论上存在分歧，实践中的做法也并不统一，最高人民法院在处理不同的个案时也先后作出过"通过诉讼解决"和通过"执行异议程序解决"两种截然相反的意见。之所以出现此等分歧，与对拍卖的认识性质不同有关。主张诉讼渠道解决的理论基础是拍卖私法说，这种观点认为，强制拍卖属于买卖契约的一种，拍卖公告为要约引诱，报名参加竞价为要约，拍定为承诺。正因如此，强制拍卖法律关系和买卖合同法律关系并无本质区别，《合同法》中关于合同无效、可撤销和解除的法律规定同样适用于司法拍卖。相反，主张执行程序解决的理论基础是"拍卖公法说"。这种观点认为，强制拍卖是公法上的强制处分行为，执行机关基于公法上的处分权对执行标的物进行处分，并不考虑所有权人的意思，拍定人原始取得该标的物的所有权。本条确定，对拍卖程序提出异议请求撤销拍卖，其性质属于《民事诉讼法》第 225 条规定的"执行行为异议"的范畴，应当依法向执行法院提出异议。主要是考虑：（1）强制拍卖的从属性决定了其公法性。强制拍卖是执行程序中的一项执行措施，因此，其性质取决于强制执行程序的性质。强制执行是执行机关基于债权人的申请，运用国家公权力强制债务人履行债务的行为。可以说，自从国家垄断执行权，禁止私人执行之后，强制执行权就当然属于公权力，拍卖作为执行措施的公法性也自不待言。（2）强制拍卖法律关系的不平等性排除了其可诉性。强制执行中，由于查封、扣押、冻结行为剥夺了所有权人的处分权。因此，委托人并非标的物的所有权人，而是恒为人民法院。人民法院与受委托从事拍卖的中介机构、竞买人之间在法律地位上是不平等的。首先，在人民法院与拍卖机构之间，拍卖机构必须接受执行机关的监督，必须按照人民法院的指令进行拍卖，如果出现违反拍卖程序的行为，人民法院有权纠正。其次，在人民法院与竞买人之间，人民法院要审查竞买人的竞买资格，在竞买人不缴纳或者不及时缴纳竞买价金时，可以依职权直接裁定竞买人承担重新拍卖的差价和损失，而无需通过诉讼。① 民事诉讼是解决平等主体之间纠纷的渠道，无法就强制拍卖法律关系进行裁判。如果将强制拍卖纳入民事诉讼的范围内，先不

---

① 范向阳：《试论强制拍卖无效》，载《人民司法·应用》2009 年第 7 期。

说无法审理，诉讼主体也难以确定。尤其是被告的确定，殊难定夺。如果将拍卖机构作为被告，拍卖机构在强制法律关系中是受人民法院的委托进行拍卖，其地位类似于鉴定人或者协助义务人，与拍卖事项并无实体上的利害关系。如果把人民法院作为被告，则违背了法院在司法行为中不得作为被告的通理。

　　当然，也必须指出，当下人民法院强制拍卖的特殊性在于，由于部分拍卖是委托商业机构操作，导致强制拍卖具有了任意拍卖的一些特征，使得撤销拍卖的问题更为复杂。尤其是，如何区分人民法院的职权行为和拍卖机构的商业行为是难题所在。我们认为，由于拍卖机构是受人民法院的委托而协助进行拍卖，其在受委托协助司法拍卖范围内从事的行为本质上仍然应视为公法行为的一部分，所引起的争议应通过执行异议和复议程序解决。至于人民法院撤销拍卖之后的损失赔偿问题，由于拍卖机构的地位类似于协助执行人，参照《最高人民法院关于行政机关根据法院的协助执行通知书实施的行政行为是否属于人民法院行政诉讼受案范围的批复》，对拍卖机关受人民法院指令进行的拍卖行为，损失部分由国家赔偿；而对其超出委托范围擅自进行的拍卖，比如接到人民法院暂缓拍卖的指令后仍然进行拍卖的，则应视为拍卖机构的自主行为，当事人、利害关系人可以诉请其赔偿。[1] 当然，从长远来看，人民法院应当充分利用互联网技术的发展，减少委托拍卖，从而减少司法拍卖行为的复杂性。即使不得不委托拍卖，对于拍卖机构也应当加大监督力度，例如，要控制拍卖保证金和拍卖价款，严格审核拍卖公告和竞买协议，防止拍卖机构超越授权，限制竞买或者与竞买人签订违背拍卖目的的协议。

---

[1]　江必新主编：《新民事诉讼法执行程序讲座》，法律出版社2012年版，第180页。

二、撤销司法拍卖的标准

《规定》设定拍卖无效的原则是违反拍卖程序本质要求，并损害当事人、竞买人利益的行为应当撤销，尤其是要重点规制当前司法拍卖中比较常见的信息披露不充分和竞价不充分的问题。结合最高人民法院审判委员会讨论相关拍卖案例所形成的原则和地方法院司法实践，本条对以下应当撤销拍卖的五种情形作了规定：

（一）竞买人之间、竞买人与拍卖机构之间恶意串通，损害当事人或者其他竞买人利益的

恶意串通是竞买人之间、竞买人与拍卖机构之间在拍卖过程中以明示或者默示的方式，指定特定的竞买人以较低价格拍定执行标的物的行为。拍卖的目的是使执行标的物的变现价值最大化，因此，必须进行充分的竞价，才能真正实现"价高者得"的拍卖规则，而恶意串通显然违反了竞价充分的拍卖技术要求，应当予以撤销。在这一点上，其实无论是商业拍卖还是司法拍卖并无太大的区别。例如：《拍卖法》第 37 条规定：竞买人之间、竞买人与拍卖人之间不得恶意串通，损害他人利益。第 65 条进一步规定：违反本法第 37 条的规定，竞买人之间、竞买人与拍卖人之间恶意串通，给他人造成损害的，拍卖无效，应当依法承担赔偿责任。由工商行政管理部门对参与恶意串通的竞买人处最高应价 10%以上 30%以下的罚款；对参与恶意串通的拍卖人处最高应价 10%以上50%以下的罚款。"司法拍卖亦应当照此办理。

关键是如何认定恶意串通？从实践中看，恶意串通通常有两种表现形式：一是明示的串通。"明示"可能是在参与竞价之前，例如，竞买人之间、竞买人与拍卖机构之间以口头或者书面形式约定，由某竞买人以某一价格拍定；也可能是在竞价过程中，例如，某拍卖机构在拍卖某

执行标的过程中，一位职业竞买人突然对其他叫价的竞买人说："你们都别叫价了，我要了之后，大家都有好处。"二是默示的恶意串通。此类行为在实践中最难认定。但是，由于这一行为违法甚至涉嫌犯罪，会受到司法制裁以至刑事追究，出于隐瞒恶意串通行为的需要，主谋者往往会将串通的主体控制在亲戚、关联公司之间。所以，可以将具有特定身份关系的竞买人之间、竞买人与拍卖机构之间进行的竞价，推定存在恶意串通，来解决默示串通认定上的技术难题。《最高人民法院关于审理涉及金融不良债权转让案件工作座谈会纪要》中就将"受让人与参与不良债权转让的金融资产管理公司工作人员、国有企业债务人或者受托资产评估机构负责人员等有直系亲属关系的"的情形作为撤销不良金融债权转让行为的事由。参照此规定，如果拍定人与其他竞买人或者拍卖机构之间存在直系血亲、姻亲关系或者存在关联、控制和被控制关系的，则可以推定存在恶意串通。当然，依照推定规则，推定可以推翻，但推翻恶意串通、证明竞价充分的举证责任在于拍定人。

需要强调的是，并不是拍卖过程中只要有恶意串通行为就一定要认定拍卖无效，而是要求这种行为损害了当事人或者其他竞买人的利益。例如，如果竞买人众多且均参与竞价，部分竞买人的恶意串通并不会对拍卖起决定性作用，此时就不宜撤销拍卖。

（二）买受人不具备法律规定的竞买资格的

有的法律法规对于特殊财产的竞买人有一定的资格限制，体现了国家出于政治经济安全的需要所进行的管理控制，属于公共秩序的一部分，人民法院的强制执行亦应当遵守。例如，《商业银行法》第 28 条规定：任何单位和个人购买商业银行股份总额 5% 以上的，应当事先经国务院银行业监督管理机构批准。该条规定就是为了保护国家金融安全所设定的一道防火墙，人民法院在拍卖相关商业银行的股权时，如果拍卖股权的数额超过了该商业银行股权的 5%，则应审查竞买人是否经过国务院银行业监督管理机构批准，否则，不得出具拍卖成交裁定，即使出具也应撤销。

（三）违法限制竞买人参加竞买或者对不同的竞买人规定不同竞买条件的

在拍卖被执行人财产时，要最大限度地吸引竞买人参加竞买，除非法律对买受人的资格有特殊要求，人民法院和拍卖机构都不得限制参加拍卖的竞买人范围，因为非法限制竞买人资格将使潜在的买受人无法参与竞价，导致竞价不充分进而价格过低，损害债权人和债务人的利益。例如，在最高人民法院监督的一起案件中，就某高级法院委托拍卖的一宗土地，拍卖机构在公告中擅自对竞买人作出这样的条件限制：国家一级建筑施工企业；注册资本 2 亿元以上；获得过"兴×杯"的建筑质量奖，按图索骥，符合这些条件的竞买人实际上只有一家，系为某企业量身定做。这是典型的"萝卜拍卖"，当然应当撤销。除了这类非法限制竞买人范围的情形，还有一类情形是对不同的竞买人情况规定不同的竞买条件，尤其是在保证金的缴纳上，有的对不同企业规定不同的缴纳比例，或者规定不同的缴纳期限。这些做法都违反了公平、公正的原则，理应撤销。

实践中还有一类情形比较难以界定，就是有的法院对一些评估值较大的财产，规定较高的保证金缴纳比例。由于司法解释仅仅规定，缴纳拍卖保证金的下限为不低于评估价或者市价的 5%，对于上限并未规定，一些法院出于种种考虑，对保证金规定了较高的比例，在一些大标的的拍卖中，有的法院要求缴纳的保证金比例甚至高达评估值的 30%，导致一些缺少现金流的意向竞买者"望拍兴叹"，无法实现充分竞价的目的。对此问题，不好一概而论，应当综合拍卖标的物的价值以及拍定价格情况综合衡量后再决定是否撤销拍卖。

（四）未按照法律、司法解释的规定对拍卖标的物进行公告的

公告的目的是将拍卖标的物的信息向社会进行披露，吸引竞买人参加竞买，所以，信息披露充分是竞价充分的前提。有的国家立法对公告程序的要求相当严格，例如，《秘鲁民事诉讼法》第733条就规定：拍卖公告不能忽略，即使被执行人放弃该要求，否则拍卖无效。

如果拍卖之前不能进行足够时间、足够信息的公告，则拍卖就会成为内部人进行交易的游戏，拍卖的严肃性和公正性就会丧失殆尽。公告不充分是当前司法拍卖比较严重的问题之一，有的拍卖公告刊登在不知名的地方小报的报缝里；有的用途特定的标的物，拍卖公告本应刊登于专业性报纸却登在党报上。只有赋予公告瑕疵以无效的程序后果，给当事人、利害关系人以救济渠道，才可能遏制通过暗箱拍卖谋取不法利益的行为。但是，是否不按规定公告就一律撤销拍卖，存在一定的争议。一种观点认为，应当根据公告瑕疵对成交价格的影响判断是否应该撤销拍卖。另外一种观点认为，凡是不按规定公告的拍卖一律应当撤销，否则，价格的高低以及和公告之间的因果关系很难判断，会给下级法院过大的自由裁量权。最高人民法院审判委员会经过讨论认为，从严格规范人民法院司法拍卖程序的角度，对公告程序必须从严要求，只要不按规定公告的拍卖程序一律撤销拍卖。

（五）其他严重违反拍卖程序且损害当事人或者竞买人利益的情形

除了以上应当撤销拍卖的四种情形外，对于其他应当撤销拍卖的情形，本条作了兜底规定，需要具备两个条件：第一，必须是严重违反拍卖程序的情形。一般的拍卖程序瑕疵，例如，没有送达评估报告

等，不能因此撤销拍卖。第二，损害了当事人或者竞买人利益。关键是如何判断损害了当事人或者竞买人利益，我们认为，这里的当事人利益应当作狭义理解，是因违反拍卖程序导致拍卖价格明显低于市场价格。由于拍卖价格过低，造成申请执行从受数额减少或者被执行人履行债务的数额减少。这里的其他竞买人利益，是指因违法拍卖导致其他竞买人丧失公平参与竞价的机会。也就是说，是最终影响拍卖价格的违法行为。

三、司法变卖的撤销

在被执行财产的变价措施中，除了拍卖外还有变卖措施。变卖是指人民法院不通过拍卖而直接向特定买受人出卖执行标的物的执行措施。其法律依据是《民事诉讼法》第247条，该条规定：不适于拍卖或者当事人双方同意不进行拍卖的，人民法院可以委托有关单位变卖或者自行变卖。国家禁止自由买卖的物品，交有关单位按照国家规定的价格收购。变卖可分为强制变卖和协议变卖。前者是由人民法院依职权决定进行变卖，又可再分为直接变卖和流拍后的特殊变卖；后者是由当事人协商同意自主决定进行变卖。

变卖程序如果存在违法情形，当事人、利害关系人提出异议请求撤销的，亦应撤销。撤销变卖的情形参照撤销拍卖的标准。由于变卖和拍卖在程序上的要求不同，并不能完全照搬拍卖的标准，但是基本精神是相同的，就是严重违反有关程序规定并损害了当事人或者相关利害关系人的利益。具体而言，参照拍卖撤销规定以及法律、司法解释对相关变卖程序的规定，当事人、利害关系人主张撤销变卖，如果存在以下四种情形，应予支持：（1）违反了拍卖优先原则，对不应当进行变卖的财产进行了变卖；（2）买受人是人民法院、变卖机构或者其工作人员，买受人与人民法院、变卖机构的工作人员存在近亲、姻亲或者关联、控制关系；（3）对应当发布变卖公告的标的物没有按照法律、司法解释的规定发布变卖公告的；（4）其他严重变卖程序违法并且损害当事人、利害关系人利益的行为。

【案 例】

一、关于竞买人与拍卖机构之间恶意串通撤销拍卖的案例

【基本案情】

广州白云荔发实业公司（以下简称荔发公司）与广州广丰房产建设有限公司（以下简称广丰公司）、广州银丰房地产有限公司（以下简称银丰公司）、广州金汇房产建设有限公司（以下简称金汇公司）民间借贷纠纷一案，广东省高级人民法院（以下简称广东高院）于1997年5月20日作出（1996）粤法经一初字第4号民事判决，判令广丰公司、银丰公司共同清偿荔发公司借款160 647 776.07元及利息，金汇公司承担连带赔偿责任。

广东高院在执行前述判决过程中，于1998年2月11日裁定查封了广丰公司名下的广丰大厦未售出部分，面积18 851.86 ㎡。次日，该院委托广东景茂拍卖行有限公司（以下简称景茂拍卖行）进行拍卖。同年6月，该院委托的广东粤财房地产评估所出具评估报告，结论为：广丰大厦该部分物业在1998年6月12日的评估价格为102 493 594元。后该案因故暂停处置。

2001年初，广东高院重新启动拍卖程序，并于同年4月4日委托景茂拍卖行对广丰大厦整栋进行拍卖。同年11月初，广东高院在报纸上刊登拍卖整栋广丰大厦的公告，要求广丰大厦的相关权利人或购房业主，于2001年11月30日前向景茂拍卖行申报权利，待广东高院处理。根据

公告要求，向景茂拍卖行申报的权利有申请交付广丰大厦预售房屋、回迁房屋和申请返还购房款、工程款、银行借款等，金额高达 15 亿多元，其中，购房人缴纳的购房款逾 2 亿元。

2003 年 8 月 26 日，广东高院委托广东财兴资产评估有限公司（即原广东粤财房地产评估所）对广丰大厦整栋进行评估。同年 9 月 10 日，该所出具评估报告，结论为：整栋广丰大厦（用地面积 3009 ㎡，建筑面积 34 840 ㎡）评估值为 3445 万元，建议拍卖保留价为评估值的 70%，即 2412 万元。同年 10 月 17 日，景茂拍卖行以 2412 万元将广丰大厦整栋拍卖给广东龙正投资发展有限公司（以下简称龙正公司）。广东高院于同年 10 月 28 日作出（1997）粤高法执字第 7 号民事裁定，确认将广丰大厦整栋以 2412 万元转给龙正公司所有。2004 年 1 月 5 日，该院向广州市国土房管部门发出协助执行通知书，要求将广丰大厦整栋产权过户给买受人龙正公司，并声明原广丰大厦的所有权利人，包括购房人、受让人、抵押权人、被拆迁人或拆迁户等的权益，由该院依法处理。龙正公司取得广丰大厦后，在原主体框架结构基础上继续投入资金进行续建，续建完成后更名为"时代国际大厦"。

2011 年 6 月 2 日，广东高院根据有关部门的意见对该案复查后，作出（1997）粤高法执字第 7－1 号执行裁定，认定景茂拍卖行和买受人龙正公司的股东系亲属，存在关联关系。广丰大厦两次评估价格差额巨大，第一次评估了广丰大厦约一半面积的房产，第二次评估了该大厦整栋房产，但第二次评估价格仅为第一次评估价格的 35%，即使考虑市场变化因素，其价格变化也明显不正常。根据景茂拍卖行报告，拍卖时有三个竞买人参加竞买，另外两个竞买人均未举牌竞价，龙正公司因而一次举牌即以起拍价 2412 万元竞买成功。但经该院协调有关司法机关无法找到该二人，后书面通知景茂拍卖行提供该二人的竞买资料，景茂拍卖行未能按要求提供；景茂拍卖行也未按照《拍卖监督管理暂行办法》第五条

"拍卖企业举办拍卖活动,应当于拍卖日前到拍卖活动所在地工商行政管理机关备案……拍卖企业应当在拍卖活动结束后七日内,将竞买人名单、成交清单及拍卖现场完整视频资料或者经当事人签字确认的拍卖笔录,送拍卖活动所在地工商行政管理局备案"的规定,向工商管理部门备案。现有证据不能证实另外两个竞买人参加了竞买。综上,可以认定拍卖人景茂拍卖行和竞买人龙正公司在拍卖广丰大厦中存在恶意串通行为,导致广丰大厦拍卖不能公平竞价、损害了购房人和其他债权人的利益。根据《中华人民共和国民法通则》第五十八条、《中华人民共和国拍卖法》第六十五条的规定,裁定拍卖无效,撤销该院 2003 年 10 月 28 日作出的(1997)粤高法执字第 7 号民事裁定。对此,买受人龙正公司和景茂拍卖行分别向广东高院提出异议。

龙正公司和景茂拍卖行异议被驳回后,又向最高人民法院申请复议。主要复议理由为:对广丰大厦前后两次评估的价值相差巨大的原因存在合理性,评估结果与拍卖行和买受人无关;拍卖保留价也是根据当时实际情况决定的,拍卖成交价是当时市场客观因素造成的;景茂拍卖行不能提供另外两名竞买人的资料,不违反《拍卖法》第 54 条第 2 款关于"拍卖资料保管期限自委托拍卖合同终止之日起计算,不得少于五年"的规定;拍卖广丰大厦的拍卖过程公开、合法,拍卖前曾四次在报纸上刊出拍卖公告,法律没有禁止拍卖行股东亲属的公司参与竞买。故不存在拍卖行与买受人恶意串通、损害购房人和其他债权人利益的事实,广东高院推定竞买人与拍卖行存在恶意串通行为是错误的。综上,请求撤销广东高院裁定。

【裁决结果】

广东高院于 2011 年 10 月 9 日作出(2011)粤高法执异字第 1 号执行裁定:维持(1997)粤高法执字第 7-1 号执行裁定意见,驳回异议。

裁定送达后，龙正公司和景茂拍卖行向最高人民法院申请复议。最高人民法院于2012年6月15日作出（2012）执复字第6号执行裁定：驳回龙正公司和景茂拍卖行的复议请求。

【裁决理由】

最高人民法院认为：受人民法院委托进行的拍卖属于司法强制拍卖，其与公民、法人和其他组织自行委托拍卖机构进行的拍卖不同，人民法院有权对拍卖程序及拍卖结果的合法性进行审查。因此，即使拍卖已经成交，人民法院发现其所委托的拍卖行为违法，仍可以根据《民法通则》第58条、《拍卖法》第65条等法律规定，对在拍卖过程中恶意串通，导致拍卖不能公平竞价、损害他人合法权益的，裁定该拍卖无效。

买受人在拍卖过程中与拍卖机构是否存在恶意串通，应从拍卖过程、拍卖结果等方面综合考察。如果买受人与拍卖机构存在关联关系，拍卖过程没有进行充分竞价，而买受人和拍卖机构明知标的物评估价和成交价明显过低，仍以该低价成交，损害标的物相关权利人合法权益的，可以认定双方存在恶意串通。

本案中，在景茂拍卖行与买受人之间因股东的亲属关系而存在关联关系的情况下，除非能够证明拍卖过程中有其他无关联关系的竞买人参与竞买，且进行了充分的竞价，否则可以推定景茂拍卖行与买受人之间存在串通。该竞价充分的举证责任应由景茂拍卖行和与其有关联关系的买受人承担。2003年拍卖结束后，景茂拍卖行给广东高院的拍卖报告中指出，还有另外两个自然人参加竞买，现场没有举牌竞价，拍卖中仅一次叫价即以保留价成交，并无竞价。而买受人龙正公司和景茂拍卖行不能提供其他两个竞买人的情况。经审核，其复议中提供的向工商管理部门备案的材料中，并无另外两个竞买人参加竞买的资料。拍卖资料经过了保存期，不是其不能提供竞买人情况的理由。据此，不能认定有其他竞买人参加了竞买，可以认定景茂拍卖行与买受人龙正公司之间存在串通行为。

鉴于本案拍卖系直接以评估机构确定的评估价的70%之保留价成交的，故评估价是否合理对于拍卖结果是否公正合理有直接关系。之前对一半房产的评估价已达一亿多元，但是本次对全部房产的评估价格却只有原来一半房产评估价格的35%。拍卖行明知价格过低，却通过亲属来购买房产，未经多轮竞价，严重侵犯了他人的利益。拍卖整栋楼的价格与评估部分房产时的价格相差悬殊，拍卖行和买受人的解释不能让人信服，可以认定两者间存在恶意串通。同时，与广丰大厦相关权利有申请交付广丰大厦预售房屋、回迁房屋和申请返还购房款、工程款、银行借款等，总额达15亿多元，仅购房人登记所交购房款即超过2亿元。而本案拍卖价款仅为2412万元，对于没有优先受偿权的本案申请执行人毫无利益可言，明显属于无益拍卖。鉴于景茂拍卖行负责接受与广丰大厦相关权利的申报工作，且买受人与其存在关联关系，可认定景茂拍卖行与买受人对上述问题也应属明知。因此，对于此案拍卖导致与广丰大厦相关权利人的权益受侵害，景茂拍卖行与买受人龙正公司之间构成恶意串通。

综上，广东高院认定拍卖人景茂拍卖行和买受人龙正公司在拍卖广丰大厦中存在恶意串通行为，导致广丰大厦拍卖不能公平竞价、损害了购房人和其他债权人的利益，故（1997）粤高法执字第7-1号及（2011）粤高法执异字第1号执行裁定并无不当，景茂拍卖行与龙正公司申请复议的理由不能成立。

二、关于拍卖机构擅自更改人民法院确定付款期限的效力的案例

【基本案情】

绵阳市商业银行股份有限公司（以下简称商业银行）诉通达公司借款纠纷一案，四川省高级人民法院（以下简称四川高院）在审理中查封了通达公司所有的位于四川省绵阳市涪城路 117 号"红宝石大厦"的抵押房产。因通达公司未按生效的四川高院（2003）川民初 35 号民事调解书规定的期限履行义务，经商业银行申请，四川高院分别于 2004 年 3 月 8 日、6 月 24 日和 2005 年 4 月 5 日立案受理商业银行申请执行通达公司的三件执行案件，执行标的为 6300 万元本金、利息及诉讼、保全、执行费等。

2004 年 11 月 16 日，四川高院委托评估单位四川利君房地产评估事务所有限公司（以下简称利君公司）对涉案房产进行评估。2005 年 4 月 14 日，四川高院将利君公司出具的《评估报告》和《告知评估鉴定结果通知书》，送达申请执行人商业银行和被执行人通达公司。2005 年 6 月，申请执行人商业银行请求对上述财产进行拍卖，并表示如拍卖不成同意按最后一次拍卖的底价抵偿债务。经申请执行人与被执行人共同选择，10 月 21 日，四川高院委托四川绵阳德恒拍卖有限公司（以下简称德恒公司）拍卖"红宝石大厦"约 14 227.56 平方米的房产。10 月 23 日，四川高院要求拍卖公司告知买受人在拍卖成交后 20 个工作日内交清全部拍卖价款。11 月 11 日，德恒公司根据利君公司的《评估报告》确定涉案房产的首次拍卖保留价为 61 534 255 元，后因无人竞买而流拍。12 月 23 日，在将保留价降低 20% 后，第二次拍卖仍因无人竞买而流拍。

2006 年 7 月 18 日第三次拍卖开始前，竞买人美乐公司与德恒公司签

订《竞买协议》。该《竞买协议》约定的付款方式是："在拍卖成交8个工作日内，买受人须付清拍卖成交价款人民币伍百万元；委托人向买受人移交拍卖标的物时，买受人须支付拍卖价款达到壹千万元；在红宝石大厦完成竣工验收后，买受人须支付拍卖价款达到60%，委托人开始办理产权过户；产权证和土地使用权证办理完毕后10个工作日内，买受人须付清剩余拍卖价款，同时委托人向买受人移交两证。"同日，德恒公司对"红宝石大厦"抵押房产部分进行第三次拍卖，拍卖保留价为3938.1923万元，起拍价3940万元，竞买人为美乐公司和谢德炜。经过13轮竞价，最终由美乐公司以4070万元成交。拍卖完成后德恒公司向买受人美乐公司出具《拍卖成交确认书》，确认拍卖价款、佣金的具体支付方式及期限均按《竞买协议》和收取佣金协议办理。2006年11月3日，四川高院作出（2004）川执字第14、29号、（2005）川执字第11号执行通知书，将上述房产交由美乐公司管理。

其后，因被执行人通达公司反映上述拍卖程序存在瑕疵，四川高院经审查认为，根据《最高人民法院关于人民法院民事执行中拍卖、变卖规定》第23条关于"拍卖成交或者以流拍的财产抵债的，人民法院应当作出裁定，并于价款或者需要补交的差价全额交付后十日内，送达买受人或者承受人"，以及第30条关于"人民法院裁定拍卖成交或者以流拍的财产抵债后，除有依法不能移交的情形外，应当于裁定送达后十五日内，将拍卖的财产移交买受人或者承受人"的规定，买受人将价款足额交付法院前，人民法院不能作出拍卖成交裁定并送达买受人，亦不允许将拍卖标的物实际交付买受人，拍卖标的物所有权不能发生转移。同时，本案中买受人美乐公司与德恒公司所签订《竞买协议》中关于价款支付方式、移交标的物、办理产权过户、移交两证条件的约定内容，违反上述法律的强制性规定，且为委托人设立违反法律规定的义务，《竞买协议》及该次拍卖行为应为无效，买受人已交付的拍卖价款应予退还。上述拍卖房产在人民法院裁定拍卖成交前亦不能移交买受人美乐公司管理。据此，四川高院于 2009 年 8 月 11 日作出异议裁定：（一）确认四川高院委托德恒公司对"红宝石大厦"部分房地产进行的第三次拍卖无效；（二）退还买受人美乐公司已交付拍卖价款；（三）撤销四川高院（2004）川执字第 14 号、（2004）川执字第 29 号、（2005）川执字第 11 号关于将拍卖房产交由美乐公司管理的通知。

美乐公司对四川高院的异议裁定不服，于 2009 年 8 月 18 日提出书面异议。四川高院受理后另行组成合议庭进行审查。同年 9 月 16 日，美乐公司申请中止异议审查，并于 2011 年 3 月 14 日申请恢复异议审查。2011 年 3 月 30 日，四川高院作出（2009）川执异字第 1 号执行裁定，认为：根据《执行工作若干规定》第 49 条第 1 款关于"拍卖、变卖被执行人的财产成交后，必须即时钱物两清"的规定，以及第 23 条、第 30 条的规定，买受人将拍卖价款足额交付之前，人民法院不能作出拍卖成交裁定并送达买受人，亦不允许将拍卖标的物实际交付给买受人，拍卖标的物所有权不能发生转移。买受人美乐公司与拍卖机构德恒公司签订的《竞买协议》中关于价款支付方式、移交标的物、办理产权过户、移交两证条件的约定内容，系《竞买协议》的主要内容，均违反上述法律规定。同时，上述协议内容未经拍卖委托人四川高院的认可，属为委托人设立违反法律规定的义务。因此，买受人美乐公司与拍卖机构德恒公司所签订的《竞买协议》违反法律规定，应认定为无效，由《竞买协议》而产生的该次拍卖结果亦应为无效。买受人已交付的拍卖价款应予退还。上述拍卖房产在人民法院裁定确认拍卖成交前亦不能移交买受人美乐公司管理。综上所述，异议裁定并无不当，美乐公司关于请求撤销异议裁定的理由不成立，不予支持，裁定驳回美乐公司的异议。四川高院在（2009）川执异字第 1 号执行裁定中，依照《中华人民共和国民事诉讼法》第二百二十五条之规定，赋予美乐公司向最高人民法院提起复议的权利。

【裁决结果】

最高人民法院于 2011 年 12 月 2 日作出（2011）执监字第 106 号，裁定如下：

一、撤销四川省高级人民法院（2009）川执异字第 1 号执行裁定；

二、撤销四川省高级人民法院（2004）川执字第 14 号、（2004）川执字第 29 号、（2005）川执字第 11 号执行裁定第一项、第二项；

三、维持四川省高级人民法院（2004）川执字第 14 号、（2004）川执字第 29 号、（2005）川执字第 11 号执行裁定第三项。

【裁决理由】

本案的焦点问题有：一是德恒公司与美乐公司签订的《竞买协议》中关于拍卖价款交付期限的约定是否有效；二是关于拍卖价款交付期限的约定无效能否导致拍卖程序无效。

一、德恒公司与美乐公司签订的《竞买协议》中关于拍卖价款交付期限的约定是否有效

司法拍卖是执行程序中一项强制变价措施，属于公法意义上的拍卖，委托人是人民法院，拍卖机构受人民法院委托，协助完成拍卖活动。《拍卖、变卖规定》第 24 条规定：拍卖成交后，买受人应当在拍卖公告确定的期限或者人民法院指定的期限内将价款交付到人民法院或者汇入人民法院指定的账户。本案中，四川高院确定拍卖成交款的付款期限为拍卖成交后 20 日内，不经该院允许，拍卖机构无权予以变更。德恒公司与竞买人在《竞买协议》中约定的付款期限，对于委托人四川高院没有约束力。在美乐公司没有交清价款之前，依照《拍卖、变卖规定》第 23 条、第 30 条的规定，不应作出拍卖成交裁定，也不应将拍卖的执行标的物交付买受人。四川高院的异议裁定认定《竞买协议》关于付款期限的约定无效，并据此撤销（2004）川执字第14号、第29号、（2005）川执字第11号关于拍卖房产交由美乐公司管理的通知，认定事实清楚，适用法律正确。

二、关于拍卖价款交付期限的约定无效能否导致拍卖程序无效

司法拍卖的目的是通过公开竞价程序，实现执行标的物的变现价值最大化，从而既保证债权人的债权能得到最大程度的实现，又保证债务人的合法利益能够得到维护。因此，只要评估程序和拍卖程序不违反法律的规定，执行标的物的信息披露充分，进行公开竞价且竞价充分，拍卖的效力就应当予以维持。至于拍卖机构与竞买人之间约定付款期限无效的法律后果，根据《拍卖、变卖规定》第24条的规定，人民法院应当责令买受人限期付款。《拍卖、变卖规定》第25条规定：拍卖成交或者以流拍的财产抵债后，买受人逾期未支付价款或者承受人逾期未补交差价而使拍卖、抵债的目的难以实现的，人民法院可以裁定重新拍卖。重新拍卖时，原买受人不得参加竞买。因此，如果买受人不按人民法院指定的期限付款，人民法院依法可以裁定重新拍卖，但不得以付款期限的约定无效为由认定已经完成的拍卖无效。本案中，由于拍卖公司没有将人民法院的付款要求告知包括美乐公司在内的竞买人，美乐公司在拍卖前并不知道四川高院限定的付款期限，可以责成美乐公司在一定的期限内交付全部拍卖价款，如果美乐公司拒不按照法院规定的期限交付，可以依法裁定重新拍卖。四川高院异议裁定在认定拍卖程序合法的情况下，仅仅因为付款期限违反法律规定就确认拍卖无效，并裁定退还美乐公司已交付的拍卖价款，适用法律显属错误。

同时，本案的拍卖行为发生在2008年4月1日之前，根据本院2008年11月28日发布的《关于执行工作中正确适用修改后民事诉讼法第202条、第204条规定的通知》（法明传〔2008〕1223号）的规定，不应赋予当事人、利害关系人依照《民事诉讼法》第225条的规定申请异议和复议的权利。但四川高院在对通达公司的异议已经作出异议裁定的情况下，对美乐公司不服异议裁定的异议再次作出（2009）川执异字第1号执行裁定，并赋予当事人向本院提起复议的权利，适用法律亦属错误。

【实践中应当注意的问题】

一、一人拍卖的问题

如果拍卖执行标的物时，仅有一人参加竞买且出价不低于保留价，能否产生拍定的效力？已经作出拍卖成交裁定的，能否以一人拍卖为由撤销？对一人拍卖的效力问题，无论是理论界和实践部门均存在一定的争议：主张一人拍卖应当撤销的观点认为，拍卖就是以竞争竞价的方法将财产权利卖给出价最高者的买卖方式，因此，只有两个以上的竞买人才能形成有效竞价，如果仅有一人参加竞买，则竞价程序无效。当然，如果参加竞买的为二人以上，仅是一人举牌竞价，仍应认为形成了竞价。[1] 主张一人拍卖有效者则认为，竞价过程并不仅仅体现在现场的竞价，从公告发布时竞价即已开始。而且，司法拍卖与任意拍卖的目的不同，司法拍卖的目的在于及时变现，只要一人拍卖不是人为操作的结果，就应当认定有效。

我们认为，一人拍卖是否应当撤销，应当区分拍卖的方式是传统拍卖还是网络拍卖而有所不同。就传统拍卖而言，执行标的物信息披露程序易于操控，且由于实行现场拍卖，竞买人之间容易串通，人为控制竞价范围、关联交易甚至黑社会控场现象高发。将传统拍卖的竞价人数限

---

[1] 江必新主编：《新民事诉讼法执行程序讲座》，法律出版社2012年版，第179页。

制为二人以上，有利于增加关联交易的成本，也符合传统拍卖竞价的本质要求。而对网络拍卖而言，竞价在虚拟的网络平台上进行，由于网络的开放性、信息屏蔽以及围标、串标变得异常困难，竞买人之间互相并不见面，仅需在终端上使用代号和密码即可进行竞价，传统网络拍卖的弊端基本克服，所以，一人拍卖是市场需求的自然结果，不应认定无效。

二、漏拍不可分财产的效力问题

根据《拍卖、变卖规定》第 18 条的规定，如果拍卖的多项财产在使用上不可分，或者分别拍卖可能严重减损其价值的，应当合并拍卖。例如，在拍卖土地时，应当对其上的房产、树木、道路一并拍卖。但是，如果在拍卖过程中，由于人民法院的疏忽或者当事人的隐瞒，造成漏拍不可分物时，是否要撤销拍卖后重新拍卖？由于《城市房地产管理法》明确规定了"房随地走"或者"地随房走"的原则，对于不动产拍卖出现漏拍的处理，意见较为一致，即如果在拍卖土地时漏拍其上的房屋或者在拍卖房屋时漏拍其占用范围内的土地，应当撤销拍卖。对此，最高人民法院于 2014 年 10 月 23 日在答复山东省高级人民法院的（2014）执他字第 7 号函予以明确：根据《物权法》第 147 条、《城市房地产管理法》第 32 条的相关规定，在执行被执行人所有的不动产时，应当遵循"房随地走、地随房走"的原则，土地使用权与房产所有权应当一并处置。本案中，青岛市中级人民法院在未查明涉案房屋占用范围内土地使用权的情况下裁定将该房屋单独拍卖，不符合上述法律规定，故相关拍卖成交裁定依法应予撤销。对于其他不可分财产，例如树木、固定的机器设备等，则意见并不一致。有的主张应当撤销后重新拍卖；有的则主张，可以由买受人按照评估价补缴差价。我们认为，应根据漏拍的财产占拍定的价格比例而定，如漏拍财产占拍定财产超过一定比例，说明漏拍财产过多，会导致拍卖目的不能实现，应当撤销拍卖后重新拍卖；如果没有超过一定比例，则应当由买受人补缴差价款，买受人拒不补缴的，可以撤销拍卖。综合考虑实践中的情况，这个比例以 30% 为宜。但是，如果漏拍的原因是被执行人造成的，人民法院虽经依职权调查仍无法发现的，例如，隐蔽的内网工程则不应撤销拍卖，只需买受人按照评估价格补缴差价即可。

【相关法律法规】

最高人民法院
关于人民法院民事执行中拍卖、变卖财产的规定

2004 年 10 月 26 日　　　　　　　　　　　　　法释〔2004〕16 号

第二十条　在拍卖开始前，有下列情形之一的，人民法院应当撤回拍卖委托：

（一）据以执行的生效法律文书被撤销的；

（二）申请执行人及其他执行债权人撤回执行申请的；

（三）被执行人全部履行了法律文书确定的金钱债务的；

（四）当事人达成了执行和解协议，不需要拍卖财产的；

（五）案外人对拍卖财产提出确有理由的异议的；

（六）拍卖机构与竞买人恶意串通的；

（七）其他应当撤回拍卖委托的情形。

第二十二条　公证债权文书对主债务和担保债务同时赋予强制执行效力的，人民法院应予执行；仅对主债务赋予强制执行效力未涉及担保债务的，对担保债务的执行申请不予受理；仅对担保债务赋予强制执行效力未涉及主债务的，对主债务的执行申请不予受理。

人民法院受理担保债务的执行申请后，被执行人仅以担保合同不属于赋予强制执行效力的公证债权文书范围为由申请不予执行的，不予支持。

【条文主旨】

本条是关于公证担保债权能否执行以及以担保合同不属于强制执行的公证债务文书范围为由提出不予执行申请的审查。

【条文理解】

本条解释主要解决了两个问题：一是公证担保债权的强制执行效力；二是公证担保债权不予执行的标准。

对公证债权文书依法赋予强制执行效力，使追偿债款、物品的文书不必再经过诉讼程序即可直接得以强制执行，是大陆法系国家立法的成功经验，是国家强制力在公证活动中的特殊体现。有人说，公证是静态司法，审判是动态司法，从这个意义上讲，赋予债权文书强制执行效力是由"静态司法"活动转换为"动态司法"活动的一个关键性标志，是国家强制力在公证活动中的体现，赋予债权文书强制执行效力的现实意义与法律意义。当债权文书经公证被赋予强制执行效力后，一方当事人不履行债务的，对方当事人可以直接向有管辖权的法院申请强制执行，而不必再经过诉讼程序，这对充分发挥公证规范民事经济活动和调整民事经济关系，维护正常的法律秩序，及时保护当事人的合法权益具有重要的作用。

公证债权文书对于担保合同是否可以赋予强制执行效力，是公证执行中最具争议的问题之一。司法部 1990 年 8 月《关于可以出具对担保人强制执行公证文书的批复》规定：只要合同真实、合法，事实清楚，就可以按照有关规定出具对担保人强制执行公证文书。2000 年 9 月，《债权文书执行的联合通知》。其中第 2 条规定了赋予强制执行效力的公证债权文书的范围，包括借款合同、借用合同、无财产担保的租赁合同等，在该条规定的六种合同类型中，并不包括担保合同。《债权文书执行的联合通知》对借用合同和其他债权文书相关的担保是否属于公证执行范围，即公证效力是否及于担保人、担保物没有明确。有观点认为，应当对"公证债权文书"作狭义的理解，即能被赋予强制执行效力的债权文书只应当是简单的、明确的、无争议的债权，而担保法律关系与一般的债权债务关系不同，其具有独立特性，担保人也有其不同于债权人、债务人的权利和义务，担保所引发的争议，公证并不能解决。故认为担保合同不能被公证赋予强制执行效力。2003 年，最高人民法院执行工作办公室出具的《关于中国银行海南省分行质押股权异议案的复函》又认为，"追偿债款、物品的文书"不包括担保协议，公证机构对抵押协议赋予强制执行效力，不符合法律规定。

此后，关于公证机构赋予强制执行效力包含担保协议的公证债权文书能否强制执行的法律适用问题产生争议，理论上也产生多种观点，长期困扰公证机构和执行部门，实践中各地做法不一，亟待规范，有必要在梳理公证债务文书相关理论和法律规定的基础上，再进一步探讨其强制执行效力问题。

一、公证债权文书的概念和特点

公证是公证机构根据自然人、法人或者其他组织的申请，依照法定程序对民事法律行为、有法律意义的事实和文书的真实性与合法性予以证明的一种非诉活动。公证只是一种证明活动，不是解决争议，一般不产生强制执行效力，但公证机构依法赋予强制执行效力的债权文书除外。《公证法》第37条规定：对经公证的以给付为内容并载明债务人愿意接受强制执行承诺的债权文书，债务人不履行或者履行不适当的，债权人可以依法向有管辖权的人民法院申请执行。《民事诉讼法》第238条规定：对公证机关依法赋予强制执行效力的债权文书，一方当事人不履行的，对方当事人可以向有管辖权的人民法院申请执行，受申请的人民法院应当执行。可见，赋予强制执行效力的公证债权文书是指公证机构依照国家赋予的权力和法律规定的程序，对于追偿债款、物品的文书进行审查，认为事实清楚，双方没有争议并经当事人申请，依法制作的证明该项文书具有强制执行力的法律文书。①

被赋予强制执行效力的公证债权文书具有以下特点：（1）内容特定性。赋予强制执行效力的公证债权文书以给付一定货币、物品或有价证券为内容。人民法院只执行这类追偿债款和物品的公证债权文书。（2）债权确定性。包括给付内容的确定和双方当事人对债权没有疑义的确定。确定的给付内容指债权公证文书的双方当事人一方是单纯的债权人享有债权，另一方是单纯的债务人负有履行债务之义务。具有对等给付内容的双务合同一般不宜采用公证的形式赋予强制执行效力。（3）接受强制执行的自愿。公证债权文书必须载明债务人不履行义务时应受强制执行的承诺，债务人受强制执行的意思表示必须是明示的，不能进行推断。

---

① 章俊、方永新：《对公证债权文书执行若干问题的探讨》，载《法律适用》2000年第9期。

因为当债务人不履行或不完全履行义务时，当事人均有诉权提请司法机关通过诉讼程序处理，这种诉权是法律所赋予的，只有当事人明示对自己的诉权进行放弃时，争议方可不通过法院诉讼程序而直接向法院申请执行。因此，债权文书中必须载明债务人愿意接受强制执行的承诺。

当某一债权文书具备上述三个法定条件时，才能通过公证程序赋予其强制执行效力。而从法院角度上看，申请强制执行的公证债权文书必须同时具备以上三个条件才能受理执行。

二、公证担保债权的强制执行效力

如前所述，公证担保债权是否具有强制执行效力，在理论界和实践界争议均比较大。长期以来，理论界存有多种不同观点。一种观点认为，公证担保债权文书是债权文书的一种，既然公证机构赋予其强制执行效力，人民法院就应当依法予以执行。[①] 也有观点认为，一切有担保的债权均不属于公证执行范围，人民法院对赋予强制执行效力的担保债权文书裁定不予执行，并无不当。[②] 还有观点认为，对于连带保证可以出具强制执行公证文书，一般保证、抵押合同和质押合同不属于公证执行范围。本条解释对此争议予以明确，确认了公证担保债权的强制执行效力。

（一）明确了公证债权文书可以对主债权和担保债权赋予强制执行效力

将担保债务与主债务视于同等法律地位赋予强制执行效力主要基于以下几点理由：首先，从法理层面上看，公证活动属于民事法律行为。《公证法》将公证定义为一种证明活动，其纠纷也适用民事诉讼程序解

---

① 刘疆：《强制执行公证争议问题研究》，载《中国公证》2007 年第 3 期，第 37 页。

② 蒋惠岭：《〈关于公证机关赋予强制执行效力的债权文书执行有关问题的联合通知〉的理解与适用》，载《强制执行指导与参考》2003 年第 1 辑，法律出版社 2003 年 6 月第 1 版，第 121 页。

决，因此公证法律关系就其实质来说仍属于民事法律关系的范畴。相对行政法律关系的"法无许可即禁止"原则，民事法律关系采用"法无禁止即许可"原则，所以不能因为没有法律、法规的明确规定就将担保合同排除在公证程序之外，否定公证程序对其适用。① 根据本条解释，当担保人以书面形式明确同意赋予担保债权强制执行效力，并同意当主债务人不履行义务时自愿接受强制执行的情形下，公证机构办理的具有强制执行效力的公证债权文书，其执行效力及于担保人或担保财产。也就是说，在担保人同意的情况下，即视为担保人对担保财产进行了处分，并放弃了诉权。涉及的法理基础在于，与所有其他民事权利一样，当事人可以自由行使对诉权的处分，可以承诺放弃。人民法院首先应尊重当事人的意思自治，只能因新的事实和证据或者基于欺诈胁迫等违背当事人真实意思表示的原因而受理同一纠纷。当然，对于赋予强制执行效力的公证担保债权文书内容不真实、不合法或者有证据表明是债权人、债务人相互串通损害国家、集体或他人利益的，属于债权文书错误，人民法院可裁定不予执行。作为对担保人权益的救济，担保人如果认为债权人、债务人的行为符合上述条件，损害担保人利益，可以申请法院裁定不予执行公证担保债权，以保护自身利益不受侵害。

其次，从立法层面上来看，合法有效的公证债权文书及其强制执行公证书作为人民法院的执行依据之一，其执行效力所及的范围应当与判决书、调解书、仲裁裁决书等其他执行依据相同。在现行法律未对公证担保债权的强制执行作出限制性规定的情况下，如果单独对附担保协议公证债权文书的执行效力作出限制，亦缺乏相应的法律支持。根据《物

---

① 刘少阳：《关于公证机构赋予强制执行效力的包含担保协仪的公证债权文书强制执行法律适用问题的执行请示案》，载《执行工作指导》2015 年第 1 辑。

权法》第 195① 条和《民事诉讼法》第 196 条的规定，② 担保物权人实现担保物权的方式多样，可以直接向担保财产所在地或者担保物权登记地人民法院提出强制执行申请。可见，立法的价值取向是为权利人提供更为便捷、更具效率的权利实现方式。未经公证的担保合同可以通过非诉程序直接申请人民法院强制执行，那么当事人认可的担保协议，经过公证机关确认后，当然应当具有强制执行效力，这也符合相关实体法与程序法的立法精神。

最后，从司法实践层面上看，从权利人权益实现的角度分析，在活跃的民事经济行为中，商业性借贷不同于自然人亲朋之间的私人借款，无担保的商业性借贷具有极高的风险，绝大多数商业性借贷都是有担保的。公证债权文书中最重要的类型就是借款合同，特别是银行金融机构作为债权人的担保债务相当一部分都是通过公证债权文书的执行程序实现。所以，如果仅对无担保的债权或者仅对主债权赋予强制执行效力，而将公证担保债权排除在外，一律不予执行，将对社会经济稳定运行造成巨大的影响，公证活动的作用也会大幅降低。同时，如果因担保合同所引发的争议都必须经过诉讼程序加以解决，一方面不利于及时、便捷地保护债权人利益，另一方面公证与司法的效率价值也无从体现。

从纠纷解决实际需要来说，随着经济的快速发展，商品经济乃至资本经济往来带来的纠纷日益增多。诉讼作为目前民事纠纷解决最主要的方式，使大量案件涌入法院。由于目前人民法院面临的案多人少等现实问题，纠纷不能迅速得到解决，不仅损害了当事人的合法权益，也给法院带来严峻压力。面对这一问题，建立多元化的纠纷解决机制成为必然。

---

① 《物权法》第 195 条第 2 款规定：抵押权人与抵押人未就抵押权实现方式达成协议的，抵押权人可以请求人民法院拍卖、变卖抵押财产。

② 《民事诉讼法》第 196 条规定：申请实现担保物权，由担保物权人以及其他有权请求实现担保物权的人依照《物权法》等法律，向担保财产所在地或者担保物权登记地基层人民法院提出。

通过建立科学合理的纠纷事前预防机制和纠纷事后解决机制来分流案件，促使纠纷能够迅速顺利地解决，维护当事人的合法权益，节约司法资源。债权文书公证制度作为预防性司法制度，其价值理念就在于通过规范当事人间的法律行为，迫使债务人适当地履行公证债权文书所确定的义务，从而起到预防纠纷发生的作用。基于扩大多元纠纷解决机制范围的理念，本条司法解释明确赋予担保债务与主债务同样的强制执行效力。即使事后发生纠纷，基于公证债权文书具有的强制执行效力，能够作为执行根据由债权人直接申请法院强制执行，因而省却债权人提起诉讼或者申请仲裁所投入的诉讼成本，有利于纠纷的迅速解决。

人民法院关于债权所附担保协议能否公证并赋予强制执行效力的司法观点也随着社会经济发展的需要产生了相应变化。《债权文书执行的联合通知》解读文章以及原《关于中国银行海南省分行质押股权异议案的复函》认为担保债权不能赋予强制执行效力的观点距今已经十几年，现实中，该观点已经难以适应社会经济高速发展的实际需要。部分省份陆续出台的地方规范性文件①，也没有采纳前述观点，实践中大量担保债权经公证后，进入执行程序。最高人民法院在近年的相关监督和复议案例中也支持担保债权可以被赋予强制效力，② 这都体现出司法观点因社会发展而产生新的变化。

（二）确立了分别审查公证债权文书对主债务和担保债务是否赋予强制执行效力的原则

根据本条解释的规定，公证债权文书可以对主债务和担保债务同时赋予强制执行效力，也可以单独对主债务或担保债务分别赋予强制执行效力。附担保协议的债权文书被公证机构赋予强制执行效力后，主债务和担保债务的执行效力具有独立性，人民法院应分别予以审查，仅对主

---

① 《陕西省高级人民法院、陕西省司法厅关于规范公证机构办理和人民法院执行赋予强制执行效力债权文书过程中有关问题的指导意见（试行）的通知》第4条规定：办理公证过程中，公证机构应当对有关法律关系进行审查核实，对从属于主合同的保证合同，应当告知保证人赋予强制执行效力后不可诉的法律后果，保证人无异议的，可赋予保证合同强制执行效力。询问笔录应当存入公证卷宗。

《云南省高级人民法院云南省司法厅关于公证债权文书强制执行效力有关问题的通知》第1条规定：（1）：公证机构赋予强制执行效力的债权文书的范围：①借、贷款合同，抵押贷款合同，无财产担保的租赁合同。

《江苏省公证条例》第25条规定：经公证并载明债务人愿意接受强制执行承诺的债权文书中约定的下列给付义务，债务人不履行或者履行不适当的，债权人可以依法向有管辖权的人民法院申请执行：

（1）借款合同、还款协议（含具有还款内容的无名协议）以及债务人一方出具的还款承诺书中债务人所承担的还款义务；

（2）借用合同、赊欠货物的合同、还物协议中债务人返还或者给付标的物的义务；

（3）无财产担保的租赁合同中承租人到期返还租赁物、支付租金的义务；

（4）以给付金额确定的赡养费、扶养费、抚育费、学费、赔偿金、补偿金、劳动报酬为内容的协议中债务人所承担的相应给付义务；

（5）给付内容具体明确的其他债权文书中债务人所承担的相应给付义务。

前款第（1）、（2）项给付义务上设有抵押、质押或者连带责任保证，担保人愿意接受强制执行并经公证的，适用前款规定。

② 最高人民法院（2011）执监字第180号公证债权文书执行纠纷案，于最高人民法院裁判文书公开网查询；2014年4月30日，最高人民法院新浪官方微博公布魏卓夫申请执行张宝峰、张泽政、李玉明公证债权文书纠纷执行案。

债务赋予强制执行效力未涉及担保债务的，对担保债务的执行申请不予受理；仅对担保债务赋予强制执行效力未涉及主债务的，对主债务的执行申请不予受理。根据《担保法》第 5 条①和《物权法》第 172 规定②，主合同无效担保合同无效；反之即使担保合同无效，主合同仍然有效。前述规定的意义在于明确了担保合同的相对独立性和主合同的完全独立性，因此，在有担保协议的债权文书中，主合同与从合同分别存在。此时的从合同，既可能是单独订立的书面合同，也包括主合同中的担保条款或当事人之间具有担保性质的信函、传真等。

根据合同主从之分的原理，当附担保协议的公证债权文书进入执行程序时，人民法院应当对主合同与担保合同的强制执行效力分别审查并有所区分。正如《最高人民法院关于适用〈中华人民共和国担保法〉若干问题的解释》第 130 条③规定的那样，主合同发生法律效力了，仍不能直接执行担保人的财产。因此，在没有取得担保人同意的情况下，担保合同没有强制执行效力，赋予债权文书强制执行效力，只能视为是赋予了主债务强制执行效力，其强制执行效力仅及于债权人与债务人之间。这种情况下，即使对主合同赋予了强制执行效力，对担保人财产也不能直接采取强制执行措施，公证机构也不能出具针对担保人的执行证书。

因此，根据本条解释的规定，有担保的公证债权文书可以被赋予强制执行效力，但人民法院在执行程序中应注意区分主债务与担保债务各自的强制执行效力，主债务的强制执行效力并不当然及于担保人或担保

---

① 《担保法》第 5 条第 1 款规定：担保合同是主合同的从合同，主合同无效，担保合同无效。担保合同另有约定的，按照约定。

② 《物权法》第 172 条第 1 款规定：设立担保物权，应当依照本法和其他法律的规定订立担保合同。担保合同是主债权债务合同的从合同。主债权债务合同无效，担保合同无效，但法律另有规定的除外。

③ 《最高人民法院关于适用〈中华人民共和国担保法〉若干问题的解释》第 130 条规定：在主合同纠纷案件中，对担保合同未经审判，人民法院不应当依据对主合同当事人所作出的判决或者裁定，直接执行担保人的财产。

财产，反之亦然。

（三）公证担保债权能否执行以及不予执行的审查标准

人民法院对公证债权文书中主债务和担保债务强制执行效力的司法审查应主要围绕其真实性、合法性进行，包括其制发程序和证明内容是否真实、合法。而将主合同与担保合同置于平等的法律地位，明确公证债权文书可以对主债务和担保债务赋予同样的强制执行效力，在执行程序中，人民法院对主债务和担保债务是否具有强制执行效力的审查标准应当是统一的。根据《公证法》第37条的规定，对经公证的以给付为内容并载明债务人愿意接受强制执行承诺的债权文书，债务人不履行或者履行不适当的，债权人可以依法向有管辖权的人民法院申请执行。最高人民法院与司法部下发的《债权文书执行的联合通知》第1条①也曾对公证债权的强制执行效力作出规定，债权文书具备"债权债务关系明确，债权人和债务人对给付内容无异议，债务人有接受强制执行意思表示"的情况下，公证机构有权赋予其强制执行效力。从以上规定中可以提炼出公证机构对债权文书赋予强制执行效力的三个法定要件：债权债务关系是否明确、是否具有给付内容、债务人是否有接受强制执行的意思。以上法定要件应在对主债务和担保债务强制执行效力的审查之中等同适用：

首先，审查公证债权文书的给付内容是否确定。具有强制执行效力的公证债权文书限于以追偿债款、物品为内容，给付内容应当明确，不包括实施特定的行为。同时，这种给付货币、物品、有价证券的文书限

---

① 《债权文书执行的联合通知》第1条规定：公证机构赋予强制执行效力的债权文书应当具备以下条件：（1）债权文书具有给付货币、物品、有价证券的内容；（2）债权债务关系明确，债权人和债务人对债权文书有关给付内容无疑义；（3）债权文书中载明债务人不履行义务或不完全履行义务时，债务人愿意接受依法强制执行的承诺。

于单方给付，是一种单方义务，即一方是单纯的债权人享有债权，另一方是单纯的债务人负有义务。担保合同作为借款合同的从合同，其内容表现以货币、物品、不动产、有价证券以及财产性权益等偿付债务，符合公证债权文书给付内容确定的特点。此外，公证债权文书的给付期限应当确定，只有超过该期限债务人仍不履行，债权人才有权申请法院强制执行。

其次，债权债务关系是否明确是公证机构对债权文书赋予强制执行效力的法定条件。比如，双务合同因履行情况不同且双方当事人享有同时履行抗辩权、不安抗辩权等，一般来说就不符合公证债权文书债权债务关系明确且有关给付内容无疑义的要求。虽然有担保的债权合同相对于无担保的债权合同，待证事实有可能会更复杂，但其债权债务的法律关系并不一定含糊不清，有无担保不应成为衡量债权债务是否明确的标准，更不能将有担保的债权债务关系认定为法律关系不明确。在担保合同内容真实、合法、明确，且担保人明示若债务人不履行或不适当履行给付义务，自愿接受强制执行的情况下，公证机构据此公证并赋予强制执行效力并无不当，人民法院依法应予受理执行。

再次，公证债权文书是否载明债务人不履行义务受强制执行的意思表示。公证债权文书同时或分别赋予主债务、担保债务强制执行效力的，必须有主债务人或担保债务人愿意接受强制执行的承诺。这种承诺是公证债权文书的必要条款，而且这种承诺必须是明示的，不能进行推断。所谓明示的承诺，一般可以理解为债务人的书面同意，如公证债权文书要赋予担保债务强制执行效力，则应取得担保人的书面同意，包括两层意思：即担保人应以书面形式明确同意赋予债权文书强制执行效力，并同意如债务人不履行义务担保人愿意接受强制执行。在经公证机构依法对其明示承诺的合法性、真实性进行审查后，可视为担保人对其财产依法行使了处分权，违约发生时债权人可向人民法院申请对担保人可直接采取强制执行措施。反之，一份附担保协议的公证债权文书如果仅对主债务赋予强制执行效力而未涉及担保债务的，仅表示主合同具有强制执行效力，在没有取得担保人（仅指第三人担保情形）明示同意的情况下，担保合同没有强制执行效力，公证机构亦不能对担保人出具执行证书，执行法院对担保人财产也不能采取强制执行措施。

根据本条解释第2款，人民法院受理担保债务的执行申请后，被执行人仅以担保合同不属于赋予强制执行效力的债权文书范围为由申请不予执行的，不予支持。此款进一步明确了担保合同可以被赋予强制执行效力，人民法院经审查公证担保债务符合前述法定要件的，具有强制执行效力，应予执行。担保债务人在担保合同经公证时，作出了在主债务未履行的情况下自愿直接受人民法院强制执行的明示承诺，但当本案进入执行阶段后，担保人有义务根据公证债权文书内容，从事对方预期的一定行为时，若其主张公证程序违法，对公证机构出具执行证书的合法性提出抗辩，实际上实施的却是完全违背对方预期的行为。这种前后矛盾、损害对方当事人权益、破坏执行程序正常进行的行为，有违《民事诉讼法》中"诚实信用原则"，人民法院执行部门应当认可公证机构依法对担保债权赋予的强制执行效力，驳回其不予执行的主张。

【案　例】

确认含担保协议的公证债权文书具有强制执行效力的案例

【基本案情】

2012年7月3日，长安国际信托股份有限公司（以下简称长安信托公司）与泰安志高实业集团有限责任公司（以下简称志高实业公司）、淮南志高动漫文化科技发展有限责任公司（以下简称志高动漫公司）、江东廷、岳洋、江焕溢分别签订了《股权收益权转让及回购合同》《支付协议》《股权质押合同》《抵押合同》《保证合同》，约定了各方当事人的权利、义务。各方当事人在合同、协议中，约定办理具有强制执行效力的债权文书公证，并承诺在不履行和不适当履行合同、协议义务时，自愿直接接受人民法院的强制执行。当日，各方当事人在陕西省西安市公证处办理了公证，西安市公证处出具了（2012）西证经字第7082号公证书。由于被执行人没有全部履行合同、协议中的义务，2013年8月16日，西安市公证处出具（2013）西证执字第332号执行证书，执行标的额为330 708 333.33元（截止2013年8月14日）；以及违约金、赔偿金、实现债权费用等相关费用。在出具执行证书过程中，西安市公证处向被执行人送达了《核实函》，被执行人未提出异议。申请执行人长安信托公司依据公证书、执行证书向山东省高级人民法院（以下简称山东高院）申请强制执行，山东高院于2013年9月3日作出（2013）鲁执字第15号执行裁定书，将该案指定济南铁路运输中级法院（以下简称济铁中院）执行。

济铁中院在本案执行中，志高实业公司、志高动漫公司、江东廷、岳洋、江焕溢提出不予执行申请，请求济铁中院依法裁定不予执行西安市公证处（2012）西证经字第7082号具有强制执行效力的公证书及（2013）西证执字第332号执行证书。其理由是依照《公证法》《债权文书执行的联合通知》的相关规定，担保合同不在公证机构赋予强制执行效力的债权文书范围之内。《最高人民法院执行工作办公室关于中国银行海南省分行质押股权异议案的复函》（〔2000〕执监字第126号，以下简称《海南中行股权质押复函》）也明确指出，公证机构作出的赋予强制执行效力的债权文书不包括担保协议。故西安市公证处于2013年7月3日对本案的《股权质押合同》《抵押合同》《保证合同》作出的（2012）西证经字第7082号具有强制执行效力的公证书，不符合法律规定。另外，本案诉争本金数额为3亿元人民币，但申请执行人的申请数额已超出了该数额。

济铁中院认为，本案赋予强制执行效力的债权文书具有货币给付内容，债权债务关系明确，当事人在不履行义务或不完全履行义务时，有自愿接受依法强制执行的承诺，符合《债权文书执行的联合通知》中关于公证机构赋予强制执行效力的债权文书应当具备的条件和范围。《海南中行股权质押复函》是针对单就《抵押协议》作出的具有强制执行法律效力公证书的个案答复，而本案并不是单就《股权质押合同》《抵押合同》《保证合同》作出的具有强制执行法律效力的公证书，《股权质押合同》《抵押合同》《保证合同》在本案的公证文书中只是《股权收益权转让及回购合同》中的从属合同。本案与《海南中行股权质押复函》中的案例情况不同，不能参照适用。关于被执行人提出申请执行人的申请数额已超出诉争数额问题，济铁中院认为，执行标的额的争议不属本案不予执行的理由。被执行人对申请执行的债权数额不认可，可以提出有理有据的认可数额。综上，济铁中院遂以被执行人请求裁定不予执行的理由没有法律依据为由，作出（2013）济铁中执异字第60-1号执行裁定，驳回了被执行人志高实业公司等的异议申请。

志高实业公司等不服，向山东高院申请复议，请求撤销该裁定。理由：（1）公证机构的基本职能是证明而非审判。依据《债权文书执行的联合通知》规定：公证机构赋予强制执行效力的债权文书应当具备的条件和范围是：债权债务关系明确，债权人和债务人对债权文书有关给付内容无疑义的借款合同、借用合同、无财产担保的租赁合同等。但涉及担保抵押合同的民事法律关系较为复杂，并不属于赋予强制执行效力的公证债权文书的范畴。《复函》明确规定公证的内容不包括担保协议。本案中《股权质押合同》《抵押合同》《保证合同》是基于借款所设立的担保合同，因此公证机构不应赋予强制执行效力。（2）本案所涉《担保抵押合同》法律关系较为复杂，涉及抵押物、担保人、质押物及违约责任的认定，公证机构是一个证明机构，不是审判机构，不能以公证代替审判。（3）超标的查封申请复议人财产的处理也需通过诉讼解决。

　　山东高院复议审查中认为，附有担保协议的公证债权文书，人民法院可以执行。《民事诉讼法》第238条第2款规定：公证债权文书确有错误的，人民法院裁定不予执行。本案中，长安信托公司与志高实业公司、志高动漫公司、江东廷、岳洋、江焕溢分别签订了《股权收益权转让及回购合同》，约定长安信托公司以信托资金3亿元，受让志高实业公司合法持有的志高动漫公司80%股权的股权收益权，志高实业公司按照合同的约定履行股权收益权回购义务。《支付协议》约定志高实业公司回购上述股权收益权的期限和价款及违约责任。《股权质押合同》约定志高实业公司以其合法持有的龙岩志高动漫科技有限公司80%股权提供质押担保。《抵押合同》约定志高动漫公司以其合法持有的国有土地使用权提供抵押担保。《保证合同》约定江东廷、岳洋、江焕溢分别为上述债务承担连带责任，并约定了各方当事人的权利、义务。各方当事人在合同、协议中，约定办理具有强制执行效力的债权文书公证，并承诺在不履行和不适当履行合同、协议义务时，自愿直接接受人民法院的强制执行。据此，各方当事人在西安市公证处办理了公证，公证机构出具了（2012）西证经字7082号公证书。因志高实业公司未适当履行合同、协议约定的义务，长安信托公司向原公证机构申请执行证书，西安市公证处出具（2013）西证执字第332号执行证书，执行标的额为330 708 333.33元以及违约金、赔偿金、实现债权费用等相关费用。在出具执行证书过程中，西安市公证处向当事人送达了《核实函》，经当事人确认无异议，说明其意思表示真实一致。合同、协议内容具体、明确，不违反法律规定，也不损害公共利益及第三人利益。该执行证书是对各方当事人的权利、义务及违约责任的证明，而非申请复议人所理解的公证机构作出的公证债权文书是类似人民法院判决书性质的法律文书，其内容没有超出各方当事人签订合同、协议时的内容。申请复议人也未提出证据证明西安市公证处出具（2013）西证执字第332号执行证书有错误。综上，该执行证书应认定没有错误，人民法院应予执行。另外，执行证书是否多计算债权数额，不能构成人民法院不予执行的理由。综上，山东高院合议庭认为，申请复议人的复议理由不能成立，其撤销济铁中院（2013）济铁中执异字第60-1号执行裁定的请求不予支持。拟驳回申请复议人志高实业公司、志高动漫公司、江东廷、岳洋、江焕溢的复议申请。

山东高院审判委员会经研究认为，2000年9月1日《债权文书执行的联合通知》下发以来，由于该规定第二条公证机构赋予强制执行效力债权文书的范围中，对有财产担保的借款合同能否赋予强制执行效力规定的不明确。多年来，人民法院对包含担保协议的公证债权文书是否应当予以执行，各地法院做法也不尽统一。2003年8月26日《海南中行股权质押复函》明确指出，公证机构所作出的赋予强制执行效力的债权文书不包括担保协议。这样，很多地方法院对经过公证的附有担保协议的借款合同就不再予以执行。为能妥善处理本案，确保法律适用意见准确，山东高院审判委员会决定就该问题请示最高人民法院。

【裁决结果】

最高人民法院于2014年9月18日作出（2014）执他字第36号批复函，原则同意山东高院执行复议审查意见。

【裁决理由】

最高人民法院认为：人民法院对公证债权文书的执行监督应从债权人的债权是否真实存在并合法，当事人是否自愿接受强制执行等方面进行审查。《民事诉讼法》第238条第2款规定：公证债权文书确有错误的，人民法院裁定不予执行，并将裁定书送达双方当事人和公证机构。现行法律、司法解释并未对公证债权文书所附担保协议的强制执行作出限制性规定，公证机构可以对附有担保协议债权文书的真实性与合法性予以证明，并赋予其强制执行效力。

本案当事人在公证活动中，提交书面证明材料，认可本案所涉《股权收益权转让及回购合同》《支付协议》《股权质押合同》《抵押合同》《保证合同》等合同的约定，承诺在合同、协议不履行或不适当履行的情况下，放弃诉权，自愿直接接受人民法院强制执行。但当债权人申请强制执行后，担保人却主张原本由其申请的公证事项不合法，对公证机构出具执行证书提出抗辩，申请人民法院不予执行，作出前后相互矛盾的承诺与抗辩，有违诚实信用原则，不应予以支持。公证机构依法赋予强制执行效力的包含担保协议的公证债权文书，人民法院可以强制执行。

【实践中应当注意的问题】

一、可以赋予强制执行效力的债权文书的范围

司法解释对可以赋予强制执行效力的债权文书范围没有限制，仅仅明确了主债权和担保债权均可被赋予强制执行效力的原则。一般实践中，依法成立的借款合同、保证合同、抵押合同、质押合同等均可由公证机关作出赋予强制执行效力的公证债权文书。但应特别注意的是，《担保法》第17条第2款规定：一般保证保证人在主合同纠纷未经审判或仲裁，并就债务人财产依法强制执行仍不能履行债务前，对债权人可以拒绝承担保证责任。在此情况下，直接赋予担保债务强制执行效力就与一般保证人的先诉抗辩权产生冲突。因此，公证担保债权为一般保证时，其强制执行效力的取得，不但要具备保证人同意接受强制执行的书面同

意,还必须有保证人书面放弃其享有的先诉抗辩权。① 保证人没有书面放弃先诉抗辩权的,公证债权文书则不能赋予其强制执行效力。至于留置、定金两种担保方式较为特殊:根据留置权的定义与特征,留置物为债权人直接占用,不涉及强制执行;而且留置权的行使一般不会事先约定,极少出现留置合同申请公证的情形。定金则通常出现在典型的当事人双方均存在对等给付义务的双务合同中,因此对于定金担保,其主合同一般来说就不符合具有强制执行效力的公证债权文书债权债务关系明确且有关给付内容无疑义的要求,一般不可被公证债权文书赋予强制执行的效力。

二、具有强制执行效力的公证债权文书是否可诉

对此问题,最高人民法院 2008 年 12 月 8 日作出《关于当事人对具有强制执行效力的公证债权文书的内容有争议提起诉讼人民法院是否受理问题的批复》:根据《民事诉讼法》第238 条和《公证法》第 37 条规定,经公证的以给付为内容并载明债务人愿意接受强制执行承诺的债权文书依法具有强制执行效力。债权人或者债务人对该债权文书的内容有争议直接向人民法院提起民事诉讼的,人民法院不予受理。但公证债权文书确有错误,人民法院裁定不予执行的,当事人、公证事项的利害关系人可就争议内容向人民法院提起民事诉讼。根据该批复,对于具有强制执行效力的公证债权文书,除"确有错误,法院裁定不予执行"外,不论是债权人还是债务人直接提起诉讼,人民法院均不予受理。但对于不具有强制执行效力的公证债权文书,对公证内容有异议的,可以就该

---

① 《担保法》第 17 条第 2~3 款规定:一般保证的保证人在主合同纠纷未经审判或者仲裁,并就债务人财产依法强制执行仍不能履行债务前,对债权人可以拒绝承担保证责任。

有下列情形之一的,保证人不得行使前款规定的权利:(1) 债务人住所变更,致使债权人要求其履行债务发生重大困难的;(2) 人民法院受理债务人破产案件,中止执行程序的;(3) 保证人以书面形式放弃前款规定的权利的。

争议向法院提起民事诉讼。

当然，赋予强制执行效力的公证债权文书虽然具有与法院判决相同的执行力，但并无判决书所具有的既判力，因此在一定情形下，法律也赋予当事人享有救济的权利：一是法院认为公证债权文书确有错误，裁定不予执行的；二是当事人协议变更了合同标的、价款、履行期限等主要合同内容而未重新办理公证；三是对公证债权文书中未约定可直接受强制执行的部分，当事人可以提起诉讼。此时，经公证的债权文书在审理中可以作为证据来使用。

【相关法律法规】

中华人民共和民事诉讼法
（2012 年 8 月 31 日）

第二百三十八条　对公证机关依法赋予强制执行效力的债权文书，一方当事人不履行的，对方当事人可以向有管辖权的人民法院申请执行，受申请的人民法院应当执行。

公证债权文书确有错误的，人民法院裁定不予执行，并将裁定书送达双方当事人和公证机关。

中华人民共和国公证法
（2006 年 3 月 1 日）

第三十七条　对经公证的以给付为内容并载明债务人愿意接受强制执行承诺的债权文书，债务人不履行或者履行不适当的，债权人可以依法向有管辖权的人民法院申请执行。

前款规定的债权文书确有错误的，人民法院裁定不予执行，并将裁定书送达双方当事人和公证机构。

最高人民法院、司法部
关于公证机关赋予强制执行效力的债权文书
执行有关问题的联合通知

2000 年 9 月 21 日　　　　　　　　　司发通〔2000〕107 号

一、公证机关赋予强制执行效力的债权文书应当具备以下条件：

（一）债权文书具有给付货币、物品、有价证券的内容；

（二）债权债务关系明确，债权人和债务人对债权文书有关给付内容无疑义；

（三）债权文书中载明债务人不履行义务或不完全履行义务时，债务人愿意接受依法强制执行的承诺。

　　第二十三条　上一级人民法院对不服异议裁定的复议申请审查后，应当按照下列情形，分别处理：

　　（一）异议裁定认定事实清楚，适用法律正确，结果应予维持的，裁定驳回复议申请，维持异议裁定；

　　（二）异议裁定认定事实错误，或者适用法律错误，结果应予纠正的，裁定撤销或者变更异议裁定；

　　（三）异议裁定认定基本事实不清、证据不足的，裁定撤销异议裁定，发回作出裁定的人民法院重新审查，或者查清事实后作出相应裁定；

　　（四）异议裁定遗漏异议请求或者存在其他严重违反法定程序的情形，裁定撤销异议裁定，发回作出裁定的人民法院重新审查；

　　（五）异议裁定对应当适用民事诉讼法第二百二十七条规定审查处理的异议，错误适用民事诉讼法第二百二十五条规定审查处理的，裁定撤销异议裁定，发回作出裁定的人民法院重新作出裁定。

　　除依照本条第一款第三、四、五项发回重新审查或者重新作出裁定的情形外，裁定撤销或者变更异议裁定且执行行为可撤销、变更的，应当同时撤销或者变更该裁定维持的执行行为。

　　人民法院对发回重新审查的案件作出裁定后，当事人、利害关系人申请复议的，上一级人民法院复议后不得再次发回重新审查。

【条文主旨】

本条是关于执行复议案件审查处理结果的规定。

【条文理解】

执行复议案件主要涉及对执行行为异议裁定结论的评判，也涉及对执行行为是否符合法律规定的评价。执行复议案件并不实行全面审查原则，而是根据当事人、利害关系人的复议请求，确定上一级人民法院的审查范围，仅在部分特殊情况下，才会例外地突破复议申请的范围作出处理。换言之，复议案件的审查对象原则上以复议申请的内容为准，上一级人民法院应当围绕复议申请人的复议请求，对有关事实和适用法律进行审查，不能随意超越复议申请主张事项的范围，也不能遗漏复议申请的主要内容，只对其中部分内容进行审查处理，复议申请人没有提出请求的，不予审查。

当事人、利害关系人在复议程序中，提出独立于本案异议审查范围之外的新的异议（复议）请求的，上一级人民法院是否应予直接审查处理，理论上和实践中有不同观点：第一种观点认为，复议申请人在执行复议程序中提出独立的新异议请求的，应当告知其向执行法院另行提出执行行为异议，上一级人民法院不宜对未经执行法院审查的异议请求直接在复议程序中审查处理，执行异议、复议程序的"审级"制度和当事人、利害关系人的"审级"利益应予维护。另一种观点认为，复议申请人在执行复议程序中提出独立的新异议请求的，上一级人民法院既可以告知复议申请人向执行法院另行提出异议，也可以在征得各方当事人、利害关系人同意的前提下直接审查。这种做法一方面有利于提高执行异议、复议案件的审查效率，减少当事人、利害关系人诉累；另一方面，各方当事人、利害关系人如果同意上一级人民法院在复议程序中直接审查新主张的独立的异议请求，相当于已经放弃其"审级"利益，上一级人民法院在复议程序中一并进行审查，并无不当。关于这一问题，司法解释尚未作出明确规定，有待今后进一步明确。

本条司法解释对执行复议案件审查结果的规定，主要包括以下方面：

一、异议裁定认定事实清楚，适用法律正确，结果应予维持的，裁定驳回复议申请，维持异议裁定

上一级人民法院经审查，认为执行法院作出的执行行为异议裁定认定事实清楚，适用法律正确，审查结果应予维持的，上一级人民法院应裁定驳回复议申请，维持异议裁定。如果执行法院的异议裁定认定事实、审查理由或者适用法律虽有瑕疵，但异议审查结果正确的，上一级人民法院在复议裁定中查明相关事实、说明审查理由、纠正异议裁定瑕疵后，仍可裁定驳回复议申请，维持异议裁定。

二、异议裁定认定事实错误，或者适用法律错误，结果应予纠正的，裁定撤销或者变更异议裁定

上一级人民法院经审查，认为执行法院作出的执行行为异议裁定认定事实错误，或者适用法律错误，异议审查结论应予纠正的，上一级人民法院应裁定撤销或者变更异议裁定。这里的认定事实错误，是指执行法院对影响案件审查结论的主要事实认定错误。如果执行法院对案件基本事实认定清楚，仅对案件非主要事实认定有问题，不影响案件最终审查处理的，不属于本条司法解释第1款第（2）项所称的"认定事实错误"。适用法律错误，是指执行法院对相关法律的适用明显不当，影响案件审查结论的情形。如果属于对法律、司法解释的理解与认识出现偏差，但并不足以否定异议审查结论的，不宜作为本条司法解释第1款第（2）项规定的适用法律错误处理。结果应予纠正，是指异议裁定认定案件主要事实错误，或者适用法律明显不当，导致异议审查结论不能成立的情形。

上一级人民法院纠正异议审查结论主要有两种方式：一是裁定撤销异议裁定；二是裁定变更异议裁定。根据本条司法解释第2款规定，上一级人民法院在裁定撤销或者变更异议裁定时，如果异议裁定审查的执行行为可撤销、变更的，应当同时撤销或者变更该裁定维持的执行行为。同理，如果异议裁定认定事实或适用法律确有错误，但该裁定撤销或变更了原本正确的执行行为的，上一级人民法院在裁定撤销或者变更异议裁定时，也可以宣告维持被异议裁定撤销或变更的原执行行为。撤销和变更执行行为异议裁定，属于异议裁定存在重大错误的情况下，上一级人民法院通过执行复议程序进行的纠错行为，仅在异议裁定出现明显违法或错误，必须予以纠正的情况下适用。撤销或变更执行行为，属于较为严厉的程序性制裁措施，上一级人民法院在裁定撤销或者变更异议裁定的同时，撤销或者变更该裁定维持的执行行为的，原执行行为应符合下列条件：一是执行行为可撤销、变更；二是执行行为严重违反法律规定，应当适用撤销或者变更这一较为严厉的程序性制裁措施。撤销执行行为，既包括对执行行为无效情形的处理，也包括对执行行为可撤销情形的处理。执行行为有无效或可撤销事由的，因该执行行为在形式上仍然成立，均须经人民法院裁定撤销，才能失其效力，在未撤销之前均仍处于有效状态。变更执行行为，是指将违反法律规定的执行行为直接裁定予以变更。

三、异议裁定认定基本事实不清、证据不足的，裁定撤销异议裁定，发回作出裁定的人民法院重新审查，或者查清事实后作出相应裁定

本条司法解释第1款第（3）项规定的"基本事实"，是指用以确定执行行为是否符合法律规定，对异议裁定审查结果有实质性影响的案件事实。关于异议裁定认定案件基本事实不清、证据不足的，是否撤销异议裁定，发回执行法院重新审查，实践中做法不一。本条司法解释第1款第（3）项规定了两种处理方式：一是撤销异议裁定，发回作出裁定的人民法院重新审查；二是由受理复议案件的上一级人民法院在复议程序中查清案件事实后，直接作出处理。两种方式的选择，由上一级人民法院根据案件具体情况裁量确定。

发回执行法院重新审查，是上级法院对下级法院异议审查进行监督的一种形式。司法实践中，上一级人民法院撤销异议裁定，发回执行法院重新审查的做法，已被很多受理执行复议案件的法院采用。执行复议案件基本事实不清、证据不足的，上一级人民法院在相关事实查清之前，无法对当事人、利害关系人的复议申请是否成立作出确定的审查结论。案件事实的查明和证据的审查判断，是交由执行法院重新处理，还是由受理复议案件的人民法院审查后直接作出裁决，应结合案件事实和证据情况具体判断。如果上一级人民法院经复议审查，能够查明案件事实，具备对事实问题作出认定的条件，为提高审查效率、减少执行资源的浪费，上一级人民法院可以直接作出确定的复议审查结论，没有必要裁定发回执行法院重新审查。另外，如果上一级人民法院对案件事实的调查和证据的审查认定具备更有利的条件，可以利用其"级别"较高的便利条件，直接调查有关案件事实并作出相应裁定。反之，如果执行法院与相关证据的"距离"更近，调查取证更为便利，较上一级人民法院在事实查明方面优势更为明显的，上一级人民法院可以选择将案件发回执行法院重新审查。

根据本司法解释第11条规定，指令重新审查的执行异议案件，应当另行组成合议庭。当事人、利害关系人对执行法院重新审查后作出的执行行为异议裁定，可以申请复议。

四、异议裁定遗漏异议请求，或者存在其他严重违反法定程序的情形，裁定撤销异议裁定，发回作出裁定的人民法院重新审查

执行行为异议裁定遗漏当事人、利害关系人异议请求，或者异议审查程序存在严重违法情形的，上一级人民法院应当裁定撤销异议裁定，发回作出异议裁定的人民法院重新审查。

（一）异议裁定遗漏异议请求

人民法院审查执行行为异议，应围绕当事人、利害关系人的异议请求展开，针对异议请求，调查案件事实，确定案件争议的焦点问题，阐述审查理由并据此作出裁决。异议裁定遗漏异议请求，导致当事人、利害关系人在异议程序中提出的部分诉求没有进入执行法院审查范围，损害了异议人在执行救济程序中的"审级"利益。在执行法院没有对其应当审查而未审查的事项作出裁决意见之前，上一级人民法院在复议程序中也不能直接越级审查，必须由执行法院先行处理。因此，对于执行法院遗漏异议请求的问题，异议人没有享受到异议审查程序的"审级"利益，也为了避免上一级人民法院"越级"审查，受理执行复议案件的人民法院应当裁定撤销异议裁定，发回作出裁定的人民法院重新审查。执行法院在重新审查过程中，应对全部异议请求，特别是先前遗漏的异议请求，作出明确处理意见。

（二）异议裁定存在其他严重违反法定程序的情形

执行行为异议审查过程严重违反法定程序的，不仅导致审查结论的正当性备受质疑，而且损害了异议审查过程本身的程序正义价值。不论异议审查过程违反法定程序的情形是否影响异议裁定的结果，对这种程序性违法行为本身，也应采取相应的程序性制裁。本条司法解释第1款第（4）项对异议审查过程存在严重违反法定程序的情形，规定了撤销异议裁定、发回执行法院重新审查的法律后果。需要说明的是，对于程序违法行为，应根据违法程度不同区别对待。异议审查过程违反法定程序，需达到较为严重的程度，上一级人民法院才能撤销异议裁定，发回重新审查。只要异议审查过程存在程序瑕疵就发回重新审查的做法，有损程序安定价值。如果异议审查过程对法定程序的违反属于轻微违法，尚未达到严重程度的，对于此类"无害错误"，上一级人民法院可不再发回执行法院重新审查，直接在复议裁定中予以指出或纠正。

异议审查过程严重违反法定程序的情形包括：（1）合议庭的组成不合法。例如，办理执行实施案件的人员违反本司法解释第 11 条第 3 款规定，直接参与相关执行异议案件的审查。（2）应当回避的合议庭成员未回避。（3）参与异议审查的委托代理人无合法的委托代理手续，当事人、利害关系人对其代理行为不予追认的。（4）司法解释明确规定应当公开听证的异议案件，没有依法进行听证。例如，根据《刑事裁判涉财产部分执行规定》第 14 条规定，财产刑执行过程中，案外人对执行标的主张足以阻止执行的实体权利，向执行法院提出书面异议的，执行法院应当依照《民事诉讼法》第 225 条的规定处理；人民法院审查案外人异议、复议，应当公开听证。如果财产刑执行中，执行法院参照执行行为异议程序审查案外人异议未进行听证的，属于严重违反法定程序的情形。（5）其他与上述程序性违法情形严重程度相当的行为。当事人、利害关系人对执行法院重新审查后作出的执行行为异议裁定，可以申请复议。

五、执行法院对案外人异议错误适用执行行为异议审查程序处理的，裁定撤销异议裁定，发回作出裁定的人民法院重新作出裁定

案外人异议和利害关系人异议在司法实践中容易发生混淆。执行异议审查程序的适用错误，会导致执行过程中的纠纷不能及时得以适当处理，损害当事人利益。因此，有必要对案外人异议和利害关系人异议的区别作简单说明。案外人异议是案外人认为法院的执行行为侵害了其实体权利，是基于对执行标的主张实体权利提出的异议，即实体异议。利害关系人异议是因执行行为本身违反程序性规定，侵害了执行案件当事人以外第三人的合法权益，由利益受损的第三人以法院违反执行程序为由提出的异议，即程序异议。从实践中看，所有的异议从表面上看都指向执行行为，主张执行行为错误，但是判断一个异议是实体异议还是程序异议，也就是说判断实体异议和程序异议的标准，只能是看异议所依据的基础权利的性质。如果异议指向的对象是执行标的物，且所提异议依据的是所有权或者其他足以阻止执行标的物转让、交付的实体权利的，就构成实体异议。反之，如果案外人（利害关系人）所提异议所依据的基础权利为程序权利，比如排除超标的查封的权利，因为在先查封所主张的优先受偿权利等等，则构成程序异议。[①] 上述区分方法只是原则性的，司法解释也规定了一些例外情形。

本条司法解释第 1 款第（5）项规定，主要涉及应当适用《民事诉讼法》第 227 条案外人异议审查程序处理的案件，执行法院错误适用《民事诉讼法》第 225 条利害关系人异议审查程序处理的问题。对此，实践中很多做法是，撤销异议裁定，发回执行法院依照案外人异议审查程序重新审查。但是，也有观点认为，案外人异议和执行行为异议都是由执行法院审查的，只是再行救济的渠道不同而已。前者的救济渠道是异议之诉，包括申请执行人异议之诉（申请执行人许可执行之诉）和案外人异议之诉；后者的救济途径是向上一级法院申请复议。受理复议案件的法院发现执行法院对案外人异议错误适用利害关系人异议审查程序的，完全没有必要让执行法院再重新审查一遍，直接告知当事人或案外

---

① 范向阳：《程序异议与实体异议的区分》，载江必新主编、最高人民法院执行局编：《执行工作指导》（2010 年第 4 辑），人民法院出版社 2011 年版，第 126 页。

人提起异议之诉即可。本条司法解释第 1 款第（5）项对两种意见进行了折中，上一级人民法院复议审查后，应当撤销异议裁定，发回作出裁定的人民法院重新作出裁定，即在重新作出的裁定中告知当事人提起异议之诉的权利即可，无需再重新审查。

需要说明的是，司法解释对案外人异议和利害关系人异议审查程序的适用另有例外规定的情况下，应按照相关司法解释的规定适用异议审查程序。例如，《刑事裁判涉财产部分执行规定》第 14 条对案外人异议依照执行行为异议审查程序处理的规定，就属于例外情形。符合这一规定的异议案件，不能作为异议程序适用错误处理。《刑事裁判涉财产部分执行规定》之所以作此规定，是因为财产刑执行中没有民事执行意义上的申请执行人，执行异议之诉的提起也受到很大限制。根据《民事诉讼法执行程序解释》第 17 条、《民事诉讼法解释》第 307 条，案外人异议之诉以申请执行人为被告。在申请执行人许可执行之诉中，申请执行人处于原告的诉讼地位。由于申请执行人这一诉讼角色的缺失，典型的案外人异议之诉和申请执行人许可执行之诉在财产刑执行中是不存在的。正是基于这种考虑，《刑事裁判涉财产部分执行规定》第 14 条对财产刑执行中案外人异议审查作了变通规定，不再适用《民事诉讼法》第 227 条，而是依照《民事诉讼法》第 225 条的规定处理。

六、上一级人民法院复议后发回重新审查以一次为限

发回重新审查在一定程度上有利于保障案件审查的公正性、正确性，但如果过多适用，容易产生案件审查周期过长，效率低下，增加当事人、利害关系人诉累等弊端。上一级人民法院对发回重新审查的适用，应采取审慎态度。为避免上一级人民法院对同一案件反复发回执行法院重新审查，造成上下级法院之间来回多次"踢皮球"，导致案件久拖不决的现象，本条司法解释第 3 款规定，人民法院对发回重新审查的案件作出

裁定后，当事人、利害关系人申请复议的，上一级人民法院复议后不得再次发回重新审查。这里"发回重新审查的案件"，既包括本条司法解释第1款第（3）项规定的因"基本事实不清、证据不足"发回重新审查的案件，也包括第（4）项规定的因"遗漏异议请求"和"严重违反法定程序"发回重新审查的案件。执行法院对发回重新审查的案件再次作出异议裁定后，不论异议裁定是否存在应当发回重新审查的情形，上一级人民法院在复议程序中均不能再次发回，而应直接作出最终的复议审查结论。其理由在于：上一级人民法院将案件第一次发回时，给予执行法院一次重新审查的机会，执行法院应当对存在的问题加以纠正；如果执行法院未作纠正，则说明执行法院认为其审查不存在错误，或者不需要纠正，那么再次指令其重新审查，则徒增执行成本。因此，发回执行法院重新审查规定以一次为限。

【案　例】

一、撤销执行行为异议裁定并撤销相关执行行为的案例

【基本案情】

周康业、杨庆芬、温华生诉陈应发、贵阳市工艺灯具厂（以下简称贵阳灯具厂）集资款返还纠纷一案，贵州省高级人民法院（以下简称贵州高院）作出（1998）黔高法民初字第31号民事判决，判令贵阳灯具厂在判决生效30日内返还杨敏集资款191 950元（从1998年8月至支付完毕为止，按月息10‰计息），此款由周康业、杨庆芬、温华生共同继承。判决送达后，贵阳灯具厂上诉至最高人民法院。最高人民法院于1999年12月25日作出（1999）民终字第158号民事判决，判令变更贵州高院（1998）黔高法民初字第31号民事判决第一项为：由贵阳灯具厂

在判决生效30日内向杨敏的继承人返还集资款191 950元（从1998年8月至支付完毕为止，按月息10‰计息）。

判决生效进入执行程序后，贵州高院于2000年6月27日查封了贵阳灯具厂证号为"0003313"和"0003311"的房屋。2000年10月9日裁定变更为查封"贵阳灯具厂的第6栋厂房正面第一、二、三层房屋"。在评估拍卖上述房产过程中，双方当事人于2000年11月24日达成执行和解协议，约定贵阳灯具厂在2000年11月30日前自动履行50 000元；在2000年12月30日前履行30 000元；2001年3月底前履行50 000元；2001年6月底前付清全部余款（含利息）。如贵阳灯具厂在上述期限内没有按计划履行，申请执行人有权要求法院依法强制执行（即拍卖法院查封的财产）。此后，贵阳灯具厂按期履行了前三期款项共计130 000元，余款未继续履行。

后因2013年5月贵阳市南明区房屋征收管理局（以下简称南明征管局）对包含前述查封裁定所涉第6栋厂房在内的贵阳灯具厂总面积为2726.29平方米的房屋进行征收，申请执行人温华生得知后，于同年6月25日，向贵州高院申请恢复执行，要求贵阳灯具厂偿付剩余债务及相应利息。后贵州高院恢复本案执行。期间，申请执行人一方共同委托温华生行使本案相关权利。

贵州高院查明，2013年5月24日至2013年6月25日期间，南明征管局按照房屋征收协议，将征收补偿款23 957 376.77元直接拨付至贵阳灯具厂的负责人陈应发及其两名子女陈娟、陈勇的账户中。剩余309 000元款项尚未支付。贵州高院遂于2014年2月14日向南明征管局送达了（2000）黔高法执字第10号协助执行通知书，要求该局从应支付给贵阳灯具厂的征收补偿款中扣划人民币355 896元至贵州高院执行专户。2014年4月1日，南明征管局向贵州高院提交书面情况说明，称因2013年5月13日贵阳灯具厂提供有关产权手续与该局签订征收补偿协议时，产权资料并未显示有查封情况，因此，协议签订后该局便将相应补偿款项拨付至被征收人账户，剩余未兑现款项系给予贵阳灯具厂职工的补助，并非贵阳灯具厂所应享有的补偿款项，故该局无法依贵州高院通知予以履行。2014 年 4 月 22 日，贵州高院向南明征管局送达（2000）黔高法执字第 10 - 1 号责令责任人追回财产通知书。该院认为，属于贵阳灯具厂的南明区解放西路 112 号 6 幢 1 - 3 层房屋仍处于查封状态，南明征管局所称产权资料未显示有查封情况，与事实不符。因此，南明征管局将查封房产征收后，该房产对应的补偿款项仍处于法院查封状态之中。南明征管局擅自将补偿款项支付给贵阳灯具厂的负责人陈应发等人，违反法律规定。据此，贵州高院责令南明征管局将支付的征收款人民币 355 896 元追回。

南明征管局不服（2000）黔高法执字第 10 - 1 号责令责任人追回财产通知书，向贵州高院提出异议称：贵阳灯具厂提供的有关产权手续，并未显示有查封情况，依照法律规定，贵州高院对房产的查封期限已届满，效力消灭；南明征管局向贵阳灯具厂支付征收补偿款远早于贵州高院发出协助执行通知书的时间，贵州高院未及时作出查封、扣押、冻结补偿款项的裁定；剩余未兑现款项系贵阳灯具厂职工的补助，并非贵阳灯具厂的补偿款项，不能予以冻结。

贵州高院归纳本案争议的焦点问题为：一是被征收房产是否处于查封状态；二是南明征管局在征收相关房产的工作流程中是否存在瑕疵以及对补偿款项的处分是否存在不当；三是剩余未兑现款项是否属于兑现予贵阳灯具厂职工的补助而非贵阳灯具厂单位所应享有的补偿款项，如果属于，能否予以冻结。

贵州高院认为：（1）被征收房产于 2000 年 6 月 27 日被该院查封，至今仍未解封。《查封、扣押、冻结规定》实施于 2005 年 1 月 1 日，在此之前的查封是没有期限限制的。本案的房产于 2000 年 6 月 27 日被查封，时间上在《查封、扣押、冻结规定》实施之前。因此，根据法不溯及既往的原则，《查封、扣押、冻结规定》不能适用于本案的被查封房产之中。该房产尽管没有办理续封手续，但只要未解封，便仍然处于查封状态。(2) 房屋征收管理局作为征收管理房屋产权的部门，在征收房屋前当然有义务查明有关房产的基本情况，以确保相应房产被依法征收。在房屋产权证及土地证上不能显示查封、扣押、冻结等相关状态的情况下，不能仅凭此两证便草率作出征收决定，因此，南明征管局在这一工作流程中存在瑕疵。此外，南明征管局即便对相关房产进行了征收，也应该对该被征收房产的补偿款项进行谨慎处理，而非仅仅根据被征收人与陈娟、陈勇二人达成的征收补偿款分配协议，便将该笔补偿款项径直拨付至陈应发、陈娟、陈勇三人账户中，因为作为集体企业的贵阳灯具厂才是征收补偿协议的相对方，因此，南明征管局在补偿款项的分配过程中也存在不当。(3) 对于尚未支付的 309 000 元征收补偿款，南明征管局主张该款项为用工人员补助，但未能提供享受该笔款项职工的名单，只是在征收协议中有约定"用工人员补助 1030 元/人/月×50 人×6 个月 ＝309 000 元"，该项约定的真实性无法核实。即使该笔款项属于用工人员补助，也不属于《查封、扣押、冻结规定》第 5 条中的不得查封、扣押、冻结的八类财产。据此，贵州高院于 2014 年 7 月 30 日作出 (2014) 黔高执异字第 4 号执行裁定，驳回南明征管局的异议。

南明征管局不服，向最高人民法院申请复议，请求撤销贵州高院 (2014) 黔高执异字第 4 号执行裁定，主要理由为：(1) 贵阳灯具厂的性质名为集体实为陈应发私人投资的企业，且已被吊销营业执照，其权利义务由三名股东陈应发、陈娟、陈勇承继。南明征管局是在贵阳灯具厂妥善处理好职工问题的前提下才向三名股东支付征收补偿款，并无不当。(2) 南明征管局支付补偿款项在前，接到协助执行通知书在后，故不属于擅自支付之情形，不应承担限期追回之责任，贵州高院责令追回财产并无法律依据。(3) 涉案房产在签订征收补偿协议时无查封记录，并非处于查封状态。此外，根据最高人民法院的答复，《查封、扣押、冻结规定》施行前采取的查封、扣押、冻结措施没有期限限制，但是也强调人民法院应当对有关案件尽快处理。贵州高院应遵循司法解释的规定，尽快处理本案，而不是长达十余年不对案件采取执行措施。(4) 根据征收程序的相关规定，南明征管局并无查询被征收房产历史档案之义务。此外，本案并非行政诉讼，法院不能主动依职权审查具体行政行为的合法性或合理性。(5) 南明征管局仅在职权范围内负有一定的协助执行义务，且已尽到合理义务及最大努力，不应承担责任。作为征收补偿协议的一方主体，应当遵守协议约定的义务，保障被征收人的权利，不能违反征收原则来协助执行。适格的被执行人在获得征收补偿款后，完全拥有履行能力，贵州高院有充分理由强制其履行义务。(6) 尚未支付的 309 000 元系用工人员补助，支付的前提条件是提供职工的社会保险费缴纳凭证，贵阳灯具厂至今未提供，故该款项不属于贵阳灯具厂，不能协助执行。

温华生答辩称：(1) 贵州高院查明的事实属实，认定南明征管局的与事实不符之辩解、擅自处分之行为、工作流程之瑕疵、征收决定之草率、补偿分配之不当、约定事由之无稽亦恰当，其裁定符合法律规定。(2) 南明征管局以贵阳市督办督查局等部门作出的关于贵阳灯具厂性质变更的结论为依据，认为征收补偿款的兑现并无不当，不符合事实并涉嫌渎职。征收补偿行为发生在 2013 年 6 月前，性质变更结论则作出于 2014 年 8 月 12 日。南明征管局在作出征收补偿行政决定时，无视贵阳灯具厂集体所有制的企业性质，有渎职之嫌。(3) 南明征管局作为实施征收补偿行政行为的主体，在兑现征收补偿款前理应负有厘清与征收补偿款兑现有关事务之职责，更负有协助执行之义务。

贵阳灯具厂则主张对本案执行依据不服等内容。

最高人民法院查明：贵阳灯具厂于 2008 年 2 月 26 日被吊销营业执照。2013 年 1 月 25 日，贵阳市南明区人民政府因道路建设工程项目，下发了征收相关房屋的决定，由南明征管局实施。2013 年 5 月 13 日，南明征管局与贵阳灯具厂及其负责人陈应发签订房屋征收协议，协议中双方对具体补偿数额进行了约定，总计为 24 266 376.77 元。其中，用工人员补助一项约定为 1030 元/人/月×50 人×6 个月＝309 000 元。房屋征收协议中还约定，先支付贵阳灯具厂及陈应发 3 083 188 元，用于支付承租人补偿、职工安置以及贵阳灯具厂相关的债务处置和解决贵阳灯具厂建厂至今所造成的历史遗留问题。剩余款项按照陈应发、陈娟、陈勇三方约定的比例分别支付给陈应发 5 400 000 元，陈娟 7 900 000.77 元，陈勇 7 883 188 元。陈应发、陈娟、陈勇三人领取补偿款项的收条中，均分别加盖了贵阳灯具厂的印章。

另查明：《贵州省国有土地上房屋征收停产停业损失补偿指导意见》第 4 条第（2）项规定，被征收人能够提供向社会保险经办机构缴纳社会保险费凭证的，按照上一年度本单位职工月均工资总额计算每月的职工失业补助。

还查明：因贵阳灯具厂法定代表人陈应发与原厂部分职工因该厂性质认定而引发的资产归属、分配纠纷案件，2014 年 8 月 21 日，贵阳市督办督查局、法制局、财政局、工商局等七单位联合下发《关于贵阳灯具厂信访案件督办结果的情况报告》，对贵阳灯具厂企业性质认定为：名为集体、实为陈应发私人投资的"戴红帽"的假集体企业，陈应发享有该厂全部资产的相应权利。

【裁决结果】

最高人民法院 2014 年 12 月 19 日作出（2014）执复字第 23 号执行裁定：

一、撤销贵州省高级人民法院（2014）黔高执异字第 4 号执行裁定书；

二、撤销贵州省高级人民法院（2000）黔高法执字第 10 - 1 号责令责任人追回财产通知书。

【裁决理由】

一、贵州高院对涉案房产查封的效力问题

本案中，贵州高院作出查封裁定的时间为 2000 年 6 月 27 日，后于 2000 年 10 月 9 日裁定变更为查封"贵阳灯具厂的第 6 栋厂房正面第一、二、三层房屋"。因当时施行的法律及司法解释未对查封的期限问题作出明确规定，故贵州高院对涉案房产的查封在当时没有期限限制。但此后，最高人民法院与国土资源部、建设部联合下发了《关于依法规范人民法院执行和国土资源房地产管理部门协助执行若干问题的通知》（以下简称《通知》），该通知自 2004 年 3 月 1 日起实施。依据上述《通知》第 11 条、第 29 条的规定，人民法院对土地使用权、房屋的查封期限不得超过二年，《通知》下发前已经进行的查封，自通知实施之日起计算期限。本案系对房屋的查封，故应自 2004 年 3 月 1 日起计算二年期限。由于贵州高院自查封裁定作出后一直未办理续封手续，故应视为二年的期限已届满，对案涉房屋查封的效力已于 2006 年 3 月 1 日消灭。

贵州高院认定本案房屋查封于《查封、扣押、冻结规定》实施之前，根据法不溯及既往原则，《查封、扣押、冻结规定》不能适用于本案查封，该房屋仍然处于查封状态。对此，根据最高人民法院 2006 年 7 月 11 日作出的法函〔〔2006〕76 号《关于民事执行中查封、扣押、冻结财产有关期限问题的答复》，《查封规定》施行前采取的查封、扣押、冻结措施，除了当时法律、司法解释及有关通知对期限问题有专门规定的以外，没有期限限制。但因《通知》对房屋查封的期限问题已作出专门规定，故应依该专门规定计算期限，贵州高院关于本案查封没有期限限制的认定有误。

二、南明征管局是否因其工作瑕疵承担追回财产责任的问题

人民法院作出的查封裁定具有法律效力，任何单位或者个人均不得擅自处分已被查封的财产，否则，相关法院有权依照《执行工作若干规定》第44条的规定，责令相关责任人限期追回财产或承担相应的赔偿责任。本案中，南明征管局在征收前并未查询房屋是否存在查封等限制，未尽到足够的注意义务，存在不当。贵州高院关于南明征管局征收流程存在瑕疵的认定正确。该事实涉及南明征管局是否擅自处分法院查封的财产，执行法院有权进行审查认定。但鉴于贵州高院所作查封已经失效，故南明征管局在进行征收补偿时未查询房屋是否存在查封情况，并不构成违反生效查封裁定的行为。至于南明征管局将补偿款项直接拨付至陈应发、陈娟、陈勇三人账户中，虽也存在不当，但鉴于贵阳灯具厂已经被吊销营业执照，陈应发作为负责人负有对该企业资产进行清理的责任，同时，该三人领取补偿款项的收条上，均分别加盖了贵阳灯具厂的印章，故可以认定该三人是分别代表贵阳灯具厂领取补偿款项。

综上所述，贵州高院认定南明征管局相关工作存在程序不当虽正确，但责令其追回财产，缺乏相应的法律依据，应予纠正。南明征管局在此后的征收管理工作中应当注意履行相应的查询义务，避免因擅自处分依法查封的财产而造成承担责任的后果。

三、南明征管局的协助执行义务问题

贵州高院（2000）黔高法执字第10号协助执行通知书明确要求从应支付给贵阳灯具厂的征收补偿款中扣划355 896元至贵州高院执行专户。该协助执行通知书虽系基于原查封裁定作出，而因查封效力消灭导致其理由不当，但要求南明征管局协助执行的内容，并不需要以原查封裁定为基础，协助执行的要求，在尚未支付的征收补偿款范围内，对于南明

征管局仍应有效。因该协助执行通知书送达时，南明征管局已经将征收补偿款向贵阳灯具厂的负责人陈应发以及陈娟、陈勇予以支付，故对于已经支付的征收补偿款，并不存在南明征管局违反协助执行义务的问题。

目前，南明征管局处尚有 309 000 元未向贵阳灯具厂支付。根据南明征管局与贵阳灯具厂、陈应发签订的房屋征收协议，该 309 000 元款项系以用工人员补助的名义计算出的具体数额，但协议中并未约定该笔款项系直接向用工人员支付。相反，从协议中对于征收补偿款具体支付的约定条款可以看出，所有补偿款项，包括该 309 000 元，共计 24 266 376.77 元，均是支付给贵阳灯具厂以及陈应发等三人的。因此，用工人员补助款也属于支付给贵阳灯具厂的征收补偿款，南明征管局负有协助执行该笔款项的义务。关于该项补助的具体计发，《国有土地上房屋征收与补偿条例》第 23 条规定，停产停业损失的补偿，具体办法由省、自治区、直辖市制定。而根据《贵州省国有土地上房屋征收停产停业损失补偿指导意见》，计发职工失业补助需由被征收人提供向社会保险经办机构缴纳社会保险费的凭证。因贵阳灯具厂尚未依照上述规定提供职工社会保险费缴纳凭证，故该笔款项支付的条件尚未成就，贵州高院尚不能要求南明征管局立即协助扣划 309 000 元款项。如贵阳灯具厂提供相关凭证，支付该项用工人员补助的条件成就，届时南明征管局应协助贵州高院扣划该笔款项。

综上，因贵州高院采取的查封措施已超过法定期限，效力消灭，故南明征管局对涉案房屋的征收以及对征收款项的发放，并未构成对生效查封裁定的违反。贵州高院向南明征管局发出责令责任人追回财产通知书，并驳回南明征管局的异议，于法无据，应予撤销。鉴于贵阳灯具厂依照征收协议所应取得的征收补偿款已由陈应发、陈娟、陈勇三人以贵阳灯具厂的名义代为领取，贵州高院应依法采取执行措施。南明征管局对尚未支付的补偿款项负有协助执行义务，待支付条件成就时，应协助贵州高院执行。

二、撤销执行行为异议裁定并变更相关执行行为的案例

【基本案情】

中国农业银行股份有限公司（以下简称农业银行）与浙江长金实业有限公司（以下简称长金公司）、广夏（银川）实业股份有限公司（以下简称银广夏公司）、广夏（银川）贺兰山葡萄酿酒有限公司（以下简称贺兰山公司）、宁夏大展房地产开发有限公司（以下简称大展公司）债务转移合同纠纷一案，宁夏高院 2011 年 5 月 27 日作出（2010）宁民商初字第 2 号民事判决：一、长金公司在判决生效后 15 日内支付农业银行债务本金 6769.9 万元及利息。二、银广夏公司管理人对于上述债务中的本金 6394.9 万元及利息承担连带清偿责任。其履行连带清偿义务后，有权向长金公司追偿。三、如长金公司不能偿还农业银行上述借款，农业银行有权对贺兰山公司设定的抵押物折价或者拍卖、变卖所得的价款优先受偿（包括最高额抵押 3000 万元，其他抵押 1550 万元及利息，按中国人民银行同期贷款基准利率计算）。贺兰山公司履行连带清偿义务后，有权向长金公司追偿。四、驳回农业银行的其他诉讼请求。

农业银行依据该判决向宁夏高院申请强制执行，宁夏高院于 2011 年 11 月 17 日立案受理。被执行人未按执行通知书的要求履行生效法律文书确定的义务，宁夏高院于 2011 年 12 月 21 日作出（2011）宁高执裁字第 13 - 1 号执行裁定（以下简称第 13 - 1 号执行裁定）：一、冻结、扣划被执行人长金公司、银广夏公司管理人、贺兰山公司银行存款 7942 万元。二、被执行人银行存款偿还不足部分，则查封、扣押、拍卖、变卖其相应价值的财产。

贺兰山公司于 2012 年 3 月 26 日对第 13 - 1 号执行裁定、（2011）宁

高法执通字第 13 号执行通知书提出执行异议，认为不应执行其财产，其主要理由如下：（1）生效判决的判项中并不及于贺兰山公司抵押财产之外的财产，第 13-1 号执行裁定冻结并划扣贺兰山公司银行存款，查封、扣押、拍卖、变卖其他相应价值财产，没有判决依据。（2）根据判决第三项，只有在长金公司永远性、长久性丧失清偿能力，而不是暂时不能清偿时，才能执行贺兰山公司的财产，而该先决条件尚未成就。（3）银广夏公司已经批准的重整计划中，长金公司让渡 70% 的股份给重组方，农业银行作为银广夏公司的主要债权人同意该股份让渡方案。农业银行的上述行为实质性构成对长金公司的主债务免除，据此贺兰山公司的担保债务亦应相应免除。（4）银广夏公司经批准的重整计划中，普通债权每笔 100 万元以下部分清偿比例为 100%，100 万元以上至 1000 万元以下部分清偿比例为 70%，1000 万元以上部分清偿比例为 59%。农业银行作为银广夏公司的主要债权人同意该重整计划，主动免除了银广夏公司相应的担保债务。银广夏公司与贺兰山公司都是长金公司的担保人，且银广夏公司是第一顺位的连带责任担保人，农业银行免除担保人银广夏公司的债务，其效力应当及于其他担保人，贺兰山公司的担保债务也应当一并免除。（5）贺兰山公司是自治区葡萄酒产业的龙头企业，承载1000 多名职工的就业，本案所涉抵押资产均系核心经营性资产，如果强行执行抵押资产，必然导致贺兰山公司停业关闭，大量职工失业。

宁夏高院审查后认为：作为本案执行依据的民事判决书判决主文第三条确定，长金公司不能偿还农业银行上述借款，农业银行有权对贺兰山公司设定的抵押物变价款优先受偿；贺兰山公司履行连带清偿义务后有权向长金公司追偿。生效判决还认定，贺兰山公司应对上述债务中的4550 万元及其中 1550 万元的利息承担连带清偿责任。该判决明确了贺兰山公司在本案中承担连带清偿责任，农业银行对贺兰山公司设定的抵押物享有优先受偿权。农业银行可以要求长金公司履行债务，也可要求

贺兰山公司在其保证范围内承担连带清偿责任。贺兰山公司认为执行其
财产的先决条件尚未成就，只有在长金公司永远性、长久性丧失清偿农
业银行债务能力的情况下才能够执行贺兰山公司的理由不能成立。贺兰
山公司认为农业银行实质性放弃对长金公司的执行，放弃对银广夏公司
的担保债权，据此不应再执行其财产的异议理由没有事实和法律依据，
不予支持。遂作出第2号异议裁定，驳回了贺兰山公司的异议。

贺兰山公司向最高人民法院申请复议认为，基于上述提出执行异议
的理由，贺兰山公司认为第13-1号执行裁定错误，而第2号异议裁定
未予纠正。同时执行法院不考虑本案影响巨大，案情复杂，不遵守召开
听证会的惯例，在其提出异议的第三天即作出书面审查结论，未对异议
理由予以实质性回应而径直驳回异议，反常的程序让人质疑其出发点和
公平性。请求：一、撤销宁夏高院第2号异议裁定；二、裁定不予执行
贺兰山公司财产。

最高人民法院查明：（1）宁夏高院（2010）宁民商初字第2号案件
中农业银行对贺兰山公司的诉讼请求为：判决农业银行就上述债务中的
5335.31万元（其中本金4550万元，利息785.31万元暂算至2009年10
月31日）及自2009年11月1日起至债务还清之日止的利息，对贺兰山
公司抵押资产变现后的价款享有优先受偿权。该判决关于贺兰山公司的
责任认定也只是围绕其抵押责任展开。（2）执行法院在执行过程中，除
对贺兰山公司的抵押物进行评估、拍卖（正在进行中）外，还冻结了其
银行账户。（3）银广夏公司重整计划载明：根据《偿债能力分析报告》，
假设银广夏公司破产清算，即使其全部资产能够按资产变现价值约5100
万元予以变现，则普通债权清偿比例为零。

【裁决结果】

最高人民法院2012年6月28日作出（2012）执复字第18号执行

裁定：

一、撤销宁夏回族自治区高级人民法院（2012）宁高法执异字第2号执行裁定。

二、变更宁夏回族自治区高级人民法院（2011）宁高执裁字第13-1号裁定第一项为：冻结、扣划被执行人浙江长金实业有限公司、广夏（银川）实业股份有限公司管理人银行存款7942万元。

三、变更宁夏回族自治区高级人民法院（2011）宁高执裁字第13-1号裁定第二项为：被执行人银行存款偿还不足部分，则查封、扣押、拍卖、变卖其相应价值的财产。其中对于广夏（银川）贺兰山葡萄酿酒有限公司财产的查封限于其抵押财产的范围。

四、解除宁夏回族自治区高级人民法院依据（2011）宁高执裁字第13-1号裁定对于广夏（银川）贺兰山葡萄酿酒有限公司银行存款的冻结。

五、驳回广夏（银川）贺兰山葡萄酿酒有限公司的其他复议请求。

【裁决理由】

本案的主要争点如下：一是执行依据中确定的贺兰山公司的责任性质与责任财产的范围；二是执行贺兰山公司的先决条件是否成就；三是农业银行是否免除了长金公司的主债务；四是农业银行是否免除了银广夏公司的担保责任并因此而不应再执行贺兰山公司的财产。

关于执行依据中确定的贺兰山公司的责任性质与责任财产的范围。综合考虑宁夏高院（2010）宁民商初字第2号案件中农业银行的诉讼请求、判决书中关于事实的认定与判决主文的表述，可以认定贺兰山公司承担的是抵押责任，其责任财产的范围应限于抵押财产。贺兰山公司的该项复议理由成立。宁夏高院第13-1号执行裁定关于查封财产范围的表述不准确，应对贺兰山公司财产中除抵押财产外的查封部分予以撤销，执行法院据此冻结的贺兰山公司的银行账户应同时解除。宁夏高院的异议裁定未纠正上述错误，也应予以撤销。

关于执行贺兰山公司抵押财产的先决条件是否成就。《物权法》第179条第1款规定：为担保债权的履行，债务人或者第三人不转移财产的占有，将该财产抵押给债权人的，债务人不履行到期债务或者发生当事人约定的实现抵押权的情形，债权人有权就该财产优先受偿。由此规定可见，当事人行使抵押权的条件是债务人不履行到期债务或者发生当事人约定的情形，本案中长金公司未履行到期债务，其偿还债务的责任与贺兰山公司的抵押责任已经生效判决确认，执行程序中根据抵押制度的规定，执行贺兰山公司的抵押财产于法有据，贺兰山公司关于执行其财产条件不成就的主张不能成立。

关于农业银行是否构成了对长金公司主债务的免除。第一，根据破产法的相关规定，只有银广夏公司的债权人才有权对重整计划草案的通过表决，作为银广夏公司的股东长金公司的债权人，农业银行并无该项权利。第二，农业银行在表决中的态度也不能构成对于长金公司债务的放弃。如果银广夏公司破产，长金公司拥有的银广夏公司的股份将没有任何价值。而如果重组成功，则虽然让渡了部分股份，却将因此而增加责任财产，从而有利于农业银行债权的实现。贺兰山公司的该项主张缺乏事实与法律依据。

关于农业银行是否免除了银广夏公司的担保责任并因此而不应再执行贺兰山公司的财产。第一，如上所述，在预计破产清算普通债权清偿比例为零的情况下，农业银行同意重整方案并不意味着免除银广夏公司的担保责任。第二，没有法律规定既有保证又有抵押担保的债权人放弃保证人的责任就不能再就抵押物优先受偿。贺兰山公司的该项主张同样无法获得支持。

此外，法律并未规定作出执行异议裁定必须经过听证程序，故贺兰山公司对于宁夏高院作出执行异议裁定程序的质疑没有法律依据，也不能成立。

三、异议裁定认定基本事实不清，发回执行法院重新审查的案例

【基本案情】

天津市津通房地产开发有限公司（以下简称津通公司）为刘聿、宗勇出资设立的有限责任公司。2009年6月16日，甲方刘聿、宗勇，乙方金守红，丙方天津市银翔经济发展中心（以下简称银翔中心）签订《股权转让框架协议》，约定刘聿、宗勇将持有的津通公司100%股权转让给乙方金守红并由乙方金守红收购津通公司位于天津市南开区长江道51号（宗地编号为津南长2002－022号）未开发的土地（以下简称51号宗地）使用权，丙方对此提供1200万元担保等。金守红于2009年12月31日前向刘聿、宗勇累计支付1.2亿元人民币，刘聿协助金守红在工商机关办理了津通公司85%股权的变更，另15%的股权因刘聿、宗勇拖延不办，被金守红诉至天津市高级人民法院（以下简称天津高院）。天津高院于2010年12月11日作出（2010）津高民二初字第0003号判决（以下简称0003号判决），判定：一、原告金守红与被告刘聿、宗勇、银翔中心签订的《股权转让框架协议》有效，各方当事人应继续履行；二、被告刘聿于2010年4月2日发至原告金守红《关于终止合同、款项及股权返还、解除土地担保关系的函》无效；三、被告刘聿、宗勇于本判决生效后十日内，将其持有的津通公司15%的股权变更工商登记至原告金守红名下；四、解除原告金守红与被告刘聿、宗勇签订的《共管协议书》，判决生效后十日内，被告刘聿、宗勇将其占有的津通公司的公司法人章、财务章、合同专用章、营业执照副本原件、组织机构代码原件

交予原告金守红管理；五、被告刘聿、宗勇向原告金守红支付自 2009 年 12 月 16 日至本判决生效之日，被告刘聿、宗勇未完成 51 号宗地上房屋拆迁和重新与土地管理部门签订土地出让合同的违约金及至被告刘聿、宗勇完成前述两项合同义务之日止的违约金（按原告金守红已付款人民币 1.2 亿元，每日万分之五计算）；六、被告银翔中心对上述给付事项在 1200 万元范围内以抵押物价值承担担保责任。刘聿、宗勇未上诉。后二人向最高人民法院申请再审，最高人民法院于 2011 年 12 月 8 日作出 (2011) 民申字第 668 号民事裁定书，驳回再审申请。

因债务人未履行义务，金守红于 2011 年 2 月向天津高院申请执行。天津高院在诉讼和执行程序中，先后查封了津通公司、刘聿和银翔中心名下相关财产。天津高院立案执行，采取强制措施，将 0003 号判决第三项、第四项执行完毕，津通公司剩余股权过户至金守红名下，公司各类印章、证照等交由金守红管理。2011 年 9 月 20 日，金守红以津通公司名义与天津市交通（集团）有限公司、天津市小客车修理厂就 51 号宗地拆迁补偿等事宜签订了协议书（以下简称"9·20 协议"），11 月 18 日与土地管理部门签订了出让 51 号宗地土地使用权的《补充协议》。

为执行 0003 号判决第五项确定的违约金，根据申请执行人金守红的申请，天津高院决定对查封财产进行评估拍卖。拍卖前，2012 年 3 月，案外人天津市津馥物业管理有限公司、周井俊向天津高院交纳 4000 万人民币。天津高院将其中 3000 万元发还申请执行人金守红后，中止了拍卖。对于被执行人应给付申请执行人违约金的数额，双方当事人存在重大分歧，天津高院于 2012 年 5 月 9 日作出 (2011) 津高执字第 8-3 号裁定（以下简称 8-3 号裁定），认为对于判决书第五项规定的违约金计算终点问题，需要双方当事人在新的为整个框架合同的结算诉讼中予以协商或确认解决，因此，对违约金在 3000 万元外的部分中止执行，等待新的相关法律文书重新确认后，再恢复执行；终结对 0003 号判决第五、六项的本次执行程序。

2012 年 8 月和 2013 年 1 月，金守红两次向天津高院申请恢复对 0003 号判决第五、六项的执行。天津高院同意恢复执行，向被执行人刘聿、宗勇、银翔中心送达了（2013）津高执恢字第 7 号执行通知（以下简称 7 号通知），认定违约金从 2009 年 12 月 16 日开始起算，终点截止到 2011 年 9 月 20 日，共计 3967.057 万元。除已给付申请执行人的 3000 万元之外，三被执行人还应再给付申请执行人 967.057 万元。

刘聿、宗勇不服，向天津高院提出执行异议，认为天津高院决定恢复执行 0003 号判决第五、六项的行为违法，应当纠正。理由主要是 8 - 3 号裁定明确了中止执行 0003 号判决第五、六项的原因，该裁定生效后，非经法定程序不得加以改变，当前的情况没有发生改变，恢复执行的条件没有成就。天津高院经审查，作出（2013）津高执异字第 0001 号执行裁定（以下简称 0001 号裁定）裁定，驳回其异议，认为申请执行人提供证据材料证明 0003 号判决第五项违约金计算的条件已成就，被执行人应向申请执行人给付 967.57 万元违约金而未给付的情况下，恢复执行并无不当。

刘聿、宗勇不服，向最高人民法院申请复议，认为 7 号通知和 0001 号裁定错误，应予撤销。主要理由：一是 8 - 3 号裁定确定了 0003 号判决第五项恢复执行的条件，即待金守红诉刘聿、宗勇等履行《股权转让框架协议》的结算诉讼中予以协商或确认解决。截至今日，该诉讼仍在进行。所以，7 号通知没有事实基础。二是天津高院在 8 - 3 号裁定没有被撤销的情形下，作出与之相悖的 7 号通知，使两个有效法律文书之间产生了矛盾，违反了既判力原则。三是天津高院从接到书面异议到异议审查再到作出裁定，超过规定的期限，程序严重违法。四是 0001 号裁定蓄意虚构了刘聿、宗勇等提出在天津高院限期内自动履行义务以停止拍卖等事实。主要是天津高院许可三被执行人自行变卖查封房产，并保证及时解封和协助过户，但该院收到刘聿等找到的两个买家，支付了4000万元后，违背承诺，将3000万支付给金守红，并在解封房产后迅速应金守红要求另案查封了房产，致使两个买家不能过户。

金守红答辩认为，应当驳回刘聿、宗勇的复议请求，主要理由：一是天津高院0003号判决第五项表述清晰，应当严格按照该判决执行。依照0003号判决，应将违约金继续计算至该地块实际完成了拆迁工作为止。7号通知将违约金计算到2011年9月20日，没有判决依据和事实依据，被复议人金守红不予认可。二是由刘聿控股的天津市津馥物业管理有限公司在本案执行期间向天津高院交付4000万元执行款项后，天津高院仅给付了答辩人3000万元，在案件未执行终结的情况之下擅自向案外人周井俊发还了剩余的1000万元。该案的执行已经丧失了现金的担保，理应在天津高院确定了0003号判决第五项违约金终止日期后，立即恢复执行程序。三是复议申请人在另案中对"9·20协议"的效力提出了异议，但并不影响本案的恢复执行。因为如最终法院认定"9·20协议"无效，那证明拆迁义务尚未开始履行，依据0003号判决第五项，应继续计算刘聿、宗勇应当支付的违约金；暂时将违约金计算到"9·20协议"签订之日并不损害被执行人权益。如最终法院认定"9·20协议"有效、并确认《补充协议》效力，则理所当然可以将"9·20协议"签订日作为计算违约金的暂定终结日。且最高人民法院作出了（2013）民二终字第8号民事判决书，认定拆迁协议有效。8-3号裁定明确载明：待本案具备执行条件时，申请执行人金守红可以申请恢复执行。因此，被复议人申请恢复执行，天津高院恢复执行，并无违法之处。

最高人民法院查明，2012年4月，金守红向天津高院诉请三被执行人支付履行"9·20协议"的拆迁费9662万和土地出让金452.1832万元；后增加诉讼请求，要求确认"9·20协议"有效并支付以9662万元为基数计算违约金。天津高院于2013年9月5日作出（2012）津高民二初字第0003号判决，认为金守红实际上主张与刘聿、宗勇就《股权转让框架协议》进行全面结算，但因争议地块容积率无法确定，驳回了金守红的诉讼请求。金守红不服，向最高人民法院上诉。2013年1月，刘聿、宗勇向天津高院提起诉讼，称由于天津高院的执行，刘聿、宗勇失去对津通公司控制，后金守红将津通公司股权转让他人，导致刘聿、宗勇不能履行以津通公司名义申办51号宗地容积率调升手续等义务，因此，要求金守红依据《股权转让框架协议》支付剩余股权转让款1.056亿元，赔偿违约损失5128.573万元。该诉讼请求被天津高院于2013年9月以（2013）津高民二初字第0006号民事判决驳回。刘聿、宗勇不服，向最高人民法院上诉。最高人民法院将其与上述案件合并审理。另查明，2012年5月，刘聿、宗勇以津通公司不具备缔结51号宗地拆迁补偿和房屋腾空协议权利为由，向天津高院诉请确认"9·20协议"无效，被天津高院于2012年10月以（2012）津高民二初字第0006号民事判决驳回。刘聿、宗勇不服，向最高人民法院上诉。最高人民法院于2013年6月以（2013）民二终字第8号民事判决驳回上诉，维持原判。

【裁决结果】

最高人民法院2014年7月15日作出（2013）执复字第9号执行裁定：

一、撤销天津市高级人民法院（2013）津高执恢字第7号执行通知书和（2013）津高执异字第0001号裁定；

二、发回天津市高级人民法院重新审查。

【裁决理由】

1. 天津高院以双方当事人对0003号判决第五判项确定的违约金之计算终期问题争议较大，而该问题需双方当事人在新的为履行《股权转让框架协议》的结算诉讼中予以协商或确认解决为由，作出 8-3 号裁定：在执行 3000 万元违约金后，对其余部分的违约金终结本次执行，等待新的法律文书重新确认后再恢复执行。而目前，为履行《股权转让框架协议》的结算诉讼仍在进行中，关于违约金之计算终期问题，双方当事人是否协商一致，或者是否有新的法律文书予以确认，天津高院均未作审查，仅根据申请执行人金守红的申请即作出 7 号通知恢复执行，属于基本事实认定不清。

2. 根据 0003 号判决第五判项，刘聿、宗勇向金守红承担的违约金应计算至刘聿、宗勇完成 51 号宗地上房屋拆迁以及重新与土地管理部门签订土地出让合同之日止。但之后，经天津高院强制执行，刘聿、宗勇已将津通公司的证照、印章等交付金守红，金守红于 2011 年 9 月 20 日以津通公司名义与相关主体签订了有关拆迁补偿的"9·20 协议"，又于同年 11 月 18 日与土地管理部门签订了出让 51 号宗地土地使用权的《补充协议》。在此情况下，完成 0003 号判决第五判项所涉两项义务的主体是否实际上由刘聿、宗勇变为金守红，是否可继续将刘聿、宗勇完成该两项义务的日期作为违约金计算终期，以及是否可将金守红签订"9·20"协议之日作为违约金计算终期，均不无疑问。天津高院未对相关事实进行审查，其 7 号通知和 0001 号裁定以公平原则为由，将违约金计算终期确定为 2011 年 9 月 20 日，欠缺事实依据，亦属基本事实认定不清。

【相关法律法规】

中华人民共和国民事诉讼法

（2012 年 8 月 31 日）

第二百二十五条　当事人、利害关系人认为执行行为违反法律规定的，可以向负责执行的人民法院提出书面异议。当事人、利害关系人提出书面异议的，人民法院应当自收到书面异议之日起十五日内审查，理由成立的，裁定撤销或者改正；理由不成立的，裁定驳回。当事人、利害关系人对裁定不服的，可以自裁定送达之日起十日内向上一级人民法院申请复议。

第二百二十七条 执行过程中，案外人对执行标的提出书面异议的，人民法院应当自收到书面异议之日起十五日内审查，理由成立的，裁定中止对该标的的执行；理由不成立的，裁定驳回。案外人、当事人对裁定不服，认为原判决、裁定错误的，依照审判监督程序办理；与原判决、裁定无关的，可以自裁定送达之日起十五日内向人民法院提起诉讼。

最高人民法院
关于适用《中华人民共和国民事诉讼法》的解释

2014 年 12 月 18 日　　　　　　　　　　　　法释〔2015〕5 号

第三百零七条 案外人提起执行异议之诉的，以申请执行人为被告。被执行人反对案外人异议的，被执行人为共同被告；被执行人不反对案外人异议的，可以列被执行人为第三人。

最高人民法院
关于适用《中华人民共和国民事诉讼法》
执行程序若干问题的解释

2008 年 9 月 8 日　　　　　　　　　　　　法释〔2008〕13 号

第十七条 案外人依照民事诉讼法第二百零四条规定提起诉讼，对执行标的主张实体权利，并请求对执行标的的停止执行的，应当以申请执行人为被告；被执行人反对案外人对执行标的所主张的实体权利的，应当以申请执行人和被执行人为共同被告。

最高人民法院
关于人民法院办理执行异议和复议案件若干问题的规定

2014 年 12 月 19 日 法释〔2015〕10 号

第十一条 人民法院审查执行异议或者复议案件，应当依法组成合议庭。

指令重新审查的执行异议案件，应当另行组成合议庭。

办理执行实施案件的人员不得参与相关执行异议和复议案件的审查。

第二十四条 对案外人提出的排除执行异议，人民法院应当审查下列内容：

（一）案外人是否系权利人；

（二）该权利的合法性与真实性；

（三）该权利能否排除执行。

【条文主旨】

本条是关于案外人异议审查内容的规定。

【条文理解】

案外人对执行标的主张异议的基础一定是实体权利，因为，程序异议只能导致执行行为被纠正，但人民法院可以"从头再来"，重新作出执行行为，而案外人的排除执行异议一旦被支持，则执行程序只能"另辟蹊径"，改道而行。正因为案外人的实体异议一旦被支持，对申请执行人债权的受偿将是颠覆性的影响，案外人异议的审查必须规范。

本条对案外人异议审查的内容进行了统一：

1. 案外人必须是其所主张的实体权利的权利人，也就是说，其必须和异议的事项存在实体上的利害关系。否则，其异议即无"实益"。人民法院从程序上也就没有解决异议的必要。例如，张三申请执行王五一案，李四提出法院查封的房产不属于王五，而属于马六。因为王五和该异议事由并无利害关系，人民法院不能支持。

2. 案外人的实体权利是真实存在的，虚假的权利人民法院不能保护。例如，案外人张三提出异议称，其对法院拍卖的房产有租赁权，但经过人民法院查证，该租赁合同是伪造的，就不能得到保护。同时，案外人所主张的权利必须是合法的，违法的权利也不能被保护。例如，人民法院执行过程中，案外人对被执行房屋主张占有，但经查，该占有系案外人以暴力手段强行占有，则该占有不能被保护。

3. 这种权利能够排除申请申请执行人实现的债权。《民事诉讼执行程序解释》第 15 条使用了"足以阻止执行标的转让、交付的实体权利"，民事诉讼司法解释起草过程中，有同志提出"阻止"一词不足以表达案外人异议的内容和目的，应当借用台湾地区"强制执行法"表述，使用"排除"一词。从实践看，能够产生排除效力的实体权利主要包括四类：（1）所有权。原则上，只有被执行人的财产才能成为强制执行的标的，除非法律的特殊规定，或者申请执行的债权能够限制案外人的所有权，否则，不允许执行案外人的财产。（2）物权期待权。根据查封规定和《最高人民法院关于建设工程价款优先受偿权问题的司法解释》，登记财产的无过错买受人和商品房的消费者对购买的标的物虽然并不拥有所有权，仅仅享有物的登记请求权或者交付请求权，仍属于债权范畴但又与一般债权仅是向相对人的请求权不同，例如保护消费者的生存权等，法律基于特殊的价值取向赋予其具有排除一般债权、甚至是抵押权执行的效力，学理上通称为物权期待权（详细内容参见第 28－30 条的解读）。（3）特殊的担保物权。根据《物权法》第 170 条的规定，担保物权就其性质而言，是对担保财产变现价值的优先受偿权。一般而言，当担保财产被金钱债权人申请执行时，案外人对执行财产主张担保物权时，执行法院需要保障担保物权人在受偿顺位上的优先地位，但该权利并不能排除执行。然而，对一些特殊行业，基于公共利益的考量，法律或者司法解释赋予了其对特殊财产的担保物权具有排除执行的效力，例如，为了防范证券市场的系统性风险，《最高人民法院、最高人民检察院、公安部、中国证券监督管理委员会关于查询、冻结、扣划证券和证券交易结算资金有关问题的通知》第 7 条规定：证券登记结算机构依法按照业务规则要求证券公司等结算参与人、投资者或者发行人提供的回购质押券、价差担保物、行权担保物、履约担保物，在交收完成之前，不得冻结、扣划。(4) 租赁权和用益物权。由于租赁权和用益物权以对物使用、收益为权利内容，案外人如对执行标的主张租赁权和用益物权，虽不能排除物的转让，却可以阻止交付占有。

【案 例】

【基本案情】

1997 年 11 月 12 日，烟台市开发区人民法院（以下简称开发区法院）作出（1997）开经初字第 263、264、265、266、267、268、287、288 号民事判决书，判令：烟台经济技术开发区华达经贸总公司（以下简称华达公司）付给中国银行烟台经济技术开发区支行（以下简称中国银行）押汇款本金、利息及诉讼费用共计约人民币 13 422 714 元及美元 686 751.02 元。

判决生效后，中国银行于 1997 年 11 月 24 日向开发区法院申请执行，开发区法院于 1997 年 12 月 5 日立案执行上述八案。执行中，根据双方当事人协商一致的意见，开发区法院于 1997 年 12 月 10 日作出了（1997）开执字第 420－427 号民事裁定书，将审理期间保全查封的华达公司名下位于烟台开发区 IV－3 小区 1.82 万平方米土地及地上建筑物，裁定过户给中国银行用以抵顶前述案件项下的全部债务，同日，开发区法院向开发区建设环保土地局送达了协助办理过户手续的通知书。1998 年 1 月 14 日，开发区建设环保土地局为中国银行办理了土地使用权登记。

1997 年 12 月 30 日、1998 年 1 月 8 日中国建筑第二工程局有限公司

（以下简称中建二局）向开发区法院提出异议，主张涉案土地使用权为其与华达公司共有，但开发区法院未予处理。

此前1997年12月26日，中建二局以华达公司为被告向山东省高级人民法院（以下简称山东高院）提起诉讼，请求判令解除双方的《联合开发房地产合同》，并对上述涉案财产进行分割。1998年11月16日，山东高院对中建二局诉华达公司联合开发房地产合同纠纷一案作出（1997）鲁经初字第96号判决：一、终止双方的联合开发房地产合同；二、共同投资开发的土地及地上建筑物按48.7%（中建二局）和51.3%（华达公司）的比例进行分割，在判决生效后一个月内分割完毕。该判决生效后，中建二局即向开发区法院要求将山东高院判决应当分割给中建二局的财产返还。1999年3月16日，中建二局向山东高院提出强制执行申请。

中建二局向最高人民法院申诉称，其对涉案不动产享有产权且经山东高院（1997）鲁经初字第96号判决确认，开发区法院在明知中建二局对涉案财产享有部分产权的情况下仍然将其执行给中国银行，并作出错误抵债裁定。请求：撤销开发区法院（1997）开执字第420－427号裁定，责令中国银行返还错误取得的中建二局资产。

【裁决结果】

2011年7月25日最高人民法院以（2011）执监字第64号《驳回申诉通知书》驳回中建二局的申诉。

【裁决理由】

一、关于反映开发区法院错误执行中建二局和华达公司约定共有的涉案不动产问题

本案涉案土地使用权登记在被执行人华达公司名下，涉案建筑物的所有行政许可也均以华达公司的名义申请，执行程序中依权利的外观表彰将涉案不动产作为华达公司的财产予以执行并无不当。至于中建二局与华达公司之间的《联合开发房地产合同书》关于土地使用权和地上建筑物所有权归双方共有的约定，因双方始终没有到有关部门办理土地使用权和房产共有登记，不能产生物权变动的效力，该约定只能在中建二局和华达公司之间具有约束力，不能对抗申请执行人中国银行。

二、关于反映开发区法院在山东高院的判决已对涉案不动产在中建二局和华达公司之间分割的情况下继续错误执行的问题

根据中建二局提供的证据材料以及山东高院的调查，1997 年 12 月 10 日开发区法院作出（1997）开执字第 420 - 427 号以物抵债裁定，1998 年 1 月 14 日土地管理部门为中国银行办理土地使用权登记，而此时山东高院（1997）鲁经初字第 96 号判决尚未作出，不能以此后生效的山东高院判决推翻前述开发区法院以物抵债裁定的效力。至于中建二局根据山东高院前述判决主文的第二项享有的请求华达公司分割涉案不动产并予以交付的权利，因开发区法院对涉案不动产的执行而无法实现，参照《执行工作若干规定》第 57 条之规定，中建二局可以请求执行法院裁定由被执行人华达公司折价赔偿，或者按标的物的价值强制执行该公司的其他财产。

【实践中应当注意的问题】

对案外人的异议是否成立，除了依照本条的规定进行审查外，还要注意案外人与申请执行人之间对执行标的物或者履行债务是否有特殊的约定。如果案外人取得执行标的物的权利，系依照与申请执行人的特殊约定，而且在合同中约定了案外人以取得的执行标的物对申请执行人履行给付义务，也不能阻止执行。例如，执行依据确定李四向张三偿还借款 300 万元，申请执行前，张三、李四和王五签订和解协议约定，由王五参加某

法院举行的拍卖会，竞拍张三经营需要的挖掘机用来抵顶李四所欠债务。后王五拍得一辆挖掘机并暂存在李四处。进入执行程序后，法院扣押了该挖掘机，王五对该挖掘机主张所有权，根据其与张三的和解协议，其权利不能排除张三对执行标的物的执行。

【相关法律法规】

中华人民共和国民事诉讼法

（2012 年 8 月 31 日）

第二百二十七条　执行过程中，案外人对执行标的提出书面异议的，人民法院应当自收到书面异议之日起十五日内审查，理由成立的，裁定中止对该标的的执行；理由不成立的，裁定驳回。案外人、当事人对裁定不服，认为原判决、裁定错误的，依照审判监督程序办理；与原判决、裁定无关的，可以自裁定送达之日起十五日内向人民法院提起诉讼。

最高人民法院
关于适用《中华人民共和国民事诉讼法》
执行程序若干问题的解释

2008 年 11 月 3 日　　　　　　　　　　　　　法释〔2008〕13 号

第十五条　案外人对执行标的主张所有权或者有其他足以阻止执行标的的转让、交付的实体权利的，可以依照民事诉讼法第二百零四条的规定，向执行法院提出异议。

第二十五条　对案外人的异议，人民法院应当按照下列标准判断其是否系权利人：

（一）已登记的不动产，按照不动产登记簿判断；未登记的建筑物、构筑物及其附属设施，按照土地使用权登记簿、建设工程规划许可、施工许可等相关证据判断；

（二）已登记的机动车、船舶、航空器等特定动产，按照相关管理部门的登记判断；未登记的特定动产和其他动产，按照实际占有情况判断；

（三）银行存款和存管在金融机构的有价证券，按照金融机构和登记结算机构登记的账户名称判断；有价证券由具备合法经营资质的托管机构名义持有的，按照该机构登记的实际投资人账户名称判断；

（四）股权按照工商行政管理机关的登记和企业信用信息公示系统公示的信息判断；

（五）其他财产和权利，有登记的，按照登记机构的登记判断；无登记的，按照合同等证明财产权属或者权利人的证据判断。

案外人依据另案生效法律文书提出排除执行异议，该法律文书认定的执行标的权利人与依照前款规定得出的判断不一致的，依照本规定第二十六条规定处理。

【条文主旨】

本条是关于民事执行中案外人异议审查标准的规定。

【条文理解】

《民事诉讼法》第 227 条将案外人异议审查作为案外人异议之诉的前置程序，其审查标准问题在理论上和实践中一直存有争议。采形式审查标准还是实质审查标准，在本条司法解释制定过程中，两方观点展开了激烈争论。如果采形式审查标准，则案外人异议与执行过程中法院对被执行人财产权属判断标准基本重合，案外人异议制度存在的必要性将备受质疑。如果采实质审查标准，案外人异议审查和案外人异议之诉的审理标准基本一致，案外人异议审查成了案外人异议之诉的预演，异议审查结论的正当性、合理性同样受到质疑。本司法解释最终确立了"以形式审查为主，实质审查为辅"的案外人异议审查原则。

一、案外人异议形式审查标准和实质审查标准之争

采形式审查标准的观点认为，案外人异议审查应根据登记、占有等物权公示方法和权利外观主义来判断财产权属。主要理由为：第一，《民事诉讼法》第 227 条建立案外人异议执行审查程序前置的目的，就是为了过滤掉一部分明显成立或不成立的案外人异议，为执行程序的进行或停止排除障碍。第二，执行机构进行案外人异议审查的主要目的，在于迅速对案外人异议成立与否进行判断，程序上对各方当事人的权利保障并不周全，尤其是案外人异议审查期限只有 15 天，没有言词辩论等程序保障，无法承担实质审查的任务。第三，案外人异议审查结论并非终局结论，案外人、当事人对异议审查裁定不服的，可通过依法提起执行异议之诉，或者申请再审等法律途径救济。如果执行机构进行实质审查，势必混淆案外人异议和执行异议之诉的不同功能，造成程序拖延和浪费。

采实质审查标准的观点认为，从公平保护案外人合法权利的目的出

发，执行机构对案外人异议应当进行实质审查，即根据权利的实际权属状况来确定权属。目前，执行实施过程中，对被执行人责任财产权属判断的规则就是物权公示原则和权利外观主义。如果案外人异议审查标准和执行过程中财产权属判断标准一致，则案外人异议制度没有意义。所以，案外人异议审查应采实质审查标准，对案外人主张实体权利的判断，不受登记、占有等物权公示方法和权利外观的限制，应当按照实际权属进行认定。如果案外人有充分证据证明，权利表象与真实权利不一致，其为执行标的实际权利人且该权利能够阻止执行的，执行法院对其异议应予支持。

本条司法解释对上述两种观点进行了一定程度的折中，主要确立了"以形式审查为原则，实质审查为例外"的案外人异议审查规则，即一般根据登记、占有等权利表征来判断权属，但如果执行标的无登记或者占有情况的，则根据合同等证明财产权属或者权利人的相关证据进行实质审查。

二、以形式审查为原则、实质审查为例外的案外人异议审查规则

民事执行中，在处理案外人异议时，执行机构和执行法官就案外人主张实体权利之存否的审查判断，在性质上与审判法官依据审判程序所作的权利判断不可同日而语。强制执行奉行形式化原则，执行机构对案外人权利主张之存否的审查，仅限于形式审查，审查的程序、适用的法律、审查结论的效力均不同于审判程序。执行机构所作的案外人权利存否之判断，性质上仅仅针对执行标的物的形式物权而非实质物权，或者

权利表象而非真实权利。[①] 与案外人异议之诉不同，案外人异议程序只是对案外人异议的初步审查判断，在价值取向上更侧重于效率，《民事诉讼法》第227条只规定了15天审查期限，案外人异议审查以迅速、及时处理异议为己任，对程序正义和实体争议的追求无法与审判程序相提并论。案外人异议审查仍属执行程序的组成部分，审查标准总体上与执行实施程序中财产权属判断规则更为相近，而不能完全以案外人异议之诉的审判标准衡量执行程序中的案外人异议审查。执行机关实施强制执行时，应有初步认定执行标的物是否为债务人所有之权能，以执行标的物之存在外观，债务人之实际占有状况，以形式上为判断认定，信为大概属债务人所有为已足，不以确实为债务人所有为必要。[②] 因此，形式审查原则成为民事执行中案外人异议审查的基本规则。这一审查原则的确立，使执行实施程序与案外人异议审查程序基本奉行相对一致的权属判断标准。据此，我国涉执行的案外人实体权利争议，大致可以分为执行程序中的形式审查和执行异议之诉的实质审理相结合的救济模式。但是，任何原则都有例外，原则的例外构成新的原则。在无法进行形式审查，以及本司法解释另有明确规定的情况下，案外人异议审查也允许突破形式审查原则，进行一定的实质审查。案外人异议不论奉行何种审查原则，关键是确立统一、明确的标准，各方遵循相同的"游戏规则"，引导当事人、案外人和执行法院，在一致、确定的规则平台上公平"博弈"，或实施相应的执行行为。

　　形式审查标准主要遵循物权公示原则和权利外观主义，根据法律规定的物权公示方法和权利外观，以及特定情形下为实践广泛认可的非典

---

① 肖建国：《论执行标的实体权属的判断标准——以案外人异议的审查为中心的研究》，载江必新主编、最高人民法院执行局编：《执行工作指导》（2010年第3辑），人民法院出版社2010年版，第162页。

② 参见赖来焜：《强制执行法总论》，台湾元照出版公司2007年版，第418页。

型权利公示方式，审查案外人异议。

物权公示原则，是指物权的设立、变动必须依据法律规定的公示方法予以公开，使第三人能够及时了解物权的变动情况。《物权法》第6条规定：不动产物权的设立、变更、转让和消灭，应当依照法律规定登记。动产物权的设立和转让，应当依照法律规定交付。物权具有排它性质，如果没有通过公示方式将物权表现出来，就会给第三人带来不测的损害，影响交易安全。物权的公示方法必须由法律明确规定，不能由当事人随意创设。动产物权的公示方式是占有或交付，不动产物权的公示方式则是不动产登记。动产占有，是对动产事实上的占领、控制。不动产登记，是借助于国家登记的方式，将不动产权利纳入不动产登记簿，从而使得相关主体知悉这些权利的存在，并使得这些权利获得法律的承认和保护。依据公示原则，公示是物权设定和变动的基本要件。凡是法律规定，需要完成公示程序的，则公示的完成是物权设定和变动的必经步骤。[①] 与物权公示原则密切相关的是物权公信原则。物权公示的法律效力发挥着权利正确性推定的作用。所谓权利正确性推定，是将纳入公示的物权作为正确权利的假定。从物权公示原则出发，司法上和法律解释上首先确定的正确权利是经过公示手段确定的权利，即纳入登记的不动产物权和准不动产物权，以及被占有确认动产物权。依据登记建立的"不动产登记权利的正确性推定""准不动产登记权利的正确性推定""权利物权的正确性推定"，可以说是普遍承认的规则。占有也发挥着正确性推定的作用，其最重要的功能就是以持续占有的状态表示物权人的权利。[②] 物权公示公信原则中的权利正确性推定，是执行程序中判断财产权属的重要依据。执行机构可以依据财产登记状态或占有状态这种外在的权利形态，以权利推定规范为基础，识别执行标的的权利归属。

---

① 王利明：《物权法研究》（修订版上卷），中国人民大学出版社2007年版，第173页。
② 参见孙宪忠：《中国物权法总论》（第二版），法律出版社2009年版，第285~287页。

权利外观主义，又称权利表见主义，由德国商法学者首倡，是指以名义权利人行为的外观，或者有关权利公示的外观为准，认定交易行为效果的法律原则。德国、法国学者称之为"外观法理"，英美法中称为"禁反言"。权利外观主义着眼于保护第三人的信赖利益和交易安全，在商法中的适用更具普遍性，即使外观事实与真实事实不一致，仍然依照外观事实认定行为的法律效力。权利外观主义同样体现了权利推定的法律技术。外观主义的法理念具有广泛的适用性，并非仅作为民商法上关于私法法律效果的判断标准，也并非仅限于以确认交易效力为其目的的指向。实际上，以权利或法律关系的外观事实推定权利的存在、主体和内容，是执行程序、行政程序等自由裁量程序中普遍存在的现象。执行程序有关执行标的权属的判断，除了动产、不动产可以适用物权公示原则外，股权、知识产权等无形财产的权利判断则须借助于外观主义标准。按照外观主义，执行法官能够根据法律的规定或者基于日常生活经验，将生活或交易中已经类型化或一般性调整的权利表征形式，合理的识别判断为真实权利，当然这种判断并非终局确定的权利判断。物权法的巨大贡献是将各种物权的公示方法法律化、统一化，从而为案外人异议中执行法官的权属判断提供了直接的依据。从这个意义上说，物权公示原则与外观主义一脉相承，具有内在的契合性，或者说物权公示原则是外观主义在动产、不动产上的具体适用。①

能够表征权利的，既包括法律规定的权利公示方法，也包括实践中认可的非典型公示方法。法定的权利公示方法固然稳妥，但也有不足：一是对于那些没有法定公示方法的权利，如何识别就成为问题；二是即便是那些有法定公示方法的权利，如果被"法律未入之地"或"法律难

---

① 参见肖建国：《论执行标的实体权属的判断标准——以案外人异议的审查为中心的研究》，载江必新主编、最高人民法院执行局编：《执行工作指导》（2010 年第 3 辑），人民法院出版社 2010 年版，第 169 页。

入之地"违反了，但又具有特定外观，并为特定社会公众普遍认可的权利如何保护，也成为问题；三是同一权利同时并存多个公示方法（包括法定和非典型的方法、弱公示与强公示方法）的，必须在不同公示方法形成的权利外观中进行优劣判断和选择。可见，权利公示方法法定并不能一揽子解决执行标的实体权属的判断问题，既要承认适当的非典型公示方式形成的权利外观也可以成为执行法官权属判断的标准，又要在不同的公示方法发生冲突时，找到最接近真实权利的权利表征形式作为外观权利的判断依据。① 本条司法解释不仅确立了法定的权利公示方法作为案外人异议审查的基本规范，也规定了部分实践中认可的非典型权利公示方法作为判断案外人异议是否成立的标准。同时，本条司法解释又对不同公示方法的适用顺位和适用条件作了明确，即法定的权利公示方法优于非典型的权利公示方法；有特定公示方法的权利状态优于没有公示的权利状态；公示方法强的权利状态优于公示方法弱的权利状态。

在确立形式审查原则的同时，考虑到物权公示原则和权利外观主义的缺陷和不足，本条司法解释也认可在执行标的无登记或占有的情况下，根据合同等证明财产权属的相关证据进行实质审查。并且，在本司法解释的其他条文中，也对形式审查原则作了例外规定，对执行实践中几类特殊情形，规定了实质审查标准。但本司法解释将实质审查限定在特定领域和范围之内，最大限度的区分民事执行中案外人异议审查与执行异议之诉的职能定位。

案外人异议形式审查原则的确立，使民事执行程序在多数情况下摆脱实质审查的职能，将对执行标的的权属进行实质审查的任务，主要交由执行异议之诉承担。有了执行异议之诉作为案外人、申请执行人不服执

---

① 参见肖建国：《论执行标的的实体权属的判断标准——以案外人异议的审查为中心的研究》，载江必新主编、最高人民法院执行局编：《执行工作指导》（2010 年第 3 辑），人民法院出版社 2010 年版，第 169 页。

行法官形式判断结论的后续救济，一定程度上减少了物权公示原则和权利外观主义对执行程序产生的消极影响。案外人异议审查的权属判断标准并非是对案外人权利进行最终确权，案外人实体权利的确定应由执行异议之诉作出最终判断。经过执行异议之诉得出的审理结果，即生既判力，直接约束执行程序。至于案外人、申请执行人是否提起诉讼，则是另一问题。

三、案外人异议审查规则的具体适用

（一）不动产

1. 已登记的不动产，按照不动产登记簿判断。对于不动产物权而言，公示方式就是不动产登记。所谓不动产登记，指的是借助于国家登记的方式，将不动产物权纳入不动产登记簿，从而使相关主体知悉这些权利存在，并使这些权利获得法律的承认和保护的法律制度。《物权法》第9条第1款规定：不动产物权的设立、变更、转让和消灭，经依法登记，发生效力；未经登记，不发生效力，但法律另有规定的除外。不动产物权登记是不动产物权的法定公示手段，是不动产物权设立、变更、转让和消灭的生效要件，也是不动产物权依法获得承认和保护的依据。据此，我国不动产物权采登记要件主义立法例，只是在法律另有规定的情况下才有例外。物权法上所说的不动产登记主要是指登记与否的事实，而不是登记的过程。不动产登记簿所载明的内容，是判断不动产物权的根据，体现了不动产登记的权利正确性推定原则。

不动产登记簿是法律规定的不动产物权登记机构管理的不动产物权登记档案。根据《物权法》第14条、第16～17条规定：不动产物权的设立、变更、转让和消灭，依照法律规定应当登记的，自记载于不动产登记簿时发生效力；不动产登记簿是物权归属和内容的根据；不动产权

属证书记载的事项，应当与不动产登记簿一致；记载不一致的，除有证据证明不动产登记簿确有错误外，以不动产登记簿为准。不动产登记簿是国家建立的档案簿册，其公信力以国家的行为担保，并依此为不动产物权变动的可信性提供保障。法律规定物权的归属和内容以不动产登记簿为根据，目的就是从国家公信力的角度对物权相对人的利益进行保护，从而建立一个能以客观标准衡量的公正的经济秩序，这也是物权公示原则的价值和要求。①

不动产登记并不是在任何情况下都是不动产物权设立、变动的判断标准，"不登记则不生效"规则，在我国也存在例外情况，并不适用于不动产物权设立或变动的全部情形。在我国，有一些权利的取得并不是在纳入登记之时，其中最为典型的就是土地承包经营权。②《农村土地承包法》第22条规定：承包合同自成立之日起生效。承包方自承包合同生效时取得土地承包经营权。《物权法》第127条规定：土地承包经营权自土地承包经营权合同生效时设立。县级以上地方人民政府应当向土地承包经营权人发放土地承包经营权证、林权证、草原使用权证，并登记造册，确认土地承包经营权。据此，土地承包经营权的设立，不以登记为生效要件，而是以土地承包合同生效为前提。这一规定虽为不动产物权设立的特例，但符合我国农村的实际情况。一是承包方案经村民会议或村民代表会议讨论同意，承包的地块人所共知，能够起到相应的公示作用。二是承包证书的发放和登记造册，往往滞后于承包合同的签订，不能因此而否定农户的承包经营权。因此，土地承包经营权自承包合同生效时设立，登记造册是作为对承包经营权予以确认的程序。土地承包经营权证、林权证、草原使用权证，是承包人享有土地承包经营权的法

---

① 参见王胜明主编、全国人大常委会法制工作委员会民法室编著：《中华人民共和国物权法解读》，中国法制出版社2007年版，第34、38页。

② 孙宪忠：《不动产登记基本范畴解析》，载《法学家》2014年第6期。

律凭证。为了稳定土地承包关系，更好地保障土地承包经营权人的合法权益，县级以上地方人民政府应当积极向承包人颁发相应的土地承包经营权证书，并登记造册，确认土地承包经营权。①

对于土地承包经营权等不以登记为设立要件的不动产物权，如果尚未建立登记的，则不以登记为权属判断标准，应按照土地承包经营合同等导致执行标的物权设立、变动的合法事由判断权属。需要说明的是，《物权法》第 129 条规定：土地承包经营权人将土地承包经营权互换、转让，当事人要求登记的，应当向县级以上地方人民政府申请土地承包经营权变更登记；未经登记，不得对抗善意第三人。我国对已经登记的土地承包经营权变动采对抗主义，对于建立登记的土地承包经营权变动，未经登记，不得对抗善意第三人。据此，已经登记造册、确认权属的土地承包经营权，其物权变动采登记对抗主义，属于本条司法解释所称已登记的不动产，应按照不动产登记簿判断权属。

2. 未登记的建筑物、构筑物及其附属设施，按照土地使用权登记簿、建设工程规划许可、施工许可等相关证据判断。不动产物权的登记并非都是最终完成的状态，有些正在建设过程中或者尚未登记的建筑物、构筑物及其附属设施，往往也会成为执行标的，对于这类不动产权属的判断，则需根据土地使用权登记情况、建设工程规划许可证、建筑工程施工许可证等相关证据判断。部分案件也可能涉及《物权法》第 30 条的适用。

对未办理登记的建筑物、构筑物及其附属设施，土地使用权的登记情况是判断这些地上物权属的重要依据。而建设工程规划许可、建筑工程施工许可等行政审批资料，对于证明建筑物、构筑物及其附属设施的建造者具有重要意义。建设用地使用权人在取得建设用地使用权后，凭

---

① 王胜明主编、全国人大常委会法制工作委员会民法室编著：《中华人民共和国物权法解读》，中国法制出版社 2007 年版，第 275、276 页。

建设用地使用权证书及立项许可等其他政府批准文件，申请有关建设主管部门发放建设许可证、开工许可证等，取得对土地进行开发建设的合法手续后，即可以按照批准的用途，以该土地建设建筑物、构筑物及其附属设施。《物权法》第142条规定：建设用地使用权人建造的建筑物、构筑物及其附属设施的所有权属于建设用地使用权人，但有相反证据证明的除外。建设工程行政许可资料与土地使用权登记簿的相互印证，在持形式审查立场的案外人异议审查程序中，足以对地上物权属的判断形成结论，至于是否"有相反证据证明"的问题，涉及权属的实质审查，原则上应由执行异议之诉审理。需要说明的是，《物权法》第142条规定的建筑物、构筑物及其附属设施，应属合法建造而产生。违章建筑依法须没收或强制拆除的，不属于该条规定的调整范围。

关于因事实行为设立物权的情形，《物权法》第30条规定：因合法建造、拆除房屋等事实行为设立或者消灭物权的，自事实行为成就时发生效力。这是关于事实行为导致物权变动效力的规定。所谓事实行为，是指不以行为人的意思表示为要素，但是由于法律的规定，能够产生一定民事法律后果的行为。因事实行为而导致物权的设立或消灭，自事实行为成就时发生效力，而不需要遵循一般的物权公示方法（不动产为登记，动产为交付）即生效力。我国存在许多因合法建造房屋等事实行为设立物权的情况，这种情形下的建房有些虽然缺少登记行为，但不能将这种行为形成的建筑物作为无主财产对待，对其所有权法律承认归建房人所有。比如，农民在宅基地上建造的住房，自建成之日起就取得该住房的所有权。① 这里的建造，必须是合法建造。合法建房取得物权的条件是：第一，必须有合法的建房手续。《物权法》第30条所说的合法建房指的是取得了合法手续的建房，违章建筑不适用该条规定。所谓合法，

---

① 参见王胜明主编、全国人大常委会法制工作委员会民法室编著：《中华人民共和国物权法解读》，中国法制出版社2007年版，第68、69页。

主要是强调完成了特定的审批手续，取得了合法的土地权利，符合规划要求。在建造房屋的情况下，因为无须办理登记就可以取得物权，因此，房屋的建造必须合法。否则就意味着鼓励人们擅自突破城市规划、违章建房。第二，必须已经建成房屋。①

（二）动产

1. 已登记的机动车、船舶、航空器等特定动产，按照相关管理部门的登记判断。机动车、船舶、航空器因其价值一般超过普通动产，在法律上被视为一种"准不动产"，其物权变动应当以登记为公示方法。但在登记的效力上，这些特定动产又有别于不动产，不采用登记要件主义，而是采用登记对抗主义。《海商法》第9条规定：船舶所有权的取得、转让和消灭，应当向船舶登记机关登记；未经登记的，不得对抗第三人。②《民用航空法》第14条规定：民用航空器所有权的取得、转让和消灭，应当向国务院民用航空主管部门登记；未经登记的，不得对抗第三人。《物权法》第24条规定：船舶、航空器和机动车等物权的设立、变更、转让和消灭，未经登记，不得对抗善意第三人。这里的"未经登记不得对抗"，是指特定动产物权变动没有办理登记的，不得对抗他人经过登记取得的权利；对于"善意第三人"的范围，存在一定的争议，有的学者认为，这里的善意第三人，是指不知道也不应当知道物权发生变动的物权关系相对人。但也有不少学者认为，这里的第三人，既包括所谓的物权第三人，也包括信赖登记的一般债权人，尤其是坚持商事外观主义的商法学者多持此观点。就公示方法的强弱而言，特定动产的登

---

① 参见王利明：《物权法研究》（修订版上卷），中国人民大学出版社2007年版，第297页。
② 需要说明的是，根据《海商法》第3条规定：该法所称船舶，是指海船和其他海上移动式装置，但是用于军事的、政府公务的船舶和20总吨以下的小型船艇除外。而《物权法》第9条所称的船舶则无上述限制，应指一切船舶。

记属于表征物权更强的公示方法，在相关部门办理的登记，对社会具有公示公信效力，善意第三人有权信赖国家登记机关的登记情况从事相关行为。虽然特定动产的占有情况可能更接近于真实的权利情况，但就物权公示方法而言，登记对抗主义规则赋予特定动产登记比占有更强的公示性。在特定动产的占有和登记不一致时，执行程序对物权权属的判断首先以物权登记或者相关管理部门的登记为依据。

2. 未登记的特定动产和其他动产，按照实际占有情况判断。动产物权的公示方式有两种：一是作为动态公示方式的交付，一是作为静态权利表征的占有。在中国，多数学术著作只把交付当作动产物权的公示方式，这种观点忽视了占有表征静态权利的公示作用。动产的占有和交付是两种不同的公示方式。[1] 本条司法解释主要从静态的权利表征层面，对于未登记的特定动产和其他动产，规定按照占有情况判断权属。占有作为物权的公示方式，其最主要的功能就是以持续占有的状态表示物权人的权利。[2] 学理上，占有作为一种对物进行控制和管领的事实状态，可分为直接占有和间接占有，其中直接占有即是不通过他人媒介而能够对自己所有或他人之物进行直接控制和管领的事实状态，直接占有侧重的是物理意义上对物现实、直接的控制；间接占有即因他人媒介的占有而对物享有间接的控制。间接占有的前提是间接占有人同媒介占有人（直接占有人）之间存在某种法律关系，例如承租人、受寄人或者基于其他类似的法律关系，对于他人之物为占有的称为直接占有，而该他人即出租人或者寄托人等称为间接占有。间接占有侧重在间接占有人通过与直接占有人的某种特定法律关系，而间接的对物进行控制和管领。[3]

---

① 孙宪忠：《中国物权法总论》（第二版），法律出版社 2009 年版，第 281 页。

② 孙宪忠：《中国物权法总论》（第二版），法律出版社 2009 年版，第 287 页。

③ 参见王胜明主编、全国人大常委会法制工作委员会民法室编著：《中华人民共和国物权法解读》，中国法制出版社 2007 年版，第 61 页。

《物权法》第 26 条规定的指示交付和第 27 条规定的占有改定，动产物权的受让人即是取得对标的物的间接占有，第三人、出让人则分别对指示交付、占有改定的标的物直接占有。

本条司法解释将占有明确限定为"实际占有"，系指对动产的直接占有状态而言。间接占有在所有权人与直接占有人之间往往存在某种法律关系，这种法律关系难以通过明显的外观事实予以公示，而且对这种法律关系的判断往往需要进行实质审查才能确定，在案外人异议 15 日审查期间内难以完全实现。因此，本条司法解释确立以实际占有的外观，作为案外人异议审查确定财产权属的基本规则，将基于某种法律关系设立间接占有的认定问题，交由执行异议之诉审理。诸如指示交付和占有改定等涉及实质审查层面的问题，不在案外人异议审查程序中处理，而应由间接占有人通过案外人异议之诉，最终确定是否应对该争议标的强制执行。有学者认为，案外人以占有改定与指示交付为由主张取得执行标的动产的所有权时，其所有权未经公示因而效力尚不完全，案外人的权利主张并不能对抗申请执行人（第三人）。[1] 这一立场，与本条司法解释确立的案外人异议形式审查原则是一致的。

（三）银行存款和存管在金融机构的有价证券

1. 银行存款和存管在金融机构的有价证券，按照金融机构和登记结算机构登记的账户名称判断。对于银行存款，执行法院应按照在金融机构开立的账户名称判断是否为被执行人所有。有价证券是指设定并证明持券人有权取得一定财产权利的书面凭证。根据《证券法》第 2 条，适用该法的有价证券主要包括股票、公司债券、政府债券、证券投资基金

---

[1] 肖建国：《论执行标的实体权属的判断标准——以案外人异议的审查为中心的研究》，载江必新主编、最高人民法院执行局编：《执行工作指导》（2010 年第 3 辑），人民法院出版社 2010 年版，第 166 页。

份额及国务院依法认定的其他证券。本条司法解释第 1 款第（3）项对所适用的有价证券做了范围限制，只是针对存管在金融机构的有价证券，而非全部有价证券。这部分有价证券，按照登记结算机构登记的账户名称判断权属。

证券登记，是指证券登记结算机构为证券发行人建立和维护证券持有人名册的行为。《证券法》第 155 条规定：证券登记结算机构是为证券交易提供集中登记、存管与结算服务，不以营利为目的的法人。证券登记具有确定或变更证券持有人及其权利的法律效力，是保障投资者合法权益的重要环节，也是规范证券发行和证券交易过户的关键所在。登记的信息包括但不限于以下内容：证券持有人姓名或名称、证券账户号码、有效身份证明文件号码、证券持有人通讯地址、持有证券名称、持有证券数量、证券托管机构以及限售情况、司法冻结、质押登记等证券持有状态。证券登记按证券种类可以划分为股份登记、基金登记、债券登记、权证登记、交易型开放式指数基金登记等；按性质可以划分为初始登记、变更登记、退出登记等。[①] 证券登记结算机构的登记结算，采取全国集中统一的电子化运营方式，既方便当事人和第三人登记、查询，也节省登记成本。

根据《证券法》第 159～160 条规定：证券持有人持有的证券，在上市交易时，应当全部存管在证券登记结算机构；证券登记结算机构应当向证券发行人提供证券持有人名册及其有关资料；证券登记结算机构应当根据证券登记结算的结果，确认证券持有人持有证券的事实，提供证券持有人登记资料；证券登记结算机构应当保证证券持有人名册和登记过户记录真实、准确、完整，不得隐匿、伪造、篡改或者毁损。根据《证券投资基金法》第 103 条规定：基金份额登记机构以电子介质登记

---

① 中国证券业协会编：《证券交易》，中国财政经济出版社 2011 年版，第 303～304 页。

的数据，是基金份额持有人权利归属的根据。基金份额持有人以基金份额出质的，质权自基金份额登记机构办理出质登记时设立。基金份额登记机构应当妥善保存登记数据，并将基金份额持有人名称、身份信息及基金份额明细等数据备份至国务院证券监督管理机构认定的机构。其保存期限自基金账户销户之日起不得少于 20 年。基金份额登记机构应当保证登记数据的真实、准确、完整，不得隐匿、伪造、篡改或者毁损。依据上述法律规定，证券登记结算机构的登记情况，具有表征证券权利状态的公示作用，这些有价证券的权属应按照在证券登记结算机构登记的账户名称判断。证券账户是专门用来保管投资者证券的账户，包括投资者开立的股票账户、债券账户和投资基金账户等，主要用来记载和反映投资者持有的证券种类、数量等情况，实际上是投资者权益的表示方法，记载于证券账户内的证券资产属于投资者所有。

2. 有价证券由具备合法经营资质的托管机构名义持有的，按照该机构登记的实际投资人账户名称判断。投资者必须通过具有经纪资格的证券经纪商才能从事证券交易所交易，不能进入证券交易所直接交易。获得自营资格的证券公司也是合法的投资者，有权以自己的名义直接从事证券交易，即自营买卖。证券托管不同于存管，是指证券公司接受客户委托，代其保管证券并提供权益维护服务的行为。证券存管，是指证券公司将投资者交给其保管的证券，以及自身持有的证券统一交给证券登记结算机构保管，并由后者代为处理有关证券权益事务的行为。证券存管反映了证券登记结算机构与证券公司之间的保管关系；证券托管反映了证券公司与客户之间的保管关系。在账户记录上，由于实现了无纸化，证券登记结算机构一般以证券公司为单位，采用电脑记账方式记载证券公司交给的证券；证券公司也采用电脑记账的方式记载投资者的证券。[1]

---

[1]　中国证券业协会编：《证券交易》，中国财政经济出版社 2011 年版，第 28 页。

股票、基金份额等有价证券由具备合法经营资质的证券公司、基金托管人名义持有的，按照该机构登记的实际投资人账户名称判断证券的权利人。

（四）股权

本条司法解释第 1 款第（4）项所称股权，不是泛指所有股权，而是指除本条司法解释第 1 款第（3）项规定之外的，不在登记结算机构登记的股权。依法应当在证券登记结算机构登记的股权，包括上市公司股权、公开发行股份的公司股权、非公开发行但股东在 200 人以上的公司股权等，这些股权的表现形式都为股票。根据证券法规定，这些股票都实现无纸化管理，其发行、转让等行为都要受证券监督办理机构的监管，股票的过户、结算、保管等行为都要通过证券登记结算机构。[①] 上述股权权属判断，应以证券登记结算机构登记的账户名称为准；而有限责任公司股权应以工商登记为依据。关于有限责任公司股权权属问题，《公司法》第 32 条第 2 ~ 3 款规定：记载于股东名册的股东，可以依股东名册主张行使股东权利。公司应当将股东的姓名或者名称及其出资额向公司登记机关登记；登记事项发生变更的，应当办理变更登记。未经登记或者变更登记的，不得对抗第三人。该条明确肯定了有限责任公司股权的两种法定公示方法：股东名册的记载和工商登记，同时实践中还存在着以出资证明、股权转让协议来表征股权的情况。就权利公示方法的强弱而言，首先，根据商法公示主义与外观主义原则，公司的工商登记对社会具有公示公信效力，善意第三人有权信赖公司登记机关的登记文件，执行法官也应当以工商登记表现的权利外观作出股权权属的判断。其次，股东名册是公司的内部文件，其公示性弱于工商登记，在与工商

---

① 王胜明主编、全国人大常委会法制工作委员会民法室编著：《中华人民共和国物权法解读》，中国法制出版社 2007 年版，第 487 ~ 488 页。

登记不一致时，应当优先依据工商登记形成的权利表象。因此，在股权强制执行中，对有限责任公司股权的权利判断首先以工商登记为依据。[①]

　　全国企业信用信息公示系统于 2014 年 2 月上线运行。该系统提供在工商部门登记的各类市场主体信息查询服务。查询范围包括各级工商机关登记在册的所有商事主体。该系统信息公示的法律依据为《政府信息公开条例》、国务院《注册资本登记制度改革方案》等。公示信息的主要内容包括：市场主体的注册登记、许可审批、年度报告、行政处罚、抽查结果、经营异常状态等信息。其中，工商公示信息由工商部门提供，信息来自各登记机关，主要有：登记信息，包括企业基本信息、投资人信息及企业变更信息；备案信息，包括企业主要人员信息及分支机构信息；行政处罚信息，包括企业因违反工商行政法律法规被工商部门作出处罚的记录；等等。工商行政管理机关的登记和企业信用信息公示系统公示的信息，是判断相关股权权属的依据。

（五）其他财产和权利

　　1. 有登记的其他财产和权利，按照登记部门的登记判断。有登记的其他财产和权利，是指除动产、不动产、股权等之外的其他以登记为权利公示方式的财产及财产权。执行中常见的有登记的其他财产权主要是专利权、商标专用权。与物权的法定公示方法相似的情况是，专利权由专利审批机关授权登记、公告，商标专用权履行了商标主管机关核准注册、发给商标注册证并予公告的程序，两者都具备了登记、公告等法定的权利公示方法，因此，专利权、商标专用权作为执行标的时，执行法

[①]　参见肖建国：《论执行标的实体权属的判断标准——以案外人异议的审查为中心的研究》，载江必新主编、最高人民法院执行局编：《执行工作指导》（2010 年第 3 辑），人民法院出版社 2010 年版，第 170～171 页。

官对于案外人异议的审查完全可以依照法定公示的权利外观进行权属判断,[①] 以行政机关的登记为准。

2. 无登记的其他财产和权利,按照合同等证明财产权属或者权利人的证据判断。案外人主张实体权利的其他财产和财产权利,如果该财产和财产权并无登记这一权利公示方法的,执行法院应按照合同等导致权利设立、变更、消灭的相关事实,审查判断案外人异议是否成立。这种审查属于实质审查的范畴。票据、仓单、提单、债券等表征财产权利的有价证券,按照权利凭证等相关证据判断权利归属。

四、形式审查原则的例外

物权公示原则和权利外观主义虽然有利于执行程序迅速有效的处理执行标的权属争议问题,但物权公示方法和权利外观表征的权利信息,并不都能真实准确的反映权利实质上的归属。这是两者不可避免的不足之处。案外人异议审查虽坚持形式审查原则,但并不完全排除实质审查,在执行标的无登记或者占有表征,以及本司法解释另有规定的情况下,亦适用有限的实质审查。案外人异议主张本身就是基于实体权利而提起,案外人异议制度不可避免地承载着实体审查职能。如果完全采取形式审查标准,那就意味着是对执行实施程序就标的物权属进行表面判断的简单重复,案外人异议程序就失去了其存在的制度价值。[②] 而且,实质审查作为形式审查原则的辅助性标准,对缓和、减少单纯依据形式审查标准处理案外人异议产生的弊端和问题具有积极作用,是形式审查原则的必要补充。本司法解释第26条至第31条为形式审查原则的例外规定,

---

① 肖建国:《论执行标的的实体权属的判断标准——以案外人异议的审查为中心的研究》,载江必新主编、最高人民法院执行局编:《执行工作指导》(2010年第3辑),人民法院出版社2010年版,第169页。

② 参见王志鹏:《对案外人异议可进行有限的实体审查》,载《人民司法·案例》2014年第20期。

属于案外人异议实质审查规则。形式审查原则的例外与执行实践的实际需要密切相关，对于实践中其他有必要确立实质审查标准的情形，宜待总结实践经验后，由司法解释作出明确规定。

根据本条司法解释第 2 款，案外人依据另案生效法律文书确定的实体权利，对执行标的提出排除执行的异议，如果该法律文书认定执行标的权利人，与依照本条司法解释第 1 款规定得出的判断结论不一致的，例如案外人依照《物权法》第 28 条对执行标的主张物权的，人民法院应依照本司法解释第 26 条规定处理。

【实践中应当注意的问题】

一、执行异议之诉不受案外人异议裁定审查结论的限制

终局判决一旦获得确定，该判决对请求之判断就成为规范今后当事人之间法律关系的基准，当同一事项再度成为问题时，当事人不能对该判断提出争议、不能提出与之相矛盾的主张，法院也不能做出与该判断相矛盾或抵触之判断。这种确定判决之判断被赋予的通用性或拘束力，就是所谓的既判力。与形式的确定力相对，既判力也被称为实体的确定力。[①] 案外人异议程序虽然审查处理实体法问题，但人民法院在案外异议审查中对案外人所主张的实体权利所作裁定并没有既判力。因此，民事诉讼法规定案外人、当事人不服该裁定的，有权提起执行异议之诉。审理执行异议之诉的审判部门不受案外人异议裁定结论拘束，应根据查明的案件事实和相关法律规定作出裁判，不能直接将案外人异议审查裁定作为执行异议之诉的审理依据。根据《民事诉讼法解释》第 312～313条规定：对案外人提起的执行异议之诉，人民法院经审理，按照下列情

---

① ［日］新堂幸司：《新民事诉讼法》，林剑锋译，法律出版社 2008 年版，第 472 页。

形分别处理：（1）案外人就执行标的享有足以排除强制执行的民事权益的，判决不得执行该执行标的；（2）案外人就执行标的不享有足以排除强制执行的民事权益的，判决驳回诉讼请求；案外人同时提出确认其权利的诉讼请求的，人民法院可以在判决中一并作出裁判。对申请执行人提起的执行异议之诉，人民法院经审理，按照下列情形分别处理：（1）案外人就执行标的不享有足以排除强制执行的民事权益的，判决准许执行该执行标的；（2）案外人就执行标的享有足以排除强制执行的民事权益的，判决驳回诉讼请求。对于执行异议之诉的裁判作出后，案外人异议裁定的法律效力问题，《民事诉讼法解释》第314条规定：对案外人执行异议之诉，人民法院判决不得对执行标的的执行的，执行异议裁定失效。对申请执行人执行异议之诉，人民法院判决准许对该执行标的的执行的，执行异议裁定失效，执行法院可以根据申请执行人的申请或者依职权恢复执行。

二、民事执行中案外人异议审查程序、审查标准与财产刑执行中案外人异议审查程序、审查标准的差异

对于执行法官而言，非基于形式物权进行执行标的的权属的判断，则无法保证在很短时间内作出最大限度地符合实质物权的迅速判断。[①] 财产刑以被执行人合法所有的财产为执行标的，民事执行中的"责任财产"理论也可直接适用于财产刑的执行。财产刑执行过程中，一般情况下，人民法院对被执行人财产权属判断规则与民事执行无异，物权公示规则和权利外观主义也是财产刑执行中，判断相关财产是否属于被执行人所有的基本原则。但是，物权公示原则和权利外观主义也有其适用的

---

① 肖建国：《论执行标的的实体权属的判断标准——以案外人异议的审查为中心的研究》，载江必新主编、最高人民法院执行局编：《执行工作指导》（2010年第3辑），人民法院出版社2010年版，第164页。

范围和局限。有些情况下，物权公示方法和权利外观表征的权利表象，与权利的实际情况并不一致。由于财产刑执行和民事执行在程序构造上的差异，上述原则在财产刑执行中的适用也受到相应影响，人民法院执行财产刑的部分特殊情况下，对被执行人合法所有财产的认定，有别于民事执行，有必要在例外情况下突破形式审查原则。

由于财产刑执行没有民事执行程序中的申请执行人，而是由人民法院依职权主动启动，如果完全根据物权公示原则和权利外观主义判断财产权属，对于被执行人转移、隐匿财产的行为，则缺乏有效的应对手段。在民事执行中，由于有申请执行人一方，对被执行人财产权属的实体法争议，申请执行人可以通过相应的诉讼途径予以解决。而财产刑执行由于没有申请执行人参与，缺乏此类诉讼程序的保障，执行法院不能完全按照物权公示原则和权利外观主义审查判断财产权属问题，对于可能存在的被执行人转移、隐匿财产的情形，以及权利表象与真实权利不一致等问题，有必要赋予执行法院对财产归属进行实质审查的权限，确定相关财产的真实权属，以弥补申请执行人诉讼角色缺失给财产权属认定带来的问题。同时，因为没有民事执行意义上的申请执行人，财产刑执行中，执行异议之诉的提起也受到很大限制。根据《民事诉讼执行程序解释》第 17 条、《民事诉讼法解释》第 307 条，案外人异议之诉以申请执行人为被告。在申请执行人许可执行之诉中，申请执行人处于原告的诉讼地位。由于申请执行人这一诉讼角色的缺失，典型的案外人异议之诉和申请执行人许可执行之诉（申请执行人执行异议之诉）在财产刑执行中是不存在的。正是基于这种考虑，《刑事裁判涉财产部分执行规定》第 14 条对民事执行中案外人异议、执行异议之诉的救济方式，在财产刑执行中进行了改造，将案外人对执行标的主张足以阻止执行的实体权利提出的异议，规定为依照《民事诉讼法》第 225 条的规定处理。这一变化，排除了执行异议之诉的提起，使财产刑执行程序对案外人异议的审查具有一定的终局性。随之而来的问题是，财产刑执行中，人民法院对"案外人异议"的审查标准，也有别于民事执行。因为民事执行中，有执行异议之诉的保障，执行法院对案外人异议的审查结论不是终局性的，异议审查结论也没有既判力，因此，民事执行应当根据本条司法解释确立的形式审查原则及其例外，处理案外人异议。而财产刑执行程序没有申请执行人，民事执行中的执行异议之诉无法提起，人民法院依照《民事诉讼法》第225条对"案外人异议"的审查结论具有终局性，这就决定了人民法院的审查不能再局限于形式审查的范围，而不得不介入实质审查。

【案 例】

【基本案情】

黑龙江省高级人民法院（以下简称黑龙江高院）依据已经发生法律效力的最高人民法院（2007）民二终字第225号民事判决书，受理中国工商银行股份有限公司哈尔滨河图支行（以下简称河图支行）申请执行黑龙江省宇同房地产开发公司（以下简称宇同公司）、哈尔滨长城建筑股份有限公司借款合同纠纷一案。在执行过程中，黑龙江高院于2009年6月8日以（2008）黑高法执字第33-4号执行裁定，拍卖宇同公司所有的坐落于哈尔滨市南岗区西大直街416-418号惠隆苑小区（现学府名苑小区）的四处房产，产权证分别为哈房权证南字第00067182、00067183、00067184、00065598号。案外人哈尔滨市中实建筑工程有限公司（以下简称中实公司）提出执行异议称，宇同公司将位于惠隆苑小区西大直街、延兴路（产权证分别为哈房权证南字第00067182、00067183号）一层的四处商服用房抵偿欠其的工程款，故其对上述房产拥有所有权，请求停止拍卖。中实公司向黑龙江高院提交其与宇同公司与 2003 年 4 月 17 日、5 月 18 日签订的将正在施工建设的"学府名苑"小区四处商服用房抵给中实公司的房屋抵账协议两份、上述争议房产出租给他人的出租协议书两份、中实公司与同宇公司签订的建设慧隆苑小区 v 区（多层住宅楼非本案抵押物）施工合同的证据。

黑龙江高院查明，2003 年宇同公司与河图支行签订了《房地产业借款合同》，约定宇同公司向河图支行借款 4000 万元用于房地产开发。2005 年宇同公司与河图支行签订抵押合同，宇同公司用其所有的位于哈尔滨市南岗区西大直街 416－418 号部分房产（产权证号为哈房权证南字第 00067182、00067183、00067184、00065598 号）为 4000 万元借款提供担保，并办理了抵押登记。案外人中实公司未向法院提供其依法享有争议房屋所有权的凭证。

【裁决结果】

黑龙江高院作出 (2010) 高法执异字第 2 号执行裁定：驳回案外人哈尔滨市中实建筑工程有限公司的异议请求。

【裁决理由】

房地产权利人通过买卖、赠与或其他合法方式将其房地产转移给他人的行为，当事人应当依法办理权属登记。房屋所有权证书是权利人享有不动产物权的证明。案外人中实公司虽提供了其与被执行人宇同公司对争议房产签订的抵账协议，但并未提供其享有争议房产所有权的凭证。生效的法律文书已确认被执行人宇同公司如不能清偿河图支行借款及利息，对其不能清偿部分应以抵押的房产折价、拍卖的价款清偿，现争议房地产仍登记在被执行人名下，争议房产的权属并未发生转移，法院拍卖被执行人所有的房产并无不当。案外人中实公司的异议请求缺乏事实和法律依据。

【相关法律法规】

中华人民共和国物权法

（2007 年 3 月 16 日）

第六条　不动产物权的设立、变更、转让和消灭，应当依照法律规定登记。动产物权的设立和转让，应当依照法律规定交付。

第九条　不动产物权的设立、变更、转让和消灭，经依法登记，发生效力；未经登记，不发生效力，但法律另有规定的除外。

依法属于国家所有的自然资源，所有权可以不登记。

第十四条　不动产物权的设立、变更、转让和消灭，依照法律规定应当登记的，自记载于不动产登记簿时发生效力。

第十六条　不动产登记簿是物权归属和内容的根据。不动产登记簿由登记机构管理。

第十七条　不动产权属证书是权利人享有该不动产物权的证明。不动产权属证书记载的事项，应当与不动产登记簿一致；记载不一致的，除有证据证明不动产登记簿确有错误外，以不动产登记簿为准。

第二十四条　船舶、航空器和机动车等物权的设立、变更、转让和消灭，未经登记，不得对抗善意第三人。

第二十六条　动产物权设立和转让前，第三人依法占有该动产的，负有交付义务的人可以通过转让请求第三人返还原物的权利代替交付。

第二十七条　动产物权转让时，双方又约定由出让人继续占有该动产的，物权自该约定生效时发生效力。

第二十八条　因人民法院、仲裁委员会的法律文书或者人民政府的征收决定等，导致物权设立、变更、转让或者消灭的，自法律文书或者人民政府的征收决定等生效时发生效力。

第三十条   因合法建造、拆除房屋等事实行为设立或者消灭物权的，自事实行为成就时发生效力。

第一百二十七条   土地承包经营权自土地承包经营权合同生效时设立。

县级以上地方人民政府应当向土地承包经营权人发放土地承包经营权证、林权证、草原使用权证，并登记造册，确认土地承包经营权。

第一百二十九条   土地承包经营权人将土地承包经营权互换、转让，当事人要求登记的，应当向县级以上地方人民政府申请土地承包经营权变更登记；未经登记，不得对抗善意第三人。

第一百四十二条   建设用地使用权人建造的建筑物、构筑物及其附属设施的所有权属于建设用地使用权人，但有相反证据证明的除外。

中华人民共和国农村土地承包法

(2002 年 8 月 29 日)

第二十二条   承包合同自成立之日起生效。承包方自承包合同生效时取得土地承包经营权。

中华人民共和国证券法

(2005 年 10 月 27 日)

第二条   在中华人民共和国境内，股票、公司债券和国务院依法认定的其他证券的发行和交易，适用本法；本法未规定的，适用《中华人民共和国公司法》和其他法律、行政法规的规定。

政府债券、证券投资基金份额的上市交易，适用本法；其他法律、行政法规另有规定的，适用其规定。

证券衍生品种发行、交易的管理办法，由国务院依照本法的原则规定。

第一百五十五条　证券登记结算机构是为证券交易提供集中登记、存管与结算服务，不以营利为目的的法人。

设立证券登记结算机构必须经国务院证券监督管理机构批准。

第一百五十九条　证券持有人持有的证券，在上市交易时，应当全部存管在证券登记结算机构。

证券登记结算机构不得挪用客户的证券。

第一百六十条　证券登记结算机构应当向证券发行人提供证券持有人名册及其有关资料。

证券登记结算机构应当根据证券登记结算的结果，确认证券持有人持有证券的事实，提供证券持有人登记资料。

证券登记结算机构应当保证证券持有人名册和登记过户记录真实、准确、完整，不得隐匿、伪造、篡改或者毁损。

中华人民共和国证券投资基金法

（2012 年 12 月 28 日）

第一百零三条　基金份额登记机构以电子介质登记的数据，是基金份额持有人权利归属的根据。基金份额持有人以基金份额出质的，质权自基金份额登记机构办理出质登记时设立。

基金份额登记机构应当妥善保存登记数据，并将基金份额持有人名称、身份信息及基金份额明细等数据备份至国务院证券监督管理机构认定的机构。其保存期限自基金账户销户之日起不得少于二十年。

基金份额登记机构应当保证登记数据的真实、准确、完整，不得隐匿、伪造、篡改或者毁损。

中华人民共和国公司法

（2013 年 12 月 28 日）

第三十二条第二款、第三款　记载于股东名册的股东，可以依股东名册主张行使股东权利。

公司应当将股东的姓名或者名称向公司登记机关登记；登记事项发生变更的，应当办理变更登记。未经登记或者变更登记的，不得对抗第三人。

中华人民共和国海商法

（1992 年 11 月 7 日）

第九条　船舶所有权的取得、转让和消灭，应当向船舶登记机关登记；未经登记的，不得对抗第三人。

船舶所有权的转让，应当签订书面合同。

中华人民共和国民用航空法

（1995 年 10 月 30 日）

第十四条　民用航空器所有权的取得、转让和消灭，应当向国务院民用航空主管部门登记；未经登记的，不得对抗第三人。

民用航空器所有权的转让，应当签订书面合同。

中华人民共和国民事诉讼法

（2012 年 8 月 31 日）

第二百二十五条　当事人、利害关系人认为执行行为违反法律规定的，可以向负责执行的人民法院提出书面异议。当事人、利害关系人提出书面异议的，人民法院应当自收到书面异议之日起十五日内审查，理由成立的，裁定撤销或者改正；理由不成立的，裁定驳回。当事人、利害关系人对裁定不服的，可以自裁定送达之日起十日内向上一级人民法院申请复议。

第二百二十七条　执行过程中，案外人对执行标的提出书面异议的，人民法院应当自收到书面异议之日起十五日内审查，理由成立的，裁定中止对该标的的执行；理由不成立的，裁定驳回。案外人、当事人对裁定不服，认为原判决、裁定错误的，依照审判监督程序办理；与原判决、裁定无关的，可以自裁定送达之日起十五日内向人民法院提起诉讼。

最高人民法院
关于适用《中华人民共和国民事诉讼法》的解释

2014 年 12 月 18 日　　　　　　　　　　　法释〔2015〕5 号

第三百零七条　案外人提起执行异议之诉的，以申请执行人为被告。被执行人反对案外人异议的，被执行人为共同被告；被执行人不反对案外人异议的，可以列被执行人为第三人。

第三百一十二条　对案外人提起的执行异议之诉，人民法院经审理，按照下列情形分别处理：

（一）案外人就执行标的享有足以排除强制执行的民事权益的，判决不得执行该执行标的；

（二）案外人就执行标的不享有足以排除强制执行的民事权益的，判决驳回诉讼请求。

案外人同时提出确认其权利的诉讼请求的，人民法院可以在判决中一并作出裁判。

第三百一十三条　对申请执行人提起的执行异议之诉，人民法院经审理，按照下列情形分别处理：

（一）案外人就执行标的不享有足以排除强制执行的民事权益的，

判决准许执行该执行标的；

（二）案外人就执行标的享有足以排除强制执行的民事权益的，判决驳回诉讼请求。

第三百一十四条　对案外人执行异议之诉，人民法院判决不得对执行标的执行的，执行异议裁定失效。

对申请执行人执行异议之诉，人民法院判决准许对该执行标的执行的，执行异议裁定失效，执行法院可以根据申请执行人的申请或者依职权恢复执行。

最高人民法院

关于适用《中华人民共和国民事诉讼法》
执行程序若干问题的解释

2008 年 9 月 8 日　　　　　　　　　　　法释〔2008〕13 号

第十七条　案外人依照民事诉讼法第二百零四条规定提起诉讼，对执行标的主张实体权利，并请求对执行标的停止执行的，应当以申请执行人为被告；被执行人反对案外人对执行标的所主张的实体权利的，应当以申请执行人和被执行人为共同被告。

最高人民法院

关于刑事裁判涉财产部分执行的若干规定

2014 年 9 月 1 日　　　　　　　　　　　法释〔2014〕13 号

第十四条　执行过程中，当事人、利害关系人认为执行行为违反法律规定，或者案外人对执行标的主张足以阻止执行的实体权利，向执行法院提出书面异议的，执行法院应当依照民事诉讼法第二百二十五条的规定处理。

人民法院审查案外人异议、复议，应当公开听证。

第二十六条　金钱债权执行中，案外人依据执行标的被查封、扣押、冻结前作出的另案生效法律文书提出排除执行异议，人民法院应当按照下列情形，分别处理：

（一）该法律文书系就案外人与被执行人之间的权属纠纷以及租赁、借用、保管等不以转移财产权属为目的的合同纠纷，判决、裁决执行标的归属于案外人或者向其返还执行标的且其权利能够排除执行的，应予支持；

（二）该法律文书系就案外人与被执行人之间除前项所列合同之外的债权纠纷，判决、裁决执行标的归属于案外人或者向其交付、返还执行标的的，不予支持。

（三）该法律文书系案外人受让执行标的的拍卖、变卖成交裁定或者以物抵债裁定且其权利能够排除执行的，应予支持。

金钱债权执行中，案外人依据执行标的被查封、扣押、冻结后作出的另案生效法律文书提出排除执行异议的，人民法院不予支持。

非金钱债权执行中，案外人依据另案生效法律文书提出排除执行异议，该法律文书对执行标的的权属作出不同认定的，人民法院应当告知案外人依法申请再审或者通过其他程序解决。

申请执行人或者案外人不服人民法院依照本条第一、二款规定作出的裁定，可以依照民事诉讼法第二百二十七条规定提起执行异议之诉。

【条文主旨】

本条是对案外人依据另案生效法律文书对执行标的提出异议的审查标准。

【条文理解】

一、三种不同的观点

执行程序中，案外人持人民法院、仲裁委员会另案确权或者交付执行标的的法律文书，对执行标的主张阻止执行的所有权和其他实体权利，亦即执行依据发生冲突的问题。如何处理该问题，是实践中的难题。对这一问题有三种不同的观点。

第一种观点认为，案外人持确权的法律文书提出异议，执行法院应当予以支持。强制执行竞合的最大特点就是，多个债权人就同一债务人的特定财产提出多种给付所造成的各给付之间的相互排斥与重合。债务人的特定财产，既然只能满足债权人中一人或数人的强制执行，那么，其他债权人的强制执行必然受到排斥。根据《执行工作若干规定》第102条第1款第（3）项规定，执行标的是其他法院或仲裁机构正在审理案件的争议标的物，需要等待该案件审理完毕确定权属的，执行法院应当中止执行。因此，确权法律文书无论对于执行法院还是执行当事人，均具有拘束力，确权法律文书一旦作出，执行法院就必须无条件解封已经法定程序认定属于第三人的财产。

第二种观点认为，任何类型的确权法律文书对于申请执行人和执行法院均不产生既判力。通说认为，民事诉讼解决的是当事人之间的权益纠纷，判决的效果能对双方当事人加以拘束即可，随意拘束第三者并无实际意义；更何况，民事诉讼奉行辩论主义与处分原则，判决以当事人之间的辩论为基础。假如判决任意拘束第三者，会不当地侵犯第三者享有的诉讼程序保障权，并可能损害其正当的实体权益。因此，既判力原则上只是及于案件当事人，当事人以外的第三者不受当事人间诉讼结果的既判力拘束。这一原则，大陆法系学者称为既判力之相对性原则。所谓第三者不为既判力所及，意指不受判决内容约束，可以对其进行争执。例如，甲乙之间发生所有权确认之诉，法院判决甲为所有权人，则该判决不应及于第三者丙，丙仍可对甲之所有权提出争执，并有可能获得胜诉判决。而无论是判决，还是仲裁裁决，其既判力都有主观范围的限制，仅限于参加诉讼或仲裁并受到程序保障的当事人及其诉讼担当人。故申请执行人并未参加被执行人与第三人之间的确权诉讼或仲裁，更没有受到充分的程序权利保障，确权法律文书的效力当然不能及于申请执行人，也不能以此为由从程序上排除强制执行。

第三种观点认为，对确权法律文书应当具体分析，不能一概而论。对于基于所有权等物权请求权所进行的确权，除非申请执行的债权优先于所有权，人民法院在执行程序中应当承认其排除执行的效力，而对于因合同或者合同解除、无效等进行的确权，其基础权利实质是债权请求权，不能排除执行。对于判决交付特定物的，亦照此原则处理。同时，还要区分另案生效法律文书作出执行标的被查封前还是被查封后。执行标的被查封之后，案外人不能只能通过案外人异议排除执行，其另案进行确权虽然无效，但基于查封的效力所及，不能排除执行。

二、对各种的观点的分析

上述三种观点，我们认为以第三种观点为妥，其他观点在实践中皆存在无法克服的弊端。

关于第一种观点。根据《民事诉讼法》第 227 条的规定，案外人对执行标的实体异议，执行机构只能进行程序审查，对执行机构所做出的审查裁定不服的，案外人或者申请执行人应通过提起异议之诉程序解决，执行异议之诉由执行法院管辖。但是，案外人还能不能另行提起普通的确权诉讼，对法院正在执行的标的物进行确权。《民事诉讼法》没有解决这一问题。《执行工作若干规定》第102条第1款第（3）项的规定，是从执行的角度处理审判的问题，根据这一规定实践中会出现两类问题：（1）当事人在提起执行异议之诉败诉后又另行提起确权诉讼，而普通确权诉讼和异议之诉的法院并非同一法院，因此会出现对事实和法律关系的不同认定，损害司法权威。（2）案外人与被执行人恶意串通故意不提起执行异议之诉，而通过确权诉讼将法院查封、扣押、冻结的财产确权给案外人。《执行规定》制定时，执行程序中并没有关于案外人异议之诉的规定，因此，该项制度在当时对减少执行依据冲突有着重要意义。但是，2007年修改民事诉讼法时增设的案外人异议之诉制度，就为解决案外人对执行标的物提出实体权利的主张提供了解决途径。《执行工作若干规定》的有关规定与新的制度出现了分裂。对此，《执行权合理配置和科学运行若干意见》第26条规定：审判机构在审理确权诉讼时，应当查询所要确权的财产权属状况，发现已经被执行局查封、扣押、冻结的，应当中止审理；当事人诉请确权的财产被执行局处置的，应当撤销确权案件；在执行局查封、扣押、冻结后确权的，应当撤销确权判决或者调解书。正是为了回应《民事诉讼法》第227条所建立的执行异议之诉而设计的一个条款，当然也有解决执行实践中对法院控制标的物恶意确权规避执行的问题日益增多的意图。《执行权合理配置和科学运行若干意见》第26条的实质是赋予执行法院对执行程序中案外人对执行标的物的实体异议事项专属管辖权，但这一专属管辖权仍然是通过诉讼程序实现的，执行机构仅仅进行程序审查，当事人对执行机构的裁定不服的，由民事审判庭按照普通民事程序进行审理。《执行权合理配置和科学运行若干意见》第26条并未堵塞当事人正当维权的诉讼渠道，而是要求当事人通过执行异议之诉程序解决。① 因此，第一种观点不符合案外人异议之诉制度的设计要求，不能采纳。

第二种观点，以另案生效法律文书的既判力理论进行分析，有一定道理。然而，该观点却存在只看重程序权利却忽视实体权利的问题。并且，该种理论在一些情况下会自相矛盾，那就是，对案外人来说，本案的生效法律文书的既判力也是有限的，只限于本案的当事人，不能对案外人产生拘束力。也就是，既然案外人所持有的法律文书不能拘束本案当事人，那么，本案生效法律文书当然也没有理由拘束案外人。

第三种观点从权利基础的角度出发解决问题。根据物权的优先效力，在同一物之上既存在物权又存在债权时，无论其成立次序先后，物权优先于债权。但是，只根据权利基础判断案外人异议能否阻却对执行标的的执行也存在一定弊端。这一弊端突出表现为被执行人与案外人串通，通过法院或者仲裁机构确权的方式转移查封、冻结的财产。而在这种情况下，申请执行人的权利极易受到损害，只要为：（1）被执行人与案外人的确权诉讼或仲裁，申请执行人并未参与其中，无法对相关证据发表意见，从实践来看，确权诉讼或仲裁的当事人往往对相关事实的陈述高度一致，一般不存在激烈的抗辩，当事人容易伪造证据。（2）确权的法院或者仲裁机构与执行法院一般不是同一法院，以被执行人财产所在地法院居多。而在这种情况下容易出现地方保护，法院或者仲裁机构对确权纠纷往往依据当事人之间的陈述作出判决或者仲裁。（3）申请执行人对已经作出的确权裁决缺乏救济的渠道。首先，对确权判决而言，现行《民事诉讼法》并没有明确将一般债权人纳入申请再审或者撤销之诉的主体，申请执行人能否对案外人与被执行人之间的确权判决申请再审或

---

① 《关于"执行权合理配置和科学运行的若干意见第 26 条思考"问题的答复》，http://www.court.gov.cn/gzhd/mygtxx/myfkzl/zxgz/201203/t20120306_172491.htm，最后访问时间：2014 年 12 月 1 日。

者提起撤销之诉，取决于各地、各级法院的不同认识。其次，对确权仲裁裁决而言，按照我国《仲裁法》第58条的规定和我国《民事诉讼法》第237条第2款规定，能够提起撤销和不予执行仲裁裁决审查程序的仅限于仲裁裁决的当事人，申请执行人同样无法推动此程序的启动。

此问题如何解决，本规定予以明确，根据另案生效法律文书作出的时间是在执行标的被查封之前还是之后区别情况对待。

三、解决问题的方法

首先，要区分本案执行的类型是金钱债权的执行还是非金钱债权的执行。其次，在金钱债权的执行中，还要根据另案生效法律文书作出的时间是在执行标的被查封之前还是之后区别情况对待。

（一）金钱债权执行

1. 另案生效法律文书作出的时间是在执行标的被查封之后。另案生效法律文书作出的时间是在执行标的被查封之后，无论案外人所持有的生效法律文书的基础权利是什么，人民法院都不予支持。这主要是因为，如前所述，在法院查封执行标的后，案外人主张对执行标的的实体权利，应当通过案外人异议之诉制度实现，而不是另行诉讼。

2. 另案生效法律文书作出的时间是在执行标的被查封之前。此情况下要区分对待：第一，标的物的所有权属于案外人的法律文书。主要有以下几种情况：（1）就案外人与被执行人之间的权属纠纷作出的法律文书。（2）保管、租赁、借用等基于债权纠纷作出的返还标的物的法律文书。（3）案外人受让执行标的的拍卖、变卖成交或者以物抵债且该权利能够排除执行的裁定。上述三种情形下，人民法院应当支持案外人的主张。主要是因为，权属纠纷属物权上的纠纷，如果确定权属，自然应予支持。而法律文书确定保管、租赁、借用等基于债权纠纷作出的返还标的物，案外人对返还的标的物享有的仍是物权，对其异议仍应支持。法院确认变价的裁定且案外人享有的权利能够排除执行当然也可以排除本案的执行，这主要是从维护法院变价财产的效力的角度考虑，因为毕竟法院主持下的拍卖、变卖或者以物抵债，不同于私法上的处分，该行为具有公法性质，维护这种稳定更有利于执行标的的溢价。

第二，案外人与被执行人之间除前项所列合同之外的债权纠纷，判决、裁决执行标的归属于案外人或者向其交付、返还执行标的的法律文书。这类法律文书确定的交付、返还是基于债权请求权，其权利基础为债权，此时执行标的所有权仍属于被执行人。根据债权平等原则，基于一般债权的交付请求权自然不能对抗本案对标的物变价的执行，其应当依据查封先后确定受偿顺序。应当注意的是，案外人与被执行人之间的这类债权纠纷，应当作出给付判决、裁决而不是确权判决、裁决，实践中，有的法院或者仲裁机构虽出于种种原因对执行标的进行确权，但这种确权不能排除执行。

（二）非金钱债权执行

非金钱债权执行中，案外人依据另案生效法律文书提出排除执行异议，该法律文书对执行标的的权属作出不同认定的，实际上是两个法律文书出现了矛盾，案外人的异议实质上是对执行依据本身的异议。这种情况下，应当通过申请再审、提起第三人撤销之诉等程序解决。执行法院应当告知案外人依法申请再审或者通过其他程序解决，而不能通过案外人异议之诉解决。

【案　例】

一、关于物之交付请求权与其他权利冲突的案例

【基本案情】

太阳公司与月亮公司合作开发房地产合同纠纷一案，终审民事判决内容如下：（1）确认太阳公司与月亮公司签订的《月亮大厦开发项目转让合同书》有效；（2）太阳公司在"月亮大厦"项目投资的 11 800 万元，按照"月亮大厦"裙楼综合单方造价每平方米 3752.73 元计算，应在位于"月亮大厦"裙楼中分得房产总面积 31 443.78 平方米 [其中包括月亮大厦裙楼的第八、七、五、四层的全部面积；第三层中的若干处房屋（判决书中已经明确）。房屋面积以房地产管理部门核定的面积为准，含公摊面积。如上述房屋的实测面积超出 31 443.78 平方米，则按从下到上、从西到东的顺序从中扣除相应面积的房屋。如上述房屋的实测面积仍不足 31 443.78 平方米，则在月亮大厦裙楼的地下负一层中从东到西予以补足]。月亮公司应于本判决生效之日起 30 日内向太阳公司交付。

太阳公司于 2010 年 12 月 10 日向甲法院申请执行。案件进入执行程序后，甲法院裁定对生效判决确定的上述房产予以预查封。

另查明，在本案一审程序中，太阳公司的诉讼请求为：（1）确认太阳公司与月亮公司签订的《武汉月亮大厦开发项目转让合同书》及《补充合同》有效；（2）依法核定"月亮大厦"裙楼综合单方造价，以该造价确定太阳公司应分得 1.18 亿元房产的总面积；判明属于太阳公司的楼层及每一层的面积；并判令月亮公司向太阳公司交付；（3）月亮公司不能将上述房产足额交付的，请求判令按市场价值向太阳公司承担赔偿责

任；（4）月亮公司承担诉讼费及财产保全费。

月亮公司的答辩理由中，针对太阳公司的第二项请求抗辩称，太阳公司的诉讼请求与执行请求混同，违反了程序法的规定。

甲法院在一审判决书中认为根据查明的月亮大厦裙楼的现状，月亮公司已将部分房屋与他人签订了销售合同，该行为侵害了作为合作开发房地产合同关系另一方太阳公司的合法权益，对于购房户尚未办理过户登记或抵押登记的，均对太阳公司不具有对抗效力。故认为本案争议房产也可分配给太阳公司。对于月亮公司认为太阳公司的诉讼请求与执行请求混同，违反了诉讼法的相关规定的答辩。甲法院认为由于月亮公司已将月亮大厦裙楼部分房屋与他人签订了销售合同，有的房屋已办理了抵押登记，有的房屋经人民法院裁定归案外人所有，在此情况下，哪些能对抗太阳公司享有的交房请求权，以及如何具体分配楼层及房屋给太阳公司，均必须通过诉讼解决，该问题不能在执行程序中解决。故月亮公司的主张，甲法院未予支持。

月亮公司在二审中提出了相同的抗辩，乙法院认为一审法院根据《补充合同》的约定分配太阳公司应当分得的房屋并确定了分配原则和分配顺序，符合当事人的约定，且不违反法律规定，因此维持了甲法院的意见。

因建设工程合同纠纷，2007年8月20日，丙中院作出民事调解书，确认月亮公司于调解书生效之日起7日内支付江城公司工程款欠款人民币1409万元，江城公司就上述工程欠款对月亮大厦工程依法享有优先受偿权。该案因太阳公司申请，甲法院指令丙中院再审。2013年11月19日，丙中院再审维持该调解书，驳回太阳公司的再审请求。

月亮公司作为被执行人另有2件普通金钱债权案件在甲法院执行，执行标的额余约为1亿元。

【裁决结果】

本案的债权属于普通债权。本案与其他案件对涉案房产的执行竞合应由甲法院按法律规定处理。

【裁决理由】

本案涉及物之交付请求权的确定问题。本案焦点问题是，乙法院民事判决确定涉案房产的交付属于何种性质；根据该判决确定的权利与其他案件确定的权利竞合时应当如何执行。

第一，乙法院民事判决确定交付涉案房产属于何种性质的执行。此问题决定了本案应当如何执行。本案判决涉案房产的交付，应属债权请求权，并非物权请求权。本案判决是根据合同约定的方法确定了月亮公司交付的具体涉案房产。太阳公司在本案诉讼前对涉案房产并不享有物权，因此，太阳公司的请求权不是物权请求权。本案房产的执行属于基于债权请求权的物之交付请求权。

第二，执行程序中，除了原物的返还请求权属于物权请求权，其他请求交付物的权利应属于债权请求权，本案的物之交付请求权即是普通债权。故本案债权应与月亮公司其他债权人按法律规定执行。

二、宝亨国际企业集团执行申诉案

【基本案情】

新疆建工集团建设工程有限责任公司（以下简称建工集团）因开发"新疆民街"工程而与新疆宝亨房地产开发有限公司（以下简称宝亨房地产公司；后改为新疆青春房地产开发有限公司，以下简称青春公司）成讼的建设工程施工合同纠纷一案，新疆高院于 2004 年 12 月 13 日作出

（2003）新民一初字第 22 号民事判决，判令宝亨房地产公司给付建工集团工程欠款 1930 万余元及利息。宝亨房地产公司不服，上诉至最高人民法院。最高人民法院于 2005 年 10 月 20 日作出（2005）民一终字第 18 号民事判决书，判令宝亨房地产公司给付建工集团工程欠款 1915 万元及利息。此前，在一审阶段，新疆高院根据原告申请，于 2003 年 8 月 27 日作出保全裁定，保全了被告位于乌鲁木齐市解放南路 196 号的另一楼盘宝亨大厦中三层至十层办公用房，保全面积为 10 235 平方米（该楼盘面积为 30 912 平方米，计 29 层）并办理了查封登记。

　　案件进入执行程序后，新疆高院将该案件指定至吐鲁番地区中级人民法院（以下简称吐鲁番中院）执行。吐鲁番中院对宝亨大厦拍卖时，宝亨房地产公司的控股股东宝亨国际企业集团有限公司（以下简称宝亨集团），持乌鲁木齐仲裁委员会于 2006 年 6 月 16 日作出的（2006）乌仲裁字第 150 号裁决书向吐鲁番中院提出异议，主张该标的物的所有权。该仲裁裁决以宝亨集团为申请人，宝亨房地产公司为被申请人。裁决认定以下事实：2001 年，宝亨集团与乌鲁木齐市房地产管理局房屋经营公司（以下简称房屋经营公司）商定，由房屋经营公司出地，宝亨集团出资，共同开发建设位于乌鲁木齐市解放南路 182－196 号的土地。由于宝亨集团无土地开发资质，遂于 2001 年 4 月 20 日与宝亨房地产公司商定以代建方式开发建设宝亨大厦，并签订了《宝亨大厦项目委托代建协议》。在该协议履行期间宝亨集团先后支付现款 4099 万元及工程材料款 1225 万元，共计 5324 万元。宝亨大厦建成后，宝亨房地产公司一直未按约定办理相关的土地证和房产证。裁决结果如下："宝亨大厦三层（含三层）至二十九层产权为宝亨集团所有；宝亨房地产公司在三个月内为宝亨集团办理房产证、土地证等相关手续。"吐鲁番中院于 2006 年 8 月 28 日作出（2006）吐中执字第 24－1 号民事裁定，认为宝亨集团仅凭仲裁裁决主张宝亨大厦产权归其所有，并主张解除查封，其证据不足，缺乏法律依据，裁定驳回宝亨集团异议。宝亨集团不服，又向新疆高院提出复议。

新疆高院查明：2001年10月11日，乌鲁木齐市土地管理局作出乌市土管字〔2001〕635号文件，同意宝亨房地产公司与房屋经营公司在上述土地联建宝亨大厦；2001年12月25日乌鲁木齐市计划委员会作出乌计投发〔2001〕584号文件，同意宝亨房地产公司在上述土地修建宝亨大厦；2002年4月3日宝亨房地产公司取得乌鲁木齐市建设委员会颁发的《建筑工程施工许可证》；2001年7月19日、2002年8月29日宝亨房地产公司分别取得乌鲁木齐市城市规划管理局颁发的《建设用地规划许可证》及《建设工程规划许可证》；2002年5月21日宝亨房地产公司取得乌鲁木齐市房屋产权管理局颁发的《商品房预售许可证》；2003年10月15日宝亨房地产公司取得宝亨大厦竣工验收资料。2005年9月，乌鲁木齐市房屋经营公司与宝亨房地产公司签订协议，将196号土地使用权中的2331.12平方米土地转让给宝亨房地产公司。

新疆高院还查明，宝亨房地产公司法定代表人郭青春，注册资金800万元，其中宝亨集团投资700万元，占87.5%，郭青春投资100万元，占12.5%。宝亨集团法定代表人程延，注册资金11 600万元，其中程延投资9410万元，占81.9%，戴玉萍2090万元，占18%，郭青春100万元，占0.9%。

另外，吐鲁番中院在审查宝亨集团异议时曾经向宝亨房地产公司法定代表人郭青春调查宝亨房地产公司与宝亨集团的委托代建协议情况，据郭陈述：宝亨大厦完全是由宝亨房地产公司独立与房屋经营公司联建，宝亨房地产公司与宝亨集团没有委托代建关系。在仲裁案件中，他作为宝亨房地产公司的法定代表人没有签署过授权委托书，宝亨房地产公司的公章由宝亨集团的法定代表人程延保管。并称宝亨集团及其下属公司实际上是程延个人的公司。

2007 年 4 月 12 日新疆高院以（2006）新执监字第 203 号《关于新疆建工集团建设工程有限责任公司申请执行新疆宝亨房地产开发有限公司一案中有关问题的请示》请示最高人民法院。2009 年 4 月 16 日，最高人民法院以（2007）执他字第 9 号函复新疆高院：在人民法院已经查封的财产又被仲裁裁决确权给案外人的情况下，执行法院可以依照《民事诉讼法》第 213 条第 3 款的规定对仲裁裁决进行审查，如果认定当事人恶意串通进行仲裁裁决损害其他债权人利益，妨害执行秩序，执行法院应当依法将该裁决视为有违背社会公共利益的情形而裁定不予执行。同时，还应将此种行为视为妨害人民法院执行的行为，依法予以制裁。

新疆高院认为，乌鲁木齐仲裁委员会的（2006）乌仲裁字第 150 号裁决是在宝亨集团操纵宝亨房地产公司、隐瞒事实的情况下作出的，而且该仲裁裁决严重损害了宝亨房地产公司债权人的权益。新疆高院于 2009 年 12 月 4 日作出（2006）新执监字第 249 号执行裁定书，认为宝亨集团为宝亨房地产公司的控股公司，在宝亨房地产公司法定代表人郭青春不知情的情况下，宝亨集团与宝亨房地产公司签订了《宝亨大厦项目委托代建协议》，故该协议的真实性本院无法确认。宝亨集团所称委托代建的宝亨大厦的相关批准手续，均登记在宝亨房地产公司名下，宝亨集团提供的乌鲁木齐仲裁委员会（2006）乌仲裁字第 150 号裁决认定宝亨大厦三层至二十九层产权为宝亨集团所有，认定事实的主要证据不足，宝亨集团以乌鲁木齐仲裁委员会作出（2006）乌仲裁字第 150 号裁决主张宝亨大厦所有权不予支持。裁定：驳回宝亨集团异议。

宝亨集团不服新疆高院（2006）新执监字第 249 号执行裁定书和吐鲁番中院（2006）吐中执字第 24-1 号裁定书，向最高人民法院提出申诉，理由如下：（1）新疆高院裁定事实认定错误。将委托代建项目的受托人与建设项目的所有人混同。仅以表面上宝亨大厦项目的相关手续均登记在青春公司名下为由，认为仲裁裁决认定事实主要证据不足而驳回了申诉人的异议申请，表明法院对新兴的建设方式知识不足；片面采信已与申诉人关系恶化的犯罪嫌疑人郭青春的证言。郭青春因经济问题被拘留逮捕，在本案中故意颠倒黑白，其证言不能采信。(2) 新疆高院裁定适用法律不当。仅依《城市房地产管理法》《城市房屋权属登记管理办法》，以宝亨大厦建设中相关批准手续登记在青春公司名下为据，认定青春公司为宝亨大厦的产权所有人，而未根据本案的实际情况认定；新疆高院未依照《民事诉讼法》第 213 条第 3 款的规定对仲裁裁决进行认真审查，也未按照最高法院的答复审理，却轻率裁定不予支持仲裁裁决，违反了人民法院关于执行仲裁的有关法律规定。(3) 新疆高院裁定程序违法。新疆高院本应查封拖欠承建"新疆民街"的工程款，应当先保全"新疆民街"工程项目，而不应查封与该欠工程款无关的宝亨大厦。

【裁决结果】

2010 年 12 月 15 日，最高人民法院作出（2010）执监字第 102 号《驳回申诉通知书》，驳回宝亨集团的申诉。

【裁决理由】

宝亨集团与新疆宝亨房地产开发有限公司（以下简称宝亨房地产公司）之间签订的《宝亨大厦委托代建协议》中关于宝亨大厦建成后产权归宝亨集团所有的约定，仅能在宝亨集团与宝亨房地产公司之间有法律约束力。在法院执行时宝亨大厦的产权未登记在宝亨集团名下，而建造宝亨大厦的所有行政审批和登记资料的申请人均为宝亨房地产公司，表明建造这一事实行为是由宝亨房地产公司所完成，宝亨大厦的所有权在执行程序中也只能认定为宝亨房地产公司所有。乌鲁木齐仲裁委员会（2006）乌仲裁字第 150 号裁决是在执行法院查封宝亨大厦之后做出的，执行法院有权对其是否有阻止执行的效力进行审查。该裁决中关于宝亨大厦所有权归属的判断，只能在宝亨集团与宝亨房地产公司之间产生确定力。由于申请执行人建工集团并没有参加争议事项的仲裁程序，没有对争议的事实进行辩论，确权的主文判断对其并无约束力。故该裁决并不能产生将宝亨大厦所有权从宝亨房地产公司变动到宝亨集团的法律效力，不能阻止本案执行。宝亨集团与宝亨房地产公司之间因法院执行宝亨大厦而致代建协议不能完全履行的纠纷，可以通过另行诉讼解决。新疆高院（2006）新执监字第249号执行裁定和吐鲁番地区中级人民法院（2006）吐中执字第24－1号执行裁定并无不当。宝亨集团的申诉理由不能成立，予以驳回。

第二十七条　申请执行人对执行标的依法享有对抗案外人的担保物权等优先受偿权，人民法院对案外人提出的排除执行异议不予支持，但法律、司法解释另有规定的除外。

【条文主旨】

本条是关于案外人排除执行的实体权利与申请执行人优先受偿权产生冲突时如何处理的规定。

【条文理解】

申请执行人对执行标的依法享有优先受偿权的，有权对执行标的的价值，先于无优先顺位的普通债权受偿。而执行过程中，案外人对执行标的主张所有权，或者租赁权、消费者物权期待权等其他阻止执行的实体权利的情况下，依据法律、司法解释规定，申请执行人对执行标的的优先受偿权足以对抗案外人权利的，人民法院对案外人异议不予支持。但在法律、司法解释另有规定的情况下，如果申请执行人的优先受偿权不能对抗案外人权利的，人民法院对案外人异议则应予支持。本条司法解释所称优先受偿权，是指申请执行人就特定执行标的的价值优先受偿的权利。执行实践中常见的优先受偿权，主要包括担保物权和建设工程价款优先受偿权，其他类型优先受偿权的执行案件相对较少。

案外人主张的权利，应当是所有权等在性质上能够阻止人民法院对执行标的的强制执行的实体权利。案外人如果对执行标的主张抵押权、质权、留置权等不能阻止对该标的强制执行的实体权利（《执行工作若干规定》第40条），则不属于本条司法解释调整范围。另外，案外人对执行标的尚未取得所有权，但享有应向其交付的债权请求权的，除法律、司法解释明确规定能够阻止执行的情形以外（例如，本司法解释第 28～30 条，《最高人民法院关于建设工程价款优先受偿权问题的批复》第 2 条等），案外人对执行标的的债权请求权，原则上不能阻止执行，也不能对抗申请执行人的优先受偿权。

　　根据对标的物支配范围的不同，学理上可以将物权分为所有权和限制物权。所有权是全面支配标的物的物权，限制物权是于特定方面支配标的物的物权。一些学者认为，所有权也要受法律、相邻关系等限制，故应避免使用限制物权这一概念。日本学者松冈正义首创了"定限物权"一词，表示所有权以外的他物权内容是有一定限度的。但这只是名称之争，关于所有权与限制物权分类的实质内容是一致的。限制物权与所有权相比较，指的就是所有权以外的物权。所有权是一种于全面关系上支配物的权利，是一种完全的支配权利。而其他物权与所有权不同，是在他人之物上设定的权利，只是在一定方面支配物的权利，没有完全的支配权。限制物权是在他人之物上设定的权利，实际上是根据所有权人的意志设定的所有权上的负担，起着限制所有权的作用，因此限制物权有较为优先的效力。[①] 担保物权属于限制物权的范畴。依法设立或取得的担保物权属于所有权的负担，优先于所有权获得保护。

　　通常情况下，人民法院只能对被执行人的责任财产强制执行，不能损害案外人合法的财产权利，但是在申请执行人对执行标的享有担保物权，或者其他优先受偿权的情况下，根据法律规定，其担保物权足以对抗案外人主张所有权的，不论案外人主张的所有权是否成立，申请执行人的优先受偿权应获得优先保护，但法律、司法解释对此另有规定的除外。如果案外人对执行标的主张租赁权或其他实体权利的，则应根据案

---

① 魏振瀛主编：《民法》（第四版），北京大学出版社 2010 年版，第 218～219 页。

件具体情况和相关法律规定审查判断。执行实践中，最为常见的担保物权类型是抵押权。

一、申请执行人实现抵押权与案外人主张所有权等实体权利

（一）申请执行人实现抵押权与案外人主张所有权

抵押权是指债权人对于债务人或者第三人不转移占有而提供担保的财产，在债务人不履行债务时，依法享有的就担保的财产变价并优先受偿的权利。抵押权作为物权也具有对抗效力。所谓抵押权的对抗效力，即抵押权人有排除第三人干扰并对抵押物优先受偿的效力，所有抵押关系之外的人都属于第三人，但仅对抵押权的实现产生实质影响的第三人才属于抵押权有必要对抗的对象。[①] 执行实践中，案外人对申请执行人享有抵押权的财产主张所有权的情形主要表现为：一是申请执行人的抵押权依法设立在先，此后抵押财产发生转让，案外人作为抵押财产的受让人，主张排除对抵押财产的强制执行；二是抵押权设立时抵押财产已经被转让，抵押人无处分权，或者抵押财产权属存有争议等影响抵押权效力的各种情形，此时案外人对抵押财产主张所有权，可能涉及抵押权善意取得问题，对抵押权本身是否依法成立构成挑战。具体分述如下：

1. 申请执行人抵押权依法成立后，抵押财产被转让情形下的案外人异议审查规则。如果执行依据已经对抵押权成立后，抵押人转让抵押财产的争议问题作出裁决，并认定申请执行人有权就抵押财产优先受偿，那么抵押财产的受让人应受执行依据法律效力羁束，受让人对此结论不服的，应通过对执行依据申请再审等法律途径救济。此时受让人属于执

[①] 曹士兵：《中国担保制度与担保方法——根据物权法修订》，中国法制出版社2008年版，第240页。

行依据裁判范围之内的当事人，不属于执行程序中的案外人。执行程序中，有关抵押财产转让的案外人异议审查面临的主要问题是，抵押权成立后，抵押人未经抵押权人同意转让抵押财产的事实与执行依据裁判内容无关，或者说未经执行依据审查处理的情况下，抵押权人与抵押财产受让人的权利冲突问题，对此有必要详细说明。如果抵押财产已经被人民法院实施财产保全，根据《查封、扣押、冻结规定》第26条第1款规定：被执行人就已经查封、扣押、冻结的财产所作的移转、设定权利负担或者其他有碍执行的行为，不得对抗申请执行人。换言之，被执行人转让已被法院依法实施财产保全的抵押财产，在程序上就不具有对抗申请执行人的效力。执行法院无需进行实体法上的判断，就可以对受让人提出的案外人异议不予支持。实践中，需要适用相关实体法规定审查的情形，主要是抵押财产没有被查封的，抵押人将抵押物转让他人的情况。下文将主要针对后一种情况展开论述。

关于抵押财产的转让，民法理论和实务中，长期存在两种对立的观点：

一种观点认为，抵押权是不转移财产占有的物权，抵押期间抵押人不丧失对物的占有、使用、收益和处分的权利。因此，不应限制抵押人转让抵押财产，而应规定抵押人转让抵押财产的，抵押权人对转让的抵押财产具有物上追及的法律效力。大陆法系的德国、瑞士和台湾地区均规定抵押权的追及效力。《最高人民法院关于适用〈中华人民共和国担保法〉若干问题的解释》第67条规定了抵押权在一定条件下的追及效力。该条规定：抵押权存续期间，抵押人转让抵押物未通知抵押权人或者未告知受让人的，如果抵押物已经登记的，抵押权人仍可以行使抵押权；取得抵押物所有权的受让人，可以代替债务人清偿其全部债务，使抵押权消灭。受让人清偿债务后可以向抵押人追偿。如果抵押物未经登记的，抵押权不得对抗受让人，因此给抵押权人造成损失的，由抵押人承担赔偿责任。据此，对于抵押人转让抵押物未通知抵押权人或者未告知受让人的，受让人可以取得抵押物的所有权；已经登记的抵押权对抵押物具有追及效力，抵押权人仍可以对登记的抵押物行使抵押权。但抵押物未经登记的，不能对抗受让人，此时抵押权对抵押物无追及效力。《最高人民法院关于适用〈中华人民共和国担保法〉若干问题的解释》第 67 条主要通过规定抵押权追及效力保护抵押权人的利益，并通过抵押登记制度保护抵押物受让人的交易安全，未对抵押物转让进行限制。这一规定遭到部分学者批评，并被认为与《担保法》第 49 条冲突，有突破立法的嫌疑。但该条司法解释对实践中抵押权纠纷的处理，发挥了重要的指引作用。有观点认为，即使在物权法生效之后，《最高人民法院关于适用〈中华人民共和国担保法〉若干问题的解释》第 67 条仍有适用余地。①

另一种观点认为，转让抵押财产会加重抵押权人和抵押财产买受人的风险。为了维护抵押权人和抵押财产买受人的合法权益，应对抵押财产的转让作限制性规定。物权法在这一问题上采纳了限制转让的立场，在担保法规定的基础上，对抵押财产的转让做了更为严格的限制。《物权法》第 191 条规定：抵押期间，抵押人经抵押权人同意转让抵押财产的，应当将转让所得的价款向抵押权人提前清偿债务或者提存。转让的价款超过债权数额的部分归抵押人所有，不足部分由债务人清偿。抵押期间，抵押人未经抵押权人同意，不得转让抵押财产，但受让人代为清偿债务消灭抵押权的除外。该条规定对抵押财产转让作了两方面限制：一是抵押期间，抵押人转让抵押财产的，应当经抵押权人同意，而不是如《担保法》规定的仅仅通知抵押权人并告知受让人；同时，要将转让所得的价款向抵押权人提前清偿债权或者提存。二是抵押期间，未经抵

---

① 参见吴光荣：《规范冲突与规范选择：后物权法时代的担保法律制度及其适用》，载《法律适用》2014 年第 8 期。

押权人同意，不得转让抵押财产。除非受让人替抵押人向抵押权人偿还了债务消灭了抵押权。按照该条的制度设立，转让抵押财产，必须消除该财产上的抵押权。既然买受人取得的是没有物上负担的财产，也就不再有物上追及的问题。[①]

围绕抵押权的追及效力和抵押物转让问题，两种立场的争论一直没有停止。但就案外人异议审查中，申请执行人对执行标的抵押权与案外人主张所有权的争议来说，上述两种观点的对立实质上并不影响执行法院对案外人异议的处理。不论是否承认抵押权的追及效力、是否认可抵押物的转让，《担保法》第49条、《最高人民法院关于适用〈中华人民共和国担保法〉若干问题的解释》第67条和《物权法》第191条，对依法成立并按法定公示方法完成公示的抵押权的保护，均采优于受让人所有权的立场。换言之，在债权人申请实现抵押权与受让人主张所有权的争议中，人民法院原则上应支持抵押权人。上述两种观点的争议，只是在抵押权人权利保护方式上的不一致，并不影响依法成立并公示的抵押权对所有权的限制。

《最高人民法院关于适用〈中华人民共和国担保法〉若干问题的解释》第67条认可抵押物转让，并赋予登记的抵押权对抵押物的追及效力，也就是对抵押权限制所有权、所有权不能对抗抵押权规则的承认。抵押权的追及效力本身就体现了抵押权对所有权的限制，虽然抵押物所有权的主体发生了变化，但并不影响抵押权的实现。而限制抵押物转让的《物权法》第191条，直接规定了抵押期间，抵押人未经抵押权人同意，不得转让抵押财产；对于经抵押权人同意转让抵押财产的，应当将转让所得的价款向抵押权人提前清偿债务或者提存。该条对未经抵押权人同意转让抵押财产，受让人不能取得抵押财产所有权的立法态度非常

---

① 王胜明主编、全国人大常委会法制工作委员会民法室编著：《中华人民共和国物权法解读》，中国法制出版社2007年版，第414页。

明确，受让人主张抵押财产所有权的抗辩不能对抗抵押权人；即使经过抵押权人同意受让抵押财产的，抵押人也必须以转让所得价款提前清偿债务或提存，从而消灭抵押权。物权法将抵押权的保护置于抵押财产流转之上，其立法意图表明，抵押财产受让人的所有权在抵押权面前仍然处于劣后的地位。因此，案外人异议审查程序完全不受上述争议的影响，不论抵押权有没有追及效力、抵押财产的转让如何受限，《担保法》及其司法解释、《物权法》等对依法成立并予以公示的抵押权优于所有权的立场都是明确的。申请执行人对执行标的依法享有抵押权，对于案外人提出其对执行标的享有所有权请求排除对该标的的执行的异议，执行法院原则上不予支持。但对于法律规定所有权优于抵押权的例外情形，人民法院在司法实践中应予注意。

例如，以动产抵押且未办理登记时，如果抵押物的转让符合动产善意取得的构成要件，受让人仍可能根据《物权法》第108条规定，对抗抵押权人的抵押权。根据《物权法》第191条第2款，抵押人未经抵押权人同意，对抵押物无处分权，抵押人擅自处分抵押物的，处分行为无效，受让人不能取得抵押物的所有权。抵押权人可以行使否认权，否认抵押人与受让人之间转让行为的法律效力。抵押权的对抗效力来自抵押登记公示，不动产所有权和抵押权均在同一部门登记，受让人有条件知悉不动产上存在抵押权，因此对转让人无处分权为明知或者应知，不属于善意第三人，受让人不能获得善意取得制度的保护。对于不动产抵押权登记，受让人纵事实上不知，也推定为应知，不动产抵押登记事实上排斥了对不动产（抵押物）所有权的善意取得，不动产抵押权人可以无障碍地行使否认权。①《物权法》第191条第2款未区分不动产抵押与动产抵押，也没有突出抵押登记的作用，并且《物权法》第188条规定动

---

① 参见曹士兵：《中国担保制度与担保方法——根据物权法修订》，中国法制出版社2008年版，第243页。

产抵押登记可以对抗包括善意第三人在内的所有第三人。因此,根据物权法规定,不动产抵押权人和办理登记的动产抵押权人均有权行使否认权,其抵押权具有对抗受让人所有权的效力。但是,如果动产抵押没有办理登记的,根据《物权法》第 188 条规定,未经登记不得对抗善意第三人。善意受让人如果符合善意取得的规定,将依法取得抵押动产的所有权。《物权法》第 108 条规定:善意受让人取得动产后,该动产上的原有权利消灭,但善意受让人在受让时知道或者应当知道该权利的除外。据此,善意受让人不仅取得动产所有权,该动产上的抵押权也消灭,抵押权人不得向动产受让人行使抵押权。善意受让人的所有权是完全的、不负担限制物权的所有权。但受让人在取得动产时,知道或者应当知道该动产已被抵押的,抵押权不消灭,依然可以对抗受让人的所有权。[1]

抵押财产因继承和赠与而改变所有人的,抵押权仍可以对抗受让人的所有权。《最高人民法院关于适用〈中华人民共和国担保法〉若干问题的解释》第 68 条规定:抵押物依法被继承或者赠与的,抵押权不受影响。继承和赠与不同,继承属于抵押财产的法定转移,而赠与则属于抵押财产转让的范畴。物权法生效后,抵押财产继承和赠与的区别即凸现出来。抵押关系存续期间,抵押物被抵押人的继承人取得的,抵押物所有权虽然发生转移,但抵押权仍然存在于抵押物上,原抵押登记也继续有效。[2] 抵押物的赠与属于转让,只不过受让人无偿取得抵押物所有权,没有支付相应对价,但案外人异议审查规则与上文所述基本相同。

关于异议请求被驳回后案外人的救济程序问题,有必要简单提及。如果抵押财产转让发生于执行依据确定后,案外人实体权利主张与执行

---

[1] 参见王胜明主编、全国人大常委会法制工作委员会民法室编著:《中华人民共和国物权法解读》,中国法制出版社 2007 年版,第 233 页。

[2] 曹士兵:《中国担保制度与担保方法——根据物权法修订》,中国法制出版社 2008 年版,第 246 页。

依据无关，应提起案外人异议之诉救济。但是，如果抵押财产转让的事实发生于抵押权成立后、执行依据确定之前，且抵押财产没有被诉讼财产保全，执行依据对此也没有涉及，那么案外人异议被驳回后，案外人应提起异议之诉还是对执行依据提起审判监督程序，实践中有不同认识。对此，应根据案外人的诉讼请求是否与执行依据有关，以及执行依据是否存在错误为区分标准，确定相应的救济途径。因该问题属于民事审判程序问题，在此不作详述。

2. 抵押权的善意取得与案外人对抵押财产主张所有权的审查。如果案外人对抵押财产主张所有权的异议，涉及抵押权本身是否依法成立的问题，案外人异议审查可能会与抵押权的善意取得发生联系。《物权法》第106条规定了物权的善意取得制度，该条第3款规定，当事人善意取得其他物权的，参照所有权善意取得的规定。抵押权属于"其他物权"，同样适用善意取得制度。抵押权善意取得的构成要件，因抵押财产为动产和不动产而有所不同。就不动产抵押权的善意取得而言，我国物权法规定不动产物权变动采登记要件主义，不动产登记具有公信力，参照《物权法》第106条不动产所有权善意取得的规定，不动产抵押权善意取得的要件是：第一，债权人是善意的；第二，已经进行不动产抵押权登记。[①] 就动产抵押权而言，从《物权法》第106条中可以得出，我国动产抵押权善意取得有法律根据，因篇幅所限，关于动产抵押权善意取得的条件，此处不作详述。抵押权善意取得的结论如果成立，则构成对抵押财产所有权的负担和限制，不论抵押财产是否属于案外人所有，均不影响抵押权的实现。

执行实践中，申请执行人对执行标的享有抵押权，已被执行依据确定，抵押权的善意取得问题往往已为执行依据法律效力范围所及，第三

---

① 参见曹士兵：《物权法关于物权善意取得的规定与检讨——以抵押权的善意取得为核心》，载《法律适用》2014年第8期。

人对抵押财产主张所有权，如果涉及抵押权本身成立与否，执行依据对此已经作出结论的，第三人属于受执行依据效力拘束的当事人，不属于执行程序中的案外人。第三人对申请执行人抵押权成立有异议的，应通过申请再审等其他法律途径救济。如果第三人对抵押财产享有所有权的主张涉及抵押权是否合法成立，执行依据又对这一争议没有涉及，则第三人在执行程序中提出案外人异议的，执行法院应依法审查，异议审查可能涉及抵押权善意取得规则的适用。如果不能认定申请执行人善意取得抵押权，案外人对执行标的的权利主张可能获得支持。如果根据案件事实，可以认定申请执行人善意取得抵押权的，不论抵押财产是否属于案外人所有，申请执行人对执行标的的抵押权，均可对抗案外人主张所有权的异议请求。案外人异议一旦被驳回，其救济方式是根据《民事诉讼法》第227条提起案外人异议之诉，还是对执行依据依照审判监督程序办理，实践中有不同认识。有观点认为，案外人对抵押财产享有所有权的主张，已经涉及抵押权是否合法成立的问题，属于与原判决、裁定有关的事项，系认为原判决、裁定认定抵押权成立错误，因此应通过审判监督程序办理；另一种观点认为，执行依据没有涉及案外人对抵押财产主张所有权是否影响抵押权成立的问题，案外人对执行标的主张所有权，不论是否对抵押权的成立造成实质影响，均独立于执行依据诉讼标的和裁判范围之外，属于新的实体请求，与原判决、裁定无关，可以提起案外人异议之诉寻求救济。上述两种观点的争论属于审判监督程序和案外人异议之诉救济方式的争论，涉及再审和诉讼问题，已超出执行程序处理范围，在此不赘。

（二）申请执行人实现抵押权与案外人主张建设用地使用权、土地承包经营权等用益物权

我国土地物权制度具有鲜明的中国特色，土地所有权属于国家或集

体所有，只在土地征收的特定情况下会出现土地所有权的变化。我国土地制度以土地使用权的流转为特点，通过在土地上设立用益物权的方式实现土地效用。土地权利流转的一级市场、二级市场主要围绕土地用益物权的设立、流转运行。在土地上先行设立用益物权之后，才有土地权利的抵押、流转问题，例如建设用地使用权和土地承包经营权的设立和流转。这一点是我国土地权利制度的独特之处。在案外人异议审查程序中，抵押权与建设用地使用权、土地承包经营权（《物权法》第133条规定的情形）的关系，可以参照上文抵押权与不动产所有权异议审查规则的相关论述。申请执行人对土地使用权依法设立的抵押权，原则上具有对抗案外人土地使用权的效力，不论土地使用权是否为案外人享有，执行法院对案外人的异议请求不予支持。宅基地使用权也是《物权法》规定的用益物权，但《物权法》第184条规定宅基地使用权不得抵押，本条司法解释不涉及宅基地使用权。

二、申请执行人实现质权、留置权与案外人主张所有权等实体权利

（一）申请执行人实现质权与案外人主张所有权等财产权利

执行实践中，通过强制执行程序实现担保物权的案件，主要是实现抵押权的情形，实现质权的案件较抵押权而言数量较少。因质权人通常已经占有质押财产，在实现质权时可依法采取自力救济的方式，通过质权人单方面自行拍卖、变卖质押财产来实现质权，无需通过司法程序。质权的这种权利实现方式，分流了一部分不需要司法程序介入的案件，所以申请法院强制实现质权的案件不如抵押权那样普遍。

质权是指为了担保债务的履行，债务人或者第三人将其动产或者财产权利移交债权人占有，当债务人不履行债务或者发生当事人约定的实

现质权的情形时，债权人有就其占有的财产优先受偿的权利。质权的标的是动产和财产权利。法律、行政法规禁止转让的动产和财产权利不得设定质权。动产质权，是以动产为其标的物的质权。权利质权，是指以出质人提供的财产权利为标的设定的质权。质权须转移质物的占有，以占有标的物为成立要件。根据《物权法》第212条、第224条规定，动产质权自出质人交付质押财产时设立；权利质权自权利凭证交付质权人时设立；没有权利凭证的，权利质权自有关部门办理出质登记时设立。执行标的上申请执行人的质权与案外人主张所有权等财产权利的冲突，因动产质权和权利质权的区别，在具体处理规则上有所不同。

1. 动产质权。动产质权设定后，出质人并未丧失对质押财产的所有权，仍享有对质押财产法律上的处分权。出质人可以与他人订立合同转让质押财产，但因质押财产处于质权人占有之下，出质人无法实际交付质押财产，即对质押财产不能进行事实上的处分，故出质人订立的转让合同无法实际履行，受让人不能取得质押动产的所有权，或者是受让人的权利不能对抗质权人。《物权法》对动产质权出质人转让质押财产未作限制，但质押财产被质权人合法占有后，出质人再将该动产转让给第三人的，出质人不能向第三人实际交付标的物，第三人也无法实现对质押财产的实际占有，其对质押财产的权利主张不能对抗质权人。至于出质人与第三人之间转让合同的法律效力，则是另外一个问题。换言之，质权人对质押财产的合法占有，可以对抗出质人及其他第三人，包括质押财产的受让人。

2. 权利质权。根据《物权法》第223条规定，可以出质的财产权利包括：汇票、支票、本票；债券、存款单；仓单、提单；可以转让的基金份额、股权；可以转让的注册商标专用权、专利权、著作权等知识产权中的财产权；应收账款；法律、行政法规规定可以出质的其他财产权利。《物权法》对其中一部分财产权利出质后，出质人转让该财产权利的行为作了限制。根据《物权法》第 226 ~ 228 条规定，基金份额、股权、知识产权中的财产权、应收账款出质后，出质人不得转让，但经出质人与质权人协商同意的除外；出质人转让上述财产权利所得的价款，应当向质权人提前清偿债务或者提存。《物权法》限制这些财产权利的出质人转让权利，其立法意图是防止转让财产权利可能会损害质权人的利益，不利于担保债权的实现。① 据此，上述财产权利被出质后，出质人未经质权人同意转让已出质权利的行为，属于无权处分行为，不具有法律效力，受让人不能取得财产权利。而且，根据物权法规定，以基金份额、股权、知识产权中的财产权、应收账款出质的，均须到有关部门办理出质登记，才能设立质权。质权经登记设立后，具有了公示效力，受让人在受让财产权利的过程中，有条件知悉该财产权利已被设定质权的事实，因此对转让人无处分权为明知或者应知，不属于善意第三人。对于权利质权登记，受让人纵然事实上不知，也推定为应知，权利质权设立的登记要件主义，实际上限制了第三人构成善意的条件。因此，受让人的权利主张不能对抗质权人。

与上述基金份额、股权、知识产权中的财产权、应收账款等自登记时设立质权的情况不同，票据、债券、存款单、仓单、提单等权利质权，自权利凭证交付质权人时设立。物权法没有明文规定汇票、支票、本票、债券、仓单、提单等财产权利，出质人未经与质权人协商一致不得转让，显系认为这些权利的转让需交付权利凭证，甚至需要背书，出质人事实上已被剥夺了转让的可能，故无需法律作出限制性规定。②

综上，动产质权和权利质权设立后，出质人未经质权人同意转让质

---

① 参见王胜明主编、全国人大常委会法制工作委员会民法室编著：《中华人民共和国物权法解读》，中国法制出版社 2007 年版，第 487 页、第 489 页、第 492 页。

② 曹士兵：《中国担保制度与担保方法——根据物权法修订》，中国法制出版社 2008 年版，第 325 页。

押财产的，质押财产受让人原则上不能对抗质权人。如果质权人同意转让的，除依法将转让所得价款向质权人提前清偿债务或者提存以外，当事人也可形成合意，受让人取得质押财产所有权，但其上负担的质权仍然存在，受让人取得有质权负担的财产。如果受让人在执行过程中，对质押财产的执行提出案外人异议，人民法院不予支持。上述规则是执行标的上质权与所有权等财产权利冲突时的原则性处理方法，执行法院也应注意司法实践中可能存在的例外。例如，在质押期间，仓单、提单项下的动产如果被保管人、运送人转让给第三人，第三人符合动产善意取得的，仓单、提单权利消灭，仓单、提单上设立的质权也消灭。①

申请执行人通过强制执行程序实现质权的，其质权依法成立已经执行依据审查确定，如果执行依据对出质人转让质押财产的事实作出认定和评判，则属于执行依据已有明确结论的事项，受让人属于执行依据效力范围所及的当事人，不属于执行程序中的案外人。如果出质人转让质押财产的事实出现于执行依据确定之后，或者未经执行依据审查处理，受让人在执行过程中提出案外人异议的，执行法院应当依据本条司法解释的规定，对其异议请求依法审查。

案外人对质押财产主张阻止执行的实体权利，还有可能涉及质权本身是否合法设立的问题，例如出质人设立质权时属于无权处分，债权人能否合法取得质权等问题。如果执行依据对此已有处理，第三人对质押财产的权利主张已为执行依据法律效力范围所及，第三人属于案件当事人，而不是执行程序的案外人，其对执行依据确定结论不服的，可通过申请再审等其他法律途径救济。如果执行依据对第三人的权利主张没有涉及，第三人在执行中对质押财产提出案外人异议，关系到质权是否有效设立的，执行法院需作相应审查，可能会涉及动产质权的善意取得问

---

① 曹士兵：《中国担保制度与担保方法——根据物权法修订》，中国法制出版社2008年版，第340页。

题。动产质权的善意取得，是指出质人在无处分权的他人动产上设定质权，相对人不知道也不应知道出质人对该动产无处分权的，相对人在占有该动产后，依法取得动产质权的情形。根据《物权法》第106条第3款规定，当事人善意取得其他物权的，参照所有权善意取得的规定。据此，善意取得制度同样适用于动产质权，物权法认可动产质权的善意取得。参照物权法关于动产所有权善意取得的规定，动产质权的善意取得应符合以下条件：第一，出质人对动产无处分权，但实施了出质行为；第二，出质人与债权人之间订立了质权合同，质权合同合法有效；第三，债权人为善意，即债权人在设定质权时不知道或不应知道出质人对质押动产无处分权；第四，质押动产已经交付债权人。符合动产质权善意取得条件的，债权人依法取得质权，不论该质押动产是否为案外人所有，均不影响动产质权的实现。至于执行法院认为申请执行人对动产质权的善意取得成立，驳回案外人异议后，案外人通过审判监督程序对执行依据申请再审，还是提起案外人异议之诉寻求救济，则属于再审和诉讼程序的问题。

（二）申请执行人实现留置权与案外人主张所有权

留置权是债权人合法占有债务人的动产，在债务人逾期不履行债务时，有权留置该动产以迫使债务人履行债务，并在债务人仍不履行时，就该动产优先受偿的权利。留置权是以动产为标的物的担保物权，在符合一定条件时，依法律规定产生，而不是依当事人之间的协议设定。所谓留置，是指债权人拒绝返还已经合法占有的债务人的动产。由于留置权成立时，债权人已经占有了债务人的财产，在留置权实现条件成就时，留置权人可以依法通过自力救济的方式，自行拍卖、变卖留置物，以留置物的变现价款优先受偿债权，无需通过司法机关。因此，通过强制执行程序实现留置权的案件更为少见。依法成立的留置权，债权人已占有留置物，基于占有所产生的公示效力，留置权也具有对抗第三人的效力，包括留置物的所有权人。鉴于这类执行案件在实践中数量有限，对此不再展开论述。

三、申请执行人建设工程价款优先受偿权与案外人主张所有权、消费者物权期待权、租赁权等实体权利

建设工程价款优先受偿权，是指承包人对于建设工程的价款就该工程折价或者拍卖的价款享有优先受偿的权利。《合同法》第 286 条规定：发包人未按照约定支付价款的，承包人可以催告发包人在合理期限内支付价款。发包人逾期不支付的，除按照建设工程的性质不宜折价、拍卖的以外，承包人可以与发包人协议将该工程折价，也可以申请人民法院将该工程依法拍卖。建设工程的价款就该工程折价或者拍卖的价款优先受偿。《最高人民法院关于建设工程价款优先受偿权问题的批复》第 1 条规定：人民法院在审理房地产纠纷案件和办理执行案件中，应当依照《合同法》第 286 条的规定，认定建筑工程的承包人的优先受偿权优于抵押权和其他债权。关于建设工程价款优先受偿权的性质，理论上有法定抵押权、留置权、法定优先权等各种学说。执行依据认定申请执行人建设工程价款优先受偿权成立的，人民法院在执行程序中，应对其做优于抵押权和其他债权处理。

（一）申请执行人建设工程价款优先受偿权与案外人主张建设工程所有权

申请执行人建设工程价款优先受偿权与案外人对执行标的主张所有权产生冲突的情形，主要涉及建设工程的转让问题。如果执行依据已经对建设工程转让后，申请执行人优先受偿权与受让人所有权的法律关系作出裁判，则受让人属于执行依据法律效力所及的当事人，不是执行程

序中的案外人。如果执行依据认定申请执行人建设工程价款优先受偿权成立，但并不涉及建设工程转让问题，建设工程受让人在执行过程中，提出案外人异议主张所有权的，执行法院应依法审查。当然，如果建设工程已经被法院查封的，根据《查封、扣押、冻结规定》第26条第1款，对已经查封财产所作的移转行为，不得对抗申请执行人。需要讨论的主要问题是，建设工程没有被查封的情况下，受让人能否对抗建设工程价款优先受偿权人。

目前，法律对建设工程转让并未作限制，也没有明确规定建设工程价款优先受偿权的追及效力。而且，建设工程价款优先受偿权没有相应的权利公示方法，第三人很难明确知晓建设工程价款未受清偿的事实。对于优先受偿权人与建设工程受让人的权利冲突如何处理，暂无明确的法律规范遵循，实践中的认识也不统一。

有的观点认为，追及力是确保建设工程价款优先受偿权最终实现的根本保证，没有追及力的保护，建设工程价款优先受偿权很容易在建设工程所有权发生转移时落空，因此应当赋予建设工程价款优先受偿权追及效力。

相反观点认为，建设工程价款优先受偿权不以占有或登记为要件，其不经公示即具有优先效力，如果赋予其追及效力，就会损害善意第三人的利益，影响交易安全。

折中的观点认为，建设工程承包人不具有预防发包人不能清偿风险的能力，无法预测发包人最终是否有能力向其支付建设工程价款，而第三人也没有确切的途径知晓建设工程是否负担着工程价款优先受偿权，但是法律明确规定了建设工程价款优先受偿的效力，这在一定意义上也是一种公示，第三人可以预测建设工程上可能负担着建设工程价款优先受偿权。鉴于第三人可以在一定程度上预防发包人不能清偿的风险，但又不能完全避免，应当赋予建设工程价款优先受偿权一定程度的但不是全部的追及力。

这一问题由于缺乏法律、司法解释的明确规定，给司法实践带来很多困惑。最高人民法院民事审判庭曾有判决认可建设工程价款优先受偿权对建设工程具有一定的追及效力。例如，最高人民法院（2010）民提字第20号民事判决"本院认为"部分提到："在履行施工合同过程中，由于承包人已将其投资物化到建筑工程上，随之产生优先受偿权。该权利具有一定的追及效力，即使在建工程所有权发生转移，承包人依然可以行使该权利，除非法律另有规定或者承包人放弃该权利。"对建设工程具有追及效力的工程款优先受偿权可以对抗案外人的所有权。

（二）申请执行人建设工程价款优先受偿权与案外人主张消费者物权期待权

受让人如果尚未取得建设工程的所有权，而是对建设工程主张应向其交付的债权请求权的，交付标的物的债权请求权通常情况下不能阻止执行，也不能对抗建设工程价款优先受偿权。但是，司法解释对一些特殊情形作了例外规定，执行实践中应予注意。根据《最高人民法院关于建设工程价款优先受偿权问题的批复》第2条，消费者交付购买商品房的全部或者大部分款项后，承包人就该商品房享有的工程价款优先受偿权不得对抗买受人。据此，以建设工程为执行标的的执行案件中，案外人对建设工程主张消费者物权期待权的，需满足以下条件，其异议请求才能对抗申请执行人的建设工程价款优先受偿权：（1）建设工程应当是商品房，非商品房的建设工程不在此列。（2）案外人必须是购买商品房的消费者。根据我国《消费者权益保护法》第2条的规定，消费者为生活消费需要购买、使用或者接受服务，其权益受消费者权益保护法保护。因此，购买商品房的人必须是为生活消费，才能称之为上述《批复》中的消费者，才享有比建设工程价款优先受偿权更优先的权利。如果不是为了生活消费而购买商品房，例如为了生产经营活动购置房屋的，就不属消费者，也就不能对抗申请执行人建设工程价款优先受偿权。（3）消费者必须交付了购买商品房的全部或大部分款项。如果只交付了小部分款项，甚至未交购房款，其物权期待权也不能对抗建设工程价款优先受偿权。

根据上述《批复》，既然消费者交付购买商品房的全部或者大部分款项后，就能对抗承包人的建设工程价款优先受偿权，那么消费者在完成房屋所有权过户登记，已经取得房屋所有权的情况下，亦能对抗建设工程价款优先受偿权。

（三）申请执行人建设工程价款优先受偿权与案外人主张租赁权

根据《拍卖、变卖规定》第31条第2款，拍卖财产上的租赁权不因拍卖而消灭，但该权利继续存在于拍卖财产上，对在先的优先受偿权的实现有影响的，人民法院应当依法将其除去后进行拍卖。据此，设立在后的租赁权不能对抗建设工程价款优先受偿权，由于建设工程价款优先受偿权没有法定公示方法，第三人很难知晓标的物上负担建设工程价款优先受偿权的情况，不利于第三人权利的保护。

四、申请执行人其他优先受偿权与案外人主张所有权、租赁权等实体权利

上文所述的担保物权、建设工程价款优先受偿权，是执行中常见的优先受偿权，其他优先受偿权的执行在实践中相对少见，对此只作简要介绍。例如，船舶优先权和民用航空器优先权。

（一）船舶优先权

根据《海商法》第21条规定，船舶优先权，是指海事请求人依照海商法规定，向船舶所有人、光船承租人、船舶经营人提出海事请求，对产生该海事请求的船舶具有优先受偿的权利。船舶优先权是海商法上特有的一项权利，无需登记。《海商法》第22条规定了船舶优先权的范围，包括：（1）船长、船员和在船上工作的其他在编人员根据劳动法律、行政法规或者劳动合同所产生的工资、其他劳动报酬、船员遣返费用和社会保险费用的给付请求；（2）在船舶营运中发生的人身伤亡的赔偿请求；（3）船舶吨税、引航费、港务费和其他港口规费的缴付请求；（4）海难救助的救助款项的给付请求；（5）船舶在营运中因侵权行为产生的财产赔偿请求。根据《海商法》第25条、第28条规定，船舶优先权先于船舶留置权受偿，船舶留置权优于船舶抵押权受偿；船舶优先权应当通过法院扣押产生优先权的船舶行使。

船舶优先权具有附随性，一经产生就附着在船舶上，随船舶的转移而转移，只有法定原因发生才消灭。根据《海商法》第26条，船舶优先权不因船舶所有权的转让而消灭；但是，船舶转让时，船舶优先权自法院应受让人申请予以公告之日起满60日不行使的除外。据此，船舶优先权具有对抗船舶所有权的效力，但在符合法律规定的上述情况下优先权消灭。这项规定是对传统海商法的一项突破，非常有利于对船舶买受人的保护。根据《海商法》第21条，船舶优先权亦可对抗光船承租人、船舶经营人。需要说明的是，《海商法》第29条对行使船舶优先权规定了期限，具有船舶优先权的海事请求，自优先权产生之日起满1年不行使的，船舶优先权消灭，这里的1年期限，不得中止或者中断。

（二）民用航空器优先权

根据《民用航空法》第18条，民用航空器优先权，是指债权人依照民用航空法规定，向民用航空器所有人、承租人提出赔偿请求，对产生该赔偿请求的民用航空器具有优先受偿的权利。根据该法第19条、第

20 条规定，援救该民用航空器的报酬、保管维护该民用航空器的必需费用，具有民用航空器优先权；债权人应当自援救或者保管维护工作终了之日起 3 个月内，就其债权向国务院民用航空主管部门登记。《民用航空法》第 22 条、第 24 条规定，民用航空器优先权先于民用航空器抵押权受偿；民用航空器优先权应当通过人民法院扣押产生优先权的民用航空器行使。

关于民用航空器优先权与所有权的关系问题，《民用航空法》第 25 条规定，民用航空器优先权不因民用航空器所有权的转让而消灭，但是，民用航空器经强制拍卖的，强制拍卖的买受人依法取得民用航空器所有权。同时，该条也对民用航空器优先权作了限制，民用航空器优先权自援救或者保管维护工作终了之日起满 3 个月时终止；但是，债权人就其债权已经依照民用航空法规定登记，并具有下列情形之一的除外：（1）债权人、债务人已经就此项债权的金额达成协议；（2）有关此项债权的诉讼已经开始。

【实践中应当注意的问题】

一、执行依据未明确认定申请执行人的债权对执行标的优先受偿的处理

实践中，有些执行依据只是确定了申请执行人的债权成立，并未在主文中明确认定申请执行人的债权对执行标的优先受偿，但根据法律、司法解释规定，其对执行标的应当享有优先受偿权。常见的情形例如，人民法院在民事调解书中，确定了申请执行人建设工程价款的数额，但未明确认定该工程款债权对建设工程变价款具有优先受偿的顺位。这种情形对优先受偿权案件的执行带来一些问题。申请执行人的债权是否能就执行标的价值优先受偿，实践中认识不一。

申请执行人对执行标的是否享有优先受偿权，应当根据权利的性质和法律、司法解释的规定认定，执行依据如果确认债权成立，即使没有在主文中明确表明其优先受偿的顺位，人民法院在执行程序中如确属办案需要，也应依法认定该权利是否具有优先受偿的属性。执行依据没有对债权优先受偿问题明确表态的原因有多种。有的情况是债权本身已经丧失优先受偿的条件；有的情况是不需要对优先受偿问题作专门说明；等等。如果执行依据对申请执行人不具备优先受偿权的问题已作认定或阐述理由，执行程序不得再认定申请执行人享有优先受偿权。如果执行依据对债权是否优先受偿并未提及，则需根据案件具体情况分析。优先受偿权如果成立，其优先顺位系法律规定所赋予，在执行中若不予保护，有违法律、司法解释规定。而且，有的优先受偿权受法律、司法解释规定条件的限制，并非在任何情况下都能行使。这就需要人民法院根据相关规定，判断优先受偿权行使的条件是否成就。执行依据没有明确表明债权优先受偿的，并不意味着申请执行人就此丧失对执行标的的优先受偿权。执行法院应当结合执行依据的裁判内容，区分情况，根据法律、司法解释的规定，判断申请执行人对执行标的的优先受偿权是否成立。经审查，申请执行人对执行标的依法享有优先受偿权的，执行法院应予认定。

二、案外人对执行标的享有所有权等实体权利的主张本身不能成立时的法律适用问题

实践中，有的案外人对执行标的享有所有权或其他实体权利的主张本身就不能成立，遑论对抗申请执行人的优先受偿权。对此，执行法院是否可以适用本司法解释第 25 条规定，直接裁定驳回案外人异议？例如，案外人对申请执行人享有优先受偿权的不动产主张所有权，该不动产仍登记在被执行人名下，执行法院可否适用本司法解释第 25 条，驳回

案外人异议？

本司法解释第25条、第27条各有其侧重内容。在案外人对执行标的享有所有权等实体权利的主张成立的情况下，第27条着重解决的是案外人的实体权利能否对抗申请执行人的优先受偿权，此时没有第25条适用的余地，执行法院只能依据第27条审查案外人异议是否成立。但在案外人对执行标的享有所有权等实体权利的主张本身就不能成立的前提下，第25条和第27条对此都有适用的空间，不能完全排除第25条规定的适用。在案外人异议形式审查原则已被司法解释确立的前提下，不动产未登记在案外人名下，动产未被案外人实际占有的事实，本身即表示案外人对执行标的主张所有权的异议请求不能成立，其对抗申请执行人优先受偿权的问题更无从谈起，故本司法解释第25条也可以适用于这类案外人异议案件的处理。

【相关法律法规】

中华人民共和国担保法

（1995 年 6 月 30 日）

第四十九条 抵押期间，抵押人转让已办理登记的抵押物的，应当通知抵押权人并告知受让人转让物已经抵押的情况；抵押人未通知抵押权人或者未告知受让人的，转让行为无效。

转让抵押物的价款明显低于其价值的，抵押权人可以要求抵押人提供相应的担保；抵押人不提供的，不得转让抵押物。

抵押人转让抵押物所得的价款，应当向抵押权人提前清偿所担保的债权或者向与抵押权人约定的第三人提存。超过债权数额的部分，归抵押人所有，不足部分由债务人清偿。

中华人民共和国物权法

（2007 年 3 月 16 日）

第一百零六条 无处分权人将不动产或者动产转让给受让人的，所有权人有权追回；除法律另有规定外，符合下列情形的，受让人取得该不动产或者动产的所有权：

（一）受让人受让该不动产或者动产时是善意的；

（二）以合理的价格转让；

（三）转让的不动产或者动产依照法律规定应当登记的已经登记，不需要登记的已经交付给受让人。

受让人依照前款规定取得不动产或者动产的所有权的，原所有权人有权向无处分权人请求赔偿损失。

当事人善意取得其他物权的，参照前两款规定。

第一百零八条 善意受让人取得动产后，该动产上的原有权利消灭，但善意受让人在受让时知道或者应当知道该权利的除外。

第一百三十三条 通过招标、拍卖、公开协商等方式承包荒地等农村土地，依照农村土地承包法等法律和国务院的有关规定，其土地承包经营权可以转让、入股、抵押或者以其他方式流转。

第一百八十四条 下列财产不得抵押：

（一）土地所有权；

（二）耕地、宅基地、自留地、自留山等集体所有的土地使用权，但法律规定可以抵押的除外；

（三）学校、幼儿园、医院等以公益为目的的事业单位、社会团体的教育设施、医疗卫生设施和其他社会公益设施；

（四）所有权、使用权不明或者有争议的财产；

（五）依法被查封、扣押、监管的财产；

（六）法律、行政法规规定不得抵押的其他财产。

第一百八十八条　以本法第一百八十条第一款第四项、第六项规定的财产或者第五项规定的正在建造的船舶、航空器抵押的，抵押权自抵押合同生效时设立；未经登记，不得对抗善意第三人。

第一百九十条　订立抵押合同前抵押财产已出租的，原租赁关系不受该抵押权的影响。抵押权设立后抵押财产出租的，该租赁关系不得对抗已登记的抵押权。

第一百九十一条　抵押期间，抵押人经抵押权人同意转让抵押财产的，应当将转让所得的价款向抵押权人提前清偿债务或者提存。转让的价款超过债权数额的部分归抵押人所有，不足部分由债务人清偿。

抵押期间，抵押人未经抵押权人同意，不得转让抵押财产，但受让人代为清偿债务消灭抵押权的除外。

第二百一十二条　质权自出质人交付质押财产时设立。

第二百二十三条　债务人或者第三人有权处分的下列权利可以出质：

（一）汇票、支票、本票；

（二）债券、存款单；

（三）仓单、提单；

（四）可以转让的基金份额、股权；

（五）可以转让的注册商标专用权、专利权、著作权等知识产权中的财产权；

（六）应收账款；

（七）法律、行政法规规定可以出质的其他财产权利。

第二百二十四条　以汇票、支票、本票、债券、存款单、仓单、提单出质的，当事人应当订立书面合同。质权自权利凭证交付质权人时设立；没有权利凭证的，质权自有关部门办理出质登记时设立。

第二百二十六条　以基金份额、股权出质的，当事人应当订立书面合同。以基金份额、证券登记结算机构登记的股权出质的，质权自证券登记结算机构办理出质登记时设立；以其他股权出质的，质权自工商行政管理部门办理出质登记时设立。

基金份额、股权出质后，不得转让，但经出质人与质权人协商同意的除外。出质人转让基金份额、股权所得的价款，应当向质权人提前清偿债务或者提存。

第二百二十七条　以注册商标专用权、专利权、著作权等知识产权中的财产权出质的，当事人应当订立书面合同。质权自有关主管部门办理出质登记时设立。

知识产权中的财产权出质后，出质人不得转让或者许可他人使用，但经出质人与质权人协商同意的除外。出质人转让或者许可他人使用出质的知识产权中的财产权所得的价款，应当向质权人提前清偿债务或者提存。

第二百二十八条　以应收账款出质的，当事人应当订立书面合同。质权自信贷征信机构办理出质登记时设立。

应收账款出质后，不得转让，但经出质人与质权人协商同意的除外。出质人转让应收账款所得的价款，应当向质权人提前清偿债务或者提存。

中华人民共和国合同法

（1999 年 3 月 15 日）

第二百八十六条　发包人未按照约定支付价款的，承包人可以催告发包人在合理期限内支付价款。发包人逾期不支付的，除按照建设工程的性质不宜折价、拍卖的以外，承包人可以与发包人协议将该工程折价，也可以申请人民法院将该工程依法拍卖。建设工程的价款就该工程折价或者拍卖的价款优先受偿。

中华人民共和国消费者权益保护法

（2013 年 10 月 25 日）

第二条　消费者为生活消费需要购买、使用商品或者接受服务，其权益受本法保护；本法未作规定的，受其他有关法律、法规保护。

中华人民共和国海商法

（1992 年 11 月 7 日）

第二十一条　船舶优先权，是指海事请求人依照本法第二十二条的规定，向船舶所有人、光船承租人、船舶经营人提出海事请求，对产生该海事请求的船舶具有优先受偿的权利。

第二十二条　下列各项海事请求具有船舶优先权：

（一）船长、船员和在船上工作的其他在编人员根据劳动法律、行政法规或者劳动合同所产生的工资、其他劳动报酬、船员遣返费用和社会保险费用的给付请求；

（二）在船舶营运中发生的人身伤亡的赔偿请求；

（三）船舶吨税、引航费、港务费和其他港口规费的缴付请求；

（四）海难救助的救助款项的给付请求；

（五）船舶在营运中因侵权行为产生的财产赔偿请求。

载运 2000 吨以上的散装货油的船舶，持有有效的证书，证明已经进行油污损害民事责任保险或者具有相应的财务保证的，对其造成的油污损害的赔偿请求，不属于前款第（五）项规定的范围。

第二十五条　船舶优先权先于船舶留置权受偿，船舶抵押权后于船舶留置权受偿。

前款所称船舶留置权，是指造船人、修船人在合同另一方未履行合同时，可以留置所占有的船舶，以保证造船费用或者修船费用得以偿还的权利。船舶留置权在造船人、修船人不再占有所造或者所修的船舶时消灭。

第二十六条 船舶优先权不因船舶所有权的转让而消灭。但是，船舶转让时，船舶优先权自法院应受让人申请予以公告之日起满六十日不行使的除外。

第二十八条 船舶优先权应当通过法院扣押产生优先权的船舶行使。

第二十九条 船舶优先权，除本法第二十六条规定的外，因下列原因之一而消灭：

（一）具有船舶优先权的海事请求，自优先权产生之日起满一年不行使；

（二）船舶经法院强制出售；

（三）船舶灭失。

前款第（一）项的一年期限，不得中止或者中断。

中华人民共和国民用航空法

（1995 年 10 月 30 日）

第十八条 民用航空器优先权，是指债权人依照本法第十九条规定，向民用航空器所有人、承租人提出赔偿请求，对产生该赔偿请求的民用航空器具有优先受偿的权利。

第十九条 下列各项债权具有民用航空器优先权：

（一）援救该民用航空器的报酬；

（二）保管维护该民用航空器的必需费用。

前款规定的各项债权，后发生的先受偿。

第二十条 本法第十九条规定的民用航空器优先权，其债权人应当自援救或者保管维护工作终了之日起三个月内，就其债权向国务院民用航空主管部门登记。

第二十二条　民用航空器优先权先于民用航空器抵押权受偿。

第二十四条　民用航空器优先权应当通过人民法院扣押产生优先权的民用航空器行使。

第二十五条　民用航空器优先权自援救或者保管维护工作终了之日起满三个月时终止；但是，债权人就其债权已经依照本法第二十条规定登记，并具有下列情形之一的除外：

（一）债权人、债务人已经就此项债权的金额达成协议；

（二）有关此项债权的诉讼已经开始。

民用航空器优先权不因民用航空器所有权的转让而消灭；但是，民用航空器经依法强制拍卖的除外。

中华人民共和国民事诉讼法

(2012 年 8 月 31 日)

第二百二十七条　执行过程中，案外人对执行标的提出书面异议的，人民法院应当自收到书面异议之日起十五日内审查，理由成立的，裁定中止对该标的的执行；理由不成立的，裁定驳回。案外人、当事人对裁定不服，认为原判决、裁定错误的，依照审判监督程序办理；与原判决、裁定无关的，可以自裁定送达之日起十五日内向人民法院提起诉讼。

最高人民法院

关于适用《中华人民共和国担保法》
若干问题的解释

2000 年 9 月 29 日　　　　　　　　　　　法释〔2000〕44 号

第六十五条　抵押人将已出租的财产抵押的，抵押权实现后，租赁合同在有效期内对抵押物的受让人继续有效。

第六十七条 抵押权存续期间，抵押人转让抵押物未通知抵押权人或者未告知受让人的，如果抵押物已经登记的，抵押权人仍可以行使抵押权；取得抵押物所有权的受让人，可以代替债务人清偿其全部债务，使抵押权消灭。受让人清偿债务后可以向抵押人追偿。

如果抵押物未经登记的，抵押权不得对抗受让人，因此给抵押权人造成损失的，由抵押人承担赔偿责任。

第六十八条 抵押物依法被继承或者赠与的，抵押权不受影响。

最高人民法院

关于建设工程价款优先受偿权问题的批复

2002 年 6 月 1 日   法释〔2002〕16 号

一、人民法院在审理房地产纠纷案件和办理执行案件中，应当依照《中华人民共和国合同法》第二百八十六条的规定，认定建筑工程的承包人的优先受偿权优于抵押权和其他债权。

二、消费者交付购买商品房的全部或者大部分款项后，承包人就该商品房享有的工程价款优先受偿权不得对抗买受人。

最高人民法院

关于人民法院执行工作若干问题的规定（试行）

1998 年 6 月 11 日   法释〔1998〕15 号

40. 人民法院对被执行人所有的其他人享有抵押权、质押权或留置权的财产，可以采取查封、扣押措施。财产拍卖、变卖后所得价款，应当在抵押权人、质押权人或留置权人优先受偿后，其余额部分用于清偿申请执行人的债权。

最高人民法院
关于人民法院民事执行中查封、扣押、冻结财产的规定

2004 年 10 月 26 日　　　　　　　　　　　　　　法释〔2004〕15 号

第二十六条　被执行人就已经查封、扣押、冻结的财产所作的移转、设定权利负担或者其他有碍执行的行为，不得对抗申请执行人。

第三人未经人民法院准许占有查封、扣押、冻结的财产或者实施其他有碍执行的行为的，人民法院可以依据申请执行人的申请或者依职权解除其占有或者排除其妨害。

人民法院的查封、扣押、冻结没有公示的，其效力不得对抗善意第三人。

最高人民法院
关于人民法院民事执行中拍卖、变卖财产的规定

2004 年 10 月 26 日　　　　　　　　　　　　　　法释〔2004〕16 号

第三十一条第二款　拍卖财产上原有的租赁权及其他用益物权，不因拍卖而消灭，但该权利继续存在于拍卖财产上，对在先的担保物权或者其他优先受偿权的实现有影响的，人民法院应当依法将其除去后进行拍卖。

第二十八条　金钱债权执行中，买受人对登记在被执行人名下的不动产提出异议，符合下列情形且其权利能够排除执行的，人民法院应予支持：

（一）在人民法院查封之前已签订合法有效的书面买卖合同；

（二）在人民法院查封之前已合法占有该不动产；

（三）已支付全部价款，或者已按照合同约定支付部分价款且将剩余价款按照人民法院的要求交付执行；

（四）非因买受人自身原因未办理过户登记。

【条文主旨】

本条是关于无过错不动产买受人物权期待权的保护条件。

【条文理解】

根据《物权法》第9条、第14条、第28～30条的规定，除了继承、征收等非因法律行为所取得的物权外，不动产物权的设立、变更、转让和消灭，必须经依法登记，始能发生效力。基于我国现行房地产开发以及登记制度的不完善等原因，不动产买受人签订买卖合同之后，往往不能即时进行登记，买受人取得法律意义上的所有权总会滞后于债权合意很长一段时间，有的甚至长达十几年。在这段间隙中，买卖的不动产在法律上仍属于出卖人所有，如果仅仅将买受人当做普通的债权人，基于债权的相对性，其对房屋的登记或者交付请求权并不具有排除出卖人的其他债权人就买卖不动产提出的受偿要求，将面临其他金钱债权人请求就买卖不动产另行变价的不测风险。由于不动产处于普罗大众的基本生活资料地位，尤其是在强调"无恒产者无恒心"的我国，对不动产买受人在执行程序中予以优先保护，对于增强人民群众对法律公平的信心无疑具有特殊的意义。

在执行程序对不动产受让人进行优先保护的理论基础是买受人物权期待权保护。买受人物权期待权滥觞于德国，经德国帝国法院 1920 年判决确认①并逐渐被其他大陆法系国家所接受。他是指对于签订买卖合同的买受人，在已经履行合同部分义务的情况下，虽然尚未取得合同标的物的所有权，但赋予其类似所有权人的地位，其物权的期待权具有排除执行等物权效力。我国大陆对物权期待权的保护，首见于 2002 年最高人民法院《关于建设工程价款优先受偿权问题的批复》这一司法解释中，该批复对具有消费者身份的房屋买受人予以优先于金钱债权人的特殊保护。尔后，2004 年 3 月 1 日生效的《最高人民法院、国土资源部、建设部关于依法规范人民法院执行和国土资源房地产管理部门协助执行若干问题的通知》第 15 条，将物权期待权保护的对象扩大至自开发商处受让房屋的所有买受人。2005 年 1 月 1 日，最高人民法院又在《查封、扣押、冻结规定》第 17 条，将物权期待权保护的对象再次扩大到所有登记财产的买受人。《物权法》生效之后，是否还有必要再坚持《查封、扣押、冻结规定》第 17 条所确定的原则存在一定的争议。经过研究，我们认为，《查封、扣押、冻结规定》第 17 条适用的基本社会环境和制度基础并未得到根本改变，社会上仍然存在大量非买受人的原因而未登记的不动产，如果不加分别一律准许强制执行，将会危及社会稳定。因此，《查封、扣押、冻结规定》第 17 条的基本精神仍应当予以坚持，但是，应当根据适用中出现的问题进行修改和补充。

本条对无过错买受人物权期待权保护的要件，和《查封、扣押、冻

---

① 申卫星：《所有权保留买卖买受人期待权之本质》，载《法学研究》2003 年第 2 期。

结规定》第 17 条相比有所区别：

一、申请实现的债权应当限于金钱债权

《查封、扣押、冻结规定》第 17 条对于申请执行的债权种类没有限制，在实践中产生了一些问题。因为，对于非金钱债权的执行，买受人的物权期待权是否能够具有排除效力，不无疑问。例如，在一房多卖的情况下，多个执行依据均确定被执行人交付房产，实际上是物的交付请求权之间的竞合，取决于正在申请实现的物之交付请求权是物权还是债权，抑或和案外人的权利同样的物权期待权等等因素，恐不能简单得出案外人的物权期待权优先的结论，尚需要认真调研后制订专门的规则进行调整。

二、在人民法院查封之前已签订合法有效的书面买卖合同

物权期待权所依据的基础法律关系必须合法有效。我国法律虽承认物权行为，但并不承认物权行为的独立性，物权的变动实行"债权合意加登记"，所以，物权能够合法变动的前提是以物权变动为内容的债权合同成立并且有效。买受人物权期待权从权利性质上虽非物权，但由于其正在接近物权，对其保护的前提和基础也是其未来将过渡为物权，因此，作为其基础权利的债权必须合法有效，本条的表述是"受让人与被执行人签订有合法有效的书面买卖合同。"之所以要求必须在查封前签订书面买卖合同，是基于《城市房地产管理法》第 41 条"房地产转让，应当签订书面转让合同，合同中应当载明土地使用权取得的方式"的规定。同时，也为执行机构甄别真实的买受人提供证据。

三、已支付全部价款，或者已按照合同约定支付部分价款且将剩余价款按照人民法院的要求交付执行

在价款交付上，和《查封、扣押、冻结规定》第 17 条要求全部交

付价款不同，对于买受人按照约定支付部分价款并且在人民法院指定的期限内将剩余价款交付执行的，也纳入保护范围。从实践中看，相当一部分不动产买卖合同所涉金额巨大，当事人之间多约定分期付款，案外人虽仅支付部分款项，但系按照合同约定的进度支付，如其将剩余价款按照人民法院指定的期限交付执行，不影响债权受偿，自然没有拒绝保护的道理。需要注意，对于买受人剩余价款的支付，本条的规定是按照人民法院要求的时间，而非按照合同约定期限。因为，执行财产在被查封之前并非静止不动，而是一直在社会交易流转过程中，其上会不断负载第三人的实体权利，如果人民法院完全受制于被执行人与第三人的合同约定，必将一筹莫展。如此规定，体现出执行权作为公权力对被执行人与第三人之间的民事权利进行适当的干预，在被执行人与第三人之间进行了适当的利益平衡。

四、人民法院查封前已经合法占有不动产

首先，买受人物权期待权之所以要保护，就是因为买受人已经为取得物权履行了一定义务并以一定的方式对外进行了公示，尽管这种公示的方式较之法定的登记公示方式在效力上较弱。其次，占有不动产的行为必须发生在查封前。在查封后占有的，受查封的效力所及，不得对抗债权人。同时，要求在查封前已经占有不动产，也是为了减少被执行人与第三人恶意串通的可能性。这里涉及对"占有"的理解。占有应理解成对不动产的管理和支配。以房屋为例，一般认为，拿到房屋的钥匙、办理物业的入住手续，即应视为对房屋已经有事实上的管理和支配权。但是，就不动产的性质而言，并没有特殊的要求。也就是说如果不动产为房屋的话，不管是商业用房，还是居住用房，均应一体保护。

五、非因买受人自身原因未办理过户登记

从实践中看，能够归责于买受人的原因，可以分为三个层面，一是

对他人权利障碍的忽略。例如，不动产之上设定有其他人的抵押权登记，而买受人没有履行合理的注意义务，导致登记时由于存在他人抵押权而无法登记。二是对政策限制的忽略。例如，明知某地限制购房，在不符合条件的情况下仍然购房导致无法办理过户手续。三是消极不行使登记权利。例如，有的交易当事人为了逃税等而故意不办理登记的，不应受到该原则的保护。一个有争议的问题是，有的人认为，买房人本来可以通过提起诉讼行使物权登记请求权并通过法院强制执行来完成物权变动的使命，但却没有行使，能否视为买受人的原因。我们认为，对于普通的民事主体，不可将其都视为法律专家，此种情况，不能视为买受人有过错。何况，诉讼与执行本身也有一定时间要求，不能满足对买受人物权期待权的保护要求。

【案 例】

【基本案情】

郑廷进与鑫新公司房产纠纷一案，龙华区法院 2002 年 11 月 1 日作出（2002）新民初字第 431 号民事判决，判令鑫新公司向郑廷进交付其所购买的位于海口市国贸大道 3 号国际贸易商务大厦 C 座 1 楼和 8 楼的房产；鑫新公司向郑廷进支付违约金及补助款共 45.89 万元。2003 年 7 月 23 日海口中院作出（2003）海中法民一终字第 95 号民事判决，驳回上诉，维持原判。

经郑廷进申请，龙华区法院于 2003 年 10 月 27 日立案执行。案件执行中，龙华区法院于 2005 年 5 月 9 日作出（2003）龙执字第 612-3 号民事裁定，查封鑫新公司位于海口市国贸大道 3-1 号国际贸易商务大厦 C、D 座 C104 房的房产，并将协助执行通知书送达海口市房产管理局。2005 年 6 月 1 日，案外人刘清华以鑫新公司已受让上述房产为由，向龙华区法院提出异议称：在其查询房产管理部门档案获悉该房无抵押及法院查封的事实后，与鑫新公司于2005年4月20日签订购买上述房产的商品房买卖合同，总价款为33万元，4月26日其向鑫新公司支付了全部购房款；同年4月25日向海口市房产管理部门申请办理房产过户手续，双方于同日办理了物业移交备忘录，鑫新公司将上述房产移交给刘清华，该房原已租赁他人，自2005年5月1日起，由刘清华收取租金，为此，要求解除对上述房产的查封。

龙华区法院经审查认为，刘清华提供的证据属实，其异议符合《查封、扣押、冻结规定》第17条的规定，其异议理由成立，遂于2005年9月6日作出（2003）龙执字第612-4号民事裁定，裁定解除对上述房产的解封。2005年9月21日，刘清华办比所有权登记。

郑廷进向华龙区检察院提出申诉，该院于2005年11月28日向龙华区检察院出具检察建议书，建议案件重新审查。龙华区法院经复查认为，鑫新公司将其房产卖给刘清华，该院查封后又将该房产抵债给郑廷进，遂退还刘清华的购房款，刘写下收据，后刘清华反悔，向该院提出异议，否认收据是其所写，经鉴定刘清华承认是其所写，但又称已退还鑫新公司购房款，却不能提供证据，不能认定；刘清华收到鑫新公司退还的购房款，应视为双方自动解除了买卖合同，不能对抗第三人，郑廷进的申诉理由成立。2006年6月13日，龙华区法院作出（2003）龙执字第612-5号民事裁定，裁定：撤销（2003）龙执字第612-4号民事裁定；驳回刘清华的异议。同年6月19日，龙华区法院作出（2003）龙执字第612-6号民事裁定，再次查封上述房产。

因此前郑廷进与鑫新公司于2005年5月11日达成《和解协议》：鑫新公司将该房产以22万元的价格抵债给郑廷进。龙华区法院于2006年6月20日作出（2003）龙执字第612-7号民事裁定，将上述房产解除查封；将该房产以22万元抵债给郑廷进并过户其名下。

在郑廷进办理房产过户手续中，刘清华于2006年7月3日向海南省检察院申诉，省检察院认为，龙华区法院后作出的监督裁定意见错误，要求海口中院通知龙华区法院暂缓执行。海口中院遂电话通知龙华区法院暂缓办理过户手续。

2006年8月，海口中院向龙华区法院发出（2006）海中法执监字第11号《通知》，通知龙华区法院自行撤销（2003）龙执字第612-5、6、7号裁定。龙华区法院要求海口中院复议。海口中院于2007年3月5日作出（2006）海中法执监字第11号《批复》认为：案外人刘清华先于你院查封前已购买了所涉房产，至于刘清华获悉你院查封该房产后，要求被执行人鑫新公司退回购房款，并在收到退还的19万元购房款后，复将房款退还给鑫新公司，该行为应认定为刘清华在法院查封措施的压力下，为维护自己的合法权益的自救行为，而非不愿购房的真实意思表示，应认定刘清华对房产是善意取得，你院（2003）龙执字第612-5号民事裁定错误，应自行撤销（2003）龙执字第612-5、6、7号民事裁定。

2007年3月15日，龙华区法院作出（2003）龙执字第612-8号民事裁定，认定案外人刘清华异议成立，撤销该院（2003）龙执字第612-5、6、7号民事裁定。

2008年7月25日，海南高院以（2008）琼执监字第218号《复函》答复郑廷进：刘清华在你申请查封之前，已与鑫新公司签订了房产买卖合同，付清全部房款，申请办理房产手续并实际占有，根据《查封、扣押、冻结规定》第17条规定：第三人已支付该房产价款并实际占有，但未办理过户登记手续的，如果第三人对此没有过错，人民法院不得查封、扣押、冻结。据此驳回了郑廷进的申诉。

郑廷进向最高人民法院申诉称：其与鑫新公司房产买卖合同纠纷执行一案，龙华区法院已于2005年5月查封了被申请人位于海口市的海南国际贸易商务大厦C座C104房产，因异议人刘清华向龙华区法院提出异议，海口中院于 2006 年 8 月 4 日指令龙华区法院撤销对该房产的查封，请求最高人民法院监督纠正。

【裁决结果】

2011 年 6 月 24 日最高人民法院作出（2008）执监字第 114 - 1 号《驳回申诉通知书》，驳回郑廷进的申诉。

【裁决理由】

龙华区法院于 2005 年 5 月 9 日作出（2003）龙执字第 612 - 3 号民事裁定，查封鑫新公司位于海口市国贸大道 3 - 1 号国际贸易商务大厦 C、D 座 C104 号房产。因查封之前案外人刘清华已与鑫新公司签订了房产买卖合同、付清全部房款、申请办理房产过户手续并实际占有该房产，根据《最高人民法院关于人民法院民事执行中查封、扣押、冻结财产的规定》第十七条规定，龙华区法院作出（2003）龙执字第 612 - 8 号民事裁定，支持案外人刘清华的异议请求并无不当。

【实践中应当注意的问题】

除了买受人之外，实践中，还有不少抵债不动产的受让人也请求排除执行，这些受让人往往持有与债务人签订的以物抵债协议，抵债协议约定将执行法院正在执行的不动产抵债给受让人。如果已经办理不动产登记，则受让人已经成为不动产所有权人，自应保护。但如果没有办理不动产登记，则抵债协议仅能产生债法上的效力，受让人享有抵债标的物的登记请求权和物的交付请求权。问题是，抵债标的物的受让人能否适用物权期待权保护？本条原本拟将抵债受让人也纳入物权期待权人的保护对象，但不少法院反映，实践中以物抵债的问题比较复杂，尤其是对于案外人与被执行人恶意串通倒签抵债时间以排除其他债权人、使受让人偏颇受偿的问题突出，尚无鉴定合同确切签订时间的有效技术手段，抵债又不需要支付具体价款，无法通过其他证据来判断抵债合意的真伪。同时，之所以要对买受人物权期待权进行保护，实际上隐含的理念是，物之交付的债权优先于金钱债权，而抵债协议的目的是消灭金钱债，不应优先于另外一个金钱债权的实现。最后，因未达成一致意见，未将抵债受让人列入物权期待权保护范围。

【相关法律法规】

最高人民法院、国土资源部、建设部
关于依法规范人民法院执行和国土资源
房地产管理部门协助执行若干问题的通知

2004 年 2 月 10 日　　　　　　　　　　法发〔2004〕5 号

十五、下列房屋虽未进行房屋所有权登记，人民法院也可以进行预查封：

（一）作为被执行人的房地产开发企业，已办理了商品房预售许可证且尚未出售的房屋；

（二）被执行人购买的已由房地产开发企业办理了房屋权属初始登记的房屋；

（三）被执行人购买的办理了商品房预售合同登记备案手续或者商品房预告登记的房屋。

最高人民法院
关于人民法院民事执行中查封、扣押、冻结财产的规定

2004 年 10 日 26 日　　　　　　　　　　　　法释〔2004〕15 号

第十七条　被执行人将其所有的需要办理过户登记的财产出卖给第三人，第三人已经支付部分或者全部价款并实际占有该财产，但尚未办理产权过户登记手续的，人民法院可以查封、扣押、冻结；第三人已经支付全部价款并实际占有，但未办理过户登记手续的，如果第三人对此没有过错，人民法院不得查封、扣押、冻结。

　　第二十九条　金钱债权执行中，买受人对登记在被执行的房地产开发企业名下的商品房提出异议，符合下列情形且其权利能够排除执行的，人民法院应予支持：

　　（一）在人民法院查封之前已签订合法有效的书面买卖合同；

　　（二）所购商品房系用于居住且买受人名下无其他用于居住的房屋；

　　（三）已支付的价款超过合同约定总价款的百分之五十。

【条文主旨】

本条是关于房屋消费者物权期待权的保护条件。

【条文理解】

　　房屋消费者物权期待权保护，也叫弱者保护，是指在执行程序中，基于对消费者生存权这一更高价值的维护，赋予消费者对买受房屋的物权期待权以排除执行的效力。这一原则是从最高人民法院《关于建设工程价款优先受偿权问题的批复》中推论出来的。该批复明示，建设工程价款优先权优先于抵押权和其他债权，建筑工程价款优先权不能对抗已经交付全部或者大部分所购商品房价款的消费者，而抵押权又优先于一般债权，用数学符号表示该司法解释中权利保护的递序关系就是 A＞B＞C＞D，在逻辑上呈现出典型的传递法律关系，因此，我们很容易得出结论，抵押权和一般债权的行使也不能对抗购房的消费者。和无过错不动产买受人物权期待权的保护一样，消费者的保护也有其深刻的社会基础，消费者购房的目的都是用来居住，在房价高企的当今社会，有的消费者毕其一生、甚至是两代人的收入，方购得一处安身立命之所，其对房屋的物权期待权在顺位上应当优先于其他债权。

根据本条规定，和无过错买受人物权期待权保护相比，消费者物权期待权保护条件有这样以下相同点和不同点。

一、相同点

1. 申请执行的债权都是金钱债权。
2. 均要求在人民法院查封之前已签订合法有效的书面买卖合同。

二、不同点

1. 异议指向标的物必须是房地产经营者所开发的商品房。这就把一般民事主体之间的民事交易排除在消费者保护原则之外，也就是说只限于一手房买卖。因为，其一，消费者是相对于经营者而言，只有从经营者接受商品的人才能称为消费者，而二手房交易的买受人显然不能成为消费者。其二，消费者保护的标准，既不要求主观上无过错，也不要求交付全部价款，更不要求占有房屋，总体上比较宽泛。如果放宽到所有的房屋，将造成对消费者保护的泛滥，给被执行人与案外人通谋逃避执行以可乘之机。因此，必须从严掌握。对于房地产经营者开发的商品房销售而言，由于有比一般民事主体相对严格的监管制度，一般都签订有规范的商品房销售合同，绝大部分还要办理销售合同备案、网签或者预登记手续，比较容易判断。

2. 保护的对象必须是消费者。按照《消费者权益保护法》第2条的规定，消费者是为生活消费需要而购买商品、使用商品或者接受服务的人。如何判断一个购房人是不是消费者呢？首先，从自然属性上看，消费者必然是自然人，法人或者其他组织由于不存在生活消费的问题，不在消费者之列，但是，如果法人或者其他组织以单位名义购买，但已经分配给职工个人居住，可以认定为消费者。其次，在判断购房人是"为生活需要"还是"为生产经营需要"的问题上，确实存在技术上的难题。如以购房人主观上是不是为了生活需要判断，存在一定的难度，有的人购买普通居住用房可能是为了出租牟利；有的人购买商业用房，可能就靠收取其租金维持基本生活。对此，原最高人民法院执行办 2005 年12 月 25 日作出的（2005）执他字第 16 号批复认为：《最高人民法院关于建设工程价款优先受偿权问题的批复》（法释〔2002〕16 号）第 2 条关于已交付购买商品房的全部或者大部分款项的消费者应优先保护的规定，是为了保护个人消费者的居住权而设置的，消费者购房应是直接用于满足其生活居住需要，而不是用于经营，不应作扩大解释。从最高人民法院最近几年监督案件的经验来看，基本形成了以案外人购买房屋的性质作为判断的"客观标准"。也就是说，如果案外人所购房屋的性质为居住用房，则认定为消费者。如果所购房产为写字楼、门面房等经营性用房，则不是消费者。为了减少执行法官在具体案件中的判断难度，本条第（2）项将其表述为：所购商品房系用于居住且买受人名下无其他用于居住的房屋。这里的"用于居住"应当作宽泛理解，不管是单纯的居住房还是商住两用住房，只要有居住功能的，即应视为用于居住的房屋。这里的"无其他用于居住的房屋"，是指买受人在被执行房屋所在地长期居住，而在同一地点其名下无其他能够用于居住的房屋。

3. 交付了 50% 以上的购房款。前述建设工程价款司法解释的用语是大部分购房款，但"大部分"并非规范用语，究竟是指 51% 还是 60%？在语义上存在不确定性。我们认为，既然消费者物权期待权保护体现了对消费者生存权的倾斜，只要其缴纳的购房款超过 50%，就应保护。本条从有利于消费者的原则出发，将大部分价款的标准确定为超过 50% 即可。当然，需要提醒的是，在案外人仅支付部分购房款的情形下，执行法院可以对买受人应当支付的剩余房款，按照到期债权进行执行。

【案　例】

【基本案情】

中国农业银行总行（以下简称农总行）与北京中环实业集团公司（以下简称中环公司）及北京原创房地产开发有限公司（以下简称原创公司）房屋买卖纠纷一案，2005 年 12 月 20 日，北京市第一中级人民法院作出（2005）一中民初字第 3853 号民事判决，判令中环公司、原创公司判决生效后 30 日内协助农总行将北京市海淀区紫金庄园 3 号楼房屋产权证书办理至农总行名下，并由中环公司给付农总行违约金 754 万余元。双方当事人提起上诉后又撤诉，北京高院 2006 年 5 月 15 日作出（2006）高民终字第 253 号民事裁定书，准许撤诉。2006 年 6 月 22 日，农总行申请强制执行办理紫金庄园 3 号楼产权过户手续，7 月 20 日向北京市海淀区建委提出过户申请。执行过程中，2006 年 8 月 4 日，安阳中院因安阳飞鹰宾馆有限公司（以下简称飞鹰宾馆）诉原创公司借款合同纠纷一案，作出（2006）安民三初次第 76 号民事裁定书及协助执行通知书，查封了紫金庄园 3 号楼 3 至 9 层。因农总行申请过户登记在先，海淀区建委未签收安阳中院的查封文书，回函建议其收回。农总行多次向安阳中院提交案外人异议申请，安阳中院未正式答复，于 2008 年 7 月 31 日（2007）安法执字第 15 号民事裁定续封，并于 2008 年 8 月 5 日、2009 年 8 月 3 日两次向海淀建委发出协助执行通知书请求协助续封。

农总行申诉理由有：（1）安阳中院查封的是案外人财产。依据《最高人民法院、国土资源部、建设部关于依法规范人民法院执行和国土资源房地产管理部门协助执行若干问题的通知》及《物权法》的相关规定，2006 年 5 月 15 日，北京高院准予撤诉的裁定送达生效时，农总行依据生效一审判决即取得了紫金庄园 3 号楼的所有权，安阳中院查封的实际是农总行财产。据此，依据《查封、扣押、冻结规定》第31条的规定，查封案外人财产的，人民法院应当作出解除查封裁定。(2) 安阳中院对农总行的执行异议不予答复，程序违法。对于农总行的案外人异议，未依法作出裁定。综上，农总行认为安阳中院对紫金庄园3号3-9层的查封，严重损害其合法权益，请求最高人民法院依法纠正。

【裁决结果】

2009年12月15日最高人民法院作出（2008）执监字第106-1函，支持农总行的申诉请求。

【裁决理由】

据核查，北京原创房地产开发有限责任公司（以下简称原创公司）名下北京市海淀区紫金庄园3号楼在安阳中院查封前已被农总行购买，农总行已支付大部分购房款并实际占有，且按照房改政策将房产出售给职工，职工已经入住。北京市第一中级人民法院（2005）一中民初字第3853号判决确认了该购房关系，并要求将该楼房屋产权证书办到农总行名下。农总行在该判决生效后、安阳中院查封前，已及时向房管部门申请办理过户手续及申请强制执行，其对于过户手续未能办理完毕并无过错。同时，根据《最高人民法院关于建设工程价款优先受偿权问题的批复》的规定，消费者交付购买商品房的大部分款项后，其对所购买房屋的权益应当优先保护。因此，安阳中院在安阳飞鹰宾馆有限公司申请执行原创公司一案中，虽可根据房屋登记状况对紫金庄园3号楼3-9层进行查封，但在查明上述事实后，即应予以解除查封。对于农总行因购买上述房屋尚应于房屋过户后支付的购房尾款，鉴于农总行在该案协调期间已经表示可以提前支付，故安阳中院可以按照到期债权执行程序对其认可的部分予以执行。

【实践中应当注意的问题】

在具体执行中，由于被执行的房屋千差万别，有的消费者可能并不主张排除执行异议，而是主张就其购房款对房屋变价款优先受偿。《规定》原本拟对此作出规定，后来考虑到该问题并不属于异议复议的问题，且涉及案外人在分配顺序上的优先权问题，较为复杂，留待在参与分配司法解释中作出规定。我们认为，购房人在本来可以排除执行的情况下，放弃物权期待权，转而就价款优先受偿，有利于执行，应予支持。

【相关法律法规】

最高人民法院

关于建设工程价款优先受偿权问题的批复

上海市高级人民法院：

你院沪高法〔2001〕14号《关于合同法第286条理解与适用问题的请示》收悉。经研究，答复如下：

一、人民法院在审理房地产纠纷案件和办理执行案件中，应当依照《中华人民共和国合同法》第二百八十六条的规定，认定建筑工程的承包人的优先受偿权优于抵押权和其他债权。

二、消费者交付购买商品房的全部或者大部分款项后，承包人就该商品房享有的工程价款优先受偿权不得对抗买受人。

三、建筑工程价款包括承包人为建设工程应当支付的工作人员报酬、材料款等实际支出的费用，不包括承包人因发包人违约所造成的损失。

四、建设工程承包人行使优先权的期限为六个月，自建设工程竣工之日或者建设工程合同约定的竣工之日起计算。

五、本批复第一条至第三条自公布之日起施行，第四条自公布之日起六个月后施行。

此复。

第三十条　金钱债权执行中，对被查封的办理了受让物权预告登记的不动产，受让人提出停止处分异议的，人民法院应予支持；符合物权登记条件，受让人提出排除执行异议的，应予支持。

【条文主旨】

本条是关于金钱债权执行中，预告登记权利人提出案外人异议的审查规则。

【条文理解】

预告登记，是指为保全一项请求权而进行的不动产登记，该项请求权所要达到的目的，是在将来发生不动产物权变动。这种登记是不动产登记的特殊类型。其他的不动产登记都是对现实的不动产物权进行登记，而预告登记所登记的，不是不动产物权，而是目的在于将来发生不动产物权变动的请求权。预告登记的本质特征是使被登记的请求权具有物权的效力，也就是说，进行了预告登记的请求权，对后来发生的与该项请求权内容相同的不动产物权的处分行为，具有对抗的效力，这样，所登记的请求权就得到了保护。[1] 预告登记是与本登记相对应的概念。本登记就是指对于已经实际发生的物权变动进行的登记，通常所说的登记都是指本登记。[2] 预告登记的法律性质，其实就是一种特殊的担保，即借助于不动产登记的作用，以

---

[1]　王胜明主编、全国人大常委会法制工作委员会民法室编著：《中华人民共和国物权法解读》，中国法制出版社2007年版，第47页。

[2]　王利明：《物权法研究》（修订版上卷），中国人民大学出版社2007年版，第353页。

物权的法律效力来保障债权目的的实现。预告登记效力属于物权性质，但是纳入登记的请求权本身却没有物权效力，只是登记这种公示的行为使得这种请求权具有了排他效力。经预告登记保全的请求权，不但可以对抗不动产的所有权人和其他物权人，也可以对抗任意第三人，这就达到了保障请求权中的物权取得权的法律效果。[①]

《物权法》第20条规定：当事人签订买卖房屋或者其他不动产物权的协议，为保障将来实现物权，按照约定可以向登记机构申请预告登记。预告登记后，未经预告登记的权利人同意，处分该不动产的，不发生物权效力。预告登记后，债权消灭或者自能够进行不动产登记之日起3个月内未申请登记的，预告登记失效。本条司法解释根据物权法关于预告登记法律效力的规定，对金钱债权执行过程中，不动产物权受让人基于其请求权已经办理预告登记的事实提出案外人异议的，人民法院应当如何审查，确立了具体标准。所谓金钱债权，指以给付一定数额之金钱为目的之债权而言。[②] 预告登记的权利人对不动产享有的是物权期待权，并未完成本登记，尚未取得不动产所有权。其案外人异议能否被支持，还要视异议的具体内容而定。本条司法解释对预告登记权利人提出的案外人异议区分了两种情况：一是如果受让人请求停止处分不动产，因预告登记的目的就是为了排除包括强制执行在内的处分行为，人民法院对停止处分的异议请求应予支持；二是如果受让人请求排除人民法院查封，则应审查其是否符合取得物权的条件，如果符合，则受让人应确定无疑地取得不动产物权，人民法院应当解除查封。

一、受让人提出异议请求停止处分已查封的不动产

本条司法解释适用的执行标的是不动产。实践中，以办理了预告

① 孙宪忠：《中国物权法总论》（第二版），法律出版社2009年版，第349～350页。

② 杨与龄编著：《强制执行法论》（最新修正），中国政法大学出版社2002年版，第254页。

登记为由提出案外人异议的主体，主要是该不动产物权的受让人。根据《物权法》第20条，不动产物权受让人既可以是房屋的买受人，也可以是其他不动产物权协议的权利人。预告登记期内，预告登记权利人的不动产物权期待权（物权取得权），虽然尚处于债权状态，但已经具备了对抗所有权人和第三人的物权效力，未经预告登记权利人同意，处分该不动产的，不发生物权效力。预告登记权利人的请求权，在性质上属于能够阻止人民法院处分该不动产的实体权利，执行程序中，对预告登记权利人的物权期待权也应依法予以保护。被执行人转让不动产物权，受让人尚未完成物权变更登记，但对人民法院查封的该不动产已经办理了受让物权预告登记的，对于受让人提出的停止处分该不动产的案外人异议，人民法院应予支持。办理了受让物权预告登记的不动产被人民法院查封期间，预告登记权利人无法再按照不动产物权协议完成不动产物权登记。

如果执行法院依法查封该不动产时，预告登记尚未办理，受让人的物权期待权还没有通过预告登记获得物权效力，根据《查封、扣押、冻结规定》第26条，受让人对已查封财产申请不动产预告登记的行为，不得对抗申请执行人，不能停止执行法院对该不动产的处分；只有在人民法院查封不动产没有公示的情况下，其效力才不得对抗善意第三人。

二、受让人提出异议请求排除对已查封不动产的强制执行

如果只是停止处分已办理预告登记的不动产，而不解除查封的话，不动产受让人仍然无法完成本登记。停止处分不动产和排除对不动产的执行，对于预告登记权利人的影响是不同的。因此，本条司法解释对人民法院停止处分不动产和排除对不动产的强制执行，分别规定了不同的审查标准。受让人对被查封的不动产提出停止处分的异议，只要符合该不动产已经办理了受让物权预告登记的条件，即可获得人民法院支持；

而受让人提出异议，请求排除对该不动产的强制执行，则应视是否符合预告登记物权的取得条件而定。如果受让人能够提出证据证明，其按照约定已经符合取得预告登记物权的条件，可以确定地取得不动产物权，人民法院对其异议请求应予支持，将相关执行措施予以解除，以利受让人办理物权登记。反之，则不应解除对该不动产的查封等执行措施。

【实践中应当注意的问题】

《民事诉讼法解释》第 316 条规定：人民法院对执行标的裁定中止执行后，申请执行人在法律规定的期间内未提起执行异议之诉的，人民法院应当自起诉期限届满之日起 7 日内解除对该执行标的采取的执行措施。据此，买受人关于停止处分已办理预告登记不动产的异议获得人民法院支持，执行法院裁定中止对该不动产的执行后，如果申请执行人没有在法律规定的期间内提起申请执行人许可执行之诉的，人民法院也应当在司法解释规定的期限内解除对该不动产的查封。

【相关法律法规】

中华人民共和国物权法

（2007 年 3 月 16 日）

第二十条　当事人签订买卖房屋或者其他不动产物权的协议，为保障将来实现物权，按照约定可以向登记机构申请预告登记。预告登记后，未经预告登记的权利人同意，处分该不动产的，不发生物权效力。

预告登记后，债权消灭或者自能够进行不动产登记之日起三个月内未申请登记的，预告登记失效。

最高人民法院

关于适用《中华人民共和国民事诉讼法》的解释

2014 年 12 月 18 日　　　　　　　　　　　　　法释〔2015〕5 号

第三百一十六条　人民法院对执行标的裁定中止执行后，申请执行人在法律规定的期间内未提起执行异议之诉的，人民法院应当自起诉期限届满之日起七日内解除对该执行标的采取的执行措施。

最高人民法院

关于人民法院民事执行中查封、扣押、冻结财产的规定

2004 年 12 月 26 日　　　　　　　　　　　　　法释〔2004〕15 号

第二十六条　被执行人就已经查封、扣押、冻结的财产所作的移转、设定权利负担或者其他有碍执行的行为，不得对抗申请执行人。

第三人未经人民法院准许占有查封、扣押、冻结的财产或者实施其他有碍执行的行为的，人民法院可以依据申请执行人的申请或者依职权解除其占有或者排除其妨害。

人民法院的查封、扣押、冻结没有公示的，其效力不得对抗善意第三人。

第三十一条　承租人请求在租赁期内阻止向受让人移交占有被执行的不动产，在人民法院查封之前已签订合法有效的书面租赁合同并占有使用该不动产的，人民法院应予支持。

承租人与被执行人恶意串通，以明显不合理的低价承租被执行的不动产或者伪造交付租金证据的，对其提出的阻止移交占有的请求，人民法院不予支持。

【条文主旨】

本条规定了案外人主张不动产租赁权异议的审查标准。

【条文理解】

一、案外人主张不动产租赁权异议审查中存在的问题

在案外人异议程序的相关规定中，本条是解决实践中常见的主张不动产租赁权异议的审查问题。根据"买卖不破租赁"的法律规定，人民法院在执行程序中同样要保护承租人的租赁权，但租赁权的保护标准在执行程序中存在一些问题。《最高人民法院关于适用〈中华人民共和国担保法〉若干问题的解释》第65条规定：抵押人将已出租的财产抵押的，抵押权实现后，租赁合同在有效期内对抵押物的受让人继续有效。该解释第66条规定：抵押人将已抵押的财产出租的，抵押权实现后，租赁合同对受让人不具有约束力。《物权法》第190条亦作了类似规定：订立抵押合同前抵押财产已经出租的，原租赁关系不受抵押权的影响。抵押权设立后抵押财产出租的，该租赁关系不得对抗已经登记的抵押权。

从《最高人民法院关于适用〈中华人民共和国担保法〉若干问题的解释》的规定看，租赁合同成立时租赁权同时成立。但是，在执行程序中，如果案外人持有租赁合同就保护其租赁权，存在两方面的问题：一方面，由于租赁合同没有登记制度，执行程序中如何识别租赁权的真实性存在难题，尤其是容易产生被执行人与案外人通谋通过倒签时间伪造租赁合同以干扰执行的问题。另一方面，在"一物多租"的情况下，多个案外人均持有租赁合同，难以确定保护哪一个承租人的租赁权。

二、"买卖不破租赁"原则的立法沿革

在租赁法律关系中，所有权人将租赁物所有权转让给第三人时（"先租后卖"）承租人的法律地位问题一直争议较大。罗马法主张，而德国法主张"买卖不破租赁"。罗马法主张"买卖破除租赁"，主张"买卖使租赁终断"，即租赁权不能对抗第三人。它强调租赁仅仅是一种契约，属于债权的范畴。承租人只具有依据租赁合同向出租人本人主张对租赁物的使用、收益的权利，而不能直接针对干涉其活动的第三人行使相关的对于租赁物的物权。如果租赁权受到了妨害，承租人只能向出租人主张权利，并要求出租人排除对其使用租赁物的妨害。如果出租人在租赁期间将租赁物合法转让给第三人，承租人同样也不能向该买受人要求其继续承认其租赁权，而只能依据租赁合同针对出租人提起有关的诉讼。这种立法思想源于古代重视所有权，轻视使用、收益权的观念。随着社会经济的不断发展，人们越来越重视承租人权利的保护。第一次世界大战期间，西方各国纷纷立法，以强化承租人的地位，削弱所有权的绝对优势，出现租赁权之物权化现象。主要就体现在"买卖不破租赁"的规定上，即法律赋予租赁权以对抗力。"买卖不破租赁"原则保护了弱势的承租人。承租人作为租赁合同的一方，如果所有物的任意性变动便会导致其承租权的丧失，那么承租人的权利保障便无从谈起。《德国

民法典》第 571 条第 1 项规定："出租的土地在交付转承租人后，由出租人让与第三人时，受让人代替出租人取得在所有期间因租赁关系所产生的权利和义务。"①《法国民法典》第 1743 条规定"如出租人出卖租赁物时，买受人不得辞退经公证作成或有确定日期的租赁契约的房屋或土地承税人；但于租赁契约中保留此项权利者，不在此限。"②《日本民法典》第 605 条规定："不动产租赁已将其登记时，对于以后就其不动产取得物权的人，亦发生效力"。③ 我国台湾地区的"民法"第 425 条规定："出租人于租赁物交付后，纵将其所有权认与第三人，其租赁契约，对于受让人，仍继续存在。"④ 以德国为代表的大陆法系国家和地区的立法，主张"买卖不破租赁"认为，"先租后卖"发生时，"设定在该租赁物上的租赁合同仍然存在"，"受让人在受让该租赁物的所有权时就与承租人产生了租赁合同关系，成为一个新的出租人，继承原出租人的权利和义务，"⑤ 而出租人则脱离租赁合同。

三、本条司法解释的意义

（一）进一步完善了我国现行立法中不动产租赁权保护制度

我国《合同法》第 229 条规定：租赁物在租赁期间发生所有权变动的，不影响租赁合同的效力。该"买卖不破租赁"的规定，沿袭了德国法中通过法定维持承租人有权占有之模式来保护动产承租人。租赁合同不因租赁物权利归属的变动而变动其效力，这样就使承租人在租赁物权利归属变动后可以继续依租赁合同占有租赁物，并以这样的有权占有来

---

①　陈卫佐译：《德国民法典》，法律出版社 2006 年版，第 203 页。

②　罗结珍译：《法国民法典》，中国法制出版社 1999 年版，第 393 页。

③　王书江译：《日本民法典》，中国法制出版社 2000 年版，第 110~111 页。

④　林纪东、郑玉波等编纂：《新编六法全书》，台湾五南图书出版社 1986 年版，第 132 页。

⑤　胡康生主编：《中华人民共和国合同法释义》，法律出版社 2009 年版，第 339 页。

对抗租赁物新权利人的返还原物请求权。①《物权法》第190条规定：订立抵押前抵押财产已经出租的，原租赁关系不受抵押权的影响。抵押权设立后抵押财产出租的，该租赁关系不得对抗已经登记的抵押权。《担保法》第48条规定：抵押人将已出租的财产抵押的，应当书面告知承租人，原租赁合同继续有效。《海商法》第138条规定：船舶所有人转让已经租出的船舶的所有权，定期租船合同约定的当事人的权利和义务不受影响，但是应当及时通知承租人。船舶所有权转让后，原船舶合同由受让人和承租人继续履行。《拍卖、变卖规定》第31条第2款规定：拍卖财产上原有的租赁权及其他用益物权，不因拍卖而消灭，但该权利的继续存在于拍卖财产上，对在先的担保物权或其他优先受偿权的实现有影响的，人民法院应当依法将其除去后进行拍卖。《最高人民法院关于贯彻执行〈中华人民共和国民法通则〉若干问题的意见（试行）》第119条第2款规定：私有房屋在租赁期内，因买卖、赠与或者继承发生房屋产权转移的，原租赁合同对承租人和新房主继续有效。

　　本条司法解释从正反两个方面，细化了"买卖不破租赁"原则在不动产租赁权保护上的规定。对于在人民法院查封之前已签订合法有效的书面租赁合同并占有使用该不动产的，承租人可以请求在租赁期内阻止向受让人移交占有被执行的不动产。如果案外人与被执行人恶意串通，以明显不合理的低价承租被执行的不动产或者伪造交付租金证据，那么承租人有关阻止移交占有不动产的请求，将不被支持。本条司法解释对《拍卖、变卖规定》第31条第2款规定的，"拍卖财产上原有的租赁权或其他用益物权，不因拍卖而消灭，但该权利的继续存在于拍卖财产上，对在先的担保物权或其他优先受偿权的实现有影响的，人民法院应当依法将其除去后进行拍卖"，做了进一步分类与明确。

---

　　①　徐澜波：《"买卖不破租赁"规则的立法技术分析》，《法学》2008年第3期。

（二） 解决了案外人以不动产租赁权为由提出的审查标准

对买卖不破租赁规则的适用需要有合法有效的书面租赁合同并占有使用该不动产。债权人依据合同关系，仅得向债务人主张权利，对第三人并无效力。但是在租赁合同中，为了加强对承租人权益的保护，民法遂突破合同相对性，规定买卖不破租赁制度，理论上称之为租赁权的物权化。物权作为一种绝对权，与债权的相对性不同，应具有一定形式的权利外观作为公示方式。就公示的方式而言，有交付和登记两种，合法有效的公示，才能产生对抗买受人的效力。王泽鉴教授评价认为，租赁物在交付以前，承租人并无保护的必要。① 我国台湾地区规定了以交付为公示方式，台湾地区"民法"第 425 条规定：出租人于租赁物交付后，纵将其所有权让与第三人，其租赁契约，对于受让人，仍继续存在。相较而言，我国的买卖不破租赁规则一直未对具有物权性的租赁合同提出公示的要求。而本条则第一次明确了，承租人如要求要让人承受租赁权，必须在查封前占有租债不动产。也就是说，仅有书面的合法有效的合同是不够的，还要有公示要件。

四、对案外人主张不动产租赁权的审查

为解决前述问题，本条明确了以下内容：

1. 在租赁权成立的标准上，区分了租赁关系中的债权行为与物权（学界也称为物权化债权）行为。亦即，租赁合同成立，仅具有债权效力，承租人仅享有租赁物的交付请求权，如欲享有物权的对世效力，按照物权的公示原则，应以占有的方式对外公示。

2. 在保护的时间标准上，和《物权法》以及《最高人民法院关于适

---

① 王泽鉴：《民法学说与判例研究》（第二册），中国政法大学出版社 2005 年版，第 183 页。

用〈中华人民共和国担保法〉若干问题的解释》规定相一致，即只有成立于查封前的租赁权才由买受人承受。租赁合同必须签订于查封之前，查封之后受查封效力所及，不能对抗申请执行人。

3. 为防止案外人与被执行人恶意串通，以不合理的低价承租不动产或者虚假支付租金的，人民法院经查实案外人存在此种行为的，应当驳回其异议。

【案　例】

一、杭州古今贸易优先公司与农行西湖支行案外人异议之诉案

【基本案情】

原告杭州古今进出口贸易有限公司（以下简称古今公司）与被告张引、中国农业银行股份有限公司杭州西湖支行（以下简称农行西湖支行）、中国农业银行股份有限公司杭州朝晖支行（以下简称农行朝晖支行）及第三人道道科技（杭州）有限公司（以下简称道道公司）案外人执行异议之诉一案，杭州市中级人民法院（以下简称杭州中院）院于2014年6月18日受理。

原告古今公司诉称：2010年12月20日，原告因公司经营需要与第三人道道公司签订《租赁合同》一份，约定道道公司将位于杭州市滨江区长河街道江虹路752号房产出租给古今公司，租赁期限为20年，自2010年12月21日至2030年12月20日止，总租金为人民币1000万元。签约后，古今公司按合同约定足额支付了租金1000万元。支付租金后，道道公司因债务纠纷致使张引、农行西湖支行、农行朝晖支行向法院申请对古今公司承租房产实行不带租拍卖。杭州市中级人民法院作出

（2013）浙杭执民字第 609 号通知书，认为道道公司与古今公司签订的《租赁合同》名为租赁实为借款，侵害了其他债权人的权益，对该租赁合同效力不予认可，并决定对租赁房产实行不带租拍卖。为此古今公司提出执行异议，要求撤销（2013）浙杭执民字第 609 号通知书，对古今公司租赁房产带租拍卖。2014 年 6 月 6 日，杭州市中级人民法院作出（2014）浙杭执异字第 12 号执行裁定书，驳回了执行异议。为此古今公司提起执行异议之诉认为：（1）古今公司与道道公司签订的《租赁合同》符合《合同法》等相关法律法规的规定，不存在任何违反法律、法规规定的无效情形。签约后，古今公司按合同约定足额支付了租金，已履行全部租赁合同义务。执行裁定认为古今公司与道道公司签订的租赁合同名为租赁实为借款无任何证据印证。（2）古今公司与道道公司签订《租赁合同》之前，租赁房产不存在任何有效抵押和被法院查封的情形。（3）案涉房产于 2012 年 6 月 18 日被法院查封，该查封行为对 2010 年 12 月 10 日发生的案涉租赁不具有公示效力。《物权法》第 190 条规定：订立抵押合同前抵押财产已出租的，原租赁关系不受该抵押权的影响。《最高人民法院关于审理城镇房屋租赁合同纠纷案件具体应用法律若干问题的解释》第 20 条第 1 款规定：租赁房屋在租赁期间发生所有权变动，承租人请求房屋受让人继续履行原租赁合同的，人民法院应予支持。综上，古今公司诉讼请求：（1）请求确认对执行标的物即第三人道道公司所有的位于杭州市滨江区长河街道江虹路 752 号房产停止执行。（2）请求确认古今公司对执行标的物即第三人道道公司所有的位于杭州市滨江区长河街道江虹路 752 号房产享有租赁权，并要求法院带租拍卖。（3）本案诉讼费用由被告承担。

　　本案审理查明的事实如下：2009 年 6 月 16 日，道道公司取得杭州市滨江区长河街道江虹路 752 号房屋产权证。同年 7 月 9 日，道道公司即与杭州联合农村合作银行四季青支行签订了《最高额抵押借款合同》并附《抵押财产清单》，以该房屋产权为抵押，并于次日办理了抵押登记。2011年5月20日抵押登记注销。同日，道道公司与农行西湖支行签订了《最高额抵押合同》并附《房地产抵押清单》，办理了该房屋产权的抵押登记手续。道道公司向农行西湖支行抵押贷款前，曾委托浙江嘉华房地产土地资产评估咨询有限公司对该房屋进行评估。浙江嘉华房地产土地资产评估咨询有限公司依据实地查勘后的情况，作出了《房地产抵押估价报告》，该报告第8页建筑物状况中，明确该房屋"内部一至五层实际作为实体店铺经营使用，内廊式格局中，沿内廊两旁分布着实体店铺…六层作为办公使用…"并拍有数份当时的照片留存。道道公司在2011年5月20日与农行西湖支行签订的《最高额抵押合同》第四条中，对于该抵押房产，道道公司承诺"抵押人如实告知拖欠税款、抵押物建设工程价款等款项及抵押物已设定抵押、已出租等情况"；第六条约定"抵押期间，未经抵押权人书面同意，抵押人不得对抵押物作出赠与、转让、出租、再抵押或者进行了其他任何方式的处分。"双方在《房地产抵押清单》也明确写明：抵押、出租情况为"无"。2012年5月15日，道道公司又将上述房屋产权抵押给农行朝晖支行。在农行朝晖支行与道道公司在2012年5月11日签订的《最高额抵押合同》所附的《房地产协议评估书》中，对该抵押房产的利用现状中，道道公司也明确注明是自用，而没有出租。2012年6月18日，本院在受理张引诉道道公司民间借贷一案中，诉讼保全查封上述房屋产权。本院在执行过程中，对该房屋产权及滨江区长河街道江虹路752号土地上其他建筑物及在建工程进行委托评估、拍卖。浙江嘉华房地产土地资产评估咨询有限公司出具的《评估报告书》第17页中对已办理产权证的该房屋，明确"一层为内廊式格局：分为大厅、十间实体店铺经营区、办公室；二层为内廊式格局：分为二十一间实体店铺经营区、办公室；三至五层各层均为内廊式格局：分为二十八间实体店铺经营区；六层为内廊式格局：分为多间办公室…"。在本院委托拍卖过程中，古今公司向本院主张保护其租赁权并提供了其与道道公司在 2010 年 12 月 20 日签订的 20 年租赁期《租赁合同》和一次性支付租金人民币 1000 万元的银行转账凭证。2014 年 5 月 9 日，本院向古今公司送达了（2013）浙杭执民字第 609 号《告知书》，认为道道公司与古今公司签订的《租赁合同》名为租赁实为借款，侵害了其他债权人的权益，为此对该租赁合同效力不予认可，并决定对租赁房产实行不带租拍卖，新的权利人将不受古今公司与道道公司所签订的租赁合同约束。古今公司对本院的《告知书》提出案外人异议。2014 年 6 月 6 日，本院作出（2014）浙杭执异字第 12 号执行裁定书，驳回古今公司的异议。2014 年 6 月 18 日，古今公司向本院提起案外人执行异议之诉。

另查明，道道公司在 2011 年 8 月 22 日曾将人民币 300 万元汇入古今公司账户。在本院执行人员向道道公司法定代表人方卫华调查案涉房屋的租赁情况时，方卫华称向古今公司借款 1000 万元，古今公司对案涉房屋没有实际占有、使用。在本案庭审中，古今公司称案涉《租赁合同》未经相关部门登记备案，其亦未实际占有、使用案涉房屋，仅在案涉房屋处挂有古今公司的牌子，相关水、电及其他管理费用均非古今公司缴纳。

【裁决结果】

2014 年 9 月 2 日浙江省杭州市中级人民法院作出（2014）浙杭执异初字第 2 号民事判决，驳回原告杭州古今进出口贸易有限公司的诉讼请求。

【裁决理由】

租赁权是承租人依租赁合同占有租赁物后，对租赁物享有的使用收益权。本案中，虽然从形式上看，古今公司与道道公司在 2010 年 12 月

20 日签订了 20 年租赁期的《租赁合同》，古今公司也提交了其于 2010 年 12 月 20 日一次性支付租金人民币 1000 万元的证据，但古今公司自始至终未占有使用案涉房屋，在道道公司与农行西湖支行、农行朝晖支行签订《最高额抵押合同》及办理房地产抵押登记时，案涉房屋的利用现状一栏中，道道公司明确注明是自用，古今公司也承认对该房屋没有实际占有、使用，仅在该房屋处挂有古今公司的牌子，故古今公司要求确认其对案涉房屋享有租赁权并要求带租拍卖，没有事实依据，本院不予支持。因此，古今公司以本院实行不带租拍卖为由诉请对案涉房屋停止执行亦不能成立。

二、关于案外人主张不动产租赁权异议的案例

【基本案情】

福建省高级人民法院（以下简称福建高院）在执行福建佳盛投资发展有限公司（以下简称佳盛公司）与福州商贸大厦筹备处（以下简称商厦筹备处）借款合同纠纷一案中，案外人赖宝珍于 2011 年 10 月 28 日对福建高院作出责令其搬离商贸大厦《通知》，提出书面异议。

案外人赖宝珍称，（1）其于 2010 年 8 月 31 日与福建省闽江房地产开发公司（以下简称闽江公司）签订了租赁协议，承租了商贸大厦一楼店面，不存在违法租赁行为，且现行法律也无被查封的房产禁止租赁的规定，租赁合同合法有效。（2）依（2005）闽执行字第 15 - 18 号通知，法院是 2011 年 3 月 8 日查封商贸大厦，其则是在 2010 年 8 月 31 日就承租了商贸大厦，租赁时间早于法院查封时间，法院以执行为由，要求承租人迁出商贸大厦，违反合同法关于"买卖不破租赁"原则的规定。请求撤销（2005）闽执行字第 15 - 18 号《通知》。

福建高院查明，1994 年 12 月至 1996 年 12 月间，商厦筹备处与中国

工商银行福州市南门支行签订了五份借款合同，银行共发放借款 3550 万元，商厦筹备处将商贸大厦土地使用权和在建工程作为抵押。2000 年 6 月中国工商银行福建分行将上述债权及相应的担保从债权转让给中国华融资产管理公司福州办事处。2004 年 11 月中国华融资产管理公司福州办事处将上述债权转让给佳盛公司。根据已发生法律效力的（2005）民二终字第 147 号民事判决，商厦筹备处偿还佳盛公司借款本金 3550 万元及逾期罚息，佳盛公司享有从处置商厦筹备处抵押物所得价款中优先受偿权。因商厦筹备处未自动履行生效法律文书所确定的义务，佳盛公司于 2005 年 6 月 28 日向福建高院申请强制执行。2005 年 12 月 15 日，福建高院依法查封冻结了商厦筹备处用于抵押的，位于福州市八一七北路东侧的在建工程商贸大厦，至今商贸大厦仍在法院的查封之中。查封期间，福建高院于 2008 年 12 月 24 日、2009 年 10 月 19 日、2011 年 2 月 21 日、2011 年 8 月 22 日，责令商厦筹备处、闽江公司，严禁将被法院查封的标的物出租。2011 年 8 月，佳盛公司向福建高院举报商贸大厦被他人占用经营服装销售。2011 年 10 月 17 日，福建高院向占用商贸大厦一层的经营户赖宝珍发出（2005）闽执行字第 15-18 号《通知》，责令赖宝珍在接到通知之日起十日内迁出商贸大厦，逾期迁出，福建高院将依法强制执行。赖宝珍对该《通知》提出异议，认为其是合法租赁，并提供以下证据：（1）闽江公司出具的产权证明函，内容是"福州商贸大厦产权已出让我司，并经（2007）闽民再终字第 52 号民事判决书确认，若由此引起产权纠纷由我司负责"。（2）闽江公司出具的授权委托书，委托闽江公司商贸大厦项目部负责临时店面的租赁合同及相关事项。（3）赖宝珍与闽江公司商贸大厦项目部、中建七局三公司商贸大厦项目部签订租赁协议，协议约定：闽江公司商贸大厦项目部同意中建七局三公司将商贸大厦首层场地出租给赖宝珍，租期自 2010 年 9 月 1 日起截止到商贸大厦项目工程复工时，复工之前二个月，闽江公司商贸大厦项目部和中建七局三公司须以书面形式通知赖宝珍。

另查明，1997年5月26日，商厦筹备处与闽江公司签订福州商贸大厦产权出让合同书及补充合同书，约定商厦筹备处将商贸大厦整体产权转让给闽江公司。商贸大厦于1995年动工建设，由中建七局三公司施工，2004年停工至今，现尚未组织工程单体质量交工验收。因商贸大厦工程未经验收，建设方即擅自将一层场所投入使用，2011年1月31日，福州市城乡建设委员会发函给闽江公司，责令闽江公司停止使用商贸大厦。2011年11月1日，闽江公司致函赖宝珍，终止2010年8月31日签订的租赁商贸大厦合同，并要求赖宝珍立即停止营业，撤出商贸大厦。同月九日，公安消防机构作出缴回商贸大厦"消防安全检查意见书"的通知，通知商贸大厦经营户收到该通知之日起立即停止营业，并在两日内将"消防安全检查意见书"交回公安消防机构，逾期依法予以注销。同月17日，工商机关作出"撤销登记听证告知书"，告知商贸大厦经营户撤销工商注册登记。同日，本院向被执行人商厦筹备处送达（2005）闽执行字第15-20号拍卖商贸大厦裁定。

【裁决结果】

福建高院于2011年12月2日作出（2011）闽执外异字第2号执行裁定书，裁定驳回案外人赖宝珍的执行异议。

【裁决理由】

本案执行标的物商贸大厦系抵押物，并于2005年12月15日始被人民法院依法查封，至今仍处查封状态，查封期间，福建高院多次责令商厦筹备处、闽江公司严禁将查封物出租。然而，2010年8月31日，案外人赖宝珍未经人民法院准许即与闽江公司等签订租赁协议，占用了商贸大厦一层场所。根据《查封、扣押、冻结规定》第26条第2款的规定，第三人未经人民法院准许占用查封的财产的，人民法院可以根据申请执行人的申请或依职权解除其占有或排除妨碍，因此，通知案外人赖宝珍限期迁出商贸大厦并无不当。

【实践中应当注意的问题】

房屋抵押权与租赁权之间的冲突及解决。买卖不破租赁是指租赁关系成立后，出租人将租赁物转卖给第三人，既存的租赁关系对买受人仍然有效，承租人可以向买受人主张租赁权，受让人取得的是一项有租赁负担的所有权。这是为了维护社会稳定、保护承租人的利益而设的增强租赁权效力的普遍规则。这一普遍规则并非绝对，也存在例外。根据《担保法》第53条的规定，抵押权的实现方式主要有：抵押物折价或拍卖、变卖抵押物取得价款等方式。这些方式其实质都是买卖，因此理应受买卖不破租赁规则的约束。但根据最高人民法院《关于适用〈中华人民共和国担保法〉若干问题的解释》第66条第1款的规定，抵押人将已抵押的财产出租的，抵押权实现后，租赁合同对受让人不具有约束力。基于实现抵押权的买卖，在一定条件下可以击破租赁，这一规则的适用条件是：（1）有效的抵押权；（2）抵押权已登记；（3）抵押权生效先于租赁合同的生效。之所以规定抵押权实现在一定条件下可以击破租赁，主要有以下理由：一是依据"设立在先则权利在先"原则，设立在先的权利应优先实现，房屋抵押权先于租赁权而设立，所以，依据此原则，应维护抵押权对抵押物的支配力，确立房屋抵押权应优先实现。二是依据"登记优于未登记"原则，即经登记公示的权利优于未登记公示的权利实现。房屋抵押权经登记才设立，具有公示效力，而租赁权并不需要登记才设立，即使在一些地方性规定中，规定租赁合同要登记备案，但这种登记只是为治安管理和税收等方面的需要而进行的安排，登记与否并不影响租赁合同的效力。所以，对于抵押权这种登记的权利应优先于未登记的租赁权实现。我国《物权法》第 190 条①的规定也对此予以肯定。就具体的技术操作层面而言，依据前述《拍卖、变卖规定》第 31 条第 2 款的规定，人民法院可先裁定除去案外人设定在后的租赁权再行拍卖或进行其他处分，案外人的租赁权被除去后自然失去了异议的权利基础异议自然也就不能成立。

【相关法律法规】

中华人民共和国物权法

（2007 年 3 月 6 日）

第一百九十条　订立抵押前抵押财产已经出租的，原租赁关系不受该抵押权的影响。抵押权设立后抵押财产出租的，该租赁关系不得对抗已经登记的抵押权。

中华人民共和国合同法

（1999 年 3 月 15 日）

第二百二十九条　租赁物在租赁期间发生所有权变动的，不影响租赁合同的效力。

中华人民共和国担保法

（1995 年 6 月 30 日）

第四十八条　抵押人将已出租的财产抵押的，应当书面告知承租人，原租赁合同对承租人和新房主继续有效。

---

① 《物权法》第 190 条规定：抵押权设立后抵押财产出租的，该租赁关系不得对抗已登记的抵押权。

中华人民共和国海商法

（1992 年 11 月 7 日）

第一百三十八条 船舶所有人转让已经租出的船舶的所有权，定期租船合同约定的当事人的权利和义务不受影响，但是应当及时通知承租人。船舶所有权转让后，原船舶合同由受让人和承租人继续履行。

最高人民法院

关于人民法院民事执行中拍卖、变卖财产的规定

2004 年 11 月 15 日 法释〔2004〕16 号

第三十一条第二款 拍卖财产上原有的租赁权及其他用益物权，不因拍卖而消灭，但该权利的继续存在于拍卖财产上，对在先的担保物权或其他优先受偿权的实现有影响的，人民法院应当依法将其除去后进行拍卖。

最高人民法院

关于贯彻执行《中华人民共和国民法通则》
若干问题的意见（试行）

1988 年 4 月 2 日 法办发〔1988〕6 号

第一百一十九条第二款 私有房屋在租赁期内，因买卖、赠与或者继承发生房屋产权转移的，原租赁合同对承租人和新房主继续有效。

最高人民法院
关于适用《中华人民共和国担保法》若干问题的解释

2000 年 9 月 29 日　　　　　　　　　　　　法释〔2000〕44 号

　　第六十六条第一款　抵押人将已抵押的财产出租的，抵押权实现后，租赁合同对受让人不具有约束力。

第三十二条　本规定施行后尚未审查终结的执行异议和复议案件，适用本规定。本规定施行前已经审查终结的执行异议和复议案件，人民法院依法提起执行监督程序的，不适用本规定。

【条文主旨】

本条是《规定》的效力问题。

【条文理解】

根据法律"法不溯及既往"的法律适用原则，对已经审结的执行异议、复议案件，不适用本解释。执行监督案件由于是对已经审结案件的监督，也不适用本解释。司法解释是最高人民法院对审判工作中具体应用法律问题和最高人民检察院对检察工作中具体应用法律问题所作的具有法律效力的解释，自发布或者规定之日起施行，效力适用于法律的施行期间。① 对于司法解释实施前发生的行为，行为时没有相关司法解释，司法解释施行后尚未处理或者正在处理的案件，依照司法解释的规定办理。法不溯及既往原则，意指新法不得适用于其施行前已终结的事实和法律关系。它是法的安定性和当事人信赖利益的基本保障，因而也是现代法治原则不可或缺的重要内涵。2000 年制订的《立法法》第 84 条规定：法律、行政法规、地方性法规、自治条例和单行条例、规章不溯及既往，但为了更好地保护公民、法人和其他组

---

① 参见《最高人民法院、最高人民检察院关于适用刑事司法解释时间效力问题的规定》第 1 条的规定。

织的权利和利益而作的特别规定除外。这是我国首次在宪法性法律文件中规定不溯及既往原则，是法治建设迈出的重要一步。但是，该条文没有把法律解释列入其中。如此一来，司法解释是否可以溯及既往似乎成了一个未知数。民法、行政法领域出现了一种新的溯及力模式，呈现出向不溯及既往转变的趋势。

法的溯及力不外乎有溯及既往或不溯及既往两种形态。通说认为，溯及既往，系指法律适用于它生效以前所发生的事件和行为；反之，则为不溯及既往。① 法不溯及既往原则体现了法的安定性和对信赖利益的保护。法律规范对权利、义务的范围进行清楚地界定，便于适用者理解以及确定行为的界限。对于清楚明确的法律，人们可预见自己行为后果，法律就不得溯及既往就是要保护人们对法律的信赖利益。

法律有实体法和和程序法之分，调整民事关系的民事法律可以区分为民事实体法与民事程序法。实体法和程序法由于自身所涉及的权利义务的差别，在它们的溯及力方面也会存在一定的差别，例如1987年的《美国路易斯安那民法典》第6条就规定：若无相反的法律规定，实体法只发生预期效力。除非有相反的立法规定，程序法和法律解释既具有预期效力，也具有溯及力。

在英美法系的美国，法官在民事案件中面对是否回溯性适用法律时，也会对实体法与程序法作出一定程度的区分，以表明法律是否影响到当事人实际的权利和义务。对于实体法的溯及力问题，我国学界对适用法不溯及既往的原则没有太大的争议，而对于程序法是否也适用法不溯及既往的原则，则存在比较大的分歧。有学者认为，实体法与程序法效力原则不同。实体法以不溯及既往为基本原则之一，但程序法无此原则，与此相反的是，在新程序法生效时尚未处理的案件，均应采取程序从新

---

① 参见乔晓阳主编：《立法法讲话》，中国民主法制出版社2000年版，第294页。

的原则，依照新法处理。[①] 因此，本条规定，本规定施行后尚未审查终结的执行异议和复议案件，适用本规定。本规定施行前已经审查终结的执行异议和复议案件，人民法院依法提起执行监督程序的，不适用本规定。

① 卓泽渊：《法学导论》法律出版社 2003 年版，第20页。